Anonymous

Wienerstadt, Lebensbilder aus der Gegenwart

Anonymous

Wienerstadt, Lebensbilder aus der Gegenwart

ISBN/EAN: 9783743310308

Hergestellt in Europa, USA, Kanada, Australien, Japan

Cover: Foto ©ninafisch / pixelio.de

Manufactured and distributed by brebook publishing software (www.brebook.com)

Anonymous

Wienerstadt, Lebensbilder aus der Gegenwart

Inhalts-Verzeichnis.

	Seite
Verzeichnis der Illustrationen	V
Einleitung	1

I. Wien in den Morgenstunden.
Von Friedrich Schlögl 10

II. Wien bei der Arbeit.

	Seite
Marktleben. Von Vincenz Chiavacci	31
Von der Straße. Von Eduard Pötzl	45
Der Central-Viehmarkt und das Schlachthaus in St. Marx. Von Rudolf Spannagel	62
Auf dem Bau. Von Eduard Pötzl	67
Post, Telegraph, Telephon. Von Isidor Fuchs	73
Die Feuerwehr. Feuer is! Von Vincenz Chiavacci	79
Am Waschplatz. Von Vincenz Chiavacci	87
Wiener Werkstätten. Von Isidor Fuchs.	
1. Der Mode-Salon	92
2. Die Kleinbetriebe	96
Die Volkszüge nach den Vororten in den Abendstunden. Von Dr. F. von Radler	103

III. Das lachende Wien.

	Seite
Der Sport. Von Rudolf Stärzer.	
In der Freudenau	108
Der Terbytag	111
Traber-Sport	127
Allerhand Sportzweige	133
Der Prater.	
1. Wie er war	143
2. Wie er ist	150
3. Der Wurstelprater. Von Marie Wehr	160
Bei den „Künstlern" vor der Linie. Von Fritz Lemmermayer	182
Wiener Faschung.	
Allgemeines. Von Eduard Pötzl	187
Der Hofball	191
Die Opern-Redoute	196
Wiener Künstlerfeste. Von Marie Wehr	204
Der Lumpenball. Von Eduard Pötzl	220
Bei den Volkssängern. Von Eduard Pötzl	223
Wien bei Tisch.	
Gasthäuser	227
Im Stammbeisel. Von Friedrich Schlögl	238
Das Kaffeehaus am Morgen. Von Eduard Pötzl	247
Das Kaffeehaus zu allen Stunden. Von Alfred Klaar	261

IV. Die Kunst in Wien.

Seite

Wiener Theater.

    Das Burgtheater 259

    Wiener Volkstheater. — Theater an der Wien. — Carltheater. — Theater in der Josef-
    stadt. — Fürsttheater. 265

    In der Oper. Von Oskar Teuber 273

In den Wiener Concert-Sälen. Von Oskar Teuber.

    Bei den Philharmonikern 280

    Im Bösendorfer-Saal 285

    Im Concert Strauß 289

Sommerliedertafel des Männergesangvereins. Von Friedrich Stern . . . 293

Sängerfest. Von Friedrich Stern 296

Ein Gang durch die Museen. Von Marie Wehr 299

V. Einzelbilder aus dem Wiener Leben.

Audienzen 311

Die Frühjahrsparade auf der Schmelz. Von Gustav Bancalari 316

In der Kapuzinergruft. Von Ludwig Hevesi 322

Wien in der Kirche. Von Hans Grasberger 328

    Die Charwoche 337

    Die Firmwoche 330

    Die Mariazeller 342

Wien in der Schule. Von L. Fleischer 346

    1. In der Volksschule 346

    2. Der Gymnasiast 351

Studenten-Leben. Von J. J. David 357

Wiener Bibliotheken. Von J. J. David 362

Im Volksbildungsverein. Von Adam Müller-Guttenbrunn 368

Wiener Soldaten-Leben. Von Gustav Bancalari 375

Von der Börse. Von Isidor Fuchs 385

Wie die Zeitung gemacht wird. Von L. v. Thaler 390

Der 18. August im Prater. Von Ferd. Groß 397

Frohnleichnamsfest. Von Hans Grasberger 402

Von der Straße. Von Ed. Pötzl 406

In der Dienstvermittlungsanstalt. Von Dr. F. v. Radler 409

In der Pfandleihanstalt. Von Dr. F. v. Radler 413

Executive Feilbietung. Von Dr. F. v. Radler 416

Wien auf dem Eis. Von Ludwig Hevesi 419

Wien im Schnee. Von Ludwig Hevesi 426

VI. Die Stadt und ihre Umgebung.

Ein Gang über die Ringstraße. Von Ludwig Hevesi 433

Volksgarten und Stadtpark. Von Marie Wehr 442

Bei den „Schrammeln" in Nußdorf. Von Eduard Pötzl 451

Beim Agnes-Brünn'l 455

Auf dem Kahlenberg. Von Richard Kralik 456

Segensspruch. Von Ferd. von Saar 458

Verzeichnis der Text-Illustrationen.

	Seite
1. Kopfleiste: „Einleitung"	1
2. Gemüsemarkt am „Hof"	3
3. „Guten Morgen!"	5
4. Nachts vor dem Kaffeehause	8
5. Schlußbild: „Einleitung"	9
6. „. . . . also schlafen Sie sich gut aus!"	10
7. Laternenmann	11
8. Zettelanpapper	12
9. Marktwagen	13
10. Aufspritzwagen	14
11. Aus den Schlupfwinkeln	15
12. Fleischerburschen	16
13. „Morgenstunde — Staub im Munde"	17
14. „Der Mistbauer ist da!"	18
15. Marktweiber	19
16. Wachmann und Hausmeisterin	20
17. Beim Auslaufbrunnen am Morgen	21
18. Beim „heißen" Würstelmann (besseren Rufes)	22
19. In die Schule	23
20. Zur Arbeit	24
21. Ausheben der Briefkasten	25
22. Abreise	26
23. Am Morgen bei der „Linie"	28
24. Der Bäckerbursche	30
25. Marktleben	31
26. Gestalten vom Naschmarkt	32
27. Ungarische Fuhrwerke am Naschmarkt vor dem Freihause	33
28. Das Handfuhrwerk des Greißlers	34
29. Milchweiber	35
30. Geflügelmarkt	36
31. Kapaunlerin	37
32. Die „blaue Kugel"-Meß	38
33. Die „Gnädige"	39
34. Blumenstandl	40
35. Der Fischmarkt am Schanzl	41
36. Die Obstschiffe am Schanzl	42
37. Vom Tandelmarkt	43
38. Nachlese	44
39. Aus der Schule	45
40. Tramway-Cavallerie	46
41. Brezenbäck"	46
42. Comfortable	47
43. Der Maronimann	47
44. Der Schleifer vom Heiligenkreuzer Hof	48
45. Der Rauchfangkehrer	49
46. Condirte Früchte	50
47. Das „Lavendel-Weib"	51
48. Der „Rastelbinder"	52
49. Der Holzwaaren-Krawat	53
50. Das Blumenweib	54
51. Slovakin: „Ko'löffel — Spielerei"	55
52. Polnische Juden	56
53. Im Damen-Coupé	56
54. Dienstmänner	57
55. Im Rauch-Coupé	57
56. Am Allerseelentage	58
57. Glas-Krawat	58
58. Kleiderjüdin	58
59. Grabenfiaker	59
60. Stiefelputzer	60
61. Das Blumenmädel	61
62. Der Centralviehmarkt	62
63. Das Schlachten	63
64. Kälberwagen	65
65. Fleischerwagen	66
66. Auf dem Bau	67
67. Die Straße vor einem Bau	68
68. Anstreicher	69
69. Pflasterer	70
70. Maurer	71
71. Das Kalk-Anmachen	72
72. Das Legen von Leitungsröhren	72
73. Der Posthof	73
74. Telephon-Centrale	74
75. Telegraphen-Drahtzieher	76
76. „Die Feuerwehr kommt!"	79
77. Der Feuerwehrmann	82
78. Die Ankunft auf dem Brandplatze	82
79. Das Sprungtuch	84
80. Das Rutschtuch	85
81. Die Feuerspritze	86
82. „Am Wäschplatz"	87
83. Büglerinnen	88
84. „Wäschermadl"	89

	Seite
85. Schlußbild: „Am Hörplatz"	91
86. Der Modesalon	92
87. In der Werkstätte	93
88. Schlußbild: „Modesalon"	95
89. Weißenschneider	96
90. Blumennacherinnen	98
91. Federnmuskerei	99
92. Im Atelier „Weidmann"	100
93. Fleischscheicher	101
94. Bäcker	102
95. Die Mariahilferlinie in den Abendstunden	102
96. Die Maurer	104
97. Die Westbahnlinie	105
98. Mutter und Kinder erwarten den Vater	106
99. Heimkehrende Arbeiter	107
100. In der Freudenau	108
101. Morgenarbeit	110
102. Das „Steirerwagerl"	111
103. Der Corso	112
104. Auf dem „Canal-Dampfer"	113
105. Musikpavillon am Rennplatze	114
106. In den Logen	115
107. Auf der Gulden-Tribüne	116
108. Der 20 kr. Platz	117
109. Auf dem Sattelplatze	118
110. Außerhalb der Umzäunung	119
111. Beim Totalisator	120
112. Nach dem Rennen	123
113. Steeple chase	124
114. Vor den Tribünen	127
115. Der 20 kr. Platz	128
116. Das Rennen	129
117. Mit der Tramway gelandete Besucher	130
118. Fiakerfahren	131
119. Fahrer vom Trabrennen	132
120. Damen-Wettschwimmen	133
121. Radfahrer	134
122. Regatta	138
123. Im alten Donaubette	139
124. Bergkraxler-Touristen	140
125. Schlußbild: „Sport"	142
126. Der Prater-Eingang	143
127. Alt-Wien	144
128. Die Hirsche	145
129. Rasthaus	146
130. Promenade	147
131. Um die Tegetthoff-Säule	150
132. Kaninchen	152
133. Aupartie	153
134. Die Hauptallee am Morgen	154
135. Von der Sophienbrücke zur Hauptallee	155
136. In der Hauptallee	156
137. Das Heuen im Prater	157
138. Auf dem Rasen	158
139. Rotunde am Morgen	159
140. Eingang zum Wurstelprater	160
141. Athleten	160
142. Soldaten im Wurstelprater	161
143. Affentheater	162
144. Calafatti's Ringelspiel. Der große Chinese	163
145. Hannakinnen	164
146. Oberösterreicherin	165
147. Slovake im Sonntagsstaat	166
148. Raritätencabinet	167
149. Salamuci	168
150. Die Damencapelle	169
151. Bosnische Soldaten	170
152. Der Kraftmesser	171
153. Carameli-Hausirer	172
154. Der Dalmatiner	173
155. „Brod-Schani"	175
156. Wurstbude	176
157. Sodawagen	176
158. Beim „Wurstl"	177
159. Die große „Hutschen"	178
160. Die „Haspel"	179
161. Die Rotunde	181
162. „Da kommen sie"	182
163. Die Production der „Künstler"	183
164. Schlußbild: „Bei den Künstlern vor der Linie"	185
165. Maskenzug in Laxa	186
166. Faschingsfiguren	186
167. Wäschermädelball	187
168. Veteranenball	188
169. Estrade der Patronessen	189
170. Die Mütter	190
171. Der Hofball	191
172. Schlußbild: „Hofball"	195
173. Im Stiegenhaus	198
174. Opern-Redoute	200
175. Schlußbild: „Opern-Redoute"	203
176. Im „Reiche der Schatten"	204
177. Wildschwein-Essen	205
178. Tänzer	207
179. Schützen-Kränzchen	208
180. Am „Meeresgrund"	214
181. „Venusgrotte"	215
182. Im „Rosengarten"	216
183. Schlußbild: „Wiener Künstlerfeste"	219
184. Der Lumpenball	220
185. Das schöne Geschlecht des Lumpenballes	222
186. Gulschelbauer	223
187. Rolfblänger	224

	Seite
188. Louise Montag	225
189. Schlußbild: Volkssänger	226
190. Bei Sacher	227
191. Im Stephanskeller	229
192. Bei Hause	232
193. Im Riedhof	233
194. Gasthäuser-Schlußbild	237
195. Im Stammbeisel	238
196. Tarokpartie in der „Schwemm"	241
197. Stammgäste im „Extrazimmer"	242
198. Ankunft des Stammgastes	243
199. Beim „Schani"	245
200. Der letzte Gast	246
201. Das Kaffeehaus am Morgen	247
202. Zeitungsleser	248
203. Schlußbild: „Das Kaffeehaus am Morgen"	250
204. Vorstadt-Kaffeehaus	251
205. Fenstergucker	253
206. Damencafé	255
207. Schlußbild: „Das Kaffeehaus zu allen Stunden"	258
208. Das Burgtheater	259
209. Im Burgtheater	261
210. Frau Wolter	264
211. Theater an der Wien	265
212. Im Volkstheater	267
213. Im Carltheater	269
214. Josefstädter Theater	271
215. Theater im XIX. Bezirk	272
216. Stiegenhaus der Oper	273
217. Das Orchester	274
218. In der Oper	277
219. Schlußbild: „In der Oper"	279
220. Concertankündigungen	280
221. Bei den Philharmonikern	282
222. Das Podium	286
223. Im Bösendorfer-Saal	287
224. Bei Strauß	291
225. Eduard Strauß	292
226. Sommerliedertafel	293
227. Durstige Sänger	295
228. Sängerfest	296
229. Festhalle	298
230. Ein Gang durch die Museen	299
231. Ein kunstsinniges Ehepaar im Rubenssaal	302
232. Die trauernde Muse	310
233. Vorzimmer bei den Audienzen	311
234. Vor der Audienz	313
235. Burgportal	315
236. Musterung der Parademontur	316
237. Die Frühjahrsparade auf der Schmelz	319
238. Rückkehr von der Parade	321
239. In der Kapuzinergruft	322
240. Sarkophag des Kronprinzen Rudolf in der Kapuzinergruft	323
241. Kapuzinergruft	324
242. Schlußbild: „Kapuzinergruft"	327
243. Wien in der Kirche	328
244. Einsegnung	331
245. Fastenpredigt	333
246. Die Braut kommt	334
247. Vor dem Stephansdom	335
248. Heiligenkreuz in der Kirche Maria am Gestade	336
249. Christusküssen am Charfreitag (Adoratio SS. Crucis)	337
250. Das Eierbeten	338
251. Die Firmwoche	339
252. „Frau Godl"	339
253. „Bandlweiber"	340
254. Firmlinge	341
255. Beim Einzug am Westbahnhofe	342
256. Rast der Mariazeller	343
257. Die „Zwidere!"	345
258. Die ersten Ankömmlinge	346
259. „D' Fräul'n"	350
260. Der „Student"	351
261. Erste Liebe	353
262. Die erste Cigarre	356
263. „Beim Bummel"	357
264. „Die Chargirten"	359
265. Studenten	361
266. In der Hofbibliothek	362
267. In der Universitätsbibliothek	366
268. Bücherregale	367
269. Josef Lewinsky liest in Donaueld	368
270. Die Rekruten des Volksbildungsvereines	374
271. Assentirung	375
272. Unterofficiers-Patrouille	376
273. Das „Böschermahl" in der Kaserne	377
274. Uebende Festungs-Artilleristen	379
275. Die Burgmusik	381
276. Anschlag-Uebungen	384
277. Der „Liebe" und der Couteminé Wellen	385
278. „Fest auf Berlin"	387
279. „Ein guter Witz"	389
280. Im Lesezimmer	390
281. Der Metteur en pages	391
282. Maschine der „Neuen freien Presse"	393
283. Zeitungsausträgerinnen	396
284. Lampions	397
285. „Böllerschießen"	399
286. „Gott erhalte!"	401
287. Stadtumgang: Der Hof und die Garden	402

Seite

288. Vorstadtprozession: Die weißgekleideten
     Mädchen 405
289. Kopfleiste: Von der Straße 406
290. Fiaker 408
291. „An Lavendl kauft's" 409
292. Kopfleiste: „In der Dienstvermittlungs-
     anstalt" 410
293. Sie berechnet „ihr" Körbelgeld . . . 412
294. Kopfleiste: „In der Pfandleihanstalt" . . 413
295. Das letzte Kleinod 414
296. Hols der Teufel! — Wer weiß, leb'
     ich morgen!" 415
297. Kopfleiste: Executive Feilbietung" . . 416
298. Schlußbild: Executive Feilbietung" . . 418
299. Auf der Schleife 419
300. Am Eisplatz 421
301. Eisraft 425
302. Mehlmarkt 426
303. Im Schnee 429
304. Im Belvedere 432
305. Ecke der Kärntnerstraße 433
306. Opernring 435
307. Parlamentshaus 437

Seite

308. Hofoper 438
309. Sommermorgen 441
310. Kopfleiste: Volksgarten und Stadtpark . 442
311. Im Schatten der Platanen 443
312. Bürgermädchen zur Sommermorgenzeit . 445
313. Die Schwaneninsel im Stadtpark . . . 447
314. Cursalon 448
315. Kindergruppe beim Theseustempel . . . 449
316. Auf dem Trockenen! 450
317. Kopfleiste: Bei den Schrammeln in
     Nußdorf 451
318. Eingang in den „Heurigengarten" . . . 452
319. Waldpartie beim Agnes-Brünn'l . . . 455
320. Das Agnes-Brünn'l 457
321. Kopfleiste: Auf dem Kahlenberg . . . 458
322. Kahlenberg 459
323. Wienerwald 460
324. Stephanienwarte 462
325. Lebzelten-Stand 463
326. Leopoldsberg 464
327. Kopfleiste: Segensspruch 465
328. Schlußbild: Segensspruch 466

Verzeichnis der Tafeln.

(Die mit einem * bezeichneten Tafeln sind in Farbendruck ausgeführt.)

*Die „Gnädige" mit dem Küchentrabanten . . . . Zwischen Seite 30 und 31
*Im Poste restante Bureau . . . . „ „ 72 „ 73
*In der Wäscherburg . . . . „ „ 86 „ 87
Fiakerball . . . . „ „ 188 „ 189
Hofball . . . . „ „ 190 „ 191

Die „Wienerstadt"!

So nannten wir das Buch, welches sich in der Hand
des Lesers befindet. Was will der Titel sagen? Daß es sich um
ein Buch handle von Wien und den Wienern und daß man
Bilder aus dem Wiener Leben finden werde, ist selbstverständlich; aber es klingt ein
Ton in dem Titel, den wir nicht ohne Absicht angeschlagen. Zwischen: „Die Stadt
Wien" und „d' Weanerstadt" liegt „die Wienerstadt" gerade in der Mitte. „Die
Wienerstadt" ist nicht zu hochdeutsch und nicht zu ausgesprochen Dialect. Wenn der
Wiener auf dem jetzt wohlbebauten Kahlenberge steht und inmitten der grünen Donau-
Landschaft seine Vaterstadt sieht, ruft er: „Die Wienerstadt!" Und wie er das sagt! Die
Augen gehen ihm über. Kehrt er von einer längeren Reise heim, hat er unzählige
Male den Kopf zum Waggonfenster hinausgestreckt und sieht er endlich den schlanken
Thurm, den Finger, welchen Wien emporgestreckt, gleichsam um zu zeigen, da bin
ich! ruft er: „Die Wienerstadt!" und blickt im Wagen rund herum, um zu sehen,
ob die Landsleute sich mit ihm freuen und die Fremden seine Anschauung theilen,
Kostbares und Anmuthiges zu Gesicht zu bekommen. Schont und ehrt dieses Gefühl,
pflegt es! Nennt es nicht Local-Patriotismus, denn aus ihm heraus wächst die
Vaterlandsliebe. Wer das Herz hochhält, liebt das Ganze. Die Hauptstadt ist die
Zierde des Reiches, durch sie lernt man Oesterreich lieben, das ganze, große Oesterreich. Der Wiener hängt an der Wienerstadt; er schätzt sie hoch, er hält sie fest. Es
ist eine alte Liebe, eine historische, die Liebe der Wiener zu der Wienerstadt, Natur
und Geschichte haben gleichen Antheil daran. Der Genuß von heute, die Erinnerung an die Vorzeit setzen das in seiner Art aristokratische Bewußtsein von Wiens
krönender Schönheit zusammen. Der Schleier der Fürstin, der im Mittelalter von
dem Leopoldsberge geflattert, und jener der schönen Dame, die heute die Praterfahrt
ziert, schlingen ihre anmuthigen Falten in einander. Man liebt das neue Wien,
weil es sich aus dem alten entwickelt, und man liebt das alte, weil es den ruhm-
reich festen Grund gelegt hat, auf dem wir heute wandeln. Hier haben die Alten
gerungen und gekämpft, hier kämpfen und ringen wir rüstig weiter für die

Freiheit und Wohlfahrt des Menschen. Das Wien von heute nun: „Die Wienerstadt" wollen wir schildern, frisch und frei in gut wienerischer Art. Es wird kein
„halt" in unserem Buche vorkommen, wir sind ja aus der Neuschule hervorgegangen, aber wenn wir für eine Wiener Sache den Wiener Namen als den
treffendsten erkennen, so soll er ohne falsche Scham ausgesprochen werden. Wir
werden den Ton anzuschlagen suchen, welcher den Wienern „der Wienerstadt" eigen
ist; wie Johann Strauß, wenn er als Operncomponist einherwandelt, wie die
wohlstudierte Wienerin, wenn sie sich in ihrer schönen Fülle, gliederflink und etwas
mundbequem gehen läßt.

Wir haben das Leben in Wien, jenes auf den Straßen und in den geschlossenen Räumen, in welchen die Gesellschaft zusammentritt, zu beschreiben. Also
alles das, was Einem entgegen kommt, was man wahrnimmt, miterlebt, an dem
man sich miterfreut und mit dem man leidet. Wir möchten sagen, wir haben
„Wien im Bilde" zu schildern: Alles, was der Zeichner, welcher herumwandelt um
des Festhaltens Würdiges aufzusuchen, bemerkenswerth findet. Wir sind nur die
Begleiter dieses Malers, die mit Randbemerkungen versehen, was er in seine Mappe
zeichnet und dann so reizend ausgeführt, wie Baron Myrbach es versteht, heraus-
gibt. Unser Buch muß sich also darauf beschränken, nur die eine und wir
wissen nicht ob die werthvollere Hälfte des Wiener Lebens festzuhalten. Das Wien
der Arbeit ist mehr werth, als das Wien der Unterhaltung, das wissen wir, und
das möchten wir immer und immer Jenen gegenüber betonen, welche bei flüchtiger
Kenntniß des Wiener Lebens in der Hauptstadt an der Donau nichts anderes erblicken, als das Füllhorn angenehmen Genusses, welches Jedermann, der sich mit
offenem Munde darunterstellt, übersatt macht. Die Arbeit des Geistes und jene
der Hände zieht sich in die Zimmer der Gelehrten, der Künstler, der Beamten, der
Lehrer und in die Werkstätten der Erfinder und Ausführer zurück. Die feinen Hände
des Spitzenzeichners und die schwieligen des rußigen Maschinenarbeiters werden uns
nicht entgegengehalten, unsere Aufgabe aber besteht darin zu schildern, was wir
sehen. Wenn wir also flüchtig das leichtlebige Wien zeichnen, so vergessen wir doch
nie der Ehrfurcht, welche wir Jenen schuldig sind, die es uns Allen ermöglichen
die Stunden der Rast in angenehmer, schöner Weise auszufüllen. Ehre der Arbeit!
Und nun zu dem, was wir in diesem Buche bringen wollen.

Man kennt Thorwaldsen's Relief „Tag und Nacht". Der Tag geht in die
Nacht über, die Nacht in den Tag. Das ist in jeder Großstadt zu finden; in
allen gilt das Wort: „Die Nacht zum Tage machen!" Aber in Wien kennzeichnet
sich dieses Hinüberfluthen durch den starken Zug nach socialer Freiheit, Ungezwungenheit, fast Schrankenlosigkeit. Wien ist seit Decennien in der Umwandlung
der alten in die neue Großstadt begriffen. Es ist ihm noch nicht gelungen, das
alte Puppengewand vollständig abzustreifen, um als Schmetterling seine großen
Pfauenaugenflügel glänzend über das Wienthal zu breiten. Der Großstädter ist
eingezogen, aber der Kleinstädter hat Wien noch nicht verlassen. Der Wiener bleibt

lieber in unbequemer Lage, er leidet sogar empfindlich, mit Wonne könnte man sagen, wenn er sich nur nicht geradlinigen, geregelten, mit der Ordnung Zwang bringenden Verhältnissen fügen muß. Er ist z. B. nicht dazu zu bringen, mit Fremden, Unbekannten an einer großen und langen Tafel zu einer bestimmten Stunde, wenn die Glocke schrill einladend erschallt, zusammen zu speisen. Er könnte so gut, zu mäßigen Preisen leben, allein er ißt lieber etwas schlechter und etwas theurer, wenn er essen kann, was er will, wann er will und wo er will. Der Wiener raisonnirt, wie das immer seine Art war, über hohe Steuern und Abgaben, aber es gibt keinen Großstädter der Welt, der sich selbst freiwillig und ungezwungen unnöthiger Weise so hoch besteuert als der Wiener. Er zögert mit dem Steuerzahlen, selbst wenn er gemahnt wird, und gibt Trinkgelder auch dort, wo sie gar nicht gefordert werden. Der Zehngulden-Trinkgeldmann dürfte in Wien eine sehr häufig auftretende Erscheinung bilden und fünf Gulden berechtigen schon Wähler zu sein und über das Wohl und Wehe der Tramway mitentscheiden zu helfen.

So steht es auch mit dem Hallenwesen. Welche Mühe haben wir uns seiner-zeit gegeben, nach dem Pariser Beispiele die Großmarkthalle in Wien einzuführen und in den einzelnen Bezirken kleinere Hallen zu bauen, um auf verständige Art Lebens-mittel allen Häusern zuzuführen. Es sollte so sein wie mit der Wasserleitung: große und kleine Reservoirs und dann ein Netz, durch welches jedes Haus mit dem täglichen Brode und dem, was an Speise und Trank dazu gehört, mit halbblutigem Rostbeaf und feinen, kleinen, grünen Erbsen versehen worden wäre. Die Hallen wurden gebaut, sie functioniren schlecht und recht, sie werden benützt oder nicht

1*

benützt, daneben florirt aber das Marktleben auf den offenen Plätzen der inneren Stadt und der Bezirke, als ob niemals irgend ein das Wohl seiner Mitbürger im Herzen tragender Gemeinderath für die Errichtung von Markthallen gestimmt hätte! So sind die Wiener. Man geht lieber nach den offenen Marktplätzen, im heißen Sommer und im kalten Winter, man sitzt lieber mit vom Frost oder von der Hitze getötheten Wangen unter Gottes freiem Himmel und kauft und verkauft die kleinen Pyramiden von Obst, die Bergs von Gemüsen, das blutige Fleisch und den im Wasserkübel schlagenden Fisch, als daß man feste Standquartiere in einer Halle bezöge, seinen alten, freien, ungezwungenen Stammsitz verließe. Der Wind mag stürmen, der Hagel schlagen, der Regen peitschen, die Sonne braten, die Wiener Hausfrau geht auf den offenen Marktplatz und das Wiener Marktweib läßt sich die Gicht in den Leib treiben und bleibt sitzen wo sie ist, wo sie war. Die schnurgeraden eisernen Geländer, die abgezirkelten Standplätze, die Aufschrifttafeln mit Namen und Numern, der leichte Ueberblick, den Gäßchen und Gassen den Markt-commissären gewähren, das hat etwas peinliches für ein echtes Wiener Gemüth. Frei will der Wiener sein, das Wort „festgesetzt" ist ihm ein Greuel. Die Preise muß er selbst machen können und nach Belieben sitzen und stehen, einherwandeln, scherzen, schwätzen und manchmal auch, die Arme in die Seiten gestemmt, mit Andern hahnartig streiten. Das ist des Wieners Element, das ist die Wienerstadt. Und wir glauben, daß der Geist, wie er sich auf den Märkten zeigt, auch in den Bureaur und den Ateliers herrscht. Der Wiener ist Individualist und wird es wohl bleiben, bis ihn nicht der kategorische Imperativ oder die eiserne Noth der Zeit zwingen werden, in Reihe und Glied zu treten, in Reihe und Glied zu marschiren. Er ist ein liebenswürdiger Rebell.

Wir haben das Marktwesen und die holden Marktfrauen hervorgehoben, weil sie am deutlichsten das Verschwimmen von Tag und Nacht in Wien zeichnen. Wenn die periodische Fluth, die aus den Theatern strömt, sich verzogen hat, wenn es in den Straßen leer und still geworden ist — das Wiener Nachtleben ist gering — dann beginnen Karawanen geheimnißvoll zwischen den Häuserreihen zu ziehen. An jedem der vollbeladenen Wagen hängt eine Laterne. Nebenbei huschen, ohne zu sprechen, im Dauerlaufe, Frauen, hochbeladen, Butten auf dem Rücken, die überdies durch Körbe gekrönt werden, nach den einzelnen Plätzen. Sie sind, nachdem die Eisenbahnen sie abgesetzt, bei den Linien hereingekommen oder haben meilenweit über das flache Land den Weg bis Wien zu Fuß gemacht. Die Pfahlbauern haben sich bereits so verproviantirt und so werden heute noch die Lebensmittel nach Wien geschafft. Das ist noch Alt-Wienerisch, aber es ist malerisch; unbequem für die, welche zu tragen haben, aber schön für Jene, die ausgehen, um zu sehen. Da wandeln sich denn die großen Plätze der alten Stadt in Obst-, Gemüse- und Blumenbazare um. Vor dem Palais, wo die Bildergalerie des Grafen Harrach ihre Schätze dem trunkenen Auge beut, die alten Meister des Pinsels thronen, wird die gelbe Rübe, der kriechende, krause

„Guten Morgen!"

Salat unter freiem Himmel auf kleine Tische gelegt; dort wo die Creditanstalt, der Palast des modernen Geldwesens, Millionen annimmt und Millionen aussendet, wird der abgezogene glotzäugige Hase dem rothbackigen Borsdorfer Apfel zum Nachbar gegeben. Am Ufer der Wien, die so reizend duftet, wenn die Akazienbäume blühen — und sie blühen im Weichbilde der Stadt Wien nirgends schöner als an dem berühmten Flüßchen Niederösterreichs — sitzen Frauen nach Japaner Art unter riesigen Sonn- und Regenschirmen — „für alle Fälle", nennt man ja diese gespannten Schutzleinwanden! — und schichten Birnen und Aprikosen in kleine Pyramiden, „Ragel" geheißen, nach dem großen Vorbilde des Riesenbaues von Ghizeh, und ein Meer von Kartoffeln rollt auf dem Marktplatze unweit des Freihauses, in dessen Gartenpavillon einst Wolfgang Amadeus Mozart seine „Zauberflöte" geschrieben! Das ist um die zwölfte Stunde die duftige Parade des Lebensmittel-Heeres von Wien, wenn man nächtliche Heerschau unternimmt.

Wir gehen an dem glänzend beleuchteten Jockey-Club vorüber und blicken nach den sorgfältig verschleierten Fenstern, hinter welchen über die Geschicke des Turfes am „grünen Tuche" berathen wird; weiß glänzt noch in dem Kaffeehause „zum Fenstergucker" das „Auer'sche Licht" und etwas weiter davon, auf dem Platze „Hof", wählt bereits das Ameisenheer der Verkäuferinnen die guten Bissen für den nächsten Tag. Sie schaffen Ordnung in dem Ueberflusse des Landes Kanaan und geben sich dann dem Genusse des Morgenkaffees hin. Milchkaffee ist das Wiener Nationalgetränk, allerdings neben Bier und Wein. Die Damen der Halle — der Mond ist ihre Sonne — nehmen den Trank in einem Kaffeehause zunächst des alten schönen Hauses ein, in welchem die Wiener Feuerwehr residirt und die idyllische Ruhe alle Augenblicke mit ihren aufschreckenden Trompetenfiguralen unterbricht. Die Alarmrufe schrecken aber die sich labenden Marktfrauen und Mädchen nicht. Diese trinken in aller Seelenruhe bei voller Leibesmüdigkeit den geliebten Göttertrank und diesem historischen Augenblicke ist das reizende Bild zu verdanken, das unser Myrbach festgehalten. Ein schönes, junges, kräftiges, üppiges Mädchen, halb Landdirne, halb Großstadtkind. Ihr könnt sie sehen in Wien! Sie ist nicht Marquise wie Musset's Ideal, nur eine verstadtlichte Bauernmaid, aber es ist ein schönes Wiener Kind! Sie hat die Fülle der geringelten Haare über der Stirn kaum in Ordnung gebracht, und im Nacken ringeln frei die Nattern. Sie ist Vollblut Wienerin, vollbusig, mit Hüften zum Entzücken, Hände und Füße sind nicht zu groß und nicht zu klein, und Alles an ihr ist so beweglich, daß man freudig lacht, wenn man dem schönen Spiele der Glieder zusieht. Sie ist halb Milch und Blut, halb Pech und Schwefel, halb Rose halb Dorn und dabei öffnet sie den vollen Mund, daß die weißen Zähne perlen und blinzelt mit den Augen und lächelt und lacht und hebt die Kaffeeschale hoch empor, Allen, die sie hier im Buche ansehen und an ihr mit uns rechte Herzensfreude haben, zurufend: Guten Morgen!

Der Himmel röthet sich. Die Kirchenglocken erschallen. Andächtige eilen herbei und schlüpfen durch die Nebenpforten in die spärlich beleuchteten Gottes-häuser. Die Hausthore werden geöffnet. Der Hausbesorger weiß nicht, ob er sich freuen soll, daß die Störung seiner Nachtruhe aufhört, oder ärgern, daß die Quelle seiner Einnahmen erst in der nächsten Nacht wieder beginnt. Das Straßen-leben beginnt. Lohnwagen kommen in die Stadt; langsam schleichen die noch müden Pferde der Comfortables, frisch und stolz sitzt der Fiaker, der Cavalier-Proletarier auf dem Kutschbocke, die flinken Rosse dem Standplatze zutreibend. Schwerfällig rumpelt der Omnibus der alten Schule und der neue rollt auf den Schienen der Tramway, um dann, wenn er dieselben verlassen muß, mit jähem Rucke nach der Seite geschleudert zu werden und die spärlichen Insassen durcheinander zu rütteln. Von allen Seiten strömen die gleitenden Tramway-Wagen der Ringstraße zu und kreuzen da ihre Bahnen. Das Gerassel auf den halbkugelförmigen Steinen des alten Granitpflasters beginnt; wesentlich gemildert wird es in den Straßen, die mit Asphalt bedeckt worden sind. Die Kaffeehäuser sind gefüllt. Die Marqueurs suchen kühl und nicht allzufreundlich die hunderterlei Gelüste der Wiener in Bezug auf die rechte Nuance des Milchkaffees und die Sorten von Gebäck, die dazu ge-nommen werden, zu befriedigen und dem Gaste jene Zeitungen — es geschieht nicht immer auf den ersten Ruf — zu bringen, welche er zu lesen gewohnt ist. Die Beamten suchen mehr oder weniger gravitätisch, mehr oder weniger rasch die Bu-reaux auf und werden von den Portiers der Ministerien mehr oder weniger ehrer-bietig begrüßt. Die bändergeschmückten Studenten eilen oder lassen sich Zeit, die Hörsäle aufzusuchen. Die Dienstmänner an den Straßenecken erhalten die ersten Aufträge und huschen hin und her. Fleischer- und Bäckergehilfen laufen Stieg auf Stieg ab. Die ersten Hungrigen betreten die Bier- und Gasthäuser, um das zweite Frühstück einzunehmen und dem Wiener Biere zuzusprechen. Leben erfüllt die Straßen, Geräusch die Luft. Die Menschenwogen strömen hierhin, dorthin; stauen sich, gerathen wieder in Bewegung. Leute, welche den Geschäften nachgehen, kreuzen sich mit Spaziergängern. Die Auslagen der Kaufmannsläden sind geordnet und werden betrachtet. Und so geht es weiter, bis der Kreislauf von Tag und Nacht in einer Großstadt sich vollzogen hat.

An vielen Orten klingt in den Abendstunden dem Einherwandelnden aus glänzend erleuchteten Localen oder aus spärlich erhellten Tavernen Musik entgegen. Es wird viel Musik gemacht in Wien, gute und minder gute. In den großen Concerten im gol-denen Musikvereinssaale, die Hans Richter wie ein Feldherr leitet, und in der kleinen Taverne der Vorstadt Hunglbrunn huldigt man der Wiener Nationalkunst, der Musik. Der Wiener schwimmt in einem Tonmeere fast den ganzen Tag hindurch. Er hat ein gutes Ohr, eine geläufige Kehle und einen gespitzten Mund für die Musik. Sein Wesen ist musikalisch. Wenn er geht, glaubt man, er wiege sich im Tacte. Er marschirt nicht stramm, er schlenkert ondulirend einher, wiegt sich in den Hüften und setzt die Füße wie beim Tanze. Des Wieners Gang ist Tanz-

Nachts vor dem Gasserhause.

schritt. Er ist nicht nur Musikfreund, er ist auch Musikkenner und Musikausüber. Was er gehört hat, singt er nach oder er pfeift die Melodie, wenn er nicht singen kann. Der Wiener ist in Lied und Tanz immer noch Alpensohn. Die vierzeilige Gesangsstrophe kommt vom Gebirge her. Die Art seines Tanzens ist dieselbe, wie sie ehedem auf dem Boden der Hochthäler geübt wurde. Der Wiener jauchzt, wenn dem Singenden die Freude den Busen schwellt, er stampft den Boden, wenn ihn der Tanz in freudigen Schwung bringt. Die Musik und der Tanz Wiens sind deshalb noch immer volksthümlich und werden es wohl noch lange bleiben in Großwien, das auszuweiten und einzuspinnen die Arbeit unserer Tage geworden ist. Dem Boden der Volksthümlichkeit entsprossen, ist die Wiener Musik zur liebenswürdigen Kunst erblüht. Wien beherrscht durch seinen Walzer noch immer die Welt, seit Strauß dem Aelteren und Lanner bis zu Johann Strauß, der uns noch mit seinen süßen Tanzliedern erfreut.

Auch beim Tanze und Gesange erkennt man in dem Wiener den Individualisten. Er liebt die freie Bewegung. Er liebt es zu tanzen und zu singen, wie er will. Er läßt sich nichts vorschreiben, nicht gebieten, nicht einmal von dem Capellmeister. Dieser hat schon seit langer Zeit nachgegeben. Er ist selbst ein

Wiener und spielt wienerisch für seine Landsleute. Für den Wiener gibt es keinen Tact und keinen Rhythmus. Er tanzt als ob er wechselnden Stimmungen, schwankenden Empfindungen nachgäbe. Bald schneller, bald langsamer dreht er das schöne Weib, welches er im Arme hält. Jetzt kommt er nicht vom Fleck, dann rast er wie die Windsbraut die Wand des Saales entlang. Wenn er mit der Tänzerin antritt, sie leitet und lenkt, erst weit von sich hält und ihr in's Auge blickt, dann das schöne Mädchen an sich zieht, immer näher und näher, so daß Busen an Busen liegt, da erglänzt des Siegers bewußte Freude in seinem Auge, und wie ein Held, ein Gebieter auf dem Kampfboden des Ballsaales zieht er stolz seine Kreise. Da ist wenig Angelerntes, da ist Eingeborenes. Der Wiener verlangt freies Feld für Anmuth und Grazie inmitten des vorgeschriebenen Kreises der Töne. Und wie die da unten tanzen, so dirigirt und geigt der echte Strauß dort oben, wie die unten sich wiegen, Welle auf Welle, so wiegt und bewegt, so schwingt und neigt sich der Meister des Tanzes auf dem Podium. Die Schönheit in der Freiheit, das ist des Wieners Eigenart, die Art des begabten musikalischen Naturkindes.

Die Wienerstadt ist erfüllt mit Erscheinungen mannigfacher Art, welche das Wiener Wesen hervorruft. Wir haben hier nur die Ouverture zu den Schaustellungen gegeben, welche nun an den Blicken des Betrachters und Lesers vorüberziehen sollen. Das Glockenzeichen ertönt, die Zimmerreise durch Wien kann beginnen.

I.

Wien
in den Morgenstunden.

Von
Friedrich Schlögl

Die Schatten der Nacht entfliehen allmälig. Der Morgen graut. Wien wird lebendig und rüstet sich für des Tages Arbeit, für des Tages tausendfältige Bedürfnisse und Pflichten einer Million von Menschen. Bevor aber die Werkstätten, die Märkte, die Aemter, die Straßen sich füllen, ehe das Gewoge der kreuzweise nach ihrem Berufe Eilenden beginnt, schließen Andere erst ihre Thätigkeit, begeben sich zur Ruhe und suchen den Schlaf. Der vielgeartete Nachtdienst verschiedenster und achtbarster Functionäre ist zu Ende und sie erreichen müde und abgespannt ihr meist armselig Heim.

Doch auch sonstigen, aber nicht gerade ehrsamen Gestalten begegnet man um diese Früh-Dämmerzeit. Es sind jene gewissen S p ä t l i n g e, welche für ihre Schmausereien und Trinkgelage (sammt Zugehör) mit e i n e m Abende und e i n e r Nacht nie ihr Auslangen finden und gewohnt sind, vom nächsten Tage eine Anleihe von ein paar Stunden zu nehmen; schlaf- und volltrunkene Hetzbrüder, die ein „amüsantes" Café chantant oder ein ähnlich Etablissement taumelnd verlassen, wüste Kumpane, zuweilen auch gerupfte „Frischlinge" aus mesquinen (oder eleganten) Spieleclubs. Es sind — so zu sagen — die „M a r o d e u r e" der eben verlebten und

Laternenmann.

nun entweichenden Nacht, die mit verglasten Blicken auf ihr Lager sinken, wenn das Gros der übrigen Menschheit sich den Schlaf aus den Augen reibt und Hände und Füße in Bewegung setzt, um in saurem Frohndienst den schmalen Arbeitslohn redlich und ehrlich zu erwerben.

Aber knapp neben den geschilderten „schwankenden Gestalten", den Nachtschwärmern, Schwelgern und Schlemmern eilen beflügelten Schrittes alle Jene zu ihren Pfühlen, welche, wie schon erwähnt, ihre nächtliche Robot geleistet und nun im wohlverdienten Schlaf für neue Mühseligkeiten sich zu stärken haben. Es ist das vielköpfige Heer der „Zeitungsmenschen", die bei der „Fabrikation" des Blattes, das am frühesten Morgen in den Händen des geehrten Lesers sich befinden soll, sei es als Leitartikelschreiber, sei es als Setzer, Corrector, Revisor, Drucker, Falzer, Expeditor, Bahn- und Postfahrer ꝛc. ꝛc. beschäftigt sind; es sind ferners die N a ch t- und G e w ö l b e w ä ch t e r; es sind die absolvirten B e d i e n s t e t e n aus einzelnen, mit „C o n c e s s i o n e n" betheilten Café's und B e r g n ü g u n g s l o c a l i t ä t e n; es sind die nach allen Richtungen dahinhuschenden M u s i c i; es sind die nicht nach Rosenöl duftenden, doch bestie selten und sorgfältig vermummten „u n t e r i r d i s ch e n" Arbeiter und es sind — — von anderen Berufsarten nicht zu reden — schließlich die Laternenmänner, welche die halbnächtigen Gasflammen auszulöschen und damit der Nacht figürlich den Abschied zu geben haben. All' diese braven Leute, von denen die Wenigsten ihrer Mission wegen zu beneiden, lassen sich — nun die Sache schön zu benennen — nun von Morpheus Armen umfangen, indessen die übrigen Staubgeboren, die zur täglichen Arbeit genöthigt, diese denn auch alsbald beginnen.

Zettelanpapper.

Wer sind die Ersten der Fleißigen und Thätigen? Ach, es sind abermals die zur Truppe Gutenbergs Gehörigen, denn der „Zettelanpapper" ist, wie die trillernde Lerche oder das Sternbild der Venus, das Symbol des erwachenden Morgens, und seine Mauer-Anschläge verkünden urbi et orbi, daß die Tageslosung wieder Arbeit heißt. Und während er auf der Leiter seinem klebrigen Handwerk obliegt, läuft zu seinen Füßen das emsigste Geschöpf der Welt, der Zeitungs-bote, utriusque generis, um die noch nicht trockenen Exemplare der jeweiligen „öffentlichen Meinung" an ihre Bestimmungsorte abzulagern. Darunter sind als Massen-Depots vor Allem die Café's zu berücksichtigen, in welchen die Mar-queure und deren „ab- und anfrämmendes" Hilfspersonale des wichtigen Momentes bereits gewärtig, um all' diese Blätter (jeglicher Gesinnung und Farbe) aufzuschneiden und einzurahmen (ein seltsames Geschäft!) und sie den ungeduldigsten der Gäste, den „Früh-Melangisten" submissest vorzulegen.

Und nun rührt sich's auch schon allwegs. Die Straßenbespritzer und Straßenkehrer walten — zumeist unbekümmert um die Füße ihrer Zeit- und Bezirksgenossen ihres Amtes; die Marktleute kommen, mit Butten, Kreuzen und Körben oder mit Schiebkarren und Hundefuhrwerk; die Milchweiber („Wasser-Nymphen", Borax-Hebe), eingehüllt in undurchdringliche „Gugeln" und

hoch thronend auf einem wackeligen Einspänner; die F l e i s c h e r mit ihrem veritablen
Turfgespann und im polizeiwidrigsten, forcirten Trab rasen durch die engsten Gäßchen;
die M a u r e r und Z i m m e r l e u t e und P f l a s t e r e r schlendern, den Holzstummel
zwischen den Zähnen, nach ihren Arbeitsplätzen — die Hausthore öffnen sich. Der
gefürchtete Cerberus erscheint in Hembärmeln, wirft einen verdrießlichen Blick nach
oben, wenn das Firmament nicht im lichtblauen Gewande, und murmelt einige
Flüche über wahrgenommene regelmäßige — Unregelmäßigkeiten und allerlei Abfälle
an den Thorstufen. Dieser stabile „Morgengrimm" steigert sich jedoch zur unbe-
zähmbaren Wuth, wenn eine H o l z f u h r e in Sicht, wozu eine Partei des Hauses
(term. techn. „notige Bagage") fremde Arbeitskräfte engagirte.

In den Zwischenpausen dieser allgemeinen Scenirung für die Beschäftigungen
jedes Einzelnen oder gleichartiger Gruppen, ergänzen noch ganz andere Figuren
und Gestalten das Gesammtbild eines großstädtischen Morgens, gar sonderbare
Typen, welche scheu und nach vorsichtiger Umschau aus den bedenklichsten und
unglaublichsten S c h l u p f w i n k e l n emportauchen, um sich sodann rasch in das
Gewühl des Tages zu mengen. Es sind jene „Catilinarischen Existenzen", von denen
Niemand weiß, aus welchen Quellen sie ihre Nahrungsbezüge abzuleiten pflegen;
halbwüchsige Bursche und verlotterte Dirnen, ein Ragout von Faulpelzen und Land-
streicherinnen, wie es jede Großstadt birgt; stabil obdachlose Baganten, entlaufene
Lehrjungen, jahraus jahrein vacirende Taugenichtse, als Manöver-Gäste und Begleiter
der Burgmusik unter der Firma „P ü l c h e r" genügend bekannt; zerlumptes Gesindel,
das urplötzlich bei Menschenansammlungen sich einfindet, auf Märkten, in Kirchen
oder vor Schaufenstern und an Tramway-Haltestellen sich in die Massen drängt und
seine Hände gern in fremden Taschen versinken läßt. Sie theilen sich in die „Arbeit"
je nach dem Talente des Einzelnen und haben gemeinsame Zusammenkünfte in
abgelegenen Schenken, wo das Pensum jedes Mitgliedes dieser Association in einem
eigenthümlichen Idiom besprochen wird. Rückt die Nacht heran, so verlassen sie

Rülpsißwagen.

ihr. Kniebeslauten, gehen an die projectirte „Arbeit" oder verschwinden, wenn „die Luft nicht rein", vor den Augen der officiellen Bigilanz und begeben sich in die während der Tagespromenaden ausgewählten Gratis- herbergen. Die Einen dahin, die Andern dorthin: auf verlassene oder unbewachte Bau- plätze, in Heuschober, in die Liniengraben, in die Praterauen zu „Mutter Grün", unter Brücken, ja selbst in Canäle, inmitten des eckelsten Ungeziefers. Und sie schlafen einen gesunden Schlaf und sind am nächsten Morgen, wenn sie sich an das Tageslicht wagen, frisch und munter, nur etwas bleich, mit eingefallenen Wangen und blauen Ringen um die Augen. Jeder- mann erkennt beim ersten Anblick dieses Gelichter und hütet sich, an die Strolche nur zu streifen.

Minder häßlich, oft sogar ergötzlich (obwohl das Mitleid passender) sind andere Erscheinungen zu solchen Stunden. Die L e h r j u n g e n, die Stiefkinder der Allmutter Gäa, treten auf den Plan. Sie kommen mit bereits tüchtig „aufgerüttelten" Kopf- haaren und sputen sich in der Erfüllung ihres „Kleindienstes", die mit ihrem Metier zwar in keinem Zusammenhange, aber doch in den Ressort ihrer Charge gehört. Sie putzen, um die Wette mit den nachbarlichen Collegen, die diversen Stiefelpaare der Hausinsassen und treiben, trotz alles Elends, das mit ihrer inferioren Stellung in der menschlichen Gesellschaft verknüpft, trotz aller Tyrannei, mit der man sie seitens rüder Gesellen nicht selten behandelt, trotz schlechter Kost, miserabler Unter-

Aus den Schlupfwinkeln.

kunft, die ihnen zugewiesen und trotz aller Schicksals- und anderer Schläge, die ihnen oft allstündlich beschieden, den lustigsten Schabernack und hänseln sogar die Mägde, die nun auch schon auf den Füßen und vorläufig nur nachlässig toilettirt und mangelhaft chaussirt, die ersten Einkäufe für den Morgenimbiß besorgen, bis sie später in vollem Staat jene wichtigeren und ersprießlicheren Gänge verrichten, wobei nicht nur ein kleines „Körbelgeld" resultirt, sondern auch die eclatantesten Huldigungen der Aufhackknechte und stets liebegierigen, frisirten und pomadisirten Ladendiener mit Sicherheit zu erwarten sind.

Alles rührt und rüstet sich. Die ersten Fiaker und Comfortables leiten gähnend ihre Gefährte im langsamsten Tempo mit schläfrigen Gäulen nach den Standplätzen; die Masenre, welche gewisse immer übellaunische Stunden schon im dämmerigsten Morgen zu bedienen und mit den untrüglichsten Wetterdiagnosen zu benachrichtigen haben, stürmen aus den Häusern, ihre „Laderbüchsen" flugs entleerend; die Avantgarde des Mistbauers schellt und beruft alle Kehrrichtbesitzer (unter normaler Standentwicklung) zur Entladung ihres angesammelten Unraths in seinen Monstre-Sammelwagen. Das „Haberlumpweib", wie das „Lavendelweib" im Sommer, geben in kreischendsten, unharmonischsten Tönen gleichfalls Kunde von ihrer Existenz und Anwesenheit und begnügen sich mit dem winzigsten Kreuzergewinn, gleich dem „Beinklieker", der über jeden gefundenen Knochen jubelt.

Es wird immer lebendiger. Bei den Auslaufbrunnen entwickeln sich

förmliche Völkerschlachten, wobei vorzüglich in Ellbogenstößen, begleitet von orato-
rischen Kraftübungen, das Möglichste geleistet wird, bis der Wachtposten, der
nun seinen Rayon betritt, Ruhe zu schaffen sucht. Es gelingt ihm so ziemlich,

Fleischerburschen.

worauf er der Hausmeisterin, die der Spectakel aus ihrem Verließ hervorgelockt, seine
Rathschläge und Warnungen zur Erhaltung des Friedens ertheilt und in einem
längeren Exposé seine allerdings wohlmotivirten Ansichten über die Verdorbenheit
der heutigen Jugend überhaupt auseinandersetzt.

„Morgenstunde — Staub im Munde".

Mitten in diesem Tohu-
bohu des immer mächtiger an-
wachsenden Straßenverkehres, Getöses und Lärmens beschäftigen
sich in musterhafter Gelassenheit
die Briefträger mit der Auf-
schließung und Entleerung der
gelben Kastchen und schieben das
bunte Gemengsel von unortho-
graphischen Liebesbriefen und ditto
Mahnschreiben, von gelehrten und
albernen Scripturen, von abge-
lehnten Pränumerations-Einla-
dungen und vielversprechenden Wahlaufrufen ꝛc. ꝛc. unter den eisernen Deckel der
Carriole und rasseln über das — launenhaft gefügte Würfelpflaster nach den bezüglichen Postämtern. Hausknechte mit dem Schlüsselbunde, Bureaudiener
mit ernster Amtsmiene, Heizer (in der Wintersaison), Reinigungsweiber
und sonstiges Dienst- und Arbeitspersonale, sie Alle schlendern oder laufen — je
nach ihrem Eifer oder ihrer Stimmung — dorthin, wo Pflicht und Beruf sie
erwarten.

Eiliger haben es die kleinen
Meister selbst, die aus den
entlegensten Vorstädten und Vor
orten im raschesten Tempo die
Stadt zu erreichen suchen, arme
Geschäftsleute vom nieder
sten Steuercensus, die aber ge
wissenhaft ihre paar Kunden zu
befriedigen pflegen. Ebenso tum
meln sich die Tabak-Trafi
kantinnen, die Soda- und
Zeitungsverkäuferinnen mit der Erschließung ihrer Gewölbe und Thron
sitze, damit dem frühesten Begehren, dem ersten Wunsche entsprochen werden kann.
Nur Einer entweicht, der das ehrliche Tageslicht nicht verträgt und sowohl dieses
wie die Geruchsorgane aller, selbst nur halbwegs heikliger Menschen zu scheuen
hat — der*) „Würstelmann", welcher seine dubioseste, nach dem Stadt
physikus längst schon verlangende, übelst riechende Waare nach den ersten Mitter-

---

*) nur mit einem „Zöger" und einem Handkessel ausgestattete, zum Unterschiede von
seinen stabilen und seßhaften Geschäftscollegen, genannt der „fliegende"

nachtsstunden an Kreuzungswegen feilbietet. Seine unbekümmerten Abnehmer sind die „schweren“ Fuhrleute, die Holzhauer, Eishacker ꝛc., aber auch ein gewisses „Nachtgevögel“, wenn dasselbe kurz vorher selbst mit einem Ananaspunsch und drei Knickebein tractirt wurde, leider aber mit nichts Nahrhaftem. Diesem Manco

haben eben die verdächtigsten, fast prähistorischen „Frankfurter“ abzuhelfen, von denen übrigens schon der Erzeuger wie König Claudius sagen konnte: „O, meine That ist faul, sie st — t zum Himmel!“

Die Stunden rücken vor und die Bewegung in Straßen und Gassen und Gäßchen nimmt von Minute an zu. Allwärts das melodische Geklingel der Tramway und das Gerumpel und Gepolter der Stellwagen und Omnibusse. Die Fiaker und Comfortables bringen ihre Fahrgäste zu und von den Bahnhöfen und Landungsplätzen. Die pflichteifrigen Beamten eilen mit Taschen und Actenbündeln nach den Stätten ihrer segensreichen Thätigkeit, und die liebe Schuljugend mit Büchern, Schreibthelen und Rechentafeln (nebstbei auch mit Gugelhupfstücken und mürben Kipfeln) über und über bepackt, sucht, oft wie das Maulthier, im Frühnebel seinen Weg oder kämpft mit

Marktweiber.

aufgespannten Schirmen gegen Sturm und Regen. Alles rührt sich und ist in thätigster Bewegung, mit Ausnahme jener glücklichen „oberen Zehntausend“ (vielleicht sind es auch weniger), denen die Götter es gestatten, sich in ihren

2*

Eiderdunen- und Himmelbetten unter üppigen Damastdecken noch ein paar Stünd-
lein herumzuwälzen.

Schließlich sei aber auch
noch einer Species gedacht, deren
rigorose Aufgabe es ist, lange
vorher, ehe die allgemeine Völker-
wanderung beginnt, auf den von
gestern noch müden Beinen zu
sein. Es sind die ärmsten der
Armen, weil am meist Gebeutelten, die viereinhalb Schuh hohen
Ganymede (im Kellnerjargon
„Vieresel" genannt), welche nicht
selten nur unter obligaten Maul-
schellen, Kopfstückeln, Puffen und
Fußtritten nach sechzehnstündiger
anstrengender Dienstleistung sich
zur „Ruhe" begeben und unter
ähnlichen Ceremonien aus ihrer
„Ruhe" und ihren Trinkgeldträu-
men von brutalen Händen aufgescheucht werden. Als Schlaf-
object wird ihnen (häufig und
trotz aller humanen Ge-
genvorschriften) die Höh-
lung einer schmalen Sitz-
bank angewiesen, in wel-
chem Prokrustesbette die
abgehetzten Knirpse sich
zurecht zu finden haben.
Nun hat der „rauhe
Pyrrhus", vulgo „Haus-
knecht" seines ermun-
ternden Amtes gewal-
tet, die Aufgeschreckten
entsteigen dem Marter-
raume (im Volksmunde
als „Flöhtrückerl" be-

kannt und gefürchtet) und recken und dehnen ihre Glieder und machen sich nach
flüchtigster Waschung und oberflächlichster Toilette an die Arbeit. Und diese ist
nicht gering, soll die verwüstete Trink- und Eßstätte wieder auf ihren vollen Glanz

Beim Wasserbrunnen am Morgen.

hergestellt werden Und hiefür drängt jogar schon die Zeit, denn in Kurze naht der Termin für die ersten „Gabelfrühstücke", die ersten „Gollasche" u. j. w. und die ersten „gespritzten Achteln", denen freilich in der Regel noch mehrere folgen, untermischt durch diverse Krügel „Abzug", wenn das vormittägige „Schnapsen" und „Angeh'n" beginnt. Denn man unterhält sich gerne — auch in tristen Zeiten . . .

So beiläufig sieht es in Wien aus in den Morgenstunden. Was der Tag dann bringt? Möge er Jedem — der es verdient — ein ungetrübter werden und bleiben! -

* * *

In die Schule.

Dieses in flüchtigen Strichen und allgemeinen Umrissen gezeichnete Bild des „Wienerischen Morgens" genügt wohl dem oberflächlichen Passanten, der in der Eilfertigkeit seiner Berufspflichten an all' diesen Erscheinungen achtlos vorüberhuscht, sowie dem gedankenlosen Bummler, der seine ihm vom Arzte ordinirte, oder aus jahrelanger Gewohnheit geübte Frühpromenade fertig zu bringen hat und nicht das mindeste Auffällige oder überhaupt Bemerkenswerthe zu erblicken vermag.

Was anderes ist es, wenn Einer als „Denker" gelten will und als solcher sich gerne nennen hört und wohl auch selbst mit Vorliebe nennt und an die gewöhnlichsten Vorgänge seine tiefsinnigen Ansichten und Urtheile knüpft. Da ist z. B. der prosaische „Auslaufbrunnen", um welchen Mägde verschiedenster Façon sich gruppiren und die Zeit, bis ihre Gefäße gefüllt sind, mit allerlei Geplauder

Zur Arbeit.

auszunützen pflegen. Wird dem „Den
ker" hier nicht alsogleich die Brunnen-
Szene aus „Faust" lebendig wer
den und wird nicht vor seinem in
neren Auge das arme Gretchen in
ihrer Herzens- und Seelenbedräng
niß emportauchen, wenn er von dem
Lästermaule Lieschen's das Ehren-
kränzlein Bärbelchen's so grausam
zerpflücken hört? Ach, unsere vor-
städtischen Najaden beschäftigen sich
in solchen Augenblicken mit ganz anderen Dingen, ihre Gesprachsstoffe
reichen in der kurzen Spanne Zeit,
in der sie beim Brunnen zu amtiren
haben, gerade noch hin, um von den
jüngsten Sekkaturen der „Gnädigen"
und den nichtsnutzigen Streichen der
ungezogenen Jungens zu erzählen, der letzten Truppen-Dislocation zu gedenken, vom
neuen zudringlichen (oder apathischen) Zimmerherrn zu berichten und den Unterschied

Ausheben der Gruftfahrn.

zwischen dem „Fünfkreuzertanz" beim „Aug' Gottes" und beim „stillen Zecher" im Prater durch flagrante Erlebnisse zu erklären. Denn der eigentliche „Tratsch" beginnt ja doch erst Abends beim Hausthor.

Und so wird der „schärfere Beobachter" auch den gewöhnlichsten Szenen an den Bahnhöfen bei Ankunft und Abreise der Passagiere ganz separate Wahrnehmungen abzugewinnen wissen. War dieser Abschied ein wirklich herzlicher? Sind diese Thränen echt, die sich mit den anderen vermischen und die Wangen Beider befeuchten? Werden die Schwüre alle gehalten, die nun von bebenden Lippen gelispelt, ist der letzte und allerletzte Händedruck thatsächlich ehrlich gemeint? Blitzt es aus diesen Augen nicht wie eine Erlösung aus lästigen Banden hervor und umzuckt die

Abreise

Mundwinkel nicht ein leiser Hohn, der zu sagen scheint: „mich seht Ihr nie wieder?"
O, es gibt der rührenden Auftritte genug, deren Anblick dem frostigsten Beschauer
das Herz zusammenschnürt, aber ebenso häufig hat er auch bedenklichst den Kopf zu
schütteln, wenn ein dicht vermummtes Pärchen dem Fiaker entspringt, sich hastig
durch die Menge drängt und in den nächsten Minuten in einem sorgfältig verhängten
Coupé verschwindet. Oder auch, wenn — meist in den Nachtstunden — ein zweifelloser
Elegant in der Halle erscheint, mit einem flüchtigen Blick die Anwesenden mustert,
sichtlich erleichtert aufathmet, ein Billet erster Classe löst, den Träger des Plaid
(das einzige Gepäckstück) gentil honorirt und es sich im Schlafwaggon so bequem
als möglich macht. Der vornehme Unbekannte fährt schmunzelnd nach Süden — und
die Steckbriefe und Telegramme sind vielleicht nach Norden adressirt und nur das
Wehgeheul und die Flüche der Betrogenen begleiten den behäbigst — „Abreisenden",
allerdings ungehört, noch in weiter Ferne.

     Etwas geräuschvoll rasselt das Postcarriole herbei, um das wohlcouvertirte
schriftliche Eingeweide der Sammelkästen in seinen bauchigen Monstrebehälter auf-

zunehmen. Die Action seitens der Bediensteten geschieht mit einem exemplarischen Phlegma und der Kutscher gähnt sogar, der Monotonie überdrüssig, die seinem Berufe anhaftet. Und doch, wer eine Ahnung von dem Inhalt hätte, von dem diese bunten Scripturen erfüllt sind! Es wurden die unzählbaren Varietäten all' dieser Epistel bereits angedeutet, aber die üppigste und fruchtbarste Phantasie wäre doch nicht im Stande, auch nur annähernd zu bestimmen, welche Unsummen von Schmerz und Freude, von peinigenden und erhebenden Gefühlen auf diesen noch uneröffneten Briefschaften lasten. Mit welcher Seelenfolter und welch' beklommenem Herzen wird oft nur einer einzigen Zeile, einem einzigen Worte bangend entgegengesehen! Wie erröthen und entfärben sich die Wangen der Empfängerin oder des ungeduldigen Empfängers! Welch' heiße Thränen entströmen diesen milden, sanften Augen und welch' brausender Aufschrei beseeligter Empfindung lohnt wieder den edelsinnigen Schreiber! Welch' namenloses Glück und welch' bittere herbe Enttäuschung spiegelt sich in den Mienen derer, die das Blättchen in ihren zitternden Händen halten! Aber wozu diese schwermüthigen Deliberationen; der Deckel fällt klirrend ins Schloß und rasch geht es um die Ecke, in einer Stunde hat Jeder und Jedes, was ihm bestimmt, mag er nun lachen oder verzweifelnd in die Höhe starren.

Vielleicht sieht der Eine oder der Andere mit sehnsüchtigen Blicken und klopfender Brust diesem für alle übrige Welt prosaischen Treiben zu und malt sich in Gedanken das Bild, wie schön es wäre, wenn aus diesem monströsen Chaos von Zuschreiben aller denkbaren Farben und Formate auch für ihn ein zarter Liebes- oder wuchtiger Geldbrief oder auch nur eine Einladungskarte für ein Kränzchen, eine Rebhühnerjagd oder einen simplen zur fixe abfiele, aber er ist genöthigt, diese Fantastereien zu verscheuchen und an seine eiserne Berufspflicht zu denken. „An die Arbeit!“ heißt es auch für ihn. Denn nicht nur das Maschinenhaus und das Fabriksgebäude, die Drehbank und die Verkaufsbudel, die Werkstätte und der Bauplatz ꝛc. die den „kleinen Mann“, den Gewerbetreibenden, den Repräsentanten des Mittelstandes an die Tagesrobot nöthigen, auch der Kanzleitisch und das Stehpult, der amtliche schwarzlederne Fauteuil und der eichene Hämorrhoidalisten-Dreifuß, sie harren bei Tagesanbruch ihrer legitimen Functionäre und diese haben Eile, die angestammten Plätze mit ihrer ganzen Persönlichkeit auszufüllen. „Wieder acht Stunden (ist wohl noch länger!) im Joche!“ seufzt Dieser und Jener, wirft einen Blick nach dem etwas umwölkten Horizont, fühlt vielleicht sogar ein paar Regentropfen, aber sein Glaube an einen Umschlag der Witterung ist felsenfest, er sieht vorahnend den Himmel sich bläuen und erwägt im Stillen, ob es nicht angenehmer wäre, die kostbare Zeit mit einer Kegelparthie in Rekawinkel auszufüllen, als mit Tinte und Streusand zu hantiren und ein Dutzend obioser Geschäftsstücke „statim“ zu erledigen. Doch das Geschäft kennt da kein Mitleid, keine Schonung, keine Rücksicht; in Bälde sitzt er auf seinem Folterstuhle, vor sich den entmuthigenden Anblick eines Stoßes neu eingelangter Geschäftsstücke, neben dem Reste veralteter und um desto lästigerer Rückarbeiten, die ebenfalls der (endlichen) Erledigung gewärtig. So taucht er denn die Feder in das schwärzeste

Raß und beginnt (die goldigſte Sonne leuchtet zum Fenſter herein) zu „felbern“,
wie der bureaukratiſche terminus technicus lautet, und hat nebenbei die querelirenden
Launen eines mürriſchen Amtschefs zu ertragen, oder die Sticheleien der Amtsgenoſſen,
denen er als Vordermann längſt ein Dorn im Auge, ſchweigend und nur mit den
Zähnen knirſchend, anzuhören. Ein bitteres Loos! Oder wäre es nicht amüſanter, am
Schalter zu ſtehen und den barockeſten Anforderungen des geehrten Publicums Rede
und Antwort zu geben? Die Wahl iſt ſchwierig und ſie bleibt umſo unentſchiedener,
als keine Abwechslung in Ausſicht und der morgige Tag dieſelben Fatiguen bringen
wird, wie der heutige und geſtrige. Geſteigert kann jedoch das Uebel noch werden,
wenn ihm plötzlich die Ordre droht, für einen erkrankten Collegen den Nachtdienſt
zu verſehen und etwa ein richtiges Tauſend Poſtpackete zu cartiren und zu ſortiren,
während die allerbeſten Freunde in der Stammkneipe ſitzen und ein Ultimo nach dem
andern jubelnd angeſagt wird.

    Inzwiſchen tummelt ſich die ſogenannte „liebe Jugend“, in allen Straßen
und Gaſſen und Gäßchen, um in haſtiger Eile die obligate Schulſtunde nicht zu
verſäumen. Mancher der Knirpſe wählte ſtatt der langweiligen Sprachregeln und der
endloſen Ausnahmen der unregelmäßigen Zeitwörter, lieber ein kleines Gefecht mittelſt
Riemen und Lineal, um ſeinem unverſöhnlichen Gegner aus der höheren Claſſe die

letzte Niederlage heimzuzahlen, oder eine Schneeballen Attaque gegen die „protestantischen Buben" (oder auch umgekehrt) zu beginnen, oder auf dem Bücherbündel eine neue Rutschbahn an einem gefrorenen Erdhügel zu erproben, allein die Stunde ruft und er hat pünktlich im Lehrzwinger zu erscheinen. Wieder Andere huschen mit halbverweinten Augen und angeschwollenen Backen in das Innere des „grauen Hauses", neuer Verdrießlichkeiten bereits versichert, da die schlenkerhaft verfaßten und greulich „verpatzten" Schulaufgaben kaum die Zufriedenheit und lobende Anerkennung des strengen Präceptors erlangen dürften. Die Perspective zeigt auf ein „Strafsitzen" oder ein hundertmaliges Abschreiben des schönen Lehrsatzes: „Du sollst deine Aufgaben reinlich und fehlerfrei abliefern!" Und wieder Andere, denen eine liebreiche und sorgsame Aufsicht ihrer Angehörigen zu Theil wird, stolziren am Arme ihres Erzeugers oder einer verläßlichen Miethperson unter aufgespanntem Regenschirm (obwohl nur ein unbedeutendes „Rebelreißen" sich schüchtern bemerkbar macht), vor den Porticus und empfangen auch hier noch die oft gehörten Rathschläge und Ermahnungen und Vorsichtsmaßregeln und auch begründete Warnungen bezüglich ihres etwaigen Umganges oder überhaupt näheren Verkehrs mit den vom Schicksal minder Begünstigten. Die Glücklichen! Sie haben alles, was sie benöthigen, ein schönes Heim, ein warmes Frühstück, praktische Kleider und ein tabelloses Schulwerk. Haben Sie auch ein Auge für ihre armen und ärmsten Genossen und Genossinnen (Kameradinnen wäre unpassend), denen es an dem Nöthigsten fehlt? Der Gang zur Schule ist der erste Schritt in's Leben! Führt er auch immer zur Wohlfahrt? Oeffnet er die Schleußen des Glückes oder nur der Zufriedenheit? Wird die Leuchte, die hier angezündet, für Alle erhellend wirken? Veni sancte spiritus! — —

In philosophischer Ruhe und die Misère des Tages, sowie die großen und kleinen Angelegenheiten der übrigen Menschheit vollständig ignorirend, entsteigt dem qualmenden Kellerraum der Bäckerjunge, die nächtlichen Elaborate seiner nächsten Vorgesetzten zu den stabilen Kunden befördernd. Schlummern auch in diesem Busen leise Wünsche? Gewiß. Vor Allem verlangt er von seinem Schutzpatron eine ausgiebige Fürsprache bei dem Lenker seines Schicksales, dass es ihm auch einmal und nur einmal vergönnt sei, sich nach seinem körperlichen und seelischen Bedrängnisse ordentlich — „auszuschlafen!" Dieses pium desiderium erfüllt sein ganzes Sinnen und Denken und es kommt auch sichtbar zum Ausdruck, wenn er auf seiner Wanderung von Haus zu Haus, Stiege auf, Stiege ab, seine mürbe Waare in fast träumerischer Attitüde den harrenden Mägden (oder „Probsitzern") einzuhändigen hat. Geschieht es ihm doch nicht selten, daß, wenn er die Klingel zieht oder die Gewölbthür öffnet, er mit halbgeschlossenen Augen seinen Morgengruß murmelt und hierauf ernstlich zu sorgen hat, daß ihn nicht das Gelüste anwandelt, auf den Stiegenstufen, das Defizit des Schlafes einzuholen, um das ihn sein unerbittliches Metier allnächtig bewuchert. Ach, nur schlafen, schlafen! „Schlafen, vielleicht auch träumen? Ja da liegt's! Doch was im Schlaf für Träume kommen mögen?" weint Hamlet. Unser Bäckerbursche hätte, sollte es ihm einmal gegönnt sein, nach Herzenslust zu schlafen,

gewiß nur einen Traum, einen Traum von einem Bäckerstrike, der länger als
ein Jahr dauerte. Aber das wäre eben zu schön. . . .

Und nun genug der allgemeinen und speciellen Betrachtungen, der helle Tag
ist längst schon angebrochen! — —

Der Bäckerbursche.

Die »Gnädige« auf dem Küchenmarkten.

II.

Wien bei der Arbeit.

Marktleben.

Von

Vincenz Chiavacci

Wer zureisen versteht, der unterläßt es gewiß nicht, gleich nach der Ankunft in einer großen Stadt dem Hauptmarkte einen Besuch abzustatten, weil er sicher sein kann, dort neben den markantesten Typen der Bevölkerung auch ein zutreffendes Bild von ihrem Leben und Treiben zu empfangen. Herz und Nieren der Bewohner zu prüfen, ist eine zu umständliche Sache; es genügt aber vollkommen, wenn man ihnen in den Magen guckt. Sage mir, was Du ißt und ich werde Dir sagen, wer Du bist! Diese Umschreibung eines alten Sprichwortes trifft nirgends so sehr zu, wie bei den Bewohnern der alten Kaiserstadt. Alle competenten Urtheile über Wien und die Wiener aus den verschiedensten Zeiten beschäftigen sich mit dem guten Magen des lustigen Donauvölkchens. Der biedere Schulmeister Wolfgang Schmelzl sagt in seinem poetischen „Lobspruch":

Gestalten vom Naschmarkt.

Wer sich zu Wien nit neten kann
Ist überall ein verdorbner Mann.

Und von sich selbst erklärt er mit dem behaglichen Gefühl eines vollen Magens:

Der Schmelzl thain pesser
Schmalzgrub fand,
Ich lob diß ort für alle Land.

Auch Schiller tätschelt den Wienern in seinem Distichon über die Phäakenstadt das Bäuchlein:

„Immer ist's Sonntag, es dreht immer am Herd sich der Spieß."

Und wenn von dem Wien des Vormärz die Rede ist, so marschirt zu seiner Charakterisirung das „Backhändl" auf und das sybaritische Leben am häuslichen Herd und in Gasthäusern und Weinkneipen findet eine breite und farbenreiche Schilderung.

Das Wiener Marktleben bietet denn auch ein überaus mannigfaltiges und fesselndes Bild. Der Naschmarkt, die Markthalle, die Märkte „am Hof", „auf der Freiung", „am Schanzl", endlich der eigenartige, nicht mit Lebensmitteln, sondern mit einer fabelhaften Fülle von altem Trödel ausgestattete „Tandelmarkt" in der Rossau, zeigen uns eine Menge von originellen Typen und ein eigenartig bewegtes Treiben.

Es sind da zumeist nur diejenigen zu sehen, welche zur Intendantur des Magens gehören und hier liefern wieder die großen Lebensmittelmärkte das anschaulichste und bewegteste Bild. Die urwüchsigsten Typen aus dem reichgegliederten Gesellschaftsleben der unteren und mittleren Stände bietet der Naschmarkt in der Nähe der Elisabethbrücke und des Freihauses auf der Wieden. Das farben- und stimmenreiche Treiben des Marktlebens läßt sich schwer schildern. Es ist ein lebendes Bild mit melodramatischer Begleitung. Ein Kunstwerk, das die reichste Künstlerphantasie nicht zu stellen vermöchte. Das „ewig Weibliche" regiert dort in überwiegender Majorität. Welcher Reichthum an Gestalten, welche Mannigfaltigkeit der Formen! Welch' betäubendes Durcheinander von Stimmen. Dienstag und Freitag sind die

Ungarische Fuhrwerke am Kohlmarkt vor dem Freihause.

stärksten Markttage. Wenn wir von der Leopoldsbrücke längs der Wienstraße gegen
die Elisabethbrücke gehen, so sehen wir gegen die Böschung des Wienflusses zu eine
ununterbrochene Reihe von Laubfuhrwerken aufgestellt. Hart an dem Zaun, der
das rechte Wienufer einzäumt, ist das Hundefuhrwerk der Greißler aufgestellt, jener
unverdrossenen Nährväter des kleinen Mannes, die diesem die Bedürfnisse des
Lebens in kleinsten Quantitäten für Küche und Haus abliefern, auch wohl für eine
ganze Woche Credit gewähren, und sich dafür mit dem g r ö ß t e n Profit begnügen.
Ihre bellenden Araber, die „Sultl“, „Tiger“, „Blaßl“, „Waldmann“, die „Hektor“,
„Caro“, „Nero“ und „Pluto“ zeigen durch ihr ohrenzerreißendes Gebelfer an, daß
sie auch treue Wächter sind. Scharfe, undefinirbare Düfte benachrichtigen uns von
weiten, daß wir dem Stapelplatze aller möglichen vegetabilischen und animalischen
Schätze nahe sind. Nur schwer winden wir uns durch das Gewimmel von sparsamen
Hausfrauen, Köchinnen, Greißlern, Lehrbuben, Buttenträgerinnen und Dienstmänern,
„Kummen S’ her, was lausen S’ denn?“ ruft uns die dicke Kapäunlerin an, wenn
wir einen verwunderten Blick auf die „wuzerlfetten“ Poulards- und Entenleichen
werfen. „Kriag’ i was z’ lösen?“ fragt eine Andere, die Topfen und Butter, Honig
und Schmalz feilbietet. Mit allerlei Schmeichelnamen locken sie ihre Kunden, die
Köchinnen werden mit „Schatzerl“ angeredet, „gnä’ Frau“ und „Euer Gnaden“ wird,
mit Nachsicht der dazu gehörigen Toilette, jede Frau genannt. Noch nie hat ein per-
sischer Dichter seine „Zuleika“ mit so glühenden Farben gepriesen, wie die Fratschlerin
ihren „Andivi“, die Kapäunlerin ihre „Martini-Ganserln“, die Obstlerin ihre „Plutzer-

Birnen". Freilich gehört eine intime Kenntniß des Dialectes dazu, um die Kosenamen
zu verstehen, welche die zungengewandten Gemüsefrauen den Kindern Flora's geben
und der Laie wird die Namen Melch, Umurken, Kellerabi, greane Cabas, Grund-
birn', Pfludern, Andivi, Koli kaum zu deuten wissen. Hier findet die sorgsame
Hausfrau Alles beisammen, was ihrer Wirthschaft noththut. In ungeheuren Fässern
sind Obst, Erdäpfel und Zwiebel aufgestapelt. Ganze Berge von saftigen Melonen
und Kürbissen bedecken den Boden. Auf dem großen Platze zwischen dem Freihause
und der Wien sind die En gros-Verkäufer postirt, die ihre Waaren nur „büttel-
weise" oder in größeren Gewichtsquantitäten abgeben. Fleischerbuden, Selcherladen,
Geflügel-, Fisch- und Wildpretstände sorgen für die solideren Grundlagen des Magens. Mit künstlerischem Geschmack sind die Obst- und Gemüsestände aufgebaut und
neben unseren saftigen Birnen, Pfirsichen und Trauben paradieren darauf die edelsten
Früchte der wärmeren Zone, wie frische Trauben, Feigen, Mandeln, Malaga-
Rosinen und Agrumen aller Art. Auch die Kinder Floras kommen hier zu ihrem
Rechte. Vor dem Freihause bilden die Pflanzenstände einen blühenden Blumengarten
mit allerlei Topfgewächsen, von den bescheidenen Zimmerpflanzen der Armen, den
Stiefmütterchen, Reseden, Rauten und Rosmarin bis zur vornehmen Camelie, zur
aristokratischen Fächerpalme oder zu den farbenglühenden Tulpen.

Zwischen den Buden, in welchen echtes Kornbrod, Sparwecken oder Kren,
Butter, Eier, Wurstwaaren, Geflügel, Fische feilgeboten werden, ist ein fortwährendes
Kommen und Gehen von Käufern jedes Standes, von der eleganten „Gnädigen", welcher
das Dienstmädchen mit dem Einkaufskorbe folgt, bis zum Betteljungen herab, der sich
für den erbettelten Kreuzer eine Salzgurke kauft oder zwischen den Ständen faules Obst

Weichwerber.

anfließt. Der Vogelhändler mit seinem gefiederten Volke von Staaren, Amseln, Drosseln, Finken hält auch eine reiche Auswahl von Vogelfutter. Denn wenn die Hausfrau für die Bedürfnisse der Familie gesorgt hat, darf auch der „Hansi" nicht vergessen werden. Ameiseier, Wicken, Hirse, Hanf, die sogenannten Vogelwürstel, dann „Hühnerdarm", Mehlwürmer und andere Leckerbissen sind für die gefiederten Lieblinge bereit.

Das „Körbelgeld", ein uraltes, wenn auch angemaßtes Recht der Köchinnen, welches diese durch Feilschen sich zu erwerben glauben, wird gewissenhaft in die nahe Lotto-Collectur getragen. Die Träume der Nacht und die Abenteuer des Tages werden hier unter Zuhilfenahme der astrologischen Weisheit der verschiedenen Frauen Sopherl, Zali, Wabi, Xandl gewissenhaft gedeutet und in „spielreife" Nummern ausgelegt. Außer den vielen erbgesessenen Verkäufern hat sich eine Menge ambulanter Händler eingenistet: „Krawaten" und „Krawatinnen", welche in ihren „Schwingerln" Spielzeug und Strumpfbänder, Kochlöffel und Kindertrompeten, Geldbörsen und Hosenträger aufgestapelt haben. Ein Graveur mit „Petschirstöckeln", „Monogrammen", „Siegelmarken", ein Serbe, der „türkischen Honig" feilbietet, ein letzter Sprosse der ehrwürdigen Bandelkramergilde, ein Mann mit „gelehrten" Vögeln, die glückbringende Nummern in den Schnäbeln tragen; ferner ein Tausendkünstler, der für jeden Fettfleck und jeden zerbrochenen Teller ein Heilmittel kennt; der Taschenfeitelmann, bei dem man sogar noch Stein, Stahl und Schwamm, gar komische Anachronismen in der Zeit des elektrischen Lichts, bekommen

3*

Geflügelmarkt.

kann — wer mag sie alle nennen, die in dem verwirrenden
Marktgetriebe eine active Rolle
spielen?

Die Wiener Höckerinnen,
„Fratschlerinnen“ sind von sanf-
terer Gemüthsart, als ihre berühmten Pariser Colleginnen, die
„Damen der Halle“. Ihr „Maul“
zwar ist ein Schwert, aber keine

Rapdunierin.

Guillotine. Jene blutrünstige Grausamkeit, mit welcher die Damen der Halle in den Schreckensjahren den blutigen Scenen wie einer Volksbelustigung beiwohnten, ist dem „batzwachen" Herzen der Wiener „Fratschlerin" fremd. Dagegen lassen sie Jeden, der ihren Zorn freventlich herausfordert, unbarmherzig über die Klinge ihrer scharfen Zunge springen. Wer vergleichende Sprachstudien liebt, der suche sich eine vertrauenerweckende Sibylle mit einem großen „Nebelzahn" aus und mache eine abfällige Bemerkung über ihre Waare. Ein entzückendes Füllhorn der saftigsten und originellsten Schimpfwörter wird sich über sein Haupt ergießen und nur in schleuniger Flucht wird er Rettung vor dem gewaltigen Cataract von Invectiven und schmückenden Beiwörtern finden, womit ihn die Pythia des Standes überschüttet. Viele Fremde, die den harten Strauß gewagt, wissen davon schaudernd zu erzählen. Ja selbst Alexander I. von Rußland, als er zur Congreßzeit in Wien weilte, sollte erfahren, daß seine Allgewalt vor der Schneide dieser Zunge Halt machen mußte. Auch er wagte scherzweise einige provocirende Bemerkungen, worauf die damals berüchtigte Frau Nathl wie aus einer Dampfspritze einen kalten Strahl von Schimpfwörtern über ihn ergoß. Ein Passant, welcher den Kaiser erkannt hatte, flüsterte der Verwegenen zu, wen sie vor sich hätte. Sie hielt dies jedoch für einen Aufsitzer und rief zu ihrer Nachbarin hinüber: „Du, Sali, hast g'hört, dös Heamberl will a Kaiser sein! Geh, setz' cahm' Dein Znaspeishefen auf, daß er glaubt, er hat a Kron' am Kopf."

In politischer Beziehung ist die Dame vom Stand trotz ihrer „Reschen" streng conservativ. Sie jammert um die alten Zeiten, will das Bestehende erhalten und schimpft über Alles, was eine Aenderung bedeutet.

Der ehemalige Bürgermeister Uhl inspicirte einst die Märkte am Hof, auf der Freiung und auf dem Naschmarkte und betonte die Nothwendigkeit, daß dieselben und insbesondere der Naschmarkt in eine den modernen Anforderungen genügende Form gebracht werden müßten. Unter den „Fratschlerinnen" fand sich gleich eine Sprecherin, welche den Bürgermeister zwar ihrer Liebe und Anhänglichkeit, aber auch ihrer allergetreuesten „Opposition" versicherte und dem entsetzten Oberhaupte der Stadt in Aussicht stellte, demnächst an der Spitze von 200 Colleginnen als Deputation zu erscheinen und die Beschwerden des Standes vorzubringen. Man kann sich den Schrecken des alten Herrn denken! Eine Million Bajonnete sind nicht so spitzig, wie zweihundert solch' auserlesener Zungen . . . .

Die Intendantur des Magens bedarf aber auch noch anderer Stapelplätze, um die Bedürfnisse einer Großstadt zu befriedigen. Da ist vor allem der Fischmarkt am Schanzl, seit Alters her berühmt durch die gewählte Qualität

Die „blaue Kugel" Res.

der Waare und durch die nichtgewählte Sprache der Verkäuferinnen. Schanzl und Naschmarkt stritten lange um die Palme in der Kraft und Urwüchsigkeit der Rede. Ehemals war das Schanzl ein offener, mit uralten Linden bepflanzter Platz an der Uferböschung des Donaucanals. Auch jetzt noch befinden sich die Obst- und Geflügelstände unter freiem Himmel: der Fischmarkt jedoch, früher ein altes, malerischer, schmutzstarrendes Durcheinander von Staudln und Buden, ist jetzt in geschmackvollen, eleganten und reinlichen Holzbauten untergebracht und mit ihnen ist auch ein anderes Ton eingezogen. So stumm, wie ihre Karpfen sind die Damen freilich noch lange nicht und insbesondere am Charfreitag und am Christabend erwacht die Erinnerung an ihre frühere Herrlichkeit und mit den steigenden Preisen steigt auch ihre „Hoppa-

tatschigkeit" gegenüber den Kunden. Am Schanzl landen die
Marktschiffe aus Oberösterreich
mit ihren Obstladungen. An
der Uferböschung ist deshalb
um diese Zeit ein reges Leben.
Viele kaufen ihr Obst direct in
den Schiffen. Barfüßige Jungen
balgen sich herum, der „Pudel-
scheerer" sitzt unweit hart am
Wasser, einen Zögling zwischen
den Knien bearbeitend, gedul-
dige Fischer werfen ihre Angel
aus, und noch geduldigere Gaffer
sehen ihnen stundenlang zu.

In den Morgenstunden
kommen auch zahlreiche ambu-
lante Verkäufer von Lebensmitteln in die Straßen und
Häuser. Vor allem die Milch-
frauen mit ihrem, von einem
mageren Klepper gezogenen Wagen, auf dem sich große und
kleine Blechbüchsen und „Milli-
amberln" mit der nahrhaften
Flüssigkeit befinden. Krawaten
hausiren mit Grünzeug, mit Gemüsen, die Kohlenhändler laden
ihre plombirten Säcke ab. Aus

Die „Gnädige".

den Fleischerläden tönt ein eigenthümlicher Singsang. Der Aufhackknecht begleitet seine Arbeit nach uraltem Brauch mit stereotypen Redensarten: „A Halb's a Hüfer-schwanzl, um zwa Kreuzer a Leber — So Schatzerl, da habn S' Ihnern Rühr-deckel und mei Herz als Zuwag — Was kriag'n m'r, mei Anzige? — A magers Meißl? — Was is', geh'n m'r am Sonntag in Prater mitanander? — An' Wadschunken wolln S', Frauerl, nehmen S' liaber a Bauchfleisch, schau'n S' her

wia g'main." — In dieser Weise geht es fort schäkernd und feilend und das
scharfe Beil fährt in die Knochen und die schlaue Hand wirft die Waare so geschickt
in die Wage, daß sie stets das gewünschte Gewicht hat.

Nach neun Uhr hat das Markttreiben und die Sorge für den Magen
ihr Ende erreicht und das geschäftliche Treiben, die Jagd nach dem Erwerbe
beginnt.

Von größtem Interesse für die Bevölkerung und von Alt und Jung gerne
besucht ist der Nicolomarkt am Hof, dem sich später der weit großartigere Christkindlmarkt anschließt. Jedem echten Wiener ist der Christkindlmarkt am Hof ein Mekka
märchenhafter Kindheitserinnerungen, zu dem er auch in späteren Tagen mit süß-
wehmüthigen Gefühlen pilgert. Der alte Junggeselle und das einsame Mütterchen
das ahnungsvolle Bräutchen und die glückliche Mutter — sie wandeln wohl mit
verschiedenen Gefühlen die reichbesetzten Buden entlang; doch alle werden sie mit
magnetischer Kraft festgehalten von dem Reich der Illusion, das ihnen hier tausend-
gestaltig entgegentritt. Und nun erst die liebe Jugend! Das verhätschelte Kind des

Reichthums und der
zerlumpte Bettler-
junge finden hier
in gleichem Maße
Befriedigung ihrer
Schaulust und ihrer
kindlich phantasti-
schen Träume. Eine
ganze Welt von
Hampelmännchen,
Puppchen, Riesen
und Zwergen, die
Soldatenwelt in
ihren buntfarbigen

Blumenstand.

Der Frischmarkt am Schanzl.

Erscheinungen, die Landwirtschaft mit Hirt und Herden, die Thiere des Waldes und der Wüste, dann die malerischen Krippen mit der zerklüfteten Berglandschaft, auf der die Hirten mit ihren Schäflein, die heiligen drei Könige mit dem Stern und das Jesukindlein in der Krippe mit Ochs und Eselein sichtbar sind. Wie das alles flimmert und glänzt und gleißt; die tausend Bäumchen mit ihren glänzenden Flitterkronen von Rauschgold, Papierketten, goldenen Nüssen, — es ist ein Feen-reich, wie es die üppigste Phantasie des Kindes nicht auszudenken vermag. Auch das Kind des Krösus muß hieherwandeln, wenn es ein ganzes Bild, eine richtige Vor-stellung von der Leistungsfähigkeit unseres braven „Christkindl" bekommen will.

Bevor wir unseren Bericht schließen, müssen wir noch den „Tandelmarkt" erwähnen, einen uralten Wiener Gerümpel-Bazar, der ehemals bei der Mondschein-

brücke auf der Wieden in erbärmlichen Holzbuden untergebracht war. Gegenwärtig
ist er an der Roßauerlände, gegenüber der Rudolfskaserne in einem festen steinernen
Bau installirt, der ein wahres Labyrinth von Verkaufsständen und Waarenlagern
bildet. Kein größerer Gegensatz als zwischen dem Christkindlmarkt und dem Tandel

Die Obstschiffe am Schanzl.

markt. Dort das Land der Verheißung, die erknospende Märchenwelt des Kindes,
hier der altersschwache Hausrath, der oft schon mehreren Generationen gedient. Wie
viel Geschichten wüßten manche von den altehrwürdigen Haushaltungsgegenständen
zu erzählen von Freud und Leid und bitteren Schicksalen! Die alte Uhr, der ehrwürdige Schrank, wie wurden sie gehegt und gepflegt als theure Vermächtnisse von
Urväters Zeiten her. Sie waren liebe Hausgenossen, vertraute stumme Zeugen eines

bescheidenen Glückes, bis der finstere Tag erschien, an dem sie von fremden Menschen als werthloser Kram taxirt, vom Hause in die Rumpelkammer wanderten. Vom Kleinsten bis zum Größten kann man hier Alles, was das Haus, die Küche, der Wäsche-

Vom Tauschmarkt.

schrank bedarf, um ein Billiges erwerben. Von der Schusterahle bis zur Nähmaschine, vom Ausreibfetzen bis zum Perserteppich, vom Spucknapf bis zum eingelegten Schreib-sekretär, findet sich hier Alles vor, in jedem Material, in jeder Güte und auf jeder Altersstufe der Abnützung.

„Auf dem Tandelmarkt kriegen Sie Alles!" ist der Glaubenssatz des Wiener Kleinbürgers; auf dem Tandelmarkt kauft sich der kleine Mann seine Heiraths-ausstattung, auf dem Tandelmarkt wird der kleine „Schani" ausstaffirt, wenn er zur Firmung geht; hier holt sich die sparsame Hausfrau die fehlenden Küchengegenstände, denn man merkt es ja nicht, daß sie alt gekauft sind, wenn man sie zu der übrigen, gebrauchten Einrichtung legt. Der arme Student kauft sich hier den Winterrock, dem man es gar nicht ansieht, daß er schon mehrere Feldzüge mit-gemacht und wenn es gilt, rasch und billig eine Lücke im Haushalte auszufüllen, geht der Wiener, der nicht besonders mit Glücksgütern gesegnet ist, gerne auf den „Tandelmarkt". Er gewährt einen bizarren, malerischen Anblick und wer es liebt, Volkstypen und Genrebildchen aus dem kleinbürgerlichen Leben zu studiren, der findet auf dem Tandelmarkt die mannigfachste Anregung.

Nachlese.

Aus der Schule.

Von der Straße.

Von

Eduard Pötzl.

Jeder von uns, glaube ich, hat seine Lieblingsstraßen, welche er gerne durchwandelt, und andere, die ihm gleichgiltig, ja vielleicht geradezu unangenehm sind. Es gibt Stadttheile und Straßentheile, auf deren Betreten man sich freut beim Spazier- oder Geschäftsgange, während man widerwillig da und dorthin den Fuß setzt und froh ist, wenn die langweilige oder widerwärtige Gegend wieder hinter Einem verschwindet. Gründe für solche Zu- oder Abneigung anzugeben, wäre schwierig; es sind eben keine vorhanden. Vielleicht ist es in einzelnen Fällen z. B. blos die Unlust, einen im heißen Sonnenglanz liegenden Platz zur Hochsommerzeit zu überschreiten. Kommt man im Winter wieder auf denselben, so erwacht unbewußt die Erinnerung an das Unbehagen im Sommer, und obgleich nun gar kein Anlaß vorhanden ist, dem betreffenden Platze zu grollen, thut man es doch und

Cavallerie.

verleidet sich ihn auf diese Weise für ewige Zeiten. Dergleichen Platzsympathien und -Antipathien sind so häufig wie der Aberglaube, welcher aus der Begegnung mit einem alten Weibe des Morgens für den ganzen Tag Unheil prophezeit. Freilich ist es erquicklicher z. B. einer solchen Schaar junger Wienerinnen zu begegnen,

Lerpenbild".

wie wir sie soeben die Schule verlassen sahen. Wenn man in diese frischen, übermüthigen und anmuthigen Mädchengesichter blickt, möchte man fast die nächste Generation beneiden, die von diesen Blüthen wienerischer Weiblichkeit die Früchte genießen wird. Nehmen wir also diese Begegnung am Vormittag als gutes Omen und schauen wir ein bischen Straß' auf Straß' ab, ohne uns sonderlich darum zu kümmern, ob es unsere Lieblingsplätze sind, die wir durchwandern, oder andere uns weniger vertraute Straßen und Gassen.

Das Wiener Straßenbild bietet Erscheinungen, die so recht geeignet sind, selbst dem flüchtigen Beobachter die stark ausgeprägte Subjectivität des Wieners darzuthun. Ich meine nicht die Figuren, die auch in anderen

Großstädten auf der Bildfläche herumwimmeln, wenn auch selbst diese, wie der Bretzenmann, der Rauchfangkehrer, die Kutscher, die Tramway-Reiter u. s. w. doch wieder ihr eigenes Gesicht haben.

Ich meine vielmehr Diejenigen, die außerhalb Wiens überhaupt nicht vorkommen oder doch in wesentlich veränderter Form. Der „Kästenbrater" wird wohl kaum irgendwo sein „Maroni, Maroni arrostiti; bratene Aepfel!" so schreien wie bei uns. Der „Zwiefelkrawat", Kotzenhändler und die kurzgeschürzte und hochgestiefelte Slovakin mit

Comfortable.

der „Spielerei" haben gleichfalls die österreichische Hauptstadt zu ihrem ausschließlichen Geschäftsbetrieb auserkoren: das Haderaweib, der Lumpensammler, das Lavendelweib, unter traditionellem Singsang die duftige Waare ausrufend, der „Krawat" mit Glas- und Holzgegenständen, der „Kastel binder", welcher zerbrochene Geschirre durch Drahtnetze zusammenfügt, sie Alle gedeihen nur in der Wiener Luft und die jüngste Figur, der Bosniake mit den Tschibuks, türkischen Messern und Cigarettenpfeifchen aus Serajewo wagt sich wohl auch kaum weiter in die Welt als nach Wien, dem Herzpunkte für die occupirten Provinzen. Omnibusse gibt es auch anderswo, bequemer, eleganter sogar; aber den richtigen Wiener Omnibus mit dem Damen und Rauchcoupé und dem rückwärts auf dem Trittbrett balancirenden zerlumpten Conducteur trägt nur das Wiener Pflaster. Stiefelputzer auf öffentlichen Plätzen gibt es auch in Venedig und sie machen

sich dort sehr bemerklich, weil sie Einen gleich beim Bein fassen und hiedurch nöthigen, sich gewaltsam die Stiefel blank fegen zu lassen. Der Wiener Stiefelputzer ist ernster

Der Schreiber vom Heiligrafenyer Hof.

Der Rauchfangkehrer.

gemessener, zurückhaltender. Er wartet, bis Jemand ihm selber den Fuß hinstreckt.
Dann allerdings unternimmt er auch den Versuch, dem Kunden so nebenbei auch
eine ganze Schachtel Wichse anzuhängen. Das Wiener Wäschermädel, das mit wie-
gendem Gange, die „Butten" auf dem Rücken und die Ellbogen herausgespreizt,

Candirte Früchte.

die Passanten auf dem Trottoire anrempelt; der zersetzte Comfortablekutscher mit dem
lebendigen Pferdeskelett vor dem Rumpelkasten und der oftgerühmte, schneidige und
fesche Fiaker; der Dienstmann, der Zuckerlmann, das Weib mit den candirten
Früchten; der Schleifer von Messern und Scheeren; die Jüdin, welche mit Kleidungs-

stricken hausiren geht: der polnische Jude mit den hohen Stiefeln, dem vor Schmutz
glänzenden Kaftan und den obligaten „Peies"; der Hundehändler auf dem Graben,
der aus unfaßbaren Gründen immer einen Jägerhut mit Gemsbart trägt; der
„Gottschewer" und das Blumenweib: sie alle haben und geben Physiognomie,

Das „lavendel Weib".

Farbe, Eigenart den alterthümlich engen oder modern mächtig sich weitenden
Straßen.

Und auch die Sonne hat ein wienerisch Gesicht. Man muß nur das Bild
sehen, das sie hervorzaubert auf dem kostbaren Gürtel, der unsere Vaterstadt um-

4*

Der „Kohlenbauer".

Der Holzwaaren Krämer.

schließt, im Frühling, wenn das verjüngte Wien im langentbehrten Sonnenglanz ein Taumel der Freude ergreift. Es ist dann wie ein allgemeines Opferfest. Die Wiener greifen nach ihren schönsten Kleidern und eilen, damit angethan, auf die Ringstraße und in den Prater, um den Frühling zu begrüßen. Und mit der Jugend der Zeit, mit dem frohsinnigen Schimmer des Tages, mit der stolzen und lieblichen Schönheit

Das Blumenweib.

des Schauplatzes steht die blühende Jugend, die Anmuth und Lieblichkeit der Frauen in einem Wettkampf, dessen Preis die Frauen da von tragen: denn der Tag muß verdämmern, die stolze Pracht der Paläste verbleichen gegen die Schönheit der Frauen in diesem Straßenbilde. . .

Horch'. . . Ein Trommeln und Trommeln aus der Ferne: die Burgmusik kommt ihres Weges, wie alle Tage, um das gewohnte Spiel im inneren Burghofe, auf dem Franzensplatze, abzuhalten. Die Burgmusik, sie ist für die Wiener das, was die Concerte auf dem Markusplatze für die Venetianer sind. Hunderte von Menschen marschiren mit ihr durch die Straßen, darunter nicht selten ganz ernste Charaktere, die unwillkürlich der Musik nachziehen, wie die Motte dem Lichte. Hauptsächlich aber sind ihre ständigen Begleiter die sogenannten „Pülcher",

die Pilger mit den Händen in den eigenen Hosentaschen, wenn sie dieselben schon nicht in fremde Taschen stecken können. Nicht ganz mit Unrecht travestirt der Wiener Witz das bekannte Wort Napoleons an seine Truppen in Egypten auf diese Pilger: „6000 Jahre schwere Kerker schauen Euch aus diesen verwegenen Gesichtern entgegen." Uebrigens sind sie nur auf der Straße in der Majorität, da es ja doch

nicht Jedermanns Sache ist, im Takt vor einer Musikbande zu marschiren. Im
Burghofe selbst ist die Zuhörerschaft aus allen Ständen zusammengesetzt. Es gibt
Viele, welche Tag für Tag, Winter und Sommer, gegen ein Uhr Mittags den
Burghof aufsuchen, um dort gute und billige Musik zu genießen. Gewiß ist es
bezeichnend für die Art des Landes und der Menschen, daß im Hause des Kaisers

Zeichnung: „Wilhelm Zweigler."

täglich ein Concert gegeben wird, das ausnahmslos jedem zugänglich ist; daß dieselben
Töne, welche den Monarchen an seiner Tafel erheitern sollen, gleichzeitig das um-
düsterte Gemüth des ärmsten Teufels, für Augenblicke wenigstens, zu erhellen vermögen.

Ein ganz einziger Anblick, diese Burgmusik in dem ehrwürdigen Rahmen der
alten kaiserlichen Hofburg, wo jeder Stein seine bedeutsame Geschichte hat. Die

Eduard Böhl.

Polnische Juden.

Dienstmänner.

Im Rauch-Coupé.

58

Am Allerfeelentage.

Obst Krawel.

Kleiderjüdin.

Grabenkater.

Riefen am Schwibbogen der Reichskanzlei, welche wirklich die stärksten Männer
Europas sind, denn wie lange schon halten sie ihre Gegner in der Luft; der tiefe
Burggraben mit dem Epheustacket, zwischen dessen immergrünen Blättern Hunderte
von Sperlingen ein sorgenloses zwitscherndes Dasein führen; das Thürmchen mit

der Burguhr, deren Stundenschlag so zart, so silbern klingt; die ernste Ruhe des
Franzens Monumentes inmitten des bunten Menschengewühles, das den Hof zur
Mittagsstunde erfüllt; das Spiel der Musiker, oft süß und berauschend, traurig und
erhebend, oft auch in übermüthigen Walzern hinausjubelnd, immer aber den Sinn
von des Tages Last und Mühen abziehend   und über alledem das helle Himmels-
licht, das die Spitze der Standarte erglänzen läßt wie einen Edelstein und das aus

Stotterpuper.

den blanken Knöpfen der Waffenröcke gleißt: wahrhaftig diese Scenerie ist so
anmuthend, daß man den Enthusiasmus begreift, der das Lied entstehen ließ:

Es ist die Burgmusik
Mein allerhöchstes Glück!

Unterdessen wälzt sich um diese Idylle herum das brausende geschäftliche Leben
der Stadt. Tausende ziehen an uns vorüber, wenn wir hinaustreten auf den Kohlmarkt, Graben und auf den Stefansplatz, Menschen, die wir nie gesehen haben und
die doch gleich uns Bürger dieser Riesenstadt sind, der nur hämischer Neid, selbst

vor der Vereinigung der Vororte mit Wien, die Bezeichnung Großstadt verweigern konnte. Und dennoch erkennen wir den Einen oder Andern als eine Figur, der wir in dieser Stadtgegend öfter begegnen: Bekannte von der Straße. Wir tauschen mit dem feschen Fialer, der vor uns mit strammen Zügeln über den Asphalt fährt, einen Blick dieser Bekanntschaft aus, wir schauen in das gutmüthige Gesicht eines alten Dienstmannes, der seit Jahren vor diesem Durchhause steht, und wir kaufen von einem Blumenmädchen vom Stamme derer, über die das Volkslied sagt: „Mei Vater is a Kegelbua, mei' Großmutter a Blumenmadel" ein in der Stadtluft halb verwelktes Röschen. Wie schade, daß nicht mehr, wie in der Zeit des „volkswirth- schaftlichen Aufschwunges", das Geld auf der Straße liegt. Es wäre ein vergnüg liches Geschäft in Wien, so von der Straße in den Mund zu leben! — — —

Das Blumenmadel.

Der Centralviehmarkt und das Schlachthaus in St. Marx.

Von

Rudolf Spannagel.

Abseits von dem Getriebe der Großstadt, doch sich enge an dieselbe an schließend und mit den gewöhnlichen Verkehrsmitteln leicht zu erreichen, liegt der Centralviehmarkt. Der Wiener kümmert sich im allgemeinen wenig um die Stätte, woher jährlich hunderttausende von Rindern, Kälbern, Schweinen und Schafen dem Magen der Großstadt zugeführt werden. Nur wenn die volle Befriedigung seiner Bedürfnisse, die er zu seiner guten Stimmung benöthigt, durch „Fleisch theuerung" Gefahr läuft, eine Einschränkung zu erfahren, dann weiß er seinem Unmuthe über die schlechte Approvisionirung Wiens und den Centralviehmarkt in geläufiger Weise Luft zu machen. Sich die Sache in der Nähe zu besehen, fällt ihm aber nur dann ein, wenn ihn eine „Mastviehausstellung" vor die St. Marzer linie lockt.

Wer die Oertlichkeit des Centralviehmarktes an einem Sonnabend, Sonn oder Feiertag besucht, wird in den ausgedehnten Gebäude und Platzcomplexen kaum etwas anderes Lebendes zu Gesichte bekommen, als die wenigen mit der Aufsicht betrauten Marktorgane. Die weiten Verkaufshallen und Amtsgebäude stehen verödet, nur in den Ställen befindet sich für den nächsten Markt bestimmtes Vieh. Wie bunt es hingegen an Markttagen hergeht, davon läßt sich leicht eine Vorstellung machen, wenn man bedenkt, daß einerseits aus den meisten Kronländern der Monarchie Vieh dem Wienermarkte zugeführt wird, und anderseits die große Anzahl Fleischhauer der Großstadt und deren Umgebung sich auf dem Markte ein

finden. In dem Rahmen, welcher auf der einen der Stadt entfernter liegenden
Seite von weiten, offenen Feldern mit dahinter befindlichem leichten Gehölze, auf der
anderen Seite von Gassen und Häusern gebildet wird, zeigt sich nicht jeden Tag
der Woche dasselbe bunte geschäftliche Treiben. Der Charakter desselben ändert

Das Schlachten.

sich mit der zum Verkaufe gelangenden Ware. Jeder der einzelnen Viehgattungen
ist eine eigene Verkaufshalle angewiesen und ein bestimmter Tag zur Abhaltung des
betreffenden Marktes festgesetzt. Infolge dessen concentrirt sich der jedesmalige Marktverkehr auf eine der vier Hallen, wo sich dann das eigentliche Marktleben entwickelt.

Wir befinden uns an einem Montag Morgens in der Rinderhalle, welche
die bei weitem größte ist. Aus den Stallungen wird das gemästete Vieh auf seine
Verkaufsstände geführt, aus dem eben angekommenen Eisenbahnzuge werden neue
Partien Rinder zugetrieben. Willig folgen die Ochsen den lauten Zurufen der
Viehtreiber, während die Stiere, an den Füßen gefesselt und mit Blenden versehen,
einer energischeren Behandlung bedürfen. Eben hat sich ein Stier den Händen
der Treiber entrissen und stürmt im wilden Laufe durch die weiten Räume des
Marktes. Alles flüchtet vor ihm; die ganze Schaar von Treibern ist hinter ihm drein
und sucht ihn in die Enge zu bringen. Nach langem Mühen gelingt es endlich
und ermüdet wirft sich das gehetzte Thier keuchend und schnaubend zu Boden.
Da man einen nochmaligen Ausbruch seines Freiheitsdranges und einen etwa
dadurch herbeigeführten Unglücksfall verhüten will, wird der Stier so nieder-
gebunden, daß die Füße mit den Stricken fest zusammengehalten werden und
jede Bewegung unmöglich ist. Dann wird er längs einer schiefen Ebene auf einen
Streifwagen gezogen und dem Schlachthause zugeführt. Ungestört durch diesen
Vorfall treffen die Vieheigenthümer, zum größeren Theile ungarische und deutsche
Mäster, ihre Anordnungen, um die Waare auf einen günstigen Standpunkt zu
postiren, damit deren Güte möglichst zur Geltung komme. In kurzer Zeit ist Alles
geordnet, sind die Stände mit allen Gattungen und Qualitäten von Thieren gefüllt.
Es naht die Stunde des officiellen Marktbeginnes und immer lebhafter wird das
Gedränge in den Gängen und Viehständen. Die Käufer besichtigen die Waare, um ihre
Auswahl zu treffen. Der feingekleidete Stadtfleischhauer sucht nach den besten Qualitäten Rinder, während der Landfleischer im Schürze, Streicher und blutigem Wamms
angethan, billige Waare zu erstehen bemüht ist. Dazwischen sehen wir den dickbauchigen
gemüthlichen, spießbürgerlichen Fleischhauer mit der großen, silbernen Uhrkette,
daran das fein modellirte Haupt eines Rindes ; seiner Gemüthsanlage entsprechend
wickelt der Mann ohne Aufregung oder Eile seine Geschäfte ab. Ein Glockenzeichen kündigt an, daß nun der Markt beginne und die Waare rechtlich erstanden
und gewogen werden kann. Unter großem Geschrei und Gelärme werden die gekauften
Rinder aus den Ständen den Viehwagen zugetrieben. Einer sucht dem anderen zuvor-
zukommen, um möglichst bald seiner Geschäfte ledig zu sein. Selbst alle Aufsicht und
Anordnungen der Marktorgane können es oft nicht verhindern, daß es in diesem
Bestreben zwischen den einzelnen Parteien oder den Thieren zu Zusammenstößen kommt.
Unser Titelbild zeigt die Situation, wie die zum Abwägen bestimmten Thiere bereits in
die vor der Wage angebrachten Stände eingeschlossen sind, deren mehrere man unmittelbar
aneinandergereiht und durch eiserne Thüren verbunden hat, um bequemer die
Rinder partienweise sondern zu können. Die gewogenen Rinder werden dann
entweder abgetrieben oder auf große mit starkem Holzgitter versehene Wagen geladen
und ihrem Bestimmungsorte zugeführt. Einen großen Theil der gekauften Waare nimmt
das Schlachthaus auf, welches in der Nähe des Viehmarktes gelegen ist. Hier wird
die jeweilig zum Bedarfe nöthige Anzahl Rinder geschlachtet und zertheilt. Die

einzelnen Fleischstücke werden auf die großen Fleischerwägen geladen, deren Seiten-
wände zu diesem Zwecke mit langen und starken Eisenspitzen versehen sind, und an
die verschiedenen Verkaufsstellen zum Detailverschleiß gebracht. Ein derartiger über
und über beladener Fleischerwagen, auf dem noch eine erkleckliche Zahl von schlaf-
trunkenen Fleischergehilfen dicht aneinander gedrängt Platz finden mußte, macht in
seiner blutigen Tünche einen wenig appetitlichen Eindruck. Einfacher und bequemer
ist die Marktabwickelung am Kälbermarkte. Hier wird die Waare den größten
Theil des Jahres „waidner" d. i. gestochen zu Markte gebracht, und sie kann in

Folge dessen schnell und ohne
weitere Umstände gehandhabt
werden. Von den sogenannten
Kälberträgern werden die Kälber
stückweise auf der Achsel zur
Wage gebracht und sodann mit
kühnem Schwunge auf den
Wagen des Käufers geworfen.
Ein solcher Wagen vermag oft

50 bis 60 Stück Kälber zu fassen, welche dann in der Weise geordnet liegen, daß der Vorder-
theil gegen das Innere des Wagens gekehrt ist, während der rückwärtige Theil an den
vier Seiten des Wagens hinunterhängt, wie unser Bild es anschaulich darstellt.

Den Brennpunkt des gesammten Marktlebens bildet die Restauration am
Centralviehmarkt, in welcher sich alle irgendwie zum Markte gehörigen oder mit
demselben in Verbindung stehenden Leute einzufinden pflegen. Der Wiener Fleisch-
hauer, welcher übrigens geneigt ist, immer noch eins zu trinken, stärkt sich gerne nach
abgewickeltem Geschäfte. Da wird denn der Marktverkehr, die Preise, der Einkauf,
die erstandene Waare in allen möglichen und unmöglichen Redewendungen einer
Discussion unterzogen. Andererseits machen wieder die Geschäftsvermittler und
Vieheigenthümer ihre Rechnungen, ob sie mit den abgeschlossenen Geschäften ihr
Auskommen gefunden. In weitaus größter Zahl füllen die Viehtreiber die Wirthsstube.
Unter diesen Leuten findet man den braven Arbeiter neben dem arbeitsscheuen
„Pülcher" und ganz herabgekommenen Trunkenbolden. Fußbekleidungen, die einstens
der Bezeichnung „Stiefel" sich rühmen durften, Hosen und Röcke, die schon bessere
Tage gesehen, verwahrloste, rohe Gesichter und heisere Stimmen kennzeichnen zur
Genüge diese Art Menschen, welche nur arbeiten, um den Verdienst vertrinken zu
können. Aus diesem in dunklem Tabaksqualm eingehüllten Durcheinander stechen die
serbischen und kroatischen Viehtreiber in ihren bunten Nationalcostümen hervor und
auch der polnische Jude mit langem, schmierigem Kaftan und Peijes fehlt nicht unter
ihnen. In lauter, oft schreiender Weise wird die Unterhaltung geführt und nicht
selten ereignet es sich, daß die vereinigte Kellnerschaar ein oder das andere renitente
oder „stiere" Individuum unter dem Gelächter und Spotte seiner Collegen an die
Luft zu setzen bemüssigt ist.

Doch ist allen diesen Leuten ein merkwürdiger Zug gemeinsam, nämlich eine
stete Ehrlichkeit, Ergebenheit und Treue gegenüber ihren Herren oder denen, die ihnen
Gelegenheit zu einem Verdienste geben. Und von diesem Standpunkte betrachtet,
erscheint diese ganze Gesellschaft in einem weitaus besseren Lichte, als ihr äußeres
Aussehen und Benehmen vermuthen lassen könnte.

Auf dem Bau.

Von

Eduard Pohl.

Was wird in Wien nicht alles gebaut, nicht alles auf offener Straße gearbeitet! Kaum eine Straße, auf der nicht ein Häuflein Arbeiter irgend eine nützliche Beschäftigung handhabt. Ob versengend die Sommersonne niederbrennt, ob die winterlich kalte Windsbraut dahinstürmt, wie immer der Lauf der Welt beschaffen sei, es wird gearbeitet zu Nutz und Frommen der Bevölkerung. Es wird gearbeitet, gleich wenn die Trompete des Morgens, der Hahnenschrei erklingt, und es wird gearbeitet weit in die sinkende Nacht hinein, ober- und unterirdisch. Hier werden, hoch in der Luft, kreuz und quer durch die Straßen Telegraphendrähte gezogen, welche Wien wie ein Netz umspannen; dort werden die Pflastersteine aufgerissen, entweder weil sie schadhaft sind und durch neue Granitblöcke ersetzt werden müssen oder weil man dieser harten, unangenehmen Pflasterung eine bessere, ruhigere, staubfreiere vorzieht: Holzstöckel oder Asphalt. Oder man reißt die Pflastersteine zu anderem Zwecke auf: die Schienen der Pferdebahn müssen gelegt oder ausgebessert werden oder die Röhren der Gas- und Wasserleitung und der pneumatischen Bahn. Das Hämmern und Klopfen nimmt kein Ende. Eine Großstadt ist ein Hexenkessel öffentlicher Arbeit. Auf dem Dache des einen Hauses sind Ziegel- und Schieferdecker beschäftigt, an einem anderen schwebt ein hängendes Gerüst, auf welchem der Anstreicher mit Farbe und Besen seines Amtes waltet. Und nun erst ein Umbau! Die ab- und zufahrenden Wagen mit Brettern, Steinen, Ziegeln, der Schutt, die Trümmer, die

5*

Staubwolken rings
um, die zahlreichen
Menschen, deren jeder
einem andern Thun
obliegt — welch' merk-
würdiges Bild!

Die Behäbig-
keit, mit welcher einst
in Wien ein Bau ge-
führt wurde, ist längst
einer amerikanischen
Hast in der Herstel-
lung von hohen Zins-
kasernen gewichen.
Der „Ziegelschupfer"
ist dahin, eine Ma-
schine arbeitet an sei-
ner Stelle, und das ist
charakteristisch für die
Art der modernen Bau-
führung. Es war eine
etwas altväterische Ge-
schichte dieses Ziegel-
schupfen von Hand zu
Hand, von einer Lei-
tersprosse zur andern
bis in die höchsten
Stockwerke hinauf.
Aber es war originell
ebenso wie der Brauch
der beim Bau beschäf-
tigten Weiber, das
Mörtelschaff auf dem
Kopf zu balancieren,
was heutzutage von
den „Zureicherinnen"
auch nur noch aus
nahmsweise geübt
wird. Nicht mehr auf
den Leitern und schie-
fen Ebenen hinaufge-

Die Straße vor einem Bau

tragen wird der Mörtel, sondern er wird hinaufgewunden bis zu der Stelle, wo die kundige Hand des Maurers seiner benöthigt.

Das Heranwachsen eines Neubaues aus den Trümmern eines alten Gebäudes ist interessant zu beobachten. Blos nach Tagen zählt die Abtragung des ehrwürdigen Invaliden, dessen Façade oft künstlerischer war, als das was der moderne Sinn nun an seine Stelle setzt. Im Handumdrehen ist man zu den Grundfesten hinabgelangt, zu den Geheimnissen der Jahrhunderte alten Keller, nachdem die blosgelegten Gemächer der Stockwerke schon vorher verschämt ihre zerrissenen Tapeten gezeigt haben. Während auf der einen Seite noch an der Beseitigung des Schuttes gearbeitet wird, fügen sich auf der andern bereits die Grundsteine des neuen Gebäudes aneinander. Ein Rest des alten Hauses

Anstreicher.

dient als Baukanzlei, von wo aus der Polier den Ameisenhaufen überwacht. So ein Polier ist einer der wenigen unumschränkten Herrscher, die es in diesen

Maurerer.

oppositionellen Zeitläuften noch auf der Welt gibt.

Von seinem Machtworte hängt Sein oder Nicht-in der Arbeiter ab, gegen seinen Ausspruch gibt es keine Appellation. Unempfindlich gegen Wind und Wetter, gegen die lustigeuchte Kühle der neuen Räume und die Zugluft in seiner blos mit alten und unpassenden Thür- und Fensterstöcken ausgerüsteten Kanzlei, steigt er auf schwindelnd schmalen Mauern herum, stöbert dort die Saumseligen auf und überhäuft sie mit kraftvollen Schimpfworten, belehrt die Rathlosen, empfängt die Befehle des Bauherrn und steht stundenlang auf irgend einem erhöhten Punkte wie ein Feldherr, der seine Truppen im Auge hat. Er ist die Seele des Mikrokosmos, als welcher der Bau erscheint. Kein Ziegel wird gelegt, keine Fensterwölbung gepölzt, kein Sparren gefügt, den sein Späherauge nicht zweimal angesehen hätte. Mit erstaunlicher Schnelligkeit wächst das rohe Mauerwerk empor. Anscheinend sind es nur wenige Maurer, die wirklich Stein auf Stein legen, mit Loth und Wasserwage gleichen und glätten: aber diese ausgewählten Arbeiter sind auch stets die tüchtigsten in ihrem Fach und werden von unten rastlos mit allem nöthigen Material bedient. Die kurze Pfeife im Munde, den kalkbespritzten Speuzer über dem groben Hemde, halten sie Kelle und Hammer ohne Hast, doch unablässig in Thätigkeit, bis die Glocke das Mittagszeichen gibt oder Feierabend anzeigt. Während der Mittagsstunde verzehren

sie ihr Stück Brod sammt Speck, um dann alsbald auf hartem Mauerwerk oder in
irgend einer Ecke des Gerüstes sich dem stärkenden Schlafe hinzugeben, bis die

Mauer.

Glocke abermals ertönt und sie wieder zur Arbeit ruft. — So bauen sie und
bauen sie zeitlebens Paläste und Hütten und Zinshäuser, vornehme und behagliche

Das Volk Ramaden.

Menschennester — niemals für sich, sondern stets für Andere um Sinne der Virgil'schen Verse:

Sic vos non vobis nidificatis aves,
Sic vos non vobis mellificatis apes!

Das Legen von Leitungsröhren.

Im Poste-restante-Bureau.

Post, Telegraph, Telephon.

Von

Isidor Fuchs.

Das „griechische Viertel" von Wien führt ebensowenig eine todte Sprache als das Pariser „Quartier latin". Große und kleine Geschäftshäuser, von eingewanderten Griechen, Türken, Bulgaren, Serben und den sogenannten Spaniolen gegründet und zu Ansehen gebracht, geben unserem „griechischen Viertel", dem alten „Fleischmarkt" und seinen Nebengassen ein charakteristisches Gepräge, welches sich die Jahrzehnte her unverwischt erhielt. Fast auf Schritt und Tritt wird man in unserem „griechischen Viertel", einem der Centren des Altwiener Handels und Verkehrs, daran erinnert, daß man sich in der unmittelbaren Nähe des Hauptpostgebäudes befindet. Briefträger zu Fuß und im Post Omnibus — letzteres Vehikel ist eine Errungenschaft des Jahres 1873 — Carriol-Wagen, welche zu den Filial-Aemtern Briefsendungen befördern und von dort abholen, Beamte in den neuen kleidsamen Uniformen — zu jeder Stunde des Tages wird die Physiognomie des „griechischen Viertels" durch diese Erscheinungen beeinflußt.

Die liebe, gute, alte Hauptpost! Wenn auf irgend eine unserer Institutionen das berühmt gewordene Ministerwort vom „Durchiretten" mit Recht angewendet werden kann, so ist dies bei der bedeutendsten Postanstalt des Reiches, bei dem Wiener Central Amte der Fall.

Telephon-Centrale.

In den Dreißiger Jahren freilich, da machte es in Wien Sensation, als es eines Tages hieß, die Post übersiedle aus den engen, dunklen Räumen des Hauses in der Wollzeile, Ecke der Stroblgasse, in das „Barbara-Stift" und das Hauptzollamt, welches bis dahin diese ehemaligen Klosterräume occupirt hatte, ziehe in's eigene Haus. Was ist seither in dem alten Gemäuer probirt, tendirt und experimentirt worden, um den von Jahr zu Jahr wachsenden Bedürfnissen des Verkehrs auch nur annähernd zu entsprechen! Jeder Neuerung, jedem Fortschritte schienen die alten Klostermauern ein energisches „non possumus" entgegenzusetzen und am Ende ging's und geht es doch und zwar mit dem alt österreichischen Universalmittel, dem „modus vivendi".

Da das Parlament sich nun einmal nicht entschließen konnte, die Mittel zur Errichtung eines der Hauptstadt würdigen, den modernen Fortschritten und den

berechtigten Anforderungen des Publicums durchaus entsprechenden Postpalastes zu
bewilligen, so blieb es dem hingebenden Eifer und der geradezu bewunderungswür-
digen Findigkeit unserer Postverwaltung überlassen, die Blüthen des neuen Verkehrs-
lebens mitten aus den baulichen Ueberbleibseln, ja aus den Ruinen eines verflossenen
Jahrhunderts hervorzurufen. Gerade während der letzten Jahre wurden hier einige
besonders praktische Neuerungen in's Werk gesetzt. Vier hydraulische Aufzüge wurden
eingerichtet, um die Millionen und Millionen Briefe und Zeitungen von den Auf-
gabestellen in die Sortirräume und in's Abgabeamt zu befördern. Die Raschheit und
Präcision, mit welcher dieser wichtige Theil der postalischen Leistung sich vollzieht,
wird im Localverkehre Wiens gar wohl verspürt und wer, wie wir, das bewun-
derungswürdige Ineinandergreifen von menschlicher und Maschinen-Arbeit im Post-
gebäude einer aufmerksamen Beobachtung unterzog, wird dem Tausendsassa, dem
modus vivendi seine Anerkennung gewiß nicht versagen.

Mit den denkbar bescheidensten finanziellen Mitteln hat es unsere Postverwaltung glücklich dahingebracht, daß die bevorstehende Creirung von Groß-Wien
sie schon entsprechend vorbereitet findet. Mit fünfundneunzig Filialen und Vororte-
Aemtern unterhält zur Zeit die Wiener Hauptanstalt stetige, rege Verbindung. Ehe
das Jahr 1892 um ist, dürfte wohl das Hundert der Filialen voll werden.

Gewiß sprechen wir jedem Wiener aus der Seele, indem wir an diesem Orte
auch das Lob unserer vielgeplagten Briefträger singen. In Brigaden sind sie eingetheilt,
die dreihundert Briefträger der Centrale, von denen jeder durchschnittlich drei Expe-
ditionen täglich zu machen hat. Das sind die „eisernen Brigaden" der Post. Wie
in der inneren Stadt, so vollzieht sich der Dienst auch in den Filial-Aemtern Dank
der aufopfernden Thätigkeit der pflichttreuen, verständigen und flinken Briefträger
zur vollsten Zufriedenheit des Wiener Publicums. Die sinnreiche Einführung der
Postanträge hat den Wackeren neue Pflichten auferlegt und mit Befriedigung dürfen
wir hervorheben, daß man in den Kreisen der Geschäftswelt wie bei Privaten nur eine
Stimme des Lobes über diese vortheilhafte Neuheit hört. Die gleiche Anerkennung
wird der echt großstädtischen Schöpfung der Postpaket Bestellanstalt gezollt, welche
uns nachgerade zum unentbehrlichen Bedürfniß geworden ist; von der früheren
Paket-Bestellmethode spricht man heute wie von einem verschollenen Stück Alt-Wien.

Die kräftigste Widerlegung jener Phrasendrescher, welche alle Zeit das Schlag-
wort: „Wien ist im Niedergange" im Munde führen, ist der Hinweis auf die von
Jahr zu Jahr sich steigernden Agenden unserer hauptstädtischen Postverwaltung.
Ob man nun in den Bureaus für die Expedition und Uebernahme in- und ausländischer Zeitungen oder in den „Cancellen" der Geldbriefsortirung Umschau und
Nachfrage hält, ob man die Listen der eingeschriebenen Briefe von 1892 mit den
entsprechenden Tabellen der Vorjahre vergleicht — in jeder einzelnen Branche ist
ein erfreulicher Fortschritt wahrzunehmen und mit nimmermüder Sorgfalt sind die
Bureau Vorstände und Beamten bemüht, den Wünschen des Publicums gerecht
zu werden.

Daß die Poſt neben ihren eminent praktiſchen Aufgaben auch eine poetiſche Seite hat — welche empfindſame, deutſche Leſerin brauchten wir daran zu erinnern! Einige der dankbarſten Nummern unſerer Liedertafeln müßten aus den Programmen verſchwinden, wenn einmal des Schwagers Horn gänzlich verſtummte. Unter den Wiener Poſtillonen gibt es einige Virtuoſen, welche an ſchönen Sommerabenden durch ihre Gratis-vorträge das Publicum entzücken. Daß unſere Briefträger auch eine eigene ſtark begehrte Capelle haben, ſoll gleichfalls nicht unerwähnt bleiben. Dem Phyſiognomiker bieten die wetter-harten Geſichter der Kutſcher in dem geräu-migen Poſthof Gelegenheit zu anregenden Studien.

Die Poeſie der Poſt! Lyrik, Novelle, Roman und Drama — ein ſo ſchrecklich nüch-terner Ausdruck wie „poſte-restante-Bureau“ vereint alle dieſe Dicht-arten. Der ſchüch-terne Gymnaſiaſt und die erfahrenere Nähmamſell, die „unverſtandene Frau“ und der „Witwer in den beſten

Telegraphen-Drahtzieher.

Jahren" sind typische Figuren an dem Schalter dieses Bureaus, welches vor kurzer Zeit aus dem finsteren Gelasse unter der Hauptthor-Einfahrt in ein lichtes geräumiges Parterre-Locale (Dominikanerbastei Seite) übersiedelt ist. Man erzählt von Zola, daß er, um seinen Roman „Zum Glück der Frauen" zu schreiben, eine Zeit lang als Volontär in einem der großen Magazine von Paris thätig war. Wäre es nicht strict gegen die Dienstesinstruction - gewiß, mehr als ein Wiener Romanschriftsteller wäre jeden Augenblick bereit, als „Einjährig-Freiwilliger" im Poste-restante-Bureau zu functioniren. Freilich erfordert dieses Amt mehr Eifer, Geduld und Routine als irgend ein anderes in der weitverzweigten Postverwaltung. Und nicht jeder Poet taugt so gut zum Beamten wie der, dessen Devise lautet: Morgens in's Bureau mit Acten, Abends auf den Pegasus.

⁎　₀　⁎

„Und wollt Ihr uns vom Telegraphen nicht auch ein freundlich Wörtchen sagen?" Ein Wort genügt hier in der That: Musterhaft.

Das Haupt-Telegraphenamt im Centrum des geschäftlichen Verkehrs von Neu-Wien (Börseplatz) macht seinem glänzenden Ruf alle Ehre. Mit wahrer Befriedigung sei an dieser Stelle der Thatsache Erwähnung gethan, daß mehr als ein bedeutungsvoller Fortschritt auf dem Gebiete der Elektrotechnik für alle Zeiten mit Namen von Functionären des Wiener Telegraphenamtes verbunden ist. Die Vortrefflichkeit der Apparate, die glückliche Organisation, die eiserne Disciplin wirken hier so glücklich zusammen, daß die Station Wien im telegraphischen Weltverkehre ihren Rang mit Ehren behauptet. Der Telegraphen-Drahtzieher gehört mit zu den populären Wiener Straßenfiguren. Die Pneumatik im Dienste der Depeschen-Expedition und das interurbane Telephon sind Errungenschaften der letzten Jahre und bewähren sich vorzüglich.

Eine bedeutsame Reform ist im Zuge: Die Verstaatlichung der Privattelegraphen-Gesellschaft. Daß unser sonst so rühriges Handelsamt in dieser Angelegenheit eine zuwartende Haltung bewahrt, hängt mit Verhältnissen zusammen, deren Besprechung hier zu weit führen würde. Das Wiener Publicum „drängelt" auch gar nicht; denn im Allgemeinen kann man sagen, daß Wien durchaus keine Ursache hat, über die Verwaltung der Wiener Privat-Telegraphen-Gesellschaft Klage zu führen. Diesem Unternehmen danken wir das vor zwölf Jahren hier eingeführte Telephon, welches derzeit schon weit über 8000 Abonnenten in Wien zählt und dessen Central-Stelle in der Friedrichsstraße auch die Verbindung mit Liesing, Kaltenleutgeben, Perchtoldsdorf, Mödling, Baden, Vöslau, Wiener-Neustadt, Neunkirchen, Reichenau, Weidlingau, Iglau, Kolin klaglos vermittelt. Durch die Freundlichkeit des Herrn General-Inspectors der Privat-Telegraphen- und Telephon-Gesellschaft ward dem Illustrator dieses Werkes die erwünschte Gelegenheit geboten in den Arbeitsräumen der Centrale Skizzen zu machen. Den hübschen, flinken Wiener Mädchen bei ihren Hantirungen an den sinnreichen Apparaten zuzuschauen, ist eine wahre Freude. Mit bewunderungs

würdiger Ruhe und Präcision vollzieht sich die verantwortungsvolle Arbeit der
Telephonistinnen, deren jede nur fünfzig Nummern zu überwachen hat. Kein Glocken
zeichen verkündet hier die Meldung des Abonnenten; geräuschlos fällt eine Klappe,
eine Ziffer wird sichtbar, das Fräulein fragt: „Welche Nummer?" und eine Secunde
später ist das Gespräch der Abonnenten im Gange. An Störungen fehlt es
freilich auch nicht; ganz abgesehen von elementaren Einwirkungen gibt es so viele
seltsame Abonnenten, die sich „absolut nicht" melden wollen, und dann sind die
armen Damen häufig genug die schuldlosen Opfer der üblen Laune der vergebens
Wartenden.

Gibt es auch eine Poesie des Telephons? O, gewiß. Das Theater hat sich
des anziehenden Themas schon bemächtigt („Das Telephon-Fräulein") und auch der
Titel zu einem „Halloh-Halloh-Roman" ist schon gefunden, man braucht
nur die Installation in der Telephon-Centrale sich gegenwärtig zu halten. Jenem
Apparate, welcher dazu bestimmt ist, die von der Straße einlaufenden Drähte
zweckdienlich zu vereinen, gab der Erfinder vorahnend den Namen „Rose". Läßt
sich ein schönerer Titel für einen Wiener Roman neuen Stils denken als: „Die
Rose von der Friedrichstraße"?

Die Feuerwehr.

Die Wiener Feuerwehr ist auf
das Trefflichste organisirt. Die Cen-
tralstelle befindet sich „am Hof."
Jeder Bezirk und jeder Vorort hat seine
besondere Feuerwehr, ausgerüstet mit
Pferden, Pumpwerken, Wasserwagen,
Leitern, Sprung und Rutschtüchern

Die Feuerwehr kommt.

und allen jenen Geräthschaften, die nöthig sind, um des furchtbaren Elementes
Herr zu werden und Menschen aus brennenden Häusern zu retten. An ver-
schiedenen Straßenpunkten, sowie im Innern von größeren Gebäuden sind behufs
Alarmirung der Feuerwehr beim Ausbruche von Schadenfeuern zahlreiche automatische
Feuer-Signalapparate angebracht. Die nächst situirten Rayonposten sind mit
Schlüsseln zu denselben versehen. Im Bedarfsfalle hat der Anzeiger nach Oeffnung
des Apparates mit seinem Schlüssel den schwarzen Knopf des für den vorliegenden
Fall passenden Tasters, nämlich ob Rauchfang-, Dach-, Zimmer- oder Kellerfeuer,
mit dem Daumen bis auf den Grund hinein zu drücken und sodann wieder

raich loszulassen. Haben die ertönenden Glockenschläge aufgehört, muß man einen Knopf so lange drücken, bis von der Empfangsstation das „Verstanden"- Zeichen, nämlich fünf Glockenschläge hörbar werden. Das ist Alles sehr sinnreich. Außer der städtischen Berufsfeuerwehr gibt es eine Reihe von freiwilligen Feuerwehr vereinen. Die Mannschaft, in Zwilchkleidern, Helmen und hohen Stiefeln angethan, thut mit musterhafter Schnelligkeit und Pünktlichkeit ihre Pflicht, oft unter Gefährdung des eigenen Lebens. Wird vom Thürmer von St. Stephan oder von anderer Stelle aus ein Feuer signalisirt, flugs sind die flinken Männer ge- rüstet, und mit fliegender Eile jagen die Dampf- und sonstigen Spritzen und Wagen durch die Straßen dahin, unter schmetternden Hornrufen, welche aus allen Häusern, Gassen und Plätzen eine neugierige Menge heranlocken. Ein bewegtes, aufregendes Schauspiel!

Feuer is!

Von Vincenz Chiavacci.

„Resi, g'schwind komm' herein, der Franzi fürcht' si in der Finstern. Er will net Heiderl machen, wann's im Zimmer finster is."

Die Resi nimmt die Petroleumlampe vom Simse über dem Herde und geht in's Zimmer. In der Mitte des Zimmers stolpert sie über den kleinen Bierwagen, welchen der Franzi stehen gelassen. Sie fällt hin und die Lampe zerbricht. Das Petroleum ergießt sich über den Boden und im Moment lodert eine mehrere Fuß hohe Flamme auf.

„Jesus Maria und Josef!" schreit die Frau Preißl, reißt ihren Franzi aus dem Kinderbette und flieht mit ihm aus der Wohnung. Die Resi steht einen Augenblick wie gelähmt da. Dann nimmt sie ein auf dem Tische stehendes Glas Wasser und gießt es in die Lohe; dadurch breitet sich die Flamme um ein beträcht- liches aus und leckt an den beiden Bettstätten empor.

„Maria und Josef!" schreit nun auch die Resi und macht einen letzten verzweifelten Versuch, die Flamme zu ersticken. Sie wirft alle Kleidungs- und Wäschstücke, welche im Bereiche ihrer Hände liegen, auf die Flamme. Diese weicht aber geschickt aus und kommt an der Peripherie des Kleiderhaufens wieder zum Vorschein. Jetzt bleibt auch der Resi kein anderes Mittel mehr, als die Hände über dem Kopfe zusammenzuschlagen. Das thut sie auch in der ausgiebigsten Weise. Als nun aber auch die Vorhänge in einer riesigen Lohe aufflackern, räumt sie ebenfalls mit Windeseile den Schauplatz und schreit, auf den offenen Gang stürzend, aus voller Kehle: „Hilfe, Feuer, es brennt!"

Sofort wird es im Hofe und auf dem Gange lebendig wie in einem gestörten Ameisenhaufen. Die Weiber kreischen lau' auf und rennen zwecklos hin und her. Die Männer kommen mit allen möglichen, in der Hast ergriffenen Gefäßen, um zu löschen, und die Buben laufen auf die Gasse und rufen: „Feuer, Feuer!"

„Teifi, bei uns brennt's!" ruft der Ferdl mit großer Genugthuung seinem Kameraden, dem Gustl zu.

„Geh', laß mi eini," fleht der Gustl, dem ein solches Schauspiel höchst sehenswerth erscheint.

„Nix da, da herinnert hast nix g'machen, dös is unser Haus," wehrt der Ferdl mit der Engherzigkeit eines Harpagon, der nur im Alleingenusse seiner Schätze schwelgen will.

„Aber geh', i laß' di ja a's nächstemal eini, wann's bei uns brennt," versichert der Gustl und schiebt sich beim Hausthor herein.

Inzwischen ist auch die Gasse lebendig geworden und der Hausmeister schließt das Thor, um nicht durch die vielen Gaffer im Rettungswerk behindert zu sein.

Zwei Fenster im zweiten Stockwerke sind von der Flamme, welche immer weiter wüthet, taghell erleuchtet.

„Da schau her, jetzt fangt schon's Fensterkreuz an," ruft der Gustl. Im Innern des Zimmers werden die Silhouetten einiger beherzter Männer sichtbar, welche zu löschen versuchen.

„Obst außergehst, Loisl" ruft die Hausmeisterin ihrem Manne zu „hörst net; o ich unglückliche Person, der Mensch macht mi no zur Witwe. Wer gibt mir denn nachher was, wannst in Flammen aufgehst, oder derstickst oder a Haxl brichst obst abergeh'st," kreischt sie.

„Weil's a wahr is," unterstützt sie die Frau Vorsinger. „Der Meinige ist af'rat so a Narr. Statt daß er mir hilft, unser Zacherl in Sicherheit zu bringen, setzt er sei Leben auf's Spiel. Obst aber kummst, Du grauslicher Mann!"

Jetzt fingen auch die Kinder zu weinen an, und als mit einemmal ein furchtbarer Qualm aus den geborstenen Fenstertafeln hervorquoll, ging ein Schrei des Entsetzens durch's ganze Haus.

In demselben Augenblicke stürzten aber schon die Männer durch die offene Thür ganz rauchgeschwärzt hervor und riefen hinunter: „Die Zimmer ausräumen!" Damit hatten die Weiber schon früher begonnen und in der angsterfüllten Hast die lächerlichsten Kleinigkeiten zu bergen versucht. Jetzt aber wurde mit blindem Eifer alles Bewegliche durch Fenster und Thüren hinausgeschafft. Das Bettgewand flog im Bogen von den offenen Gängen in den Hof und wurde von den Buben auf die Gasse geschleppt. Einrichtungsstücke wurden an Seilen heruntergelassen. Einige liefen beständig hin und her, andere saßen auf ihrer Möbelstücken und wimmerten vor sich hin: „O, mein Gott und Herr! Das Unglück, das Unglück!"

„Mei Wetti, mei Wetti," schrie ein kleines Mädchen, „i muaß mei Wetti hol'n, sonst verbrennt s'."

Der Ferdl sprang eilig in eine Wohnung im zweiten Stocke, welche ziemlich weit vom Brandorte entfernt war, und holte die „Wetti", eine große Puppe, worüber die kleine Rosl sehr erfreut war.

Der Feuerwehrmann.

Draußen auf der Gasse hatte sich inzwischen eine ungeheure Menschenmenge angesammelt, welche durcheinander schrie und Rathschläge ertheilte, sich aber im Uebrigen vollständig unthätig verhielt.

„Haben S' g'hört, Frau Greißlerin, den Schra? Jessas und Josef, die Wetti ist g'wiß no oben", sagte die Zinngießerin, welche den Jammerruf der kleinen Rosl

Ankunft auf dem Brandplatze.

um ihre Puppe gehört hatte. Die Rückwärtsstehenden griffen die Schauermähre auf: „A Kind is verbrennt, a Kind in der Wieg'n" sagten sie den Weiterstehenden und bis die Runde an die Ecke der Gasse gelangte, war auch noch eine alte blinde Großmutter zugewachsen. Im Wirthshause „zum blauen Bock" gab ein Erzähler noch drei „Tischlerlehrbuben" d'rauf, und wer weiß, welchen Umfang die Katastrophe in der Phantasie der Gasser noch bekommen hätte, wenn nicht in diesem Augenblicke das „Trara" der Feuerwehr die Aufmerksamkeit auf die wackere Löschmannschaft abgelenkt hätte.

„Juchheh! die Feuerwehr is da," jubelten die Buben und drängten in den Hofraum und sprangen auf die „Wasserlad'n" und machten sich an der Spritze zu schaffen, bis sie von der Sicherheitswache vertrieben wurden.

Nun wurde das Operationsfeld von den müßigen Zuschauern geräumt und bald übertönten die ruhigen Commandorufe der Feuerwehr das wirre Durcheinander-schreien der rathlosen Menge. In wenigen Augenblicken wurde der Apparat in Thätigkeit gesetzt; die Mannschaft drang durch die Thüre in den brennenden Raum

und richtete zu gleicher Zeit von einer hohen Leiter einen mächtigen Wasserstrahl durch die Fenster auf den Flammenherd. Sofort drang ein dicker Qualm hervor und nach einigen Minuten wurde der noch eben hell leuchtende Raum stockfinster. Die Gefahr war vorüber.

„Bravo, Vivat!" riefen die Hausbewohner ihren wackeren Rettern zu, und jetzt kehrte auch wieder ihre Besonnenheit zurück. In dem Hofraume sah es aus, wie nach einer Plünderung. Diejenigen, denen früher der Schreck jede Bewegungsfähigkeit

Das Sprungtuch.

gelähmt hatte, gaben sich
jetzt für besonnene Denker
aus und erklärten den
Uebrigen, daß von einer
Gefahr nicht die Rede
sein konnte, weshalb sie
auch nicht den Versuch
gemacht, ihre Einrichtung
zu bergen.

Nur die Jungen
waren mit dem Gange
der Dinge vollkommen
zufrieden. Man sah es
ihren glückstrahlenden
Mienen an, daß sie sich
eine solche Extravor
stellung recht gerne öfter
gefallen ließen. Sie zogen
die Stiefel aus und
patschten in den von den
Wasserstrahlen erzeugten
Tümpeln herum; sie
liebkosten den Schlauch,
als ob er eine dressirte
Riesenschlange wäre; sie
schleppten die verkohlten
Holzstücke auf die Gasse
und vertheilten sie unter
ihre Kameraden wie
kostbare Reliquien.

Beim „Greißler"
und bei der „Millifrau"
bildete der „Brand" für
eine Woche hinreichenden
Gesprächsstoff, und
obwohl die Resi den Her
gang hundertmal haar
klein berichtete, steckten
sie doch nach ihrem
Abgang die Köpfe

Das Rettungstuch

zuſammen und lispelten einander zu: „J laſſ' m'rs net nehmen, der Brand war g'legt"!

Wer weiß, zu welcher Legende die kühnen Muthmaßungen noch aus-gesponnen worden wären, wenn nicht inzwiſchen der „Böckenhund" vom Schinder gefangen worden wäre, wodurch das Tratſchbedürfniß für eine Woche neue Nahrung erhielt.

In der Wäscherei.

Am Wäschplatz.

Von

Vincenz Chiavacci.

Unter den Wiener Typen, die leider mit dem großen Umwandlungs
proceß, der sich gegenwärtig in der alten Kaiserstadt vollzieht, immer mehr und
mehr vom Schauplatze verschwinden, nimmt das fesche und resche Wäschermädchen
eine erste Stelle ein. Zu den von Fremden und von der jeunesse dorée gern besuchten
Carnevalsfesten zählen heute noch die „Wäschermädchenbälle", auf welchen sich das
echte, urwüchsige Wienerthum in seiner ganzen, ungenirten, aber doch liebens
würdigen Eigenart entfaltet. Diese Bälle haben allerdings in den letzten Jahren höchst
zweifelhafte und anrüchige Nachahmungen gefunden; denn ein echtes Wäschermädchen
ist zwar eine „harbe, laute, fidele Gოbl"; aber die Grenzen des Anstandes hütet
sie ebenso gewissenhaft, wie eine Patronesse auf einem Eliteballe; nur wendet sie
dabei etwas drastischere Mittel an.

Wenn wir von dem mühevollen und peinlichen Geschäfte des Wäschereinigens
sprechen, das in jedem Haushalte eine unangenehme Rolle spielt, so haben wir
dabei nur jene Anstalten im Auge, wo diese Procedur im Großen betrieben wird.

Waschfrauen

Die Waschfrau, wie sie als Aushilfsdame an den ominösen Waschtagen unter dem Gesinde auftaucht, ist eine sehr prosaische, nichts weniger als pikante Erscheinung. Es sind zumeist ältere Frauen, die diesen schweren und wenig lohnenden Verdienst als letzten Rettungsanker ergriffen haben: Witwen aus dem Handwerkerstande, alte Dienstboten, welche keinen festen Platz finden können. Sie kommen in aller Gottes Frühe, noch ehe der Bäcker mit den Semmeln erscheint, klopfen das Dienstpersonal aus dem Schlaf, heizen den Kessel und beginnen ihr scheuerndes, seifendes, bürstendes und auswindendes Tagewerk, nachdem sie sich mit dem unvermeidlichen Heferl

Kaffee gestärkt. Wäre nicht das Bischen Tratsch und das dem Herzen wohlthuende
Leute-Ausrichten, so müßte solch' ein Geschöpf an Melancholie zu Grunde gehen.
Aber während eine „Lage" nach der an-
deren eingeseift und auf der „Rumpel"
bearbeitet wird, wird auch die Hausfrau
und die ganze Nachbarschaft „eingeseift
und bearbeitet" und wenn man glaubt,
eine von den „g'schnauften Gnädigen",
die so viel verlangen und so wenig bezahlen, unter den Handen zu haben, dann
fließt die Arbeit munter fort.

Ganz anders verhält es sich aber
in jenen großen Wäschanstalten, die für
einen ausgebreiteten und vornehmen Kun-
denkreis das für jeden Haushalt unangenehme Geschäft des Wäschereinigens übernehmen. Hier ist alles wohl organisirt. Der
Principal übernimmt die Aufträge, verbucht
die einlaufenden Stücke und theilt sie zur
Bearbeitung die untergebenen Personale
aus, das bei ihm im Wochenlohne steht.
Weit draußen vor den Linien, wo die
letzten Häuser steh'n, haben diese Wäscher-
burgen ihre Heimstätte. Es sind zumeist
lange gestreckte, ebenerdige Häuser mit
riesigen Höfen. Vor den Höfen dehnen
sich mitunter weite Rasenplätze aus, welche
mit Stangen und Blöcken zum Wäsche-
Aufhängen besteckt sind. Dort lebt eine
Welt für sich, die sich nur mit dem
Schmutze anderer Leute beschäftigt. Der
zahlreiche Kindersegen balgt sich in den
Höfen oder auf den Trockenplätzen herum

„Wäschermadel"

und die Erwachsenen sind mit den mannigfachen Phasen der gar nicht einfachen
Reinigungsprocedur beschäftigt. Außer einer lustigen Kaffeegesellschaft regt nichts
so sehr zum fröhlichen Gedankenaustausch an, wie das Wäschputzen. Es ist nur
zu verwundern, daß bis jetzt noch kein ingeniöser Kopf auf den Gedanken gekommen
ist, solch' einen Wäschplatz als Heilanstalt für Nervenkranke und Melancholiker
einzurichten. Wenn man das laute Lachen und Singen des munteren Völkchens
vernimmt, so glaubt man eher bei einem fröhlichen Winzerfeste, als bei einem
Wäsche-Reinigungsgeschäfte zu sein. Die Hantirung mit dem Seifenschaum scheint
auch eine regenerirende Kraft auf Herz und Gemüth, sowie auf das körperliche
Wohlbefinden auszuüben. Woher kämen sonst die vielen drallen, kerngesunden
Mädchengestalten mit dem lauten „Hamur" und dem geschlissenen „Göscherl"?
Wenn diese „schaumentstiegenen Venusinnen" mit der Butte voll schneeweißer, schön
geplätteter Waare durch die Straßen steigen, mit blitzenden Augen, das kastanienbraune
Haar mit lecken „Sechsern" geziert, das knappe Röckchen bis unter die Knie, das
tadellose Bein mit einer netten Chaussure bekleidet; da sieht man es ihrem ganzen
Gehaben an, daß sie sich ihres Werthes bewußt sind und die lecken Blicke der jungen
Herrenwelt werden von ihnen mit trotzigem, kampfbereiten Lächeln parirt. Wehe
dem Verwegenen, der ein freches Wörtlein, eine kühne Zudringlichkeit wagt: eine
Fluth von ausgesuchten Spitznamen, die in keinem Lexikon zu finden sind, ist sein
Lohn; jedes Wort ein englisches Federmesser.

Alle sind sie freilich nicht begehrenswerth, ebenso wenig wie die vielbesungenen
Sennerinnen auf der Alm; aber man hat schon manch' ein Beispiel, daß sich solch'
eine Lader-Nymphe vom Waschtrog emporgeschwungen hat zu den Höhen der Kunst,
in die Kreise der großen Welt. Wenig hätte gefehlt, so wäre vor einigen Jahren
eine dieser „Schaumentstiegenen" mit einer Fürstenkrone geschmückt direct vom
„Lehmann" in den gothaischen Almanach eingerückt. Aber wenn auch nicht jede
ihre Grafenkrone in der „Butt'n" trägt, wie die Soldaten Napoleons den Marschalls-
stab im Tornister trugen, so wissen sie doch alle ihr Leben zu genießen und nach
gethaner Arbeit hat die laute Fröhlichkeit und Lebenslust das Wort.

Früh am Morgen beginnt die Arbeit. Leicht geschürzt, die Arme bis zur
Achselhöhle entblößt, stehen sie am Waschtrog. Ist das ein Platschern und Klopfen
und Pritscheln, ein Auswinden und Reiben, bis die erste Procedur vorüber ist!
Wenn die Wäsche aus dem dampfenden Kessel in den lauen Seifenschaum des
Troges gewandert, dann wieder und wieder in reines Wasser getaucht und gerieben
ist, so wird sie „geschwabt" und „geblewt" (gebläut), ausgewunden und aufgeheilt.
Die trock'ne Wäsche kommt dann in die „Rolle", wo sie glattgewalkt wird;
zuletzt wird sie „gestärkt" und „gebügelt" (geplättet).

Nicht selten unterbricht die Ankunft eines „Werkels" die „Gudruns" in ihrer
Beschäftigung. Beim Klange eines Wiener Walzers kommt das stärkste Pflichtgefühl
in's Wanken. Die „Kluppen" werden weggeworfen, das Bügeleisen beiseite gestellt
und rasch schwingen sich die Paare nach dem Rhythmus eines „schön Weaner

Tanzes". Nach einem Viertelstündchen hat der improvisirte Ball ein Ende. Es war
nur ein kleiner Vorgeschmack für die Freuden des nächsten Sonntags. Dort finden
wir sie beim „Heurigen" und in den Vororte-Localen, wo der Tanz fünf Kreuzer
kostet und mit ihnen finden sie sich alle ein die urwüchsigen Gesellen, die Fiaker
und Einspännerkutscher, die Arbeiter und kleinen Geschäftsleute, die sich für die
Mühen und Sorgen der Woche durch eine „tante Gaudi" am Sonntag schadlos
halten.

Wiener Werkstatten.

Von

Isidor Fuchs.

1.

Der Mode-Salon.

Nur im Schriftthum lebt er noch fort der Salon alten Styles, der classische Salon mit seinen gelehrten Perücken, seinen galanten Abbés, geistreichen Frauen, gekrönten Poeten und durchlauchtigsten Dichterlingen. In Wien wollte die „Salon"-Mode zu keiner Zeit recht Wurzel fassen. Jeder Versuch, in einem politischen oder literarischen Salon die Aristokratie der Geburt mit der des Talentes zu vereinigen, scheiterte an der altösterreichischen Tradition. Die Großen und Mächtigen gaben sich vielleicht die redlichste Mühe, den „neuen Männern" gegenüber die Liebenswürdigen zu spielen; aber ungeachtet all' der schönen Worte, welche man den „interessanten Gästen" gab, konnten diese sich niemals so recht als Gleiche unter Gleichen fühlen. Se. Excellenz war sehr herablassend, Ihre Durchlaucht unendlich leutselig — das war und blieb der Grundton der sogenannten Unterhaltung. Verhältnißmäßig am besten gedieh in Wien der künstlerische Salon. Um eine in der Theaterwelt tonangebende Persönlichkeit gruppirten sich gerne, in mehr oder minder durchsichtiger Absicht, Damen und Herren, welche zu der Bühne oder ihren Angehörigen in Beziehung standen. In diesem Sinne sprach man eine Zeitlang von einem „Salon Laube", „Salon Dingelstedt", „Salon Lucca", „Salon Friedländer". War es auch oft nicht mehr als ein „Ranzentratsch", was den Besuchern hier und

In der Werkstatt.

dort geboten wurde — auch dieser Salon-Schatten will verschwinden. Die Wiener
Salon-Mode ist todt, es lebe der Wiener Mode-Salon!

Blickt man von der Loggia der Hofoper nach rechts und links, so überschaut
man einen großen Theil der „Ringstraßen-Abruzzen", wie eine abscheuliche Läster-
zunge die Wiener Modesalons genannt hat. Treibt es denn der „Dämon G'wand"
gar so arg in diesen geheimnißvollen Frou-Frou-Höhlen, wo blinkendes Gold sich
in glänzenden Flitter verwandelt? Oder sollen wir lieber dem Panegyriker
beipflichten, welcher singt:

Was ist der Atlas, der die Welt
Auf seine Schultern legt,
Verglichen mit dem Atlas, den
Die Welt, die schöne, trägt!

Hätt' es in dem alten Weimar einen classischen Mode-Salon gegeben, wie
unser Wien an des Jahrhunderts Neige deren mehrere besitzt, Goethe's berühmtes
Sonett „Natur und Kunst" hätte ganz anders gelautet:

Natur und Kunst sie scheinen sich zu fliehen
Und haben sich doch im Salon gefunden:

Im Nu sind Fehler der Natur verschwunden
Und Wunder wirkt die Kunst, sich anzuziehen.

Durch Geist, Geschmack und redliches Bemühen
Wächst, eh' man's ahnt, in kargen Arbeitstunden
Ein phantasievoll Kunstwerk, warm empfunden
Und macht die Herzen aller Frau'n erglühen.

Wie immer Form und Bildung auch beschaffen
Allhelfend zeigt sich stets der Chor der Geister,
Die nach Vollendung in der Mode streben.

Und für den Putz das Geld zusammenraffen
Muß er, der sogenannte Herr und Meister
Und kein Gesetz kann ihm die Freiheit geben.

Geist, Geschmack und redliches Bemühen rühmt unser Sonett den Leitern
und Leiterinnen der Wiener Modesalons nach. Damit ist eher zu wenig als zu viel
gesagt. Es gehört auch eine nicht geringe Dosis Diplomatie dazu, die unaus-
gesprochenen Wünsche der vornehmen Damen zu errathen; denn selbst vor der Schneiderin
einen Schönheitsfehler klar und unzweideutig zu bekennen, kann manche Frau sich
nicht entschließen. Die Atelier-Diplomatin aber, eine gelehrige Schülerin Talleyrands,
weiß sehr wohl, daß die Modesalon Sprache nur dazu vorhanden ist, keinen
Gedanken an das Verborgene aufkommen zu lassen.

Vom Lächerlichen zum Erhabenen ist nur ein Schnitt — mit goldenen
Lettern sollten diese Worte an der Thüre jedes modernen „Salons" prangen.

Einen heillosen Respect vor dem Einflusse des „Dämon G'wand" erhält, wer
sich durch die imposanten Räumlichkeiten einer dieser großen mondainen Domainen
der Mode leiten läßt. In einem stillen Winkel unter Palmen verborgen lauschen
wir der Conversation der „Salon-Königin" mit der ersten Mamsell des Hauses,
drängen uns durch den von Lieferanten gefüllten Naumtationsraum (die Waaren-
abtheilung), haben hier Gelegenheit, die sinnreiche Einrichtung zur Controle des
Verbrauchs von Stoffen und Spitzen zu bewundern und lassen uns die Ober-, Unter-
und Seitenlicht-Effecte in den Probirzimmern demonstriren. Hier wirkt die Electricität
geradezu Wunder. Für das Parquet des Hofballes, für die schlüpfrigen Bretter
der Bühne, für den bürgerlichen Empfangssaal — ein Ruck und die entsprechende
Licht Stärke und Richtung sind vorhanden.

Nicht ohne ein Gefühl der Beklommenheit treten wir in das Sanctissimum,
in die Arbeitssäle, in das Nadel Feenreich. Seltsam! Viele hundert Menschen —
Männer, Frauen, Mädchen — und kein Lärm. Auch das Surren der Nähmaschine
fehlt. Dieses Kind der Mode-Revolution ist noch immer nicht „salon"-fähig
geworden.

Patriarchalisch geht es bei aller Findigkeit und Fixigkeit der Gesammtleitung
in den einzelnen Arbeitsstunden zu. Jede Reihe hat ihre Aufseherin, meist eine in Paris

ausgebildete Dame, deren Bezüge die einer Hofrathswitwe um das Zehnfache
übersteigen. Und wie viele Hofrathswaisen befinden sich in jeder dieser Reihen emsig
arbeitender Mädchen! Weit entfernt, ihrem Schicksal zu grollen, sind die meist
sehr hübschen jungen Damen flott und munter bei ihrem Geschäfte, der Verkehr mit
den männlichen Arbeitern ist ein echt collegialer. Ein zweideutiges oder rohes Wort
wird in diesen Räumen nie gehört.

Mit zu den interessantesten Abtheilungen gehört die „Glyptothek". Hier
befinden sich nämlich die für den Gebrauch präparirten Modelle der Büsten aller
ständigen Kunden. Jedes Modell trägt den betreffenden Namen. Labia sacerdotum
— stumm sind die Lippen der Atelier-Priester. Auch wir mußten einen heiligen
Eid schwören, diese Eleusinien nicht preiszugeben. Nur soviel: „Ohne Weiber, ohne
Weiber sind wir seelenlose Leiber" heißt es im Liede. Was aber die Weiber mit
seelenlosen „Leibern" anfangen — uns schaudert, daran zu denken. Watte
— pfui, wie häßlich! Seele sagt man, — darin liegt Poesie!

Wiener Werkstätten.

Von

Isidor Fuchs.

2.

Die Kleinbetriebe.

Kohlenbrenner

Man kann von dem Wiener Kleingewerbe nicht sprechen, ohne wenigstens mit einigen Worten der beiden wichtigsten Momente aus der neueren Geschichte des arbeitenden Wien zu gedenken. Als Geburtstag der jüngsten Aera des Wiener Hand werkes kann füglich der 27. April 1879, der Tag des großen Festzuges betrachtet werden. Was vier Jahre später geschah: die gesetzliche Ordnung der Verhältnisse des Kleingewerbes, war nur die folgerichtige Nutzanwendung des Festzugsgedankens, jenes glänzenden Aufmarsches der kräftigsten Elemente des Bürgerthums.

An dem ewig denkwürdigen Aprilsonntag des Jahres 1879 bewies das gewerbetreibende Wiener Bürgerthum im trauten Vereine mit Kunst und Wissenschaft, mit Handel und Industrie so reine, ursprüngliche Freude am Schönen, so bedeutsames Talent im großen, wie im kleinen, daß selbst die kritischesten Beurtheiler entzückt ausriefen: Seh't, das ist das Werk des arbeitenden Wien, welches trotz der schweren Noth der Zeit ein Bild geschaffen hat, würdig des perikleïschen Athen, des medicäïschen Florenz. Das kostbare Vermächtniß unserer Altvorderen, das Handwerk, darf nicht untergeh'n.

Es ist wahr, daß nicht mit dem gleichen, allgemeinen Enthusiasmus wie der Festung zu Ehren des Kaiserpaares die für die Arbeit der „sauren Wochen" bestimmte Gewerbeordnung vom Jahre 1883 aufgenommen wurde. Da gab es freilich keine feenhaften Wandeldecorationen, sondern kalte Paragraphe; keine goldgeschmückten, reisigbehangenen Festwagen, sondern mit Drohungen und Strafen ausgestattete Alineas.

Dort, auf der reichbeflaggten Ringstraße, thronte zu aller Entzücken die heitere Schönheit, hier in den nüchternen Zeilen ward der unerbittlichen Nothwendigkeit ein Opferaltar errichtet. Die Gegensätze zwischen dem Großbesitz und dem „kleinen Manne", zwischen ererbtem und erworbenem Kapital, zwischen alten und neuen Schulden — für einen Tag konnten sie verwischt werden. Damals vertrug sich die hochanfragende goldene Scheere auf der Stirnseite des Bekleidungsgewerbe-Wagens sehr gut mit den Stirnhauben und Armbrüsten, Rauchköchern, Handbüchsen, Spann-gürteln und Kugelbeuteln und dem übrigen „Zugehör" der hocharistokratischen Jagdgruppe. Der von den großen Eisenbahnverwaltungen arrangirte rollende „Triumph des Feuergottes" wurde nicht im Mindesten dadurch geschmälert, daß das allgemeine Interesse sich auch den bescheidener auftretenden Bäckern, Müllern und Gastwirthen, den Färbern und Spinnern, den Drechslern, Mechanikern und Wagenbauern, den Garten- und Weinbaubeflissenen zuwandte. Die stolzen Jünger Gutenbergs, die patricischen Goldschmiede stellten sich ebenso in Reih und Glied wie die Glaser und Hafner, die Dürr- und Sauerkräutler. Der Ruf: Ehre dem Hand-werk! pflanzte sich von Wien fort durch alle Gaue unseres großen Vaterlandes und fand bei der Gesammtbevölkerung ein freudiges Echo.

Ein Schimmer jener großen Festfreude liegt noch heute auf dem Wiener Handwerk. Der Cultus des Schönen besteht hier fort — gleichviel ob mit oder ohne öffentliche Schaustellung. Der Kreis der Erzeugnisse, welche als Wiener Speciali-täten einen Weltruf erlangten, hat sich gerade in dem letzten Jahrzehent sehr wesent-lich erweitert. Hin und wieder kann man freilich auch den Vorwurf hören: Ja, das Wiener Gewerbe ist groß — in der Nachahmung. Angenommen, aber nicht zugegeben, daß die Imitation bei uns eine besonders wichtige Rolle spielt — wo in der ganzen modernen Culturwelt bildet sie nicht des Schaffens besten Theil? Wie alles Gute schon einmal gesagt, so ist auch alles Schöne schon einmal geschaffen worden: es kommt nur darauf an, die unvergänglichen Ideen, dem Geiste der Zeit entsprechend, zu verwerthen. Fraget den berühmten Barbedienne in Paris: Was ist dein Stolz? Und er wird Euch antworten: Daß es mir gelungen ist, manchem alten Muster durch die modernen technischen Mittel nahe zu kommen. Und wenn es unseren Möbeltischlern gelingt, Interieurs herzustellen, welche uns die Pracht des Sonnenkönigs vor die entzückten Sinne zaubern; wenn aus Glas und Papier, aus Bein und unedlen Metallen mit Hilfe der wunderwirkenden Farbe von dem Tausendkünstler Geschmack die überraschendsten Effecte erzielt werden — wer wäre beschränkt genug, das Alles mit einem verächtlichen: „Pah, Imitation!" abzuthun! Altmeister Goethe ironisirt sehr treffend die vermeintlichen Originalgenies, indem er einem dieser sonderbaren Schwärmer die Worte in den Mund legt: „Ich hielt mich stets von Mustern entfernt — Nachahmung wäre mir Schmach; — Hab' Alles von mir selber gelernt." — „Es ist auch danach.""

Unser technologisches Gewerbe-Museum, unser Museum für Kunst und In-dustrie, unsere gewerblichen Fachschulen wachen emsig darüber, daß Kunsthandwerk und Gewerbe in dem löblichen Bestreben nach Veredlung nicht erlahmen. Den segensreichen Einfluß dieser Anstalten verspürt man in jeder Wiener Werkstätte. Den Wiener Arbeiter bei der Arbeit zu sehen — das hat wohl auch seinen Reiz, und wär' es nur, um die ziemlich weit verbreitete irrige Ansicht zu widerlegen, daß in unseren Werkstätten mehr politisirt wird als der ungeduldig wartenden Kundschaft lieb sein mag. Nein, noch sind Arbeitsfreudigkeit und guter Humor durch die Politik nicht aus allen Werkstätten verbannt worden.

Wer wagt es, z. B. unsere hübschen Blumenmacherinnen zu verdächtigen, daß sie während ihrer flinken Hantirung mit Battist und Pergamentpapier, mit Gaze, Atlas, Taffet und Sammt keinen anderen Gedanken haben als den an Onkel Ferdinand — Lassalle? Die feinsten Blattnarben, Spitzen und Ränder botanisch treu

Blumenmacherinnen

nachzuahmen — das ist ihr Ehrgeiz. „Zart, meine Damen, zart, aber korrekt!" ruft die Leiterin der Werkstätte den jüngeren Mädchen manchmal zu und die Mahnung wird beherzigt.

Angeborenes und sorglich gebildetes Verständniß für den Gottessegen in Garten und auf Feld und Flur befähigt die Wiener Blumenmacherin, die subtilsten Aufgaben spielend zu lösen. Freilich bietet nicht leicht eine andere Großstadt so erwünschte Gelegenheit zu Naturstudien wie unser liebes Wien. Und wie bildend wirkt die süße Gewohnheit der Landpartien! Wie jeder „Buschen", den eine Wienerin, ob auch noch so flüchtig, auf der grünen Wiese gewunden hat, die eigenthümliche Marke des heimischen Geschmacks trägt, so ist es auch mit der Anordnung der künstlichen Blumen. Man ist versucht, sie Märchen in Prosa zu nennen.

Und wie in der Botanik so sind unsere Mädchen auch in der angewandten
Zoologie vortrefflich bewandert. Bei dem ersten Anblick des Vogel Strauß in der
ornithologischen Abtheilung der Schönbrunner Menagerie erwacht in der kleinen
Miezi schon die unbezwingliche Sehnsucht — la vocation, nennen das die Franzosen — die feinen weißen Straußfedern zu kräuseln, zu frisiren. Ein ander Ding

Federschmückerei.

ist es freilich, als „Amateurin" für den Schmuck des eigenen Hutes und dem lieben
Cousin zu gefallen, „Federschmückerei" zu treiben, ein ander Ding im Dienste
eines genauen Principals für Wochenlohn zu schaffen. Gar so einfach ist dieses
Metier durchaus nicht, wenn man den Ehrgeiz hat auf der Höhe der Zeit zu
bleiben. Bis das durch ein Seifenbad gereinigte, mit chromsaurem Kali, Salpeter
und schwefliger Säure behandelte Rohproduct so weit gediehen ist, um unter dem

7*

Daumen mit Hilfe eines glatten Horns oder eines stumpfen Messers gekränselt (frisirt) zu werden, vergeht viel Zeit und große Aufmerksamkeit ist dabei erforderlich. Der Artikel Schmuckfedern wird so leicht nicht aus der Mode kommen. „Das zieht noch immer!" sagen die Geschäftsleute. Und das muß wahr sein; denn von dem „großen Zug" hat eines der lieben Mädchen sogar das „Rheumatische" bekommen, wie man auf unserem Bilde deutlich sieht. Das hindert aber die Liebe nicht! denkt der Pfeifenschneider-Franz von vis-à-vis, der stattliche junge Arbeiter, welcher der Federnschmückerischen gut ist und sich im Stillen die Freude ausmalt, welche der „Herr Vatter" von seinem Schatzerl haben wird, wenn der Franz sich zum

Namenstage des alten Herrn mit einer „Meersamenen" eigener Erzeugung einstellt. Das hat sich dieses Stück Meerschaum in seiner anatolischen Heimat auch nicht träumen lassen, daß es eines Tages dazu dienen werde, einen Wiener Spießer „so nach dem alten Schlag" dem Bunde zweier Liebenden auf der Laimgruben günstig zu stimmen. Von den hunderttausend Meerschaumpfeifen, welche Jahr für Jahr aus den Wiener Werkstätten hervorgehen, bleibt nur eine verhältnismäßig geringe Anzahl in der Großstadt. In der Provinz und im Auslande wird das Gros consumirt. Die fatale Mac Kinley Bill hat diesem Gewerbe geschadet, wenn auch nicht in dem Grade wie unserer armen Perlmutter Industrie; der Pfeifensammler, der Meerschaum-Anraucher, zwei stereotype Figuren des alten Wien, kommen nur mehr in vereinzelten Exemplaren vor. Aus den Reihen unserer Meerschaumschneider, deren kleine Kunstwerke sich europäischen Rufes erfreuen, hat sich im Laufe der Jahre mehr als ein Talent in die Sphäre der reinen, der großen Kunst emporgeschwungen. Solche Carrièren sind auch in anderen „Chic und Schau" verlangenden Gewerben nicht vereinzelt.

So recht ins Herz des mit „Chic und Schau" arbeitenden Wien führt uns
die bildliche Darstellung einer unserer großen Ledergalanterie-Werkstätten
(Weidman). Unser Besuch fällt gerade in die Haute Saison, in die Zeit um Weihnachten. Schier sinnverwirrend ist der Anblick, der in allen Farben und Formen
uns entgegenblinkenden, für den Salon und das Boudoir, für die Brusttasche des
eleganten Herrn und für die Spielstube der Kinder von Welt bestimmten Luxus-
Gegenstände. Das hundertmal todtgesagte Album erfreut sich noch immer der großen
Beliebtheit, welche es wegen seiner angenehmen Form und seiner Dauerhaftigkeit
vollauf verdient. Insbesondere als Jubiläumsspende, mit Emailmalerei und schönen

Gleichwichser.

bunten Steinen auf dem Deckel behauptet das Album seinen Rang unter den vornehmsten Wiener Artikeln. Das feine Portemonnaie, das elegante Notizbuch bieten
der Phantasie des akademisch gebildeten Musterzeichners den erwünschten Anlaß,
alles in diesem Genre bisher Dagewesene zu übertrumpfen, jeden Sport witzig
und geistreich zu persifliren, hin und wieder auch illustrativ an wichtige Tages-
ereignisse anzuknüpfen. So besitzt manches Wiener Notizbuch neben dem Werthe,
welchen ihm Stoff und Form verleihen, noch den Liebhaberwerth der Miniatur-
ausgabe eines guten Witzblattes; das undankbare Publikum aber, welches sich so hübsche
Sachen schenken läßt, zeigt mit Fingern auf das gepreßte Leder und sagt: „Lederne
Presse!" Den größten Aufwand an Witz und Geist erheischen Skizze und Aus-

führung der sogenannten Damenspenden. Sie sind die durch die Tradition geheiligten Wahrzeichen unserer Elitebälle. Eine historisch additionelle öffentliche Ausstellung der Wiener Damenspenden von ihrem ersten schüchternen Debut vor zwei Menschenaltern bis auf den heutigen Tag wäre eine dankenswerthe Bereicherung der Denkmale moderner Cultur. Welche Mannigfaltigkeit des Materials, der Farben und Formen! Jede Tischgesellschaft, jeder Club, jede Corporation wünscht etwa Apartes, Sinniges, Charakteristisches, Poetisches, Handliches, Dauerhaftes, Gutes, Schönes, Billiges — uff! — und alle diese Bestellungen müssen rasch und präcise abgeliefert werden.

An solchen kritischen Geschäftstagen zeigt sich der Principal als ganzer Napoleon. Imponirende Ruhe und Sicherheit, deren Fundament die langjährige Erfahrung ist — das Geheimniß des Erfolges! Schaden kann es freilich nicht, wenn der Principal vor oder nach der Arbeitspause seine fleißigen Mitarbeiter durch ein frisches fröhliches Würstelessen im Guten fortzufahren ermuntert. Der Selcher ist nicht weit — in Wien ist überhaupt gar nichts weit, „draußen in der Vorstadt" sind Verkaufs-Gewölbe und Werkstätte des Fleischselchers oft im selben Hause. Es gab eine Zeit, da man nicht ohne Argwohn und Mißtrauen von der Wurstfabrikation im Allgemeinen und von der Wiener im Besonderen sprach. Seitdem aber unser Stadt-Physikat mit dankenswerther Energie gewisse verdächtige Erzeugungsstätten gesperrt hat, fanden unsere Gewerbe-Inspectoren kaum je wieder Anlaß zur Rüge oder Anzeige. Gelegentlich der letzten landwirthschaftlichen Ausstellung sah ganz Wien im Prater eine Wurstfabrik im vollen Betriebe. Damals hielt ein gelehrter Fachmann Vorträge mit Demonstrationen an der großen Wurstmaschine. Er erinnerte daran, daß die ersten sicheren Nachrichten über Würste sich in der Odyssee vorfinden; denn der alte Homer singt von mit Fett und Blut gefüllten, gebratenen Geißmagen. In historischer Zeit gab es bei den Gastmählern der alten Griechen kleine grillirte Würste so wie gefüllte Saumagen in einer Essig- und Kümmel-Sauce. Wir aber rufen, stolz auf unsere modernen Errungenschaften, den Manen der alten Athenienser zu: Würste habt auch Ihr gegessen, doch so classisch nicht wie wir. In dieser Beziehung wenigstens übertreffen wir das Perikleische Zeitalter.

Die Mariahilfer Linie in den Abendstunden.

Die Volkszüge nach den Bororten in den Abendstunden.

Bon

Dr. F. von Radler.

Abend! — Vollendet hat die Riesenstadt an der schönen, blauen Donau das
Tagewerk. Tausend fleißige Hände legen ihr Rüstzeug, — Hammer, Kelle, Nadel
oder Feder, — bei Seite und schicken sich an, in den Schoß zu sinken zur erquickenden
Ruhe, oder, los von allen Fesseln der Berufsthätigkeit, nach Zerstreuung, nach
Vergnügen zu haschen. Vielen freilich ist diese angenehme Alternative nicht be-
schieden, da sie, um ihr spärliches Einkommen zu erhöhen, auch noch einige
Abendstunden zu Hilfe nehmen müssen, zur Besorgung einer mehr oder minder
einträglichen Extraarbeit oder einer dringend nothwendigen häuslichen Verrichtung.

Der Arbeitsschurz, der Werkkittel wird in den Schrank geworfen, der Straßen-
rock angelegt, der Hut auf den Kopf gedrückt und — fort geht's mit hastigen
Schritten aus der Werkstätte, vom Bau, aus dem Magazin, dem Modesalon oder
Comptoir, — hinaus an den häuslichen Heerd zu den lieben Angehörigen, die
mit Ungeduld der Ankunft ihres Ernährers harren; hinaus vor die Linie,
in einen der Vororte Wiens, wo der Arbeiter seine engste Heimat gesucht und
gefunden, weil er dort, frei von den gesteigerten Anforderungen der Residenzstadt, die
Lebensbedürfnisse der Seinigen mit weitaus geringeren Mitteln zu bestreiten vermag.

Die Physiognomie der Volkszüge, welche in den Abendstunden ihre Schritte
nach den Vororten lenken, ist keine gleichartige. — Die Wiener Bezirke Mariahilf

‹Gumpendorf› und Neubau ‹mit dem wegen seiner einst blühenden Weberei und Bandmacherei-Industrie als „Brillantengrund“ bezeichneten Schottenfeld› besitzen schon seit Decennien die meisten Webwaaren-, Band-, Wäsche- und Cravatten-Fabriken, die frequentirtesten Damenkleider- und Hutmodesalons. Die natürliche Folge davon war, daß sich in den an diese Stadttheile angrenzenden Vororten Fünf- und Sechshaus, Rudolfsheim, Gaudenzdorf und Meidling vornehmlich jene Familien ansiedelten, die ihren Unterhalt durch Arbeit in diesen Industriezweigen fanden. Weber, Bandmacher, sowie ein ganzes Heer von arbeitstüchtigen Frauen und Mädchen sind es daher, welche die genannten Vororte bevölkern, welche auch die Ursache ihrer heutigen stattlichen Ausdehnung sind.

Allabendlich wandern sie, die von der Nadel, die Zuschneiderinnen, Vorrichterinnen, Spulerinnen, Verkäuferinnen und Buchhaltungsbeflissenen hinaus durch

Zur Mauer.

die Mariahilferlinie, scherzend und lachend, ernst oder gleichgiltig, je nachdem des Lebens Kümmernisse und Enttäuschungen an ihrer Thüre angeklopft oder vorübergehuscht. Häufig wartet an einer bestimmten Straßenecke ein schmachtender Seladon, etwa ein schwärmerischer Student, ein Comptoirist, ein kräftiger Arbeiter, ein tüchtiger Handwerksgeselle oder — irgend ein lüsterner, realistisch angelegter Jüngling der Jeunesse dorée wirft seine Netze aus, um eine der „niedlichen Kleinen“ zu kapern und sodann die eroberte „Schöne“ an die Schwelle ihres Heims zu geleiten. Ist der „Verehrer“ ein echter und rechter, den auch die Herren Eltern als solchen gelten lassen, weil bei ihm das „Mädl“ doch eine „Aussicht“ hat, so darf er sogar in die Wohnung eindringen und ist nicht selten ein willkommener Gast beim frugalen Souper.

Anders gestaltet sich das Bild in der Richtung gegen die Vororte Lerchenfeld, Hernals und Ottakring. Diese beherbergen in ihren vielen unansehnlichen, ebenerdigen Häuschen die relativ größte Zahl der in Wien beschäftigten Bauarbeiter, Taglöhner und Handwerksgehilfen mit ihren zahlreichen Sprößlingen

Damit soll jedoch nicht behauptet werden, daß diese Vororte durchaus den Charakter der Aermlichkeit an sich tragen und ihre Bewohnerschaft ausschließlich der unbemittelten Classe angehört. Mit Nichten. Die alles veredelnde, sociale Cultur der zweiten Hälfte unseres Jahrhundertes hat auch in diesen Gebietstheilen der Umgebung Wiens eine Menge palaisartiger Wohnhäuser geschaffen, welchen das Gepräge behäbiger Wohlhabenheit, ja sogar ostentativen Luxus aufgedrückt erscheint. In den vom Weichbilde der Residenz entfernter gelegenen Straßen von Hernals steht eine große Anzahl von drei- und

Die Weichbahnlinie

vierstöckigen riesigen Zinskasernen mit imponirenden Façaden, welche speculationslustige Baugesellschaften in der Zeit des sogenannten volkswirthschaftlichen Aufschwunges errichtet haben. Allerdings contrastirt gerade hier das ärmliche Interieur der dürftigen Insassen mit dem Exterieur ihrer Wohnstätten. Verwundert bemerkt der dorthin verschlagene Fremde, etwa während einer Tramwayfahrt nach Dornbach, Einzelne und Gruppen unverfälschter Hogarth'scher Gestalten aus den Fenstern schauen und seine Verwunderung wächst zum Erstaunen, wenn er die verschiedenen von kunstvoll ausgeführten Karyatiden getragenen Balcons mit fadenscheinigen Waschstücken, die „zum Trocknen" an Stricken befestigt sind, behangen sieht.

Da hinaus ziehen denn allabendlich ganze Karawanen von Tagarbeitern und Handwerkern. Schon in der Nähe der Linien kommen ihnen häufig ihre Weiber, jedes eine kleine Schaar Kinder führend, das jüngste auf dem Arme, mit einem kernigen Willkommengruß entgegen. Für den eifrigen Beobachter bildet ein solches Tableau stets ein eigenthümliches Genrebild. Die Toilette der ganzen Familie präsentirt sich zumeist als ein Mosaikbild von Flicken, das gar nicht darnach angethan scheint, den Unbilden des Frostes Widerstand zu leisten, so daß der „Vatter", wenn er

seinem kleinen „Herzbinkerl", das noch kaum recht „wawelu" kann, einen herzhaften
Kuß auf die bläulichen Lippen drückt, nicht selten einem eiskalten Näschen begegnet.
Bei einigen Heimkehrenden besorgen die Empfangsvisite die Kinder allein, weil die
Mutter noch „im Waschen" oder „im Bedienen" ist, oder sich mit der Zubereitung
des heute ausnahmsweise gekochten Nachtmahles beschäftigt. Andere wieder
erfreuen sich dieses Abendgrußes von der Seite der „Ihrigen", das heißt jener Freun-
din und Hausgenossin, welche schon längst zum legalen „Weib" avanciert wäre,
wenn man es wenigstens so weit hätte bringen können, die paar „lumpigen"
Gulden für die kirchliche Copulirung „auf
d' Seiten zu legen".

Mutter und Kinder erwarten den Vater.

Mit den hier geschilderten Gestalten
und Gruppen, die in den Abendstunden
die Linien passiren, ist aber die Zahl der
charakteristischen Typen bei Weitem nicht
erschöpft. Da sehen wir noch den kleineren
Geschäftsmann, der mit seiner Familie auf
Nr. XVIII oder XIX, in Döbling oder
Währing wohnt, in der inneren Stadt
jedoch ein Gewölbe oder Magazin in Miethe
hält. Nicht wenige Comptoiristen, sowie
Hilfs Beamte verschiedener Centralbehör-
den, die, zur Verbesserung ihrer materiellen
Lage, nach Beendigung der Amtsstunden
noch eine bescheidene Nachmittagsbeschäfti
gung zu besorgen haben, finden wir gleichfalls auf dem Wege nach den Quartieren
der kleinen Leute. Vergessen darf endlich

nicht werden jener trostlosen Unglücklichen, die schon seit Wochen, „von
draußen" in die Stadt laufen, um eine Stellung zu finden, welche es
ihnen ermöglicht, ihren hungernden, durch die Gnade der Nachbarschaft vegetirenden
Kindern Brod zu schaffen. Wie Hohn schlagen an das Ohr dieser scheu vorüber
eilenden Stiefkinder Fortunas übermüthige Lachsalven, gute und schlechte Wortspiele
und Späße, die Specialität des unverwüstlichen „Weana Hamurs", aus dem Munde
aufgedunsener Weinbeißer, die gewohnheitsmäßig allabendlich zum „Heurigen" nach
Nußdorf, Grinzing und Sievring wandern, um sich beim milden
Oesterreicher einige Stunden gütlich zu thun, über Gott und die Welt zu
raisonniren und endlich mit dem obligaten „Schwammerl" (Räuschchen) ihre liebe,
von ihnen kurz vorher arg verlästerte „einzige Kaiserstadt" wieder aufzusuchen. —

Hinabgesunken ist die goldige Lichtspenderin, die gewaltige Fackel der Arbeit;
die Fittige der Nacht breiten sich über das Häusermeer und bringen den müden
Menschenkindern Ruhe und neubelebenden Schlaf nach den harten Kämpfen des

Tages.   Still ist es geworden im Palast der Residenz, im ebenerdigen Häuschen der Stadtgrenze   und Alle träumen sie, die Kleinen und Großen, die Reichen und Darbenden, die Zufriedenen und die Betrogenen,   auf kostbaren, weichen Kissen und Pfühlen, — auf armseligen, harten Lagerstätten,   von den vielen, schweren Plagen und Sorgen,   von den spärlichen Freuden und Genüssen des nächsten Tages.

III.

Das lachende Wien.

Der Sport.

Von Rudolf Stürzer.

In der Freudenau.

Morgenstunden.

Am Ende der herrlichen Allee, die vom Praterstern zum Lusthause durch
den prächtigsten der Volksgärten sich erstreckt, da liegt in sich abgeschlossen die
Freudenau, eine der schönsten Parcellen des Praters. Es ist der Riesenspielplatz
für die edelsten der Vierfüßler. Lange Zeit glaubte der historische Adel des Reiches,
alle übrigen Stände von diesem Terrain fernhalten zu müssen. Allgemach aber
fand sich die nicht gut abzuweisende Geld-Aristokratie auf dem Turf ein und als
im vorigen Decennium die Henne mit den goldenen Eiern — man heißt sie im
Sportjargon: Totalisateur — in der Freudenau ihre Brutstätte bezog, da folgte
man dem demokratischen Zuge der Zeit auch seitens des hochadeligen Jockeyclubs
und zu seiner nicht geringen Freude stellte man auch den schlichten Bürger in den
Dienst der Hebung vaterländischer Pferdezucht.

Und nun vergnügt sich Reich und Arm an dem modernen olympischen Spiele:
Rennsport genannt. Wer einmal im Banne des großartigen Bildes, das die Freudenau im Zenithe der Saison stets bietet, gestanden, der kann sich wohl kaum mehr
seinem verlockenden Reize entziehen und daher kommt es, daß heute nicht allein das
ahnenstolzeste Mitglied des Jockeyclubs mit ernstem Eifer die Chancen dieses oder
jenes Vollblüters Tag und Nacht studirt, daß auch der Jünger Mercurs oder der
noch prosaischere Greisler manche Stunde des Tages zur Erforschung des Problemes
opfert, ob „Aspirant" mit fünf Kilo mehr im Sattel als „Garlic" diesen über
zwei englische Meilen zu besiegen im Stande wäre.

Ja, der Rennsport hat in allen Kreisen der Residenz seine Wurzeln geschlagen und heute gehört er zu den äußerlichen Attributen jeder Weltstadt. Obgleich in seinen Grundprincipien international, trägt er doch in jedem Lande, ja auf jedem einzelnen Rennplatze ein typisches Gepräge und nicht minder in unserer Vaterstadt, die ja an Alles, was sich in ihren Mauern eingenistet, die Krystalle ihrer Eigenart ansetzt. — — —

Es ist noch früh am Morgen. Die heiligste Stunde des Tages naht, wo die Allmutter Sonne die Schleier der Nacht hinwegbannt und im glänzendsten Purpur-Ornate wieder die Herrschaft des Tages antritt. Im Trubel des nimmer rastenden Lebens der Großstadt geht freilich die heilige Andacht des erwachenden Tages verloren — aber nicht allzu weit von dem lautpulsirenden Herzen der Stadt liegt die Freudenau, wo Jedermann die Weihestunde in vollen Zügen genießen kann.

Im Osten zucken die ersten Lichtstrahlen auf, die Vorboten der Königin des Tages. Die Nebel wallen majestätisch über dem gewaltigen Donaustrome und in langen Schleiern ziehen sie über die Freudenau hin. In den Büschen und Bäumen wird es rege, und der erste Sonnenstrahl, der durch den Nebeldunst bricht, bringt Millionen von Thauperlen auf den weiten Wiesen zum Flimmern und Glänzen. Kaum begrüßt die erste Krähe mit heiserem Schrei den jungen Tag, da antwortet ihr auch schon die Legion ihrer Schwestern, die hier in den gewaltigen Baumkronen in solcher Menge nisten, wie man sie sonst in allernächster Nähe großer Städte fast nie zu sehen bekommt.

In den abseits von der theils durch Barrieren, theils durch Hecken abgeschlossenen Rennbahn gelegenen Ställen, wo während der Saison ein nach Millionen zählendes Vermögen an Pferdematerial untergebracht ist, beginnt nun mit einem Male ein geschäftiges Treiben und es währt nicht lange, so kommen die edlen Vollblüter, vom Kopf bis zum Schwanz in warme Decken gehüllt, im Gänsemarsch auf die Rennbahn gezogen, um ihre „Arbeit" zu verrichten. Ein Stall nach dem anderen rückt mit seinem „Lot" aus und es ist ein Anblick ganz eigener Art, wenn die vermummten Pferdegestalten, mit den putzigen Knirpsen von Stallbuben auf den Rücken, die große Wiesenfläche im Innenraume der Rennbahn bevölkern. Vorerst kommt die Schrittarbeit und jeder Stall sucht sich sein Plätzchen, wo die Pferde im Kreise herumgeritten werden. Es ist ein unruhiges Volk, dieses Vollblut — alle Augenblicke steigt da ein Gaul kerzengerade in die Höhe oder sucht in feurigem Uebermuthe sich des lenkenden Stallburschen durch Bocken und Ausfeuern zu entledigen, aber die kleinen Kerle sitzen fest und ihr Lachen und Scherzen unterbricht die feierliche Stille der ersten Morgenstunden in der Freudenau.

Die Trainers prüfen wachsamen Auges die Schaaren der ihrer Kunst und Obhut anvertrauten Vierfüßler und geben ihre Befehle — da werden vom Lusthause her die ersten Equipagen oder Fiaker sichtbar, die vornehme Gäste bringen. Es ist heute ein wichtiger Tag im sportlichen Leben, denn in 48 Stunden kommt das größte Rennen der Saison zur Entscheidung und die zum Kampfe auserwählten

Morgenarbeit.

vierbeinigen Streiter erhalten heute den letzten Schliff für das große Ereigniß. Da läßt es sich kein echter Sportsman entgehen, dabei zu sein und von der Aufregung der großen Stunde sich einen Vorgeschmack zu holen. Die Rennstallbesitzer und mit ihnen die enragirtesten Sportjünger opfern da gerne den süßen Morgenschlaf in ihren Prunkgemächern und überwachen mit Spannung die Arbeit ihrer Lieblinge. Der „Training-Ground" wird immer belebter, da und dort werden die Decken von den Pferden genommen, die Jockeys erklettern die Stalljungen und reiten auf die Trainirbahnen, die nun von den Hufen der mit Windeseile truppweise dahinstürmenden Pferde erdröhnen. Auch der Turf-Kiebitz hat sich eingefunden; der läßt es sich manches schöne Stück Geld kosten, um die Geneigtheit eines Stalljungen oder gar eines Jockey zu gewinnen, um von ihnen die „unverläßigen" Instructionen für den großen Tag zu bekommen, an welchem er der goldenen Henne „Totalisateur" die schönste Feder auszurupfen gedenkt.

Unaufhörlich tönt nun das Geräusch der fliegenden Hufe an das Ohr, ein Trupp folgt dem andern und jagt in weitem Bogen auf dem Rasen dahin, aber die „Eingeweihten" haben nur Interesse für die wenigen Auserwählten, die übermorgen den heißen Kampf zu bestehen haben, und deren Namen in den Salons, im Club, beim Corso auf der Ringstraße, in den Cafés ersten und letzten Ranges das Thema lebhafter Discussionen bilden.

Plötzlich kommt eine fieberhafte Bewegung in die Gruppe der Cavaliere, die durch Feldstecher den letzten scharfen Galopp des Favorits verfolgten; das edle Thier, ein Musterbild seiner Rasse, wird plötzlich angehalten, der Jockey schwingt sich aus dem Sattel und bückt sich — ein Unglück ist geschehen. Das Mißgeschick, das über jedem Rennpferd schwebt, hat das schöne Thier, das die Hoffnungen von Tausenden seit Wochen trug, ereilt. Mit schnaubenden Nüstern steht es da, den einen Vorderfuß gebengt, und mit Blitzesschnelle tönt es von Aller Munde: der Favorit ist lahm! Das zierliche Bein versagte im letzten Augenblicke den Dienst, mit gezerrter Sehne hinkt das kostbare Thier dem Stalle zu und im selben Mo ment, als der tückische Zufall den schnellen Renner kampfunfähig machte, ging auch ein Vermögen in Wetten verloren.

Immer höher stieg unterdeß die Sonne und ihre Strahlen haben den Thau von den Gräsern gesogen. Nur vereinzelt tönt noch der Hufschlag einiger galoppirender Pferde, die Mehrzahl trägt bereits wieder ihre Decken und allmälig zieht ein Trupp nach dem anderen wieder zu den Ställen hinüber. Die Morgenarbeit ist beendet und nach dem geräuschvollen Leben liegt doppelt still der schöne Platz nun da. Beim Thonta und im Lusthaus aber werden dann beim Frühstück im Kreise der Cavaliere, Trainers und Jockeys alle Einzelheiten des Erlebten noch aufs Lebhafteste discutirt, bis der letzte Wagen den letzten Gast nach der Residenz zurückgebracht.

Der Derbytag.

Es ist ein prächtiger Sommertag und noch dazu ist's ein Sonntag. Ganz Wien ist auf den Beinen. Nach allen Himmelsrichtungen ergießt sich der Strom der Ausflügler schon in den Vormittagsstunden: nach Hütteldorf, Nußdorf, Sievering, Liebhardsthal, Hinterbrühl, kurz überall hin, wo schattige Bergeshalden, kühle Biere und würziger Heuriger winken — aber noch immer bleiben Tausende übrig, die als Endziel ihres nachmittägigen Vergnügungs-Programmes die Freudenau erwählt.

In den Salons des Geburts- und Geld Adels bedeutet das heutige Rennen geradezu eine Epoche in der Saison. Heute ist ja der Derbytag, und was an Glanz und Pracht der Kleidung entfaltet werden kann, wird heute geleistet werden müssen, denn da unten auf dem grünen Rasen im hellen, discretionslosen Strahle der goldenen Sonne, da kann nur solide Pracht bestehen; Theaterflitter und Balleffecte kommen da nicht zur Geltung und die „Maisons des Robes" müssen das Höchste leisten, was nur überhaupt die Kunst im Handwerk zu leisten vermag.

Man klagt schon lange, daß die officielle Praterfahrt am 1. Mai des alten Glanzes von früher immer mehr entbehre, dafür gibt es aber jetzt den Derbytag, der nichts vermissen läßt, was Pracht und Luxus dem Auge zu bieten vermag. Die Traditionen des 1. Mai sind auf ihn übergegangen, er ist heute der officielle Tag der glänzenden, reichbewegten Praterfahrt. Von der ersten Mittagsstunde an,

bis zum Beginn der Rennen in der Freudenau rollt Wagen um Wagen die herrliche Allee des Nobelpraters entlang. Vom Ring, vom Quai und durch die Praterstraße kommen die langen Reihen der Vehikel und stauen sich am Praterstern, wo
die Wächter der öffentlichen Sicherheit das Riesenamt der ordnungsmäßigen Ran-
girung zu besorgen haben. Die behäbige Familienkutsche mit den starken Carossiers
und den prächtigen Geschirren ist nur mehr spärlich vertreten, sie paßt wohl nicht
mehr in den Rahmen der Zeit, die Blitzzüge kennt. Der schnelle ungarische Jucker
im leichten Phaeton dominirt; er bildet das Gros der Privat-Vehikel, trotzdem aber
verschwindet er schier in der Riesenmenge von „Numerirten" und „Unnumerirten",
die heute mehr denn je Mode geworden.

Wer seiner Fahrkunst nicht durch und durch bewußt und es verschmäht, am
Derbytage in der bequemen aber etwas schwerfälligen Equipage die Fahrt in die
Freudenau zu machen, der zahlt mit Wonne ein hübsches Sümmchen für den
„schnellsten" Fiaker, deren unsere Vaterstadt noch eine erkleckliche Anzahl besitzt. Es
ist für die Herrenwelt der höchste „Chic", im feschen Fiakerzeug entweder nachlässig
in eine Ecke gelehnt oder zu Tritt, der Mittelmann Jedem auf halbem Schoße
sitzend, die schnurgerade Straße hinabzurasen und es gibt manchen Cavalier, der zu
diesem Zwecke seinem Fiaker die Jucker schenkt, um „fesch" in die Freudenau fahren
zu können, so wie es hier im Bilde veranschaulicht wird.

Prinzessinnen von blauestem Geblüte und solche aus Thaliens oder Terpsichorens Gefilden tragen hier die kostbarsten Toiletten zur Schau, aber haarscharf vermag der Kenner sie zu unterscheiden. Die in ihrer englischen Einfachheit oft fascinirende Toilette und eine mit allen Kniffen der Pariser Kleiderkunst prunkende Sensation wird sein Auge nie irre führen — und nicht minder gut läßt sich hier der Cavalier von seinem Schatten, dem „Gawlier", unterscheiden.

Ja, am Derbytage sieht man Wien in seinem Reichthume auf offener Straße, bei hellem Sonnenscheine. Die „Welt" läßt sich von der Welt bewundern.

Aber nicht allein in den oberen Regionen, wo Geld und Glück die Nebenrollen spielen, auch in der Stube des Bürgers, im Atelier, in der Werkstätte übt

Auf dem „Canal Dampfer".

das große Sportfest keinen Einfluß, und besonders in jenen Bezirken, von denen die nächsten Wege in die Freudenau führen.

Da gibt es ganze Gassen, in die das große sportliche Ereigniß, das Derby, seine Schatten vorauswirft. Dieses Rennen, das die Prüfung der besten der Vollbluter bezweckt, wird da vom Gevatter Greisler, Spengler, Trödler, Milchmeier, vom Herrschaftskutscher und Kammerdiener in jeder freien Stunde auf das Lebhafteste besprochen. Die ganze Nachbarschaft hat sich zusammengethan und ein Sportblatt abonnirt, dessen Nachrichten und mehr oder minder fachmännische Ansichten zumeist unverstanden verschlungen werden. In der vielköpfigen Gemeinschaft aber gehen die Meinungen über manchen Gaul oft nicht minder auseinander, wie am Tage der Gemeinderathswahl über die diversen Candidaten.

Da sitzen zum Beispiel die enragirten Sportjünger des Abends beim Greisler beisammen, der
sich längst schon das Prädicat der „Sport-Greisler“
verdient. Mit eifrigem Ernste wird da berathen,
ob man sein Geld in dem großen Rennen mit sicherer
Aussicht auf großen Gewinn entweder dem Ester-
hazy'schen oder dem Baltazzi'schen Pferde anvertrauen kann und schließlich gilt zumeist
die Meinung des Milchmeiers als bindendes Orakel, denn dieser ist der „Fachmann“ des wilden Sportclubs. Er hat bei der Gestütsbranche gedient und seinem
Schimmel, der vierbeinigen Stütze des Geschäftes, rühmt man im Sprengel der
Kunden die wunderbarsten Fähigkeiten nach.

„Kan Kreuzer setz' i auf euern Krampen“, deducirt in scharfpointirtem Vor-
trage der Schimmel-Eigenthümer, „denn dös is ka Roß für 2400 Meter. Dem
hängt ja 's Beuschel schon am halben Weg aussa. Wann wer wissen will, was für
a Pferd das Derby g'winnt, dann kann i eahm nur sagen, daß der „Spatzegratze“
dös Rennen hiatz schon g'wunna hat!“

Der „Spatzegratze“ heißt mit seinem ehrlichen Pferdenamen eigentlich „Scape-
grace“, aber beim Sportgreisler hat man sich eine zungengerechtere Turf-Terminologie
zurechtgemacht. Es wagt denn auch Niemand der sachlichen Autorität des „Milli-
mannes“ offen zu widersprechen, aber im Stillen hat doch Jeder seine eigene Ueber-
zeugung und seinen eigenen „Tip“. Und später hat es sich herausgestellt, daß der
„Spatzegratze“ gar nicht im Derby engagirt war. Heute aber handelt es sich auch
nur hauptsächlich darum, wo man sich „unten“ treffen wird, denn der Milchmann
spannt seinen Schimmel in's Steirerwagel und nimmt ein paar Intime mit, während
einige Andere beschließen, zu „Viert“ mit einem „Kompfuitenxerl“ die Praterfahrt
mitzumachen.

Des Greislers bessere Hälfte sieht allerdings mit scheelen Augen auf die
„noblichte Passion“ ihres Gesponsen und votirt ihm nur geringe Summen zu seinen
Operationen am Totalisateur. Aber der Sportgreisler lächelt verschmitzt beim

Weggauge, denn er hat in einem unbewachten
Momente aus den Tiefen seiner „Alltagsstiefel",
die er als „einbruchssicherste" Sparcasse schon
seit Langem verwendet, einen geheimen Fond
hervorgeholt. . . Trotz der ausschließlich hippischen Signatur des Rennplatzes herrscht
dennoch auf demselben weit tyrannischer als
sonst irgendwo der große „Stier" und unser
Sportgreisler huldigt dem ökonomischen Prin-
cipe, daß ein Kampf mit
diesem Ungethüm nur mit
„ausreichender"Capitals-
kraft geführt werden kann.
Er wäre wohl auch gerne
per Einspänner „hinunter-
gefahren", aber allein
„vergunnt" er sich keinen
und da er keine Com-
pagnie gefunden, beschließt
er, sich auf den „Wogen
der Donau" befördern
zu lassen.

Bei den Weiß-
gärbern besteigt er den
Dampfer, der im Donau-

In den Logen.

Canale die nautische Verbindung der Freudenau mit der Stadt bewerkstelligt und
den der Commis aus dem Weißwaarengeschäft — ein Orakel des Sportgreislers
— in seiner Anspielung an das Mutterland des Rennsports „Canal-Dampfer" betitelt.
Das kleine Schiff ist bis auf's letzte Plätzchen gefüllt — es ist das Beförderungsmittel
der Mehrzahl Jener, die sich in einem Comfortable geniren, einen Fiaker aber als
„Pflanzreißerei" betrachten. Der kleine Geschäftsmann, der Commis, der „dienstfreie"
Kellner, sportlustige Privat- und kleine Staatsbeamte und noch eine große Schaar
zum Theile undefinirbarer Existenzen ist hier wie in Charon's Nachen eingepfercht.
Hier trifft unser Sportgreisler auch den Weißwaaren Commis und in der nun
beginnenden sportlichen Conversation fühlen Beide nur halb die Qualen, die ein
Platz dicht beim heißen Dampfkessel im sengenden Sonnenbrande zu bereiten
vermag. Und wie in einem Bienenkorbe summt es — ein nicht sportlich Ange-
hauchter versteht kein Wort aus dem Kauderwälsch von ungarischen und englischen
Pferdenamen und Turfausdrücken und es gibt wohl keinen zweiten Fleck mehr
auf unserem Planeten, wo wie auf einem Wiener „Canal-Dampfer" das Englische
ärger mißhandelt wird, es sei denn noch auf der Flügelbahn, die vom Staats-

bahnhofe in die Freudenau führt und die eine kaum anders schattirte Gesellschaft zu den Rennen befördert.

Schiff und Bahn aber gelten trotzdem immer noch als „standesgemäße" Beförderungsmittel, während der Benützer eines Einspänners schon die größte Mißachtung gegen die öffentliche Meinung zur Schau tragen muß. Ihn beneidet — wenigstens nicht offenkundig selbst kaum jener Theil der Sportjünger, der auf Schnitzer Rappen in die Freudenau pilgert und hauptsächlich den „20 Kreuzer Platz", den sogenannten „Volksraum" bevölkert.

Es ist ein ganz eigener Reiz, der dem Bilde der Freudenau an ihrem größten Festtage innewohnt. Von den Dächern der schmucken Tribünen wehen Wimpeln und Flaggen in der wonnigen Maienluft. Auf und vor den Tribünen drängt und schiebt sich eine nach Zehntausenden zählende Men-

Auf der Galten-Tribüne.

schenmenge. Ein Summen und Schwirren durchwogt die Luft, eine fiebernde Erregung hält alle Nerven gespannt, denn immer näher rückt die Stunde der Entscheidung, wo die Schnelligkeit von vier Pferdebeinen über Verlust oder Gewinn entscheidet.

Im Actionärraum versammelt sich die Crême der Gesellschaft: Die Rennstallbesitzer, mehr oder minder ahnenreich und landbegütert, Cavaliere, die sich keine Pferde halten, weil sie lieber auf ein fremdes wetten, vom Fürsten bis zum Helden

Der 20 kr. Platz

der nächsten Defraudationsverhandlung: schillerude Uniformen, einfach elegante
Civilkleider und groteske Gigerlcoftüme; dazwischen schillert und schimmert aber
die reiche Pracht der weiblichen Toiletten und aus der Vogelperspective müßte
sich der Platz wie ein in glühendster Phantasie geschaffenes farbenprächtiges Bild
ausnehmen. Drüben auf dem „Guldenplatze", dessen Insassen sich meistentheils
aus den Dampfschiff- und Eisenbahnfrequentanten recrutiren, ist es natürlich
schlichter, am schlichtesten aber ist der 20 kr. Platz. Dafür aber haben dessen Besucher
gratis den Genuß eines Militär-Concertes aus allernächster Nähe, denn auf dem
20 kr. Platze befindet sich der allerdings nicht durch architektonische Schönheit hervorragende Musikpavillon, von welchem aus bei ungünstigem Winde die Besucher
der gegenüberliegenden „nobleren" Plätze oft nur die Thätigkeit der türkischen
Trommel und der Bombardons controliren können. Bei Musik hält hier das „Volk"
sein sportliches Diner; frisches Bier, Würstel, Käs und Schinkensemmeln, g'spritzte
Viertel 2c. ergötzen den wenig verwöhnten Gaumen des kleinen Mannes, während
drüben im Actionärraum Ananas-Bowle, Sect, Eis und Confituren in schwerer
Menge ob des heißen Tages aufgebracht werden. Und die Mitte zwischen dem
Buffet des Actionärraumes und dem Schank des 20 kr. Platzes hält die Restau-
ration mit kalter Küche auf dem Guldenplatze.

Ein Glockenzeichen ertönt. Die Pferde für das erste Rennen werden auf die
Rennbahn gebracht. Es ist eine untergeordnete Programmnummer, und die Menge,
deren Sinn nur das große Ereigniß beschäftigt, läßt das erste Rennen ziemlich

gleichgiltig vorübergehen. Auf dem Guldenplatze aber steht unser Milchmann mit
verdutztem Gesichte, denn seine unfehlbare Pferdekenntniß hat ihn wieder einmal
im Stiche gelassen, er und mit ihm die ganze Sportgemeinde aus seiner Gasse —
blind dem Orakel trauend   haben ein schönes Stück Geld, baare 25 fl. gleich im
ersten Rennen „angebaut", denn das als sicherster Sieger von dem Millimann im

Auf dem Sattelplatze.

Vorhinein bezeichnete Pferd war als allerletztes angekommen. Der Nachbar Spengler
wird nur schwer seiner Entrüstung Herr, denn er hatte „Fiduz" auf den Gaul, der
wirklich gewann, und eine dumme Ausrede des Fachmannes bringt ihn außer Fassung.
    „Sö verstengan a was von an Pferd?" bricht er mit hohngeträufter Stimme
los. „Ihnere G'schichten kinnens 'n Sportgreisler derzähln, aber mir net. Wann's

net Ihnan Schimmel zufällig alle Tag sechat'n, wußten's ja eh' gar net wie a Roß überhaupt anschaut!"

Mehr im Tone wehmüthiger Entrüstung als aus gekränktem Ehrgefühl replicirt der also Angegriffene: „Gott sei Dank, Sö lernen mir dö Rösser net kenna,

Außerhalb der Umzäunung

höchstens die blechernen, aber was kann denn i dafür, wann ma so an schwach'n Reiter aufsitzt?"

„Ja, er hätte mit dem Pferde mindestens schon bei der Biegung gehen müssen, denn es hat die größte Ausdauer!" Diese Ansicht entwickelt der Weißwaaren-Commis und da sie — weil nur halb verstanden — allgemeinen Beifall findet, sind

Beim Totalisateur.

Milchmann und Spengler wieder ausgesöhnt und es wird nun wieder eifrigst über
die nächste Wette berathen   denn man will einmal einmal einen gehörigen „Riß"
machen.

Nun tönt vom Musikpavillon herüber die Volkshymne: ein Mitglied des
Kaiserhauses ist eingetroffen und wird ehrfurchtsvollst begrüßt. Doch gleich darauf
klingt wieder die Glocke und alle Herzen schlagen höher: die Derbypferde werden
gesattelt. Im Actionärraum entsteht jetzt eine fieberhafte Bewegung nach dem
Sattelplatze, wo die edlen Thiere Toilette machen. Sie werden noch leicht gebürstet,
Maul und Nüstern werden ausgewaschen und nun jedes einzelne der auserwählten
Thiere steht ein dichtgedrängter Kreis mehr oder minder verständnißvoller Beobachter. Jeder will seinen Liebling sehen und ihn mit den Gegnern vergleichen. Die
Herren, deren Pferde für das Rennen bestimmt sind, besprechen sich noch eifrig mit
dem Trainer und dem Jockey, dem Verhaltungsmaßregeln eingeschärft werden, die
dieser dann gewöhnlich nicht hält. Wieder tönt die Glocke: Aufsitzen! die kleinen
englischen Reitknechte höherer Ordnung, Jockeys genannt, werden auf die Pferde
gehoben und diese auf die Rennbahn geführt. Die bunten seidenen Jacken glänzen

im Strahl der Sonne, der sich auch in dem wie Atlas schimmernden Haare der
edlen Pferde bricht, auf die sich nun tausende und abertausende Augen richten. Es
ist aber auch ein herrlicher Anblick so ein Vollblutpferd. Seine Eltern und Ureltern
sind in eigenen Büchern verzeichnet und jedes einzelnen Pferdes Stammbaum geht
Jahrhunderte weit zurück. Der edle, kleine Kopf mit den kurzen, lebhaft spielenden
Ohren, der zierliche aber doch kräftige Fuß, der den edel geformten Körper trägt,
auf dem unter der feinen Haut das ganze Adernsystem zu sehen, das Alles stempelt
den Vollblüter zum Musterbilde des ganzen Pferdegeschlechtes.

Auf die Rennbahn sind den Pferden die Cavaliere gefolgt, die hier den Probegalopp aus nächster Nähe beachten wollen. Hier erörtert man die Chancen
von „Aspirant", „Garlic", „Hippokrene", „Weather", „Szitalötö", „Puppenfee"
und wie die Namen alle heißen, man sondirt das „Blut" der Pferde und spricht
von den Leistungen, von Stehern und Fliegern, von Blutmischung, von Erbfehlern
der Stammhengste, von fehlerhaften Sprunggelenken, Köthen, kurz der reine Turf-
jargon. Drüben aber, am Guldenplatze, da existirt nur die Ziffer, die das Pferd
auf dem Programme trägt und da man sich mit den aus allen lebenden und todten
Sprachen entnommen Pferdenamen ohnehin schwer abfinden kann, so spricht man
hier fast nur vom „Zweier", vom „Achter", „Zwölfer" 2c. und ein Hauptgewicht
legt auch vornehmlich der Besucher des Guldenplatzes auf den Reiter. Dieser liebt
den „Bubsy", jener den „Martin", der spricht die Fähigkeit des besten Reitens
nur dem „Huxtable" zu, während jener nur zu „Bulford" schwört. — Die Bekanntschaft dieser Koryphäen zu machen ist der seligste Traum des Weißwaaren Commis.
Bei seinem Principal läßt ein Herr die Krägen putzen, und dieser Herr kennt einen
ehemaligen Stallburschen aus dem Blaskovits'schen Rennstall und der weiß „jedes
Pferd", das gewinnt, schon im Vorhinein. An diesen Herrn macht sich der Jünger
Mercur's heran. Er hat bemerkt, wie Jener an einem stillen Orte sein Renn-
programm dem Ex-Stallburschen reichte und dieser mit dem Daumennagel bei einem
Pferdenamen eine Kerbe preßte.

Der Probegalopp ist vorüber und nun durchzittert ein eigenthümliches Geräusch
die Luft. Schon als die Nummern der zum Ablauf bestimmten Pferde an den betreffenden
Telegraphen angezogen worden waren, konnte man es vernehmen, aber jetzt erreicht
es die höchste Tonfülle. Es klingt wie dumpfes Knattern des Kleingewehrfeuers
oder wie ein unaufhörliches Stampfen von zahllosen Maschinen: es ist der Totalisateur! Hei, wie sich da die Menge drängt, Hoch und Nieder, der Graf und der
Börsenjobber und Jeder fürchtet zu spät zu kommen.

„Nummer 1!" „Nummer 6!" „Nummer 20!" so tönt es an den Cassen wirr
durcheinander, aber der Beamte, der die Zahl der Einsätze auf seiner Maschine
markirt, steht ruhig und kalt in dem Wirbel und hört nur auf seinen Collegen, der
die Karten ausgibt. Hier ist der Altar, auf welchem der vaterländischen Pferdezucht geopfert wird. Hier singt die Sirene, die all' die Tausende zu den Sportfesten lockt, deren „Verständniß" ohne Totalisateur wohl nie in's Volk gedrungen

wäre. Ihre platonischen Jünger sind nur auf dem 20 kr.-Platze zu suchen, wo seit Jahren kein Totalisateur mehr functionirt. Aber so ganz ohne „Wetten" geht es auch drüben nicht ab. Fliegende Buchmacher und andere speculative Leute treiben dort ihr Gewerbe, das keiner Controle unterliegt, über dessen einfache und doch sinnreiche Gebahrung man aber staunen muß. Bei ihnen wird „sechserlweis" gewettet und ihre Kunden bewachen sie strenge und wehe dem Entrepreneur, der sich mit dem Gelde vielleicht vor dem Rennen aus dem Staube machen wollte ; er entgeht nicht der Volksjustiz. Und so interessirt man sich auch im Volksraum für den Sport. Man kennt die Pferde nicht, deren Namen selten Einer auszusprechen wagt, man braucht sich auch die Nummern nicht zu merken, denn diese haben nur Bedeutung für den Totalisateur — man spricht daher auf dem Zwanzig-Kreuzer Platz zumeist nur von dem „Gelben", von dem Weiß Rothen", von dem „Blau-Gelben" oder aber vom „Esterhazy Pferd", vom „Hunyady ", „Springer " oder „Rothschild Pferd" und freut sich geradeso begeistert, wenn man für ein gewettetes Sechserl deren fünfe herausbekommt, wie wenn „drüben" 700 fl. für fünfzig am Totalisateur oder beim Buchmacher gezahlt werden. — —

Noch zeigen sich die Pferde auf der Rennbahn vor den Tribünen, auf denen keine Stecknadel mehr zur Erde fallen könnte, so dicht stehen die Menschen aneinander gedrängt. Und unten auf dem Rasen staut sich eine nicht minder festgedrängte Menge in gespanntester Erwartung. Das eigenthümliche Summen und Surren hat zugenommen, denn der große Moment rückt immer näher. Dazwischen aber tönt die schrille Stimme des Buchmachers, der von dem ihm angewiesenen Platze aus seine Wetten ausruft : „Two to one!" „Five thousand to three thousand on Schiporka!" „Zehn zu eins gegen Veidäl!" „Zwanzig zu eins gegen Zjárnot!" So tönt es englisch ungarisch deutsch und deutsch ungarisch-englisch durcheinander und die Herren lachen ob der Aussprache des „Sziporka", des „Viadal" und des „Ziarnot".

Jetzt sind die Pferde beim Ablauf. Ein paar unruhige Thiere sind durchgegangen und werden mühsam wieder zurückgebracht, ein paar andere wollen wieder nicht vorwärts, sie drehen sich wie ein Kreisel, feuern aus, steigen auf und so verzögert sich der Beginn des Rennens. Endlich tönt es wie ein Ruf der Erlösung von den Lippen der aufs höchste gespannten Menschenmenge — ein glatter Ablauf war gelungen und nun stürmt das Rudel Pferde mit den buntfarbigen Reitern dahin über den wohlgepflegten sammtgrünen Rasen und ihren Lauf verfolgen hochklopfenden Herzens Tausende von Menschen. Die halbe Bahn ist jetzt durchmessen, einige Pferde sind schon zurückgefallen, und immer deutlicher erkennt man die besseren. Jetzt kommen sie um die letzte Ecke, die gerade Bahn herunter. Man hält den Athem an, denn noch schwankt die Entscheidung zwischen drei oder vier Pferden, die Gurte an Gurte dem Ziele zustürmen. Plötzlich tönt ein Schrei von zehntausend Lippen! Der Reiter des Favorits mußte zur Peitsche greifen, denn sein Gaul beginnt nachzulassen — aber trotz Peitsche und Sporn vermag er ihn nicht in Front zu halten und seine Niederlage ist besiegelt. Aber auch die vorderen

Nach dem Rennen.

Drei beginnen schon zu kämpfen. Noch liegen sie dicht beisammen in gewaltigen Sätzen dahinfliegend und die Peitschenhiebe klatschen wie Ruderschläge im Wasser. Schon beginnt Einer zu weichen, wieder geht eine Bewegung durch die Menge — aber der alte vielerfahrene Reiter, der den Hengst steuert, hat ihn nur einen Moment verschnaufen lassen wollen. Mit dem Aufgebote seiner ganzen Meisterschaft wirft er sein Pferd noch einmal vor — dichter und schwerer fallen die Peitschenhiebe, das edle Thier scheint keine Knochen mehr zu haben und nur aus Kautschukmasse zu bestehen, so streckt es sich unter der Gewalt seines Reiters, Zoll um Zoll gewinnt es an Boden gegen die anderen, und kaum fünfzig Meter vor dem Ziele hat es den Kopf voraus — ein Sturm von Beifall und Jubel bricht los! Des Siegers Name dröhnt in gewaltigem Schrei durch die Luft, die in den letzten Secunden auf das Aeußerste gespannten Nerven der Zuschauer reagiren und die allgemeine Aufregung tobt sich in Beifallsjubel aus. Der gewaltige Kampf hat Alle ergriffen und während die Pferde, die in ihrem rasenden Laufe nur schwer zu stoppen waren, wieder zurückgebracht werden, erneuert sich wieder der Beifall und Roß und Reiter werden bejubelt wie höhere Genien, die eine übermenschliche Großthat vollbracht. Der glückliche Besitzer des Siegers ist diesem entgegengeeilt, freudestrahlend klopft er den schweißtriefenden Hals des mächtig schnaubenden Renners und hört meist nur mit halbem Ohre die aufrichtigen und süßsauren Glückwünsche; — mehr als man ahnen mag, geht ihm der Sieg seines Pferdes zu Herzen, denn seinen vier Hufen hat er ein Vermögen anvertraut und nun gewinnt er eine Riesensumme in Wetten — die Anderen aber haben sie verloren. Den Schlußact des hippischen Dramas „Derby" hat der Zeichner im vorstehenden Bilde verewigt.

Die Erregung legt sich nicht so bald. Die folgenden Rennen für das mindere Pferdematerial werden fast nur von den Professionsspielern beachtet, denn Alles spricht jetzt nur vom Ausgang des Derby. Im Sattelraum spricht man von dem vorzüglichen Blute, der Ausdauer und von der Meisterschaft des Reiters u. s. w., auf dem Guldenplatze aber kommen noch andere Dinge in Betracht. Unsere kleine Sportgemeinde hat mit toller Begeisterung dem Siege des „Vierzehner" zugejubelt, der großartige Moment hat Alle vergessen lassen, daß sie ja eigentlich gar keine Ursache haben, sich ob des „Vierzehners" Triumphes zu freuen, denn auf den sach männischen Rath des Millimanns hatte man auf den „Dreizehner" gewettet, der natürlich wieder Letzter war. Erst allmälig wird den Leutchen die Sachlage klar.

„Was zahlt man denn?" so frägt der Sportgreisler in die starre Menschen mauer hinein, die nun vor den Liquidationscassen des Totalisateurs sich drängt und sich in endlosen Combinationen erschöpft, „wie viel wohl auf den Sieger herauskommen werde".

Steeple-chase.

„Mindestens zwanzigfaches Geld," wird ihm geantwortet und das veranlaßt den sonst so ruhigen Geschäftsmann gegen seinen Freund den Millimann folgende Sprache zu führen:

„Schust mein Namen, wann i no amol mit Ihna da owa geh! Da Spengler hat ganz recht, daß Sö an Schmarrn von dö Rösser versteng'an. Jessas, wann i denk, wia leicht i den Vierzehner hätt' hab'n tinna, i mecht mi am liebsten oslachna. Meiner Alten tramt schon sider zwa Tag, daß auf'n Vierzehner an Extrato g'macht hat　gibt's denn da no an bessern Fingerzeig?"

„No, da nehmens halt a anderemal statt'n Rennzettel Ihrer Alt'n ihr Traumbüchel mit," höhnt der Millimann.

„Na, Ihnern Schimmel wer'n ma frag'n, bevor ma ums gengan, der waß jedenfalls mehr wia Sö." Das ist wieder der Spengler, der hier den Angriff auf seines Nachbars Autorität noch einmal erhebt und nun entsteht ein Wortwechsel, der die treuesten Freunde entzweit und tiefen Groll in jedes Herzen zurückläßt. Der Commis aus dem Weißwaaren-Geschäft aber steht still und traurig da. Er hat natürlich dieselbe Nummer gesetzt, die der Ex-Stallbursche dem gewissen Herrn mit dem Daumennagel auf dem Programme eingekerbt -- er hat fast den ganzen Rest seiner Monatsgage verwettet — und verloren.

Der Nachbar Trödler aber steht abseits und lächelt vollmondbreit. Er hat wieder einmal alle zehn, am Rennen theilnehmenden Pferde gesetzt und so konnte ihm der Sieger nicht entgehen; da nun für denselben 120 fl. für fünf gezahlt werden, hat er noch immer einen schönen Ueberschuß, aber er wahrt sein Geheimniß in weiser Absicht strenge vor seinen verlierenden Freunden und nachdem er seinen Gewinn encassirt, verläßt er schleunigst den Rennplatz.

Nun kommt die letzte Nummer: eine Steeple-chase. Das ist das eigentliche Rennen, das den 20 kr.-Platz interessirt, denn die Bahn für diese Hindernißrennen führt theilweise durch den Innenraum des Rennplatzes, und jedes einzelne Hinderniß wird daselbst von einer dichten Menschenmenge links und rechts flankirt. Es ist der Kitzel der Gefahr, der die Menschen anlockt die zwar bei jedem Sturz auf's Tiefste erschrecken, es sich aber doch nicht versagen können, dabei zu sein. Ueberdies führen die Steeple-chases über lange Distanzen, man sieht also mehr und der schließliche Sieg ist ungewisser wie bei jedem anderen Rennen. — —

Es kommen die Pferde in die Schleife. Die Polizeimänner haben Mühe, die Bahn vor und hinter dem Hindernisse frei zu halten. In scharfem Galopp wird die Hürde angeritten — ein Pferd versagt vor dem Sprunge den Gehorsam und bricht aus, die andern aber springen tadellos. Jetzt kommt die Barrière, das schwierigste Hinderniß, denn das feste Holz gibt nicht nach, so wie die Hürde, wenn ein Pferd nicht hoch genug springt und ein Sturz beim Koppelrick gilt als der gefährlichste. Die ersten zwei Pferde sind drüben · das dritte geht nur unwillig an das Hinderniß heran, sein Reiter aber zwingt es zum Sprunge, der Gaul setzt an, die Knochen schlagen an den Pfosten, daß es nur so kracht — und wie ein Ball kollern Roß und Reiter zu Boden. Zur Rechten springen noch drei andere glücklich, kaum aber ist das letzte Pferd drüben, stürzt Alles zu dem Gefallenen. Das Pferd hat sich aufgerafft und das Weite gesucht, auch der Reiter hat sich erhoben, fällt aber wieder bewußtlos zu Boden und mehrere Polizeimänner beschäftigen sich mit ihm, während andere die Menge zurückdrängen.

Natürlich steht bei den meisten die Thatsache fest, daß der Gestürzte zumindest das Genick gebrochen hat und bereits eine Leiche sei. Er liegt aber auch wie todt da und alle Belebungsmittel sind fruchtlos. Schon kommt der Wagen, der ihn in's Sanitätszimmer bringt dort constatirt der Arzt eine leichte Gehirnerschütterung und achtundvierzig Stunden später sitzt der Todtgeglaubte bereits wieder frisch im

Sattel und reitet uns's liebe Brod wieder eine Steeple-chase. Es ist eine alte Erfahrung: man fällt vom Pferde leichter als von einem Stuhle, aber seit der Rennplatz in der Freudenau besteht, ist noch kein Sturz mit tödtlichem Ausgang für den Reiter vorgekommen.

Nun ist der große Tag zu Ende, der mächtige Menschenstrom ergießt sich in die breite Hauptallee, wo festgekeilt eine kolossale Wagenburg sich anbaut und nur langsam sich vorwärts zu bewegen vermag, denn oben am Praterstern muß wieder Ordnung gemacht werden, daß Platz für eine Wagenreihe bleibe, die wieder hinunter fährt. Auch an den Uebergängen in der Hauptallee stockt zeitweise die Passage der Wagen auf polizeiliches Gebot, um die Menschen herüber oder hinüber zu lassen. Die Kutscher fluchen, denn sie halten nur mit Mühe ihre ungeduldigen Thiere und mancher Fiaker macht da seinem langgehegten Groll gegen die ihn scharf controlirende Polizeimacht Luft. Der Corso an dem Derbytage ist eine Sehenswürdigkeit unserer Residenz geworden und hier lernt der Fremde erst die Kunst unserer Rosselenker bewundern. Kaum zeigt sich ein knapper Raum zwischen dem ungeheuren Wagenstrom, da schießt der Fiaker auch schon hindurch auf Fingerbreite den Raum berechnend und mit Staunen muß man es hören, daß noch nie ein ernster Unfall passirte. Radbrüche und durchgehende Pferde kamen vor, aber aus Ungeschick ist noch keinem Fiaker am Derbytag ein Malheur passirt. Bis sich die Schatten der Nacht auf die Prateranen senken, währt der Corso. Auf den seitlichen Gehwegen steht Kopf an Kopf eine schier endlose Menschenmenge und bewundert und bekrittelt die Insassen der auf- und abfahrenden Vehikel.

Ja, der Derbytag ist kein Fest mehr für exclusive Kreise — er ist ein Fest der ganzen Stadt geworden, auf das sich Tausende freuen, auch wenn sie solch' trübe Erinnerungen davongetragen, wie der Sportgreisler, der den letzten Rest seines geheimen Fonds in der Steeple-chase auf jenes Pferd gewettet, das beim Koppelritt zu Fall gekommen war, während der fachmännische Milchmann zufällig den Sieger errathen und mit stolzem Selbstbewußtsein seine 7 fl. für fünfe eincassirt hatte. Der Spengler aber ist unten beim Zwickl sitzen geblieben; er hat eine Tarockpartie gefunden, gleichgestimmte Seelen, die über Schwindel und Betrug beim Rennsport schimpfen und bei jedem frischen Liter auf's Neue schwören, den Fuß nie mehr in die Freudenau zu setzen. Am nächsten Renntag aber kann man sie alle wieder „unten" sehen.

Auf der Trabrennbahn.

Traber-Sport.

Hinter der Rotunde, von deren Ostfront flankirt, breitet sich der schmucke Trabrennplatz aus. Hier bethätigt der Wiener Bürger seine angeborene Passion für's Fahren im Rahmen eines streng nach Regeln und Gesetzen gehandhabten Sports. Früher war die Nobel Allee des Praters der Schauplatz der Trabrennen; das aber war wilder Sport, aus dem sich dann erst der heute gepflegte heraus-krystallisirt hat.

Die Wiener Trabrennbahn ist die beste des Continents, denn ihre Art der Anlage gestattet dem Pferde die Entwicklung seines ganzen Könnens, während anderswo die über Sand- oder Wiesenboden führenden Bahnen die Schnelligkeit des Pferdes wesentlich beeinflussen.

Es fehlt den Sportfesten hinter der Rotunde allerdings das Großartige und trotz aller Popularität dennoch aristokratisch Vornehme des Rennplatzes in der Freudenau — der Trabersport ist aber eben der Bürgersport und nur wenige Cavaliere sind noch activ an ihm betheiligt. Es ist auch ein ganz anderes Element, das sich hier zusammenfindet, denn hier bewegt sich unser Milchmann und der Sportgreissler auf dem Actionärraum viel stolzer als in der Freudenau auf dem Guldenplatze. Es trägt denn auch der schöne Trabrennplatz zur Zeit seiner Feste ein bei weitem mehr wienerisches Gepräge als die Freudenau.

Und man thut sich auf dem Trabrennplatze auch viel leichter: die Namen der Pferde sind zwar mitunter noch „verzwickter" als die der Vollblüter, aber so ein Traber ist fast gar nicht umzubringen und verschwindet oft erst nach vielen Jahren angestrengtester Thätigkeit von der Bahn. Jedes Kind kennt ihn, man weiß genau wie schnell er ist und freut sich trotzdem, wenn man ihn wieder sieht. Eine gewisse Monotonie ist daher dem Trabersporte nicht abzusprechen, aber jetzt, wo die Sache immer ernster angefaßt wird, kommt auch immer mehr Leben und Abwechslung hinein.

Natürlich functionirt auch bei den Trabrennen der Totalisateur, und so gibt es daselbst Anregung und Spannung gerade so gut als in der Freudenau. Aus

Frankreich, aus Deutschland, aus Italien, Rußland und selbst auch aus Amerika kommen die Pferde da zusammen und concurriren mit dem im Inlande gezogenen Materiale, dessen Zucht der Wiener Trabrenverein auf das Eifrigste unterstützt und fördert. Es ist eben auch hier ein Spiel mit ernstem Hintergrund.

Der Trabrennraum liegt näher der Stadt, ist daher bequemer und billiger zu erreichen als die Freudenau und an schönen Sonntagen in der Saison ist der Platz oft nicht minder stark besucht als diese. Im leichten Gig, dem zweirädrigen Wagen, auf dem der Lenker nur ein schmales Plätzchen zum Sitzen hat, fliegt der Traber dahin; mit allen Kniffen und Künsten, die je im Pferdewesen erdacht, wird er „gearbeitet" und gesteuert und nicht immer lächelt hier dem schnelleren und

Der Trabrennplatz.

besseren Pferde der Sieg, wenn dessen Fahrer sich nicht den Künsten seiner Gegner gewachsen zeigt. —

Der reiche Fleischhauer aus der Vorstadt läßt morgen seinen Russen laufen. Auf der Laxenburger Allee wurde er wiederholt probirt, wie schnell er den Kilometer zu traben vermöge, und sein Besitzer war befriedigt. Nur Wenige kennen das Pferd und seine Leistungsfähigkeit, nur die Intimen des Fleischers wissen darum und man freut sich schon des Tages, wo man den großen Riß mit ihm machen werde. Man ist seiner Sache gewiß, mit geheimnißvollem Lächeln hört man des

Abends beim Stammtische der Trabersportsmen die Erzählungen über die anderen
Pferde an und deren Lob wird mit stiller Verachtung aber widerspruchslos entgegen-
genommen, denn man darf ja nicht verrathen, daß man den „sicheren" Sieger im
Stalle hat.

Bald aber wird es lebhafter; Einer hat behauptet, daß der „Harry Tschi"
das Rennen nie verlieren könne. „In der Hauptallee is er heunt Früh um viere
den Kilometer in zwa Minuten gangen; es is ka Roß mehr im Rennen, was so
was leisten kann!"

Das Rennen.

Des Fleischhauers Russe aber war auf der Lagenburger Allee um volle sechs
Secunden schneller gegangen und noch dazu im schweren Steirerwagel. Der überhebende Ton des Vorredners stachelt des Besserwissenden Widerspruchsgeist.

„I waß aber wo a Roß, was no besser geht als der „Harry Tschi". I red
derweil nix, aber morgen werd's was derleben."

„Ah, Du glaubst vielleicht gar, Dein „Reschidanabnaja" kunnt' den „Harry
Tschi" schlag'n? Geh', laß di hamgeigna mit dem Bachhendl, dös derf ja morgn
gar net starten, wann a starker Wind geht."

Die Worte sind mit berechnender Schlauheit gesprochen. Man will den Ge-
heimnißthuer in die Hitze bringen und dann hinter sein Mysterium kommen. Der

Zweck wird fast immer erreicht. Noch ein paar aufreizende Gegenreden und bald weiß der ganze Tisch das Resultat der Probe auf der Lazenburger Allee. Und mit Windesschnelle wird es bekannt, daß die „Reschidanabnaja" um sechs Secunden schneller ist als der „Harry Tschi" und deshalb das große Rennen gewinnen muß. Am Tische aber sitzt ein Amerikaner. In dem vollen glattrasirten Gesicht zuckt keine Muskel und scheinbar gleichgiltig hört er dem Dispute zu. Aber trotzdem er nur die Hälfte davon versteht, hat er genug gehört und braucht nicht lang zu sinnen, um auf einen Kniff zu kommen, den er zu seinem Vortheil anzuwenden gedenkt.

Alles was den reichen Fleischhauer kennt, pilgert heute zu den Trabrennen, der halbe Bezirk hat sich eingefunden, um dem Triumphe des von der Fama bereits zum Wunderpferde gestempelten Schimmels beizuwohnen. So zieht jede Bezirksgröße ihre Kunden mit zu dem bürgerlichen Sportfest. Der ganze Trabrennplatz kennt bereits die „Reschidanabnaja" und wettet sie natürlich, nur der Amerikaner nicht und dessen Freunde. Er fährt seinen „Blue Star" im Rennen und ihn fürchten alle Con-

Mit der Tramway gelandete Besucher.

currenten, denn er ist ein Meister der Fahrkunst und voller Kniffe, wie nur immer ein Yankee sein mag.

Unter gewaltiger Spannung beginnt das Rennen. Der Schimmel des Fleischhauers hält sich brav und man freut sich schon des sicheren Triumphes. Als sie aber zum zweiten Male an den Tribünen vorüberkommen, da hat „Blue Star" die Innenseite und drängt den Favorit in der Curve weit hinaus. Dessen Fahrer wird unruhig und sucht den Terrainverlust schnell wieder gut zu machen, er treibt sein Pferd an — und zum Entsetzen ihres zahlreichen Anhanges springt „Reschidanabnaja" plötzlich in Galopp ein. Der Fahrer hat nun völlig den Kopf verloren und bringt das Thier nicht mehr in Trab, während „Blue Star" seinen Vortheil nützt und das Rennen leicht gewinnt, denn auch „Harry Tschi" war in Galopp eingesprungen, weil ein bestimmter Zügel zu kurz gespannt war — wie sein Fahrer sagte — aber böse Zungen behaupten, er hätte auf „Blue Star" gewettet.

Natürlich macht sich der Unwille ob der Niederlage „Reschidanabnaja's" in urwüchsiger Weise Luft.

„I hab's eh' net glaubn kinna, daß der blade Fleischhacker auf amal so a schnells Roß hat, aber Alles hat ja nur von dem Viech g'redt und die Leut war'n wia narrisch drauf; da sicht ma aber jetzt, was bös für a Krampen is."

„Wer waß, was das für a Alec war, wo der den Schimmel probirt hat.
Ten sein' Schnelligkeit hat mir scheint mehr der „G'rebelte" g'macht."

„A so a Schwindel war no net da! Schreit der von sein Roß solchene
Sach'n aus, daß alles einsteigt, darweil laßt er's net g'winna und setzt af a anderes
Roß! So a Gautler!"

„Ausschliaßn soll ma den Haderlump von der Rennbahn — aber „bö d'rübn"
waren eh Bruder im Gspül! So a Mumpitz!"

„Dö d'rüb'n" das sind die Richter, die über Ordnung und Regeln zu wachen
haben und die nicht allzuselten zur Zielscheibe des Volksunwillens werden, wenn

Fiakerfahren.

irgend etwas passirt, was nicht allsogleich der Menge einleuchtet und wofür diese
sofort den bezeichnender Weise von den Berliner Trabrennplätzen stammenden Ausdruck „Mumpitz" zur Hand hat. — —

Eine Hauptanziehungs-Nummer der Veranstaltungen des Wiener Trabrenn-
vereines bildet unstreitig das Fiakerfahren, eine Specialität, wie sie keine zweite
Stadt der Welt mehr bieten kann. Man denkt in Paris nicht daran, das Straßen-
fuhrwerk zu einem selbständigen Sportfest zu verwenden, in Berlin versucht man
es allerdings mit einem Droschken-Wettfahren, aber es ist ein erbarmenswürdiger
Anblick, wie da die Gefährte daher „krauchen". — Ja fahren, resch, schnell und
sicher, das kann nur der Wiener Fiaker und so sehr man an diesem Stande auch
durch übertriebene Lobhudeleien gesündigt — das wird ihm nicht genommen werden
können, was ihm angeboren ist und bleibt: der urwüchsige Humor und seine
Meisterschaft im Roßlenken. Es ist ein Factum: der ängstlichste Mann, die ner-
vöseste Frau, sie fühlen sich nicht im mindesten unbehaglich, wenn sie im Fiaker
dahinfahren, ein Gefühl vollster Sicherheit läßt keine ängstliche Regung aufkommen,
man kennt den Wiener Fiaker und vertraut ihm blind.

Und ihr alljährlich wiederkehrendes Sportfest haben die Wiener Fiaker nun
ebenfalls auf dem Trabrennplatze, wo als Schlußnummer des ersten Renntages bei
jedem Meeting ein Fiakerfahren stattfindet. Die Pferde müssen im Lohnfuhrwerke

verwendet worden sein, und strenge würde der bestraft, der sich vielleicht ein paar schnelle Pferde für den einen Tag ausgeborgt hätte. Da ziehen sie auf, in ihren feschen Zeugeln, die bunte Schärpe über der Brust und grüßen mit dem eigenen „Schau" zu der Richtertribüne hinauf. Es sind oft ihrer zwanzig und mehr, die da theilnehmen und es ist wirklich ein grandioser Moment, wenn die kleine Wagen= burg, dicht beisammen, vom Ablauf entlassen wird. Da kann der Fiaker schnell fahren, was nur die Pferde laufen können — allerdings nur im Trab — und kein Polizeimann notiert sich die Nummer. Schon in der ersten Runde erkennt man meistens den Sieger, der in der dritten dann gewöhnlich schon unbestritten als solcher triumphirt und mit tosendem Beifalle vom Publicum empfangen wird.

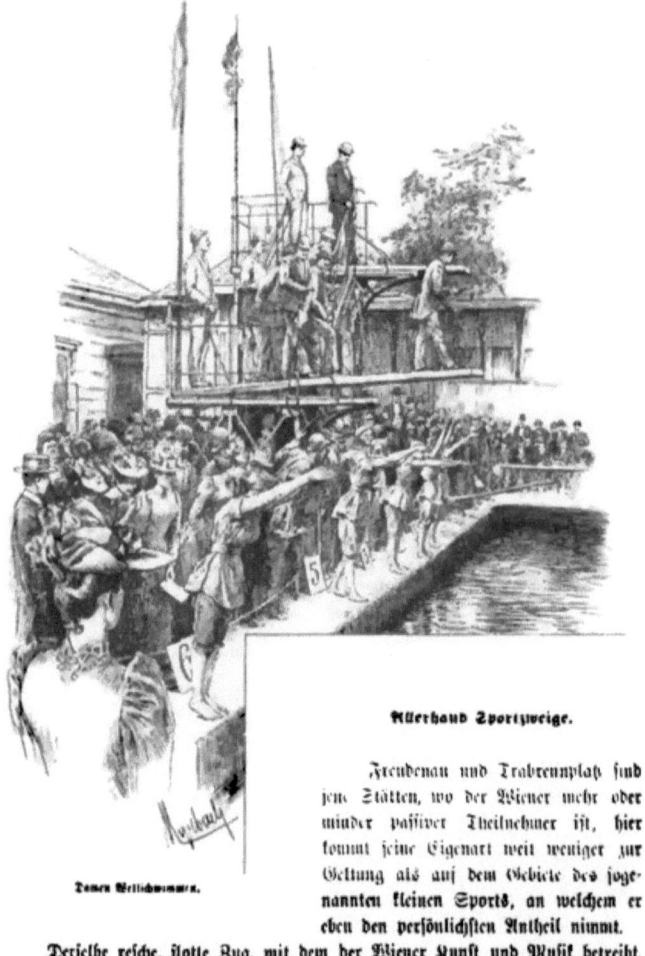

Damen Wettschwimmen.

Allerhand Sportzweige.

Freudenau und Trabrennplatz sind jene Stätten, wo der Wiener mehr oder minder passiver Theilnehmer ist, hier kommt seine Eigenart weit weniger zur Geltung als auf dem Gebiete des sogenannten kleinen Sports, an welchem er eben den persönlichsten Antheil nimmt.

Derselbe resche, flotte Zug, mit dem der Wiener Kunst und Musik betreibt, zeichnet auch seine active Thätigkeit in den verschiedenen Zweigen des kleinen Sports aus.

Frohe Geselligkeit, das ist nun einmal ein wienerisches Axiom, und von diesem Standpunkte aus betreibt der Wiener auch seinen Sport. Gewiß nur

Radfahrer.

Pedanten oder verleberte „Professionals" können dem Wiener einen Vorwurf
daraus machen, daß er in seinem Club — sei es nun ein Fechtclub, ein
Turn-, ein Ruder-, Bicycle-, Athleten- oder sonstiger Verein — in erster
Linie gesellige Freuden, Scherz und Heiterkeit sucht. Die ganze Lebensfreude,
die echte Auffassung der „sportlichen Freuden" zeigt sich nach unserer Ansicht
eben darin, daß die goldene Jugend Wiens die betreffenden Sportzweige nie,
oder wenigstens sehr selten, vom doctrinären Standpunkte nimmt, sondern stets
als das betrachtet, was der kleine Sport für Alle sein soll: ein Mittel zur
frohen Bethätigung und Förderung seiner Körperkräfte, ein Bindemittel zwischen
gleich gesinnten jungen Leuten, ein wahrer Kitt der Freundschaft und des
Frohsinns.

Es soll damit indes durchaus nicht gesagt sein, daß unsere sportlichen Vereinigungen mehr oder weniger Juxbrüderschaften sind, bei denen das Ulken die Hauptsache ist. Unsere Wiener Ruderer, Turner, Athleten, Fechter, Bicyclisten ꝛc. ꝛc. haben nicht nur in Oesterreich, sondern auch im Auslande gezeigt, „daß sie da sind beim Dasein“, und die Ehrenbecher, Medaillen und sonstigen Siegeszeichen sind wohl deutliche Beweise dafür, daß über der Pflege der Freundschaft und des Frohsinns die sportliche Kunst und das Training nicht gelitten haben.

Betreten wir das heitere Reich des „kleinen“ Sports, so finden wir vor allem, daß die Zahl der Anhänger des edlen „Reitrades“ so ziemlich die aller anderen Sportbeflissenen überholt. Auch die „Herren Eltern“ waren von vorneherein diesem Sporte holdgesinnt.

„Na ja,“ äußerte der Vater des auf unserem Bilde bicyclefahrenden Jünglings, „dö G'schicht is net so schlecht! Erstens frißt dös Ding nix, braucht kan großen Platz, schlagt net aus, und der Bua kann net d'erjausen, wie bei derer balkerten Schinakfahrerei!“

Es mag wohl selten vorgekommen sein, daß ein einzelner Sportzweig einen so rapiden Aufschwung genommen, wie das Bicyclefahren. Es ist bekannt, daß endlich auch die Polizeidirection dazu Stellung nehmen mußte, indem sie eigene Fahrvorschriften ausarbeiten ließ und das Bicyclefahren in den meisten Straßen Wiens — — verbot. Ueberdies ist die Kolingasse im IX. Bezirk feierlich zum Campus Martius der Bicyclisten ernannt worden, wo jeder, der stolz durch die wenigen „erlaubten“ Straßen „radreiten“ will, seinen Befähigungsnachweis vor den Augen der Delegirten des „Wiener Rennvereines für Radfahrsport“ erbringen muß, um sodann in den hehren Stand der „polizeilich licencirten, numerirten Bicyclesteuerzahler“ aufgenommen zu werden. ·· — —

Wir leben im Zeitalter der „Ehre“, und die Bildung des oberwähnten Rennvereines hat · um einem tiefgefühlten Bedürfnisse abzuhelfen — die Entstehung einer ganz neuen Gattung Ehre: der Bicyclisten-Ehre, im Gefolge gehabt. Ja, und diese neueste Ehre ist · es muß von dem Chronisten mit aufrichtigem Bedauern constatirt werden — trotz ihrer Neuheit schon arg befleckt worden. Die Art, wie das geschah, ist tragikomisch genug, um der Nachwelt nicht vorenthalten zu bleiben.

Es war im Jahre 1885, als ein findiger Sudanesenjüngling, der früher als Diener ziemlich viel in der Welt herumgekommen, von seiner angenehm durchwärmten Heimat eine Anzahl wollhaariger Sudanesen Jungfrauen und Jünglinge nach Wien brachte, mit der guten Absicht, den Wienern für die Vorführung dieser Wackeren ein nettes Stück Geld abzunehmen. Die Truppe führte auch einige Kameele mit; aber es waren schon recht wackelige Schiffe der Wüste, die, was Leistungsfähigkeit und Schönheit des Aeußeren betraf, ungefähr auf dem Niveau eines alten Comfortablegaules standen, der vollständig mit allen Freuden des irdischen Daseins abgeschlossen hat. Da die Wiener nicht in jenen Schaaren zur Rotunde wimmelten, wie es für den Geldbeutel des kaffeebraunen Impresario nützlich gewesen wäre, war er gezwungen, auf verschiedene außerordentliche Reizmittel zu sinnen.

Da kam ihm der geniale Gedanke, ein großes Wettrennen zwischen Kameelen, Bicyclisten und Reitern auf dem Trabrennplatze hinter der Rotunde zu veranstalten und dafür Preise von mehreren hundert Francs auszuschreiben.

Es fanden sich denn auch, durch die hohen Preise angelockt, bald Concurrenten zu Pferde und Reitrad. In allen Blättern war das noch nie gesehene Wettrennen mit ungeheurem Reclamegetrommel angekündigt, die riesige Schnelligkeit der Kameele gerühmt worden, „welche in der Wüste den feurigsten Renner überholen" 2c. 2c. — Der große Tag kam. Der Zulauf des Publicums war stark, die Einnahme gut.

Sollen wir schildern, wie die armen, alten Kameele sich bis in ihre lahmen, fleischlosen Knochen blamirten und von den concurrirenden Mitgliedern eines Wiener Bicyclecubs um mehrere tausend Nasenlängen geschlagen wurden?

Wie schwenkten die Sieger da ihre kleinen Bicyclistenmützchen und wie wurde das dunkle Antlitz des sudanesischen Impresario immer dunkler und dunkler, da seine Kameele Rennen auf Rennen verloren! — und plötzlich wurde es so dunkel, daß man weder ihn, noch die Casse, noch die schönen goldenen Francspreise mehr sah.

Ja, die armen Bicyclesieger mochten noch so wüthend den Boden stampfen, der in jeder Beziehung dunkle Ehrenmann war davon · schneller als seine Kameele, kein Bicycle konnte ihn mehr erreichen.

Doch das war nur das tragische Vorspiel dessen, was jenen siegreichen Club treffen sollte. Im Schoße des Rennvereines — man verzeihe uns das kühne Bild — ballte sich ein Ungewitter. Und siehe — es entlud sich in Form eines vernichtenden „Ehrengerichtes" der patentirten Schützer der neuen, bis dahin so blitzblanken „Bicyclistenehre", welches jene siegreichen Fahrer furchtbar verdonnerte, den Club in seiner Gänze für ewig aus dem mütterlichen Schoße des Rennvereines ausschloß und die Mitglieder für unwürdig erklärte, je wieder an einem Radfahrermeeting theilzunehmen. Ja, das kommt davon, wenn man mit Kameelen — wettradreitet!

Damit endet auch die Geschichte der ersten Beschmutzung der Bicyclistenehre; es ist uns wenigstens keine zweite bekannt, denn unseres Wissens haben selbst jene zuerst abgeblitzten und dann verdonnerten Sieger kein Kameel mehr gefunden, das mit ihnen um die Wette gelaufen wäre. — — —

Doch machen wir von dem jüngsten Sport Wiens einen Sprung zu dem ältesten.

Es ist dies zweifellos die edle F e c h t k u n s t. Allerdings hat auch sie erst wieder in den letzten zehn Jahren etwas intensivere Pflege im Philisterium gefunden, nachdem sie lange Zeit nur von den akademischen Bürgern gehandhabt worden war.

Der gegenwärtig älteste Fechtclub Wiens, „Haudegen", zählt elf Jahre und zeigt ein recht frisch fröhliches Gedeihen. Sein Wappen steht im schwarz-roth-goldenen Felde und die überaus tüchtig geschulten Mitglieder haben sich in der schmucken Fechtertracht*) unter Führung ihres Fechtwartes Hans Knfahl schon in Wien, in der Provinz und bei Fechtakademien in Deutschland hervorragende Preise mit ihrer Klinge geholt.

Von den übrigen Fechtclubs, wie „Wiener Fechtclub", „Oesterr. Fechtclub", „Fechtclub der k. k. Staatsbeamten", „Deutsche Klinge" ꝛc. hat der erstere anfangs durch seine reichen Mittel und eine gewisse Großartigkeit seiner Räume, später aber durch die mannigfachen traurigen Vorkommnisse einiges Aufsehen gemacht. Einem Mitgliede fuhr während eines Säbelassauts die Klinge seines Gegners durch das Schutzgitter der Maske in das Auge und drang in das Gehirn, den sofortigen Tod herbeiführend; ein anderes Mitglied stürzte, als es den Club besuchen wollte in die Tiefe des Aufzugsschlauches hinab und verletzte sich lebensgefährlich.

Uebrigens war die Stellung dieses, unter der fechterischen Leitung Hartl's stehenden Clubs eine stark exclusive.

Während die Mitglieder der anderen Vereine nebst der Fechtkunst auch noch recht wacker jene fröhliche Geselligkeit theils im engeren Kreise des Vereines selbst, theils in internen Akademien aller Vereine pflegen, hat sich der „Wiener Fechtclub" stets auf den Standpunkt gestellt, daß man einen derartigen Club nur ausschließlich besuche um zu fechten und dann wieder ruhig seines Weges gehe. Es ist das nun allerdings Geschmackssache. Dem Naturell des Wieners entspricht jedenfalls diese Auffassung nicht, denn die anderen Vereine prosperiren recht kräftig, während der exclusiv steife „Wiener Fechtclub" schon das Zeitliche gesegnet hat.

Außer in den verschiedenen Clubs findet die Fechtkunst auch noch — allerdings erst in zweiter Linie — auf den Turnplätzen ihre Pflege.

Es ist wohl selbstverständlich, daß im deutschen Wien der edlen deutschen Turnerei unter allen sportlichen Vergnügungen ein hervorragender Platz eingeräumt ist. Die Wiener Turnvereine sind durchwegs auf das Beste bestellt. Sowohl der Mitgliederzahl nach, als auch in Anbetracht der Einrichtung, Lage, Geräumigkeit der Turnplätze. Im „I. Wiener Turnvereine", dem größten in ganz Oesterreich, gab es vor einigen Jahren eine arge Krise, hervorgerufen durch die Strömungen der Zeit, die heute mehr denn je in das interne Leben unserer Vaterstadt greifen.

Von den nahezu 2000 Mitgliedern des Vereines trat ungefähr der vierte Theil aus und gründete eine neue Verbindung: den „Deutsch-österreichischen Turnverein", der vor kurzer Zeit seine prachtvollen Localitäten, wie sie wohl kein zweiter Turnverein in ganz Europa aufzuweisen hat, auf der Schottenbastei eröffnete.

*) Die Vereinsmitglieder tragen bei officiellen Anlässen eine sehr kleidsame Uniform.

Auch in diesen Turnvereinen finden wir eine recht erfreuliche Pflege der Geselligkeit, u. zw. kryſtalliſiren ſich aus der großen Zahl der Mitglieder einzelner Sectionen wieder kleinere Geſellſchaften heraus, welche z. B. als „Zahnkneipe", „Deutſche Eiche" ꝛc. ꝛc. allwöchentlich eine feuchtfröhliche Tafelrunde bilden. — —

Noch bequemer machen es ſich　　was nämlich die „Feuchtfröhlichkeit" betrifft die Athletenclubs.

Dieſe Männer mit den Muskeln von Eiſen und den Nerven von Stahl ſchlagen ihre Uebungsſtätten meiſt gleich in irgend einem „Extrazimmer" auf. Wir

Regatta.

finden das auch ganz gerechtfertigt; nichts iſt ja natürlicher, als daß ſo ein Kraft-menſch, der eine Zeit lang zur Uebung Meilenſteine und volle Bierfäſſer „geſtemmt" hat, dann das lebhafte Bedürfniß fühlt, erſtere liegen zu laſſen und ſich mit dem lieblichen Inhalte der letzteren vertraut zu machen.

Im Uebrigen hat der Wiener große Achtung vor der körperlichen Kraft, und Wiens ſtarke Männer, als deren ſtärkſter gegenwärtig unbeſtritten der Fleiſchſelcher Stöhr gilt, genießen eine gewiſſe Popularität. Ein ehemaliger Wiener Fiakerkutſcher, der „Rohrerſchorſchl" war es, der den Ruhm wieneriſcher Kraftmeierei über den Erdball trug, der mit ſeinem „Aufheben eines lebendigen Pferdes mit dem kleinen

Im alten Donaubette.

Finger" auch solche verblüffte, welche die Athletik als „rohe Kraftmeierei" hämisch bespöttelten. Bezeichnend dafür, wie populär dieser Sport heute in Wien, ist wohl der Umstand, daß die Athleten bei keinem größeren Wohlthätigkeitsfeste fehlen dürfen und auch ihre Privatversammlungen sich immer großen Zulaufs erfreuen. –

Auf einer sehr hohen Stufe der Entwicklung steht in Wien der Ruderſport, während das Segeln, bedingt durch die nicht sehr günstigen Waſſerverhältnisse, etwas zurückgeblieben ist. Es exiſtirt auch nur ein einziger „Ruder- und Segelclub"; privat kann ein Liebhaber diesem Sport nur dann huldigen, wenn er sich den Weg in die Colonie Kaiſermühlen nicht verdrießen läßt, wo ein ehemaliger Steuermann der Kriegsmarine, sein Name ist Steindl, einige recht schmucke Segler hergestellt hat und auch Unterricht in der Kunst der Seglerei ertheilt.

Die Waſſerſtandsverhältnisse des alten Donaubettes ſind indes meist derart ungünstig, daß es ſchon hoher Kunſtfertigkeit bedarf, um nicht zu ſtrauben. Ein Segelclub, der vor wenigen Jahren projectirt wurde, ist denn auch leider nicht über die vorberathenden Sitzungen hinausgekommen.

Dafür blühen um so mehr die zahlreichen Ruderclubs, die beinahe durchwegs eigene, ſchmucke Bootshäuser am Ufer der Donau besitzen, in deren eleganten Räumlichkeiten die Morgensonne ſchon manches animirte Kränzchen zu Ende gehen ſah.

Daß man auch hier über der Pflege der Geselligkeit die Kunst des Ruderns nicht vergißt, das beweisen die zahlreichen Siege der Wiener im Auslande, das zeigen unsere Regatten, die stets ein nach Tausenden zählendes Publicum anlocken. Zwar befindet sich Wien dabei nicht im Zustande fieberhafter Spannung, wie London bei den Kämpfen zwischen Oxford und Cambridge; aber wie beliebt dieser Sport bei uns ist, das zeigt das üppige Anwachsen der „Schinakel-Leihanstalten" im „Franz Josefslande", wo es wie an Sonntagen, so auch während der Woche von privaten Ruderseßen wimmelt, die auf der Bahn des Regattavereines oft recht bewegte Privatmeetings auskämpfen.

Bergkraxler = Touristen.

Eine der ältesten Vergnügungen der Wiener, wenn sie auch früher nicht in den Rahmen eines sportlichen Vereines gepreßt war, ist das „Umanandkraxln" in den herrlichen Bergen. Die Entstehung von Vereinen, welche diesen Geist und Körper stählenden Sport zu popularisiren trachteten, welche neue Aussichtspunkte zugänglich machten, für Errichtung von Schutzhütten, Wegen ꝛc. sorgten, konnte gewiß nur freudig begrüßt werden. Im Schoße dieser Vereine bildeten sich dann, ähnlich wie bei den Turnern, kleinere Verbände, welche sich meist nach einem Lieblingsausflugsort benennen und deren humanitäre Bestrebungen den armen Kindern jener Bergdörfer zu Gute kommen.

Neben dieser edlen und lobenswerthen Vereinsthätigkeit aber hat sich leider auch recht übermäßig ein Bergfexen- und Gigerlthum entwickelt, das wirklich recht weit von dem idealen Streben, in der herrlichen Alpennatur, in der grandiosen Ruhe der Berge Erholung und Kraft zu finden, entfernt ist. Wie kaum in einem zweiten Sportzweige macht sich hier das Fexenthum breit, eine Sucht „am schnellsten oben zu sein", die das Bergsteigen zu einem wahren Bergwettrennen macht. Dazu kommt noch ein Leichtsinn, eine Tollkühnheit, von welchen die zahlreichen tödtlichen Stürze der letzten Zeit recht Trauriges erzählen. ——

Ein Sportzweig aber liegt in Wien fast ganz darnieder; der Reitsport. Und das ist fast nicht zu erklären, in einer Stadt, die auf der Ringstraße und im Prater die herrlichste Reitallee, die man sich denken kann, besitzt, wo man am besten und schnellsten fährt, wo man so große Vorliebe für den Renn- und Trabersport hat. In den zum Theile großartigen Reitschulen Wiens finden sich nur kleine Gesellschaften zusammen und das Reiten als Sport wird da nur selten geübt. Junge Leute, die sich schon auf die Extra Uniform des Einjährig Freiwilligen freuen, lernen da in der milderen Hand des Civil Reitlehrers ein Roß in gefahrlosester Weise tummeln, ältere Herren auf sanfteren Thieren folgen hier dem Rathe ihres Arztes und Kinder aus reichen Häusern „müssen" hier reiten lernen — weil sonst ihre Erziehung nur eine halbe wäre. Aber den frisch fröhlichen Sport, die Lust, die ein Ritt auf feurigem Rosse in die herrlichen Prateraucn in den ersten Morgenstunden gewährt, das können nur Wenige, denn der Reitsport ist von allen Sportzweigen in Wien der wenigst verbreitete. ——

Wenn wir damit den Reigen des „officiellen", „kleinen" Sports — letzteres Beiwort deshalb, weil diese Zweige eben weniger kosten und daher auch dem kleinen Manne zugänglich sind — schließen, so können wir doch nicht umhin, im Nachhange noch eines Stückes absterbender Romantik zu gedenken, nämlich der Gymnastiker, wo wir so viele Zweige des Sports praktisch zum Broderwerbe ausgenützt sehen.

Auch im weiten Reiche des „Artistenthums" waren die Culturfortschritte ganz bedeutende. Aus dem „Künstler" schlechtweg, der in einem Karren schlief, ist heute ein „Mitglied des Etablissements so und so" geworden, das einen feinen Stadtpelz trägt und mit mattem Lächeln die zierlichen Liebesbriefchen feuriger Mädchen entgegennimmt.

Die fahrenden „Künstler" mit all' ihrer Romantik und ihrem — Schmutz, sie sind beinahe verschwunden von Wien. Nur sehr selten kann man noch ganz draußen auf einem leer gebliebenen Bauplatze, zwischen nüchternen Zinskasernen, das lustige Gerüst einer Gymnastikerbande sehen.

Ist das auch dann selten mehr „Parterre" sondern schon meist Souterraingymnastik was man da zu sehen bekommt, ist auch die „Pantomie" (Ton auf der letzten Silbe) herzzerreißend, das Flitterkleid der „Fee Aprikosa" sehr schmutzig und noch zerrissener als ihr Herz, so leuchten doch die Augen des Publicums bei irgend einer gelungenen Evolution; lauter Beifall umtost den Kraftmenschen, der seine „Muschteln" spielen läßt; Entzücken aber erregen die turnerischen Leistungen auf dem Reck oder dem Trapez.

Ja, die Freude am Sport ist dem Wiener Volke tief in das Herz gewachsen, das kann man beobachten vom vornehmsten Platze auf der Freudenau an bis hinaus zum letzten „Münstler" vor der Linie.

Der Prater.

1.

Wie er war.

Der Prater ist heute der Stadtpark Wiens; die schöne Anlage im inneren Bezirke, welche man so nennt, nur noch der Stadtgarten. Auf dem Praterstern hält Tegetthoff, von hoher Säule herabblickend, Weltwacht, im Stadtgarten blickt von niederem Sockel der verdienstvolle ehemalige Bürgermeister Wiens Zelinka mürrisch-gutmüthig in das grüne Laubwerk der unter seiner Stadtregierung aufgewachsenen schönen Blumenhecken. Damit sind Groß-Wien und die frühere Stadt, die Donau und die Wien gezeichnet; großer Ausblick, schöne Beschränktheit. Zu letzterer paßt auch das Standbild Schubert's, der Wiener Nachtigall im Stadtgarten. Der Ort ist zum Liedergesang wie auserlesen, während im Prater sich noch des Abends der Fasan aufbäumt.

Die große Donau und der Donau-Canal, welcher sich wie ein Henkel an den Strom legt, umschließen eine Insel. Sie war ehedem eine Au. Heute sind noch zahlreiche Inseln wie grünes Email im Donau-Armbande oberhalb und unterhalb Wien eingelassen. Als die Donau noch Wildstrom war, hat sie an vielen Orten aufgeschüttet, und der nackte Hausen wurde allmälig zur grünen Insel. Niedere Weiden, hohe Weißpappeln, starke Bäume und schwankendes Gestrüpp, spitzes Schilf und buschiges Gras, Blumen überall, Vergißmeinnicht am Wasser und Veilchen am welligen, sonnigen Fuße der Bäume, Windröschen glühend in der Sonne und umflattert von den schönen, Silberstrich genannten Schmetterlingen, das ist der Lenz- und Sommerschmuck der Bodendecke dieser Auen. Hier horstet noch der See-adler und der Kormoran, die Möve bildet die ewige Unruhe über dem großen Wasserlauf, die Reiher ziehen mit seltenen Flügelschlägen von einem Fischstand zum anderen, das Kaninchen huscht aus dem Erdloch, der Hase galoppirt, hält und lost, das Reh blickt unschuldsvoll aus dem Gestrüpp, und der mächtige Hirsch bricht mit Geräusch aus dem Walde hervor, seinem Wechsel getreu vom Lagerplatz zur Tränke ziehend.

Dieser vorliegenden Donau-Insel hat sich schon früh die Stadt Wien bemächtigt. Die Wege nach Norden durchzogen sie, das Wasser war hilfreich, förderte nach Ost

Alt-Wien.

und West. Das war der geborene Handelsplatz, und so wuchs die Leopoldstadt, wurde das Ghetto. Alles andere Land der Insel blieb Jagdgebiet. Auch Menschen hat man da zuweilen gejagt in finsteren und in aufgeklärten Tagen; ein recht lieb-reiches Jagdbild! Gegen Westen die Brigittenau, gegen Osten der Prater, alles Land, das der Donau-Arm umspannte, gehörte zum Wildparke Wiens. Wien war und ist noch eine bevorzugte Jagdstadt. Wenn man die alten Stiche, welche Ansichten von Alt-Wien bringen, ansieht, gewinnt man die Muthmaßung, als ob unsere guten Vorderen nichts Anderes zu thun gehabt hätten, als vor den Mauern ihrer Stadt Wild zu tödten. Vielleicht geschah dies nur, um sich in Waffen zu üben, damit der Stadtmauerstern, wenn die Türken oder andere Orientalen nahten, gegen den angreifenden Menschenfeind standhaft vertheidigt werden konnte. Man sieht also auf den Bildern diese Festung, dann zerstreute Schlösser und Gärten, in der Ferne Hügel mit Reben oder Hölzchen. Hierhin und dorthin marschiren Trupps von Jägern mit Saufedern, die in langen, verschnürten Röcken stecken und den zierlichen Dreispitz auf dem Kopfe tragen. Reiter, an denen die Hunde freudig emporspringen, lassen die schweren, krummnasigen spanischen Pferde stolziren. Einen Büchsenschuß weit lagen die Jagdsitze der Großen vor der Stadt. Wo heute im Theresianum die zukünftigen Staatsminister und hohen Würdenträger gezogen

Die Hirsche.

werden, in der „Favoriten" poculirte oft eine hohe Hofjagd Kumpaney. So auch wurde im Prater gejagt, und es wird heute noch dort gejagt.

Zwar die Zeit der Hirsche ist vorüber, der besuchte Prater ist nicht mehr der Wildling, der er überlange blieb, sondern regulirt nach den besten Gartenanlage-Gesetzen, aber an seiner äußersten Grenze, dort wo er gegen Osten an den Donau-Canal grenzt, ist Gewand und Haar und manche Blöße noch recht uncultivirt, und man kann Hasen und Rehe belauschen, den Fasan aufstoßen, der sich mit wildem Geschrei hebt, ja bis nahe an die bewohnten Stätten hat das wilde Kaninchen sein Revier vorgeschoben und selbst den Sacherhügel untergraben. Naturam expellas . .

man kann das Kaninchen jagen, es kommt immer wieder, es ist unausrottbar. In schönen Sommernächten, wenn der Nebel wie ein weißer Schleier auf den Wiesen zu beiden Seiten der Prateralleé zittert, sieht man den Reigen der Kaninchen, die zu Tausenden hüpfen und springen, dem Schwärmer zur Freude, dem Förster zur Qual, dem Reiter zum Aerger, da sie den Boden unterwühlen, die lästigen Minirer. Es wurde während der Debatten über die Regelung von Groß-Wien heiter gefragt, ob man denn in einzelnen Theilen desselben jagen wolle . . . nun man brauchte nicht so weit zu zielen; der ganze Prater liegt künftig in Wien und dort wird noch lange gejagt werden in den entlegenen Fasanerien und knapp an der Haupt-

Lusthaus.

allee. Warum auch nicht? Wem gereicht es zum Schaden? Von Hirschen, welche in rauhen Wintertagen, in die Jägerzeile kamen, um „in den Gasthäusern zu betteln", wie man damals sagte, findet man allerdings nicht einmal mehr die zerstreuten Gebeine, aber das Kaninchen ist unausrottbar im Prater, brummt der ergrimmte Jäger. Also lustig darauf los, mit Frettchen oder auf dem Anstand . . . die herrliche Straße, die von dem Kerne der Stadt zum Pratersterne führt, heißt ja: Jägerzeile. Hieß so! Heute nennt man sie Praterstraße.

In keinem Theile Wiens kömmt man so schwer dazu, sich von dem Gedanken an die alte Zeit zu trennen und mit der neuen zu befassen, als im Prater. Er ist heute großartiger, schöner, bevölkerter, ein vom mannigfaltigsten Leben erfüllter

Schauplatz des Vergnügens der Wiener geworden, aber ehedem war er auch schön, er war stiller, ruhiger, wilder und dadurch an mancher Ueberraschung reicher. Er war gemüthlicher in den Theilen, die dem Volke geweiht sind, und feiner, vornehmer in der langen Kastaniengalerie — man kann die Allee so nennen — durch welche die Glanzcarossen der Magnaten fuhren, oder welcher entlang die besten Reiter auf den schönsten Pferden dahinsprengten. Schon damals, wie heute, ist der Prater für Wien das eigentliche Forum, der Raum, wo sich das öffentliche Gesellschaftsleben unter freiem Himmel in allen seinen Abstufungen, in allen Formen, mit allen Lauten kundgeben kann. Ganz Wien speist im Prater im Freien. Was sich im Winter in unzähligen Sälen und Zimmern kleinkreisig zersplittert, das strömt auf

Promenade.

den Wiesen und in den Alleen des Praters während der schönen Jahreszeit zu einem Bilde zusammen. Wien tagt im Prater.

Doch zurück zu dem, wie es ehedem war, bevor wir zu den Freuden des heutigen Tages gelangen. In der Zeit der milden Leibeigenschaft in Oesterreich, als noch Robot und Zehent existirten, als Millionen arbeiteten, um zu ermöglichen, daß der Glanz einiger Magnaten heller leuchte, waren es die Cavaliere, welche die Fahrt nach dem Prater zu einem in der Welt einzigen Schauspiele gestalteten. Die Läufer, welche sie hielten, hatten seit altersher die Bestimmung, vor den Carossen einherzutraben, um den mit Mühe gebändigten Pferden den Weg freizumachen, ähnlich wie dieses heute noch im Orient die mit der Peitsche bewaffneten

10*

Vorläufer thun. Diese Passage Befreier spielten im Prater eine volksthümliche Rolle.
Sie waren die Eröffner des Frühlings, die Aufschließer der Saison, sie waren es,
welche dem ersten Mai Wiens die Signatur verliehen, sie waren, wie die Reveille
blasenden Trompeter bei Tagesanbruch, in den Vormittagstunden die Verkünder
des herannahenden Frühlings-Volksfestes. Man eilte schon des Morgens nach
dem Prater, um das Wettlaufen dieser Menschen zum Lusthaus zu sehen. Wie
man heute die Pferde trainirt, so trainirte man damals die Menschen. Die Muskel-
kraft mußte erhöht, das Fett herabgearbeitet werden durch körperliche Uebungen.
Die Hauptallee des Praters war die Freudenau für diese Länfer. Ob man auf den
Sieger, den ersten, zweiten oder dritten mit „Kopfslänge" Anlangenden gewettet, wissen
wir nicht, aber es ist wahrscheinlich, denn die menschliche Natur läßt sich zu keiner
Zeit die Freude am Spiel, am Ungewöhnlichen, am Wagniß und leichten Gewinn
entgehen.

Jn den Mittagstunden fuhr der Hof alljährlich am ersten Mai nach dem
Kaisergarten, wo im Pavillon das Frühlingsfestdiner eingenommen wurde.
Es standen Tausende und Tausende an den Gittern, durch deren Spalten man in
das Meer von Grün, auf schöne Gebüschpartien und weithin leuchtende Rosen-
beete sehen konnte, und schauten, ob durch das Dickicht nicht ein weiß schimmerndes
Gewand oder eine glänzende Uniform einen Augenblick lang sichtbar werde. Dann
fuhren der Kaiser mit der Kaiserin, die Erzherzoge und die Erzherzoginnen langsam
aus dem Garten nach der Hauptallee, und hiemit war die Praterfahrt des ersten
Mai eröffnet. Links von der Hauptfahrallee schaarten sich die Lustwandelnden zu
einer lebendigen Hecke und grüßten, wenn der Hof vorbeifuhr. Manche standen schon
eine Viertelstunde lang, bevor die hohen Herrschaften kamen, mit entblößtem Haupte
da, riefen Vivat! sahen sich die Augen aus, wenn sie knapp vorbeifuhren,
schauten ihnen nach, eifrig sich besprechend über das Aussehen dieses hohen Herrn,
über das Kleid jener hohen Dame. Den goldglänzenden Hofequipagen schlossen sich
die prunkenden Wagen des Adels an. Glänzende Livreen, edle Rosse, das silber-
oder goldplattirte Geschirr, Wolken von Mousseline mit Blumen bekränzt und darüber thronend ein reizendes Gesichtchen, und noch höher hinauf eine kleine Wolke
von Federn, das ging so stundenlang Wagen nach Wagen. Man grüßte sich, blickte
einander nach, lächelte, verzog leise die Mundwinkel, fuhr die Allee auf und nieder.
Und dazu lispelte, brummte, züchelte, plauderte und zischte manchmal der Chorus,
das Wiener Publikum, das eben so leicht in lauten Enthusiasmus ausbrechend dem
Geliebten zujubeln oder dem minder Beliebten oder zu Spott Anlaß Gebenden
böse Witzworte nachrufen konnte, wenn er es nicht mehr hörte.

Die Hauptalleen, es bestanden eine für die Fußgeher, eine für die Fahrenden
und rechts von derselben eine für die Reitenden, führten damals bis ungefähr in
die Hälfte des, sagen wir, civilisirten Praters, dann schnitt ein schmaler Arm der
Donau mitten durch, diesen mußten die Wagen, Reiter und Fußgeher umfahren,
umreiten und umgehen, und dann lenkte der Weg endlich wieder in die Fortsetzung

einer Fahrallee ein, welche bis zum Lusthause, einem Knudpunkte und Abschlusse
der Prater Mittelallee, führte. Es währte länger, als man annehmen konnte, bis
endlich der Entschluß gefaßt wurde, über diesen Donau-Arm eine Brücke zu schlagen
und so die Allee vom Praterstern bis zum Lusthause zu führen. Es ist noch nicht
gar so lange her, daß dies geschah und — man sollte es nicht glauben! —
als zum ersten Male der Vorschlag öffentlich gemacht wurde, diese Brücke zu bauen,
erhob sich in einzelnen Zeitungen Widerspruch gegen den Vorschlag. Man wolle den
Prater seiner Schönheit berauben! hieß es damals. Diese Schönheit bestand, wie
Vieles in dem alten Wiener Leben, in dem Unregelmäßigen, Unnützen, Schwierig-
keiten Bietenden, in dem Eckigen, vollständig Ueberflüssigen.

Die Bevölkerung im Prater umspannte fast alle Gesellschaftskreise, Hoch und
Nieder. Vor dem „Wurstl" war die ganze Welt gleich, man unterhielt sich dort an
Festtagen, und diese waren der Ostersonntag, Ostermontag und der erste Mai, und
an allen Sonn- und Feiertagen und manchmal auch an Wochentagen. Ja, für Einzelne
war der Prater tagtäglich das Ziel der Erholung, leiblicher und geistiger Stärkung.
Die Wiener konnten im Prater ganz nach Belieben leben, Jeder nach seiner Façon
satt werden. Es gab da bevorzugte, oft recht unscheinbare Gasthäuser, in denen
man besser speiste als in zweiten Hotels der Stadt, allerdings nur, wenn man
die Kosten nicht scheute, den Wirth kannte, das Essen einen Tag vorher bestellte
und ganz genau die Stunde festsetzte, zu welcher das Huhn vom Spieße herabge-
zogen und auf die Tafel gebracht werden sollte. Junge Gänse und der erste Gurken-
salat waren die gesuchtesten Leckerbissen. Dann gab es für Leute, die minder
Feinschmecker und deren Börsen weniger gefüllt waren, mittlere Gasthäuser, wo das
Feuer den ganzen Tag lustig flackerte, zu jeder Stunde des Tages warme oder
kalte Küche in Hülle und Fülle zu Gebot stand. Damals war noch nicht das Bier
im Prater Alleinherrscher, die Mehrzahl trank Wein, den herben, schneidigen, nieder-
österreichischen Landwein, rein wie er war, oder gemischt mit Wasser.

Der gewässerte Niederösterreicher im hohen, weiten Glase ist noch heute der
beste Durstlöscher.

Um die Tegetthoffsäule.

Vor beiläufig fünfzig Jahren war der Prater also wesentlich noch Angrund, dem man, zum geringen Theile, Stätten für Lustfahrer, Spaziergänger und solche, die sich durch Speise und Trank erfrischen wollten, abgewonnen hatte. Das übrige Gebiet mit den großen Weißpappeln, Rüstern, Erlen und Weiden, den weiten Wiesen, zerstreuten Gebüschen, dünnen Wasseradern und blattüberwachsenen Tümpeln blieb fast ausschließlich der Thierwelt zum Nutzgenusse überlassen. Hirsche und Rehe erschienen zahlreich in den Lichtungen und schlugen im Winter des Abends friedlich den Weg nach den Heuhütten und Salzlecken ein, die hie und da für sie errichtet worden waren. Sie waren nicht scheu, aber Mensch und Thier wichen doch einander, wie auf Uebereinkommen, aus.

Endlich erschien auch für den Prater die Zeit der Umgestaltung, der Civilisirung. Nicht lange nach der begonnenen Vergrößerung und Verschönerung Wiens kam man auch darauf, Ordnung und Zucht in den Prater zu bringen. Ingenieure wurden hinabgesendet, Architekten befragt, Gärtner aufgeboten. Die schöne Naturwildniß sollte in einen modernen Ansprüchen nachkommenden Naturpark umgewandelt werden, in einen Anlandschafts Garten. Das Verdienst, die oft angeregte Reform im grünen Reiche der Natur thatsächlich durchgeführt zu haben, gebührt dem Obersthofmeister des Kaisers, dem Prinzen Constantin Hohenlohe.

Es war aber auch Zeit, daß den mannigfachen Unzukömmlichkeiten, welche aus dem Bestehenlassen des alten Praters, wie er seit länger als einem Jahr

hunderte sich wild entwickelt hatte, ein Ende gemacht wurde. Die neue Zeit, der
freie Geist halfen da mit. Es hatte bis dahin eine Art von sichtbarer und unsicht-
barer Polizeiordnung auch im Prater geherrscht. Man konnte nicht gehen, nicht
stehen, ja sich nicht rühren in dem schönen, freien Prater. In der einen Allee
kannst du fahren, in der andern reiten, in der dritten gehen. Die da fuhren, durften
nicht stehen bleiben, die da ritten, nicht über die Fahrallee setzen, die zu Fuße
gingen, waren von den Reitenden durch die Wagenburg vollständig abgeschlossen.
Auf den schönen, lockenden Wiesen jenseits der Reitallee gab es keinen Schatten.
Von dort aus konnte man, wenn die Sonnenhitze brannte, nicht die Cavalcaden
betrachten, und in der Reitallee, selbst wenn diese vollständig von Roß und
Reiter verlassen war, durfte kein Sterblicher wandeln, ohne sofort von einem
Manne der berittenen Gerechtigkeit erfaßt zu werden. Die Ordnung war damals
musterhaft im gemaßregelten Prater, aber das Vergnügen recht mäßig. Man fühlte
sich so unfrei, daß man es nicht einmal wagte, sich in der Allee frei zu
bewegen. Ueberdies war in Vielen im Laufe der Zeit die Anschauung erwacht, daß
es denn doch im modernen Staate und in modernen Gartenanlagen gestattet sein
müsse, auch außerhalb der vorgezeichneten schnurgeraden, geduldeten und autorisirten
Linie zu fahren und zu gehen; der Grundsatz: nach freiem Ermessen, nach eigenem
Belieben mußte endlich auch auf die zu ihrer Gesundheit oder zu ihrem Vergnügen
sich nach dem Prater begebende Menschenmenge Anwendung finden.

Alle diese Punkte faßte der Reformator in das Auge. Es wurde die Donau
überbrückt und die Haupt-, die Fahr-Allee, führte nun vom Praterstern bis zum
Lusthause. Sie gewährt heute dem Auge erfreuenden Ausblick in weiteste Ferne.
Das kleine Lusthaus am Ende der Hauptallee erscheint jetzt wie ein Vogelnest.

Die Kastanienbäume rechts und links bieten im Frühjahr, wenn sie ihre
Kronen mit weiß und rosarothen Flammenblüthen geziert haben, einen alle Sinne
erfreuenden Anblick. Es ist dies eine wahre Festallee, jeder schöne Tag da unten
ein Festtag. Keine Stadt der Welt hat eine solche gerade und lange Wandel- und
Fahrbahn aufzuweisen.

Zur Seite der Reitallee wurde eine neue Allee angelegt, in welcher im
Schatten der grünen Zweige Jene wandeln können, die mehr Gefallen an
Reitenden finden als an der in Equipagen sitzenden alten Herrenwelt. Weiterhin,
im Reiche der Wiesen, zog man Fahr-, Geh- und Reitwege, welche den riesigen
Plan nach allen Richtungen hin kreuz und quer durchschneiden. Man kann jetzt
gehen, wohin man will, fahren, wohin man Lust hat, in Gesellschaft, in größerer
und kleinerer und auch allein, wenn man ein Einsiedler ist, oder zu Zweien, wenn
man auf der Welt nichts Anderes sucht als ein Wesen, das Einen im Leben
versteht oder auch manchmal nicht versteht. So ist heute im Prater für alle Bedürfnisse gesorgt.

Aber nicht nur die Natur, sondern auch die Stätten, wo gute Menschen
weilen und sich vergnügen, sind dem Umbau, Anbau, der Vergrößerung und Ver-

Kaninchen.

schönerung anheimgefallen. Es ist wahr und wurde, wie stets in Wien, wenn das Alte dem Neuen weichen muß, vielfach beklagt, daß die frühere Gemüthlichkeit jenseits des linirten Rammes im Prater nicht mehr herrscht. Ob aber diese Gemüthlichkeit so sehr dem Gemüthe entsprungen war, wie man annahm, und ob sie nicht vielmehr Entbehrung und Unzukömmlichkeit aller Art Jenen, welche Freude suchten und nur manche Qual fanden, auferlegte, wollen wir nicht untersuchen. Genug, die elenden Hütten und Buden, die ehedem den Wurstelprater zu einer wahren Zuluhütten-Ansiedlung gemacht hatten, verschwanden und die Etablissements, Buden, Ringelspiele, Bierhäuser und Wirthshäuser, Kioske sur Sehenswürdigkeiten aller Art wurden zeitgemäß umgestaltet. Das Schweizerhaus-system gelangte im Prater zur Geltung. Alles wurde in Wohnstätten à la Schweiz untergebracht. Das erste, zweite und dritte Kaffeehaus an der Gehallee, der „Hirsch" und

Aupartie.

der „Eisvogel", und wie die Nahrungs- und Getränkestätten für die hunger- und durstleidende Menschheit, alle mit Thiernamen bezeichnet, heißen, gestalteten sich zu Chalets, als ob die Donau Niederung Wiens das Berner Oberland wäre. Schindel-dächer mit in Holz geschnittenen Verzierungen und magere Säulen, welche das Dach der Veranda tragen, kennzeichnen jetzt die Wiener Prater-Architektur.

Vor den Kaffeehäusern sind die modern-großstädtischen Eisenstühle — zwei Kreuzer die Session! — in langen Reihen aufgestellt, auf denen es sich zwar etwas hart sitzt, welche Unbequemlichkeit aber von den schönen und nicht schönen Frauen, hauptsächlich aus der Leopoldstadt, gerne unter sich genommen wird. Sie können da billig ihre eigenen und die Angelegenheiten ihrer Nachbarinnen recht ausführlich besprechen, die Vorübergehenden und Fahrenden mustern und kritisiren und so die Seligkeit genießen, der frischen Luft und des Vergnügens zugleich theilhaftig zu werden, welche die Kritik der reinen Unvernunft fast allen Menschen einflößt. Unser Zeichner wird sich die Gelegenheit nicht entgehen lassen, Gruppen dieser edlen Herren

und Damen den Lesern vorzuführen.
Sollte sich darunter eine schöne Dicke, ja
recht übergenährte Frau mit einer Adler
nase und Schmachtlocken befinden, so
wollen wir nicht unerwähnt lassen, daß
sie nicht allein zu ihrem eigenen Ver
gnügen die schönen Nachmittagsstunden in
der Praterallee zubringt, sondern sich stets
in sehr zahlreicher Gesellschaft befindet.

Wir begreifen den Zug nach dem Prater Wiens. Nirgendwo ist die Annehm
lichkeit des Landlebens so nahe an die Hauptstadt gerückt wie bei uns. Man hat
im Prater Alles, was Herz und Sinne begehren, und um billiges Geld. Sogar
die Kunst hat man umsonst. Die Herren und Damen auf den Stühlen können
sich, ohne das Aufgeld, das in den Cafés auf Speisen und Getränke für die Kosten
der Musik geschlagen wird, abstatten zu müssen, stundenlang an den heiteren und
traurigen, mehr oder minder rein gespielten und geblasenen Weisen erfreuen, welche
in den Gärten von Regimentsmusikcapellen und manchmal auch von Zigeuner-
Orchestern den Essenden und Trinkenden geboten werden.

Also das Auge befriedigen, dem Munde und der Zunge Bewegung gönnen,
gelobt und getadelt, bewundert oder von oben herab betrachtet werden, und Anderen
Gleiches mit Gleichem vergelten, in Staubwolken eingehüllt sitzen, oder von einem

plötzlich eintretenden Regenschauer durchnäßt, zu enteilen, kurz, all' die Freuden und
Leiden einer Landpartie kann man da auf den durchlöcherten, „eisernen Rohrstühlen"
gründlich durchmachen.

Dann zieht man sich in die kühlen Gründe des Eßpraters zurück, setzt sich
erschöpft und nach Nahrung lechzend, oft mit zahlreicher Familie, an einen Tisch,
läßt Bier herbeibringen, zieht mitgebrachte Packete aus der Tasche, breitet kaltes
Fleisch aus, ruft den „Brod-Schani", zuweilen auch, wenn man größere Ausgaben

An der Hauptallee.

zu machen in der Lage ist, den „Salamimann" und ergänzt das Mitgebrachte
durch trockene Wurst und thränenden Käse.

Gegenstücke zu den Oasen für den mittleren und kleinen Mann bilden im
Prater zwei Chalets für Feinschmecker. Haus Sacher steht auch im Prater an der
Spitze des Küchendepartements. Man „kocht und schenkt aus" auf dem Sacher-
Hügel und im Sacher-Garten. Der „Hügel" ist natürlich auch von einem
Pavillon gekrönt, wo man speisen und goutiren kann im Freien und unter Zelten
beim Dufte der Rosen und Sacher-Speisen zu Sacher-Preisen. Der Sacher-Garten
umgibt eine Villa, das ehemalige gräflich Waldstein'sche buen retiro. Hier wird

feinste Blumen- und Obstzucht getrieben und im Chalet vereinigen sich die vornehmen Kreise des Abends, besonders nach dem Rennen zu Tänzchen und Gastereien. Oft endet da erst beim ersten Schein der Sonne, was bei ihrem Untergang begonnen: das feine Essen, Trinken und Tanzen.

Es ist auch Großes und Großartiges im Prater geschehen, und daneben verschwindet all' der kleine Krims Krams von Hütten und Häusern. Ob wir die Rotunde meinen? Ja wohl, die Rotunde! Sie ist, wie der Stephansthurm, zu

Das Heuern im Prater.

einem Wahrzeichen Wiens geworden. Wohin man sich auch in der Umgebung Wiens verirrt und von einem etwas höheren Punkte aus den Blick über das Panorama Wiens schweifen läßt, sieht man emporragen: den Stephansthurm und die Rotunde. Der eine erinnert an alte, friedliche Zeiten und die andere an ein Jahr, das nicht gut gewesen ist und an das man sich nicht gerne erinnert. Indessen, die alten Wunden sind halb vernarbt, der Krach ist vorbei, aber die Rotunde ist geblieben. Und es ist gut, daß wir sie besitzen. Wien hat an ihr einen großen, schönen Ausstellungsraum gewonnen, der zu vielfachen Zwecken dienstbar zu machen ist. Die

Landwirthschaft und die Singalesen, Herr Holub und die Wiener Bildhauer, denen es freundlich gegönnt wurde, in den Nebengebäuden Ateliers errichten zu können, haben Nutzen daraus gezogen. Wenn die Rotunde nicht bestände, müßte sie geschaffen werden für eine so große Stadt mit so mannigfachen Interessen wie Wien.

Nennen wir noch das in einem seitwärts gelegenen Wald- und Wiesenwinkel gelegene Wiener Trianon, die K r i a u, wo eine Milchwirtschaft etablirt ist, deren Preise der Großstadt entsprechen, wobei allerdings die frische, fröhliche Natur mit eingerechnet ist, und werfen wir dann den Blick jenseits des runden Abschlusses der Hauptallee, wo die F r e u d e n a u liegt. Die Freudenau ist ein gut gewählter Name für den grünen Rasen, welcher zum Wettrennplatz dient, wenn auch daselbst

Auf dem Rasen.

so Mancher manch' herben Verlust erlitt. Dort sind Häuser, Galerien, Kioske schön und zahlreich errichtet worden. Da ist der moderne Spielplatz, wie ihn jede Hauptstadt Europa's besitzt, zum Zwecke der Veredlung der vaterländischen Pferde- zucht. Das Wettrennwesen wollte lange in Wien nicht auf die Beine kommen, bis man endlich die menschliche Natur an ihrem schwachen Punkte packte, bis man den Spielteufel erweckte. Und siehe da, es geht und geht vortrefflich. Die Zahl der Rennpferde hat sich in Oesterreich verhundertfacht, das Geld in den Taschen der am Totalisateur oder bei den Buchmachern Wettenden vermehrt oder, und zwar öfter, verringert. Die Leute, welche bei der Rückkehr vom Rennen weniger besitzen, als sie in die Freudenau trugen, sollen sich entschieden in der Mehrheit be- finden.

Das war der Prater ehedem, das ist er heute. Wir sind zufrieden mit ihm, wie er jetzt ist. Und wenn man klagt, daß unbesonnene und leichtsinnige Jünglinge und Damen aller Art auf dem Spielplatze unter Gottes freiem Himmel zu Grunde gehen, so können wir nur sagen: Du hast es gewollt, Georgine Dandette. Wer den Kopf auf dem rechten Platze trägt und das redlich Erworbene in der Tasche behalten will, für den gibt es keine Lockung zum Spiele, zum waghalsigen Rennen nach zweifelhaftem Gewinne, dem ist der schöne Anblick der grünen Wiesen, der schönen Bauten, der geschmückten Menschen, der dahin fliegenden Pferde, der schreienden Menge und der bei der Rückfahrt einander drängenden, sich überstürzenden, kreuz und quer anstoßenden und übereinanderpurzelnden Fünfzig Tausend-Schaar hinreichend, um staubbedeckt, erschöpft und ermüdet zu Hause oder in der Wirthsstube angelangt, rufen zu können: Es war doch heute herrlich da unten im Prater!

* * *

Rotunde am Morgen.

Copyright von Martin Gerlach

3.

Der Wurstelprater.

Von

Marie Weyr.

Athleten.

Dreiarmig mündet der frohbewegte Menschenstrom, beim ersten Thauwind, in das grüne Wipfelmeer des Praters. Bei hoher Sonntagsbesuchsflut branden die Wogen oft bedrohlich am Ende der breiten Praterstraße und drängen hinan zur schiffsschnabelgeschmückten Säule des Tegetthoff Monumentes, dessen auf einsamer Höhe thronender Heros in unentwegter Ruhe auf den chaotischen Zug in die Vergnügungsschlacht herabblickt. Hinter ihm theilt sich der wirre Knäuel. Nach rechts, zur „Nobelallee“, wenden sich die in weichen Wagenkissen Gewiegten, von feurigen Thieren auf dem Rücken und einer günstigen Laune der Glücks und Liebesgöttin an die Oberfläche des Lebens Getragenen, die von der Menge dort Gesuchten und ihren ebenbürtigen Freunden Gefundenen. Nach links, zur sogenannten Feuerwerksallee, die an stillen Teich und Augründen vorüber zur großen Reichsbrücke und den hauptstädtischen Strombädern führt, wenden sich die Natur und Einsamkeit liebenden. Wenig Frauen und Kinder, Knaben meist in jenem reiferen Alter, da Hand in Hand mit den schlechtesten Schulzeugnissen die genaueste geographische Kenntniß der Indianerterritory's und socialen Verhältnisse der Gold

Soldaten im Wurstelprater.

gräberlager einhergeht; dorthin eilen die Luft-, Wasser-, Thier- und Pflanzenfreunde, die Sammler und Beobachter, die müden Handwerker, die auf Rasenbetten der Sonntagsruhe pflegen wollen. Jeder in seiner Art ein Suchender, sie allesammt Träger, im Gegensatz zu jenen Ersten, die sich vom Hauptstrome schieden, Träger ihrer ganz eigenen Anschauungen, Träger, oft harter, physischer und moralischer Lebenslasten, unentbehrliche Stützen des gesellschaftlichen Aufbaues, von dessen zu rasch erklommenen oberen Stockwerken schon so Mancher zu den Füßen dieser geduldigen Karyatiden herabglitt.

Wir wählen als lebensfrohes Weltkind statt dieser beiden Contrastpropheten-Alleen die dritte, die in ihrer Mitte nach dem Volks- oder Wurstelprater führt. Die hochgewölbten Viaductbogen der Verbindungsbahn bilden gleichsam die Eingangspforte in dieses paradis terrestre der Kinder jedes Lebensalters, zu deren Seiten die vielfärbig leuchtenden schwanken Kugelmassen der Luftballons, die Ordens-zeichen des Praters an der Leine der Verkäufer auf- und niedersteigen. Ein Vergleich zwischen den modernen Volksbelustigungsorten der europäischen Großstädte gewährt vielfaches Interesse. Läßt sich doch außer der, bei jeder Nation verschiedenen Art, Fröhlichkeit und Lebensgenuß durch Wort und Bewegung kundzugeben, die histo-rische Ueberlieferung in Sang, Tanz und Spiel, ja selbst Speise und Trank an solchen Plätzen meist genau nachweisen. Wir finden wohl überall dieselben derben Effecte, die grob sinnlichsten Mittel angewandt, um Lachen, Staunen und Be-wunderung der Menge zu erregen. Kraftprobe-Apparate, Schießstände, Carroussels, Marionettentheater, schwindelerzeugende Schaukeln, die Schaustellung sonderbarer

ober schrecklicher Naturspiele an Mensch und Thier, mit einem Worte das Gaukler-
und Marktschreier- ist neben dem Bettlerwesen, aus dem es zum großen Theile

Bilberbeuter.

hervorging, wohl der internationalste aller Berufszweige. Aber die Vögel, die
auf diesen Lockzweig hüpfen, singen und zwitschern oder gröhlen und kreischen ihre

Freude sehr verschiedenartig und, ganz ohne localpatriotische Befangenheit geurtheilt, kann irgendwo in so herzlich froher, kindlich harmloser Daseinslust wie in unserem Wiener Wurstelpra-

ter. London bietet in seinem Krystallpalast ein Etablissement von unübertroffener Großartigkeit. Man kann dort um 1½ Shillinge Entree inclusive Bahnfahrt, denn der ausgedehnte Park liegt ziemlich weit von der Stadt, neben den vorhin erwähnten Vergnügungen gewöhnlicher Art, ganz gute Orchester- und Orgelconcerte hören; die bekanntesten antiken Funde und berühmten Bildwerke aller Zeiten, die merkwürdigsten Gebäude aller Stylarten sind in trefflichen Reproductionen aufgestellt, Theater- und Circusvorstellungen wechseln mit überraschenden Wasser- und Feuerwerkskünsten. Viel des Guten, fast zu viel für einen Shilling wird geboten, aber das Volk, die Arbeiter, die gute Kleinbürgerfamilie fehlt. Sie kann den Shilling per Kopf nicht

Calafatis Ringelspiel. Der große Chinese.

opfern und will es auch nicht, da nach des Tages harter Plage der Hausvater wenig Lust zeigt an neuerlicher Bewegung und der Sonntag gezwungene Vergnügungs-

11*

ruhe heißt. In den Belustigungsorten von
Paris, den Sommerabendfesten von Bougival und
Canotierfreuden von Asnières unterläßt man es
wohlweislich, die Jugend zu führen, so lange
eben Jugend sich führen läßt.

Im Hamburger St. Pauliviertel verscheuchen die rohen Kauderwelschwitze halbtrunkener
Matrosen, die nach langer Fahrt wein- und
weibergierig die Singspielhallen, Schaubuden und
offenen Tavernen der Elbeufer-Gartenanlagen
durchtaumeln, jedes bessere Element; den Kopen-
hagener Tivolipark füllt eine bedächtig wandelnde, wenig plaudernde, fast gar
nicht gesticulirende Menge, ernsthafte Kinder, schüchterne junge Leute, mißtrauische
gemüthliche, für den Fremden total unzugängliche Männer und Frauen. Die Jahr-
marktsfeste auf den Wällen von Nürnberg ersetzen den Mangel an Laune und
Temperament der Bevölkerung durch den alterthümelnden Reiz der Scenerie, während
die Berliner Hasenhaide — — — — doch wir wollen ja vom Wiener Wurstelprater reden, dem Verbrüderungsfelde österreichischer Nationalitäten.

Mag der goldige Strahlenglanz veilchenerweckender Frühlingssonne den hellen
Jubel der Kinder, das stille Liebeswerben der Jugend im ringsum wogenden lauten

Treiben, das Behagen der Alten an Licht und Luft und Wärme nach langer
Winternacht umspielen; mag nach gluthvollen Sommertagen der mild-feuchte, vom
breiten Strom herüberwehende Abendwind die hutbefreiten Stirnen kühlen, während
Licht um Licht oben am tiefdunkelblauen Himmel und unten im schwärzlichen
Baumschatten aufblitzt und die süßschmerzlichen, sehnsuchtsvollen Zigeunerweisen aus
der Csárda herüberklingend, jählings ersterben in dem kecken, kräftigen Marschliede,
das unsere frischen „Hoch- und Deutschmeister" im naheliegenden ersten Kaffeehause
anstimmen; mögen in den letzten schönen Herbstesstunden die Abschiednehmenden
dem müdgewordenen, schlaftrunken sich drehenden Ringelspiele, dem im abgeblaßten
Kittel krampfhaft zuckenden „Wurstel" des Puppenspiels mit seinem vielgeplagten,
abgemagerten weißen Häslein ein „Wiederseh'n zur nächsten Osterzeit" zurufen,
immer ist's ein Bild wechselvollen, fesseln-
den Reizes, das sich vor uns entrollt.

Ist Oesterreich ein Militärstaat? Von
einem im Wurstelprater eingenommenen
Standpunkte aus müßte die Frage bejaht
werden. Allenthalben leuchtet's von blitzenden Metallknöpfen, Helmkränzen und Säbel-
scheiden, und die Vertreter aller Waffengattungen occupiren gemeinsam das Terrain.
Keine Festung wird mit so viel Eifer bestürmt,
erobert und lieber getheilt als aufgegeben
wie jene, die dort dem feindlichen Angriffe
sichernd und schälernd entgegenkommt. Seht
sie heranrücken, meist zu dreien oder vieren,
die vielfach übereinandergezogenen farben-
prangenden Röcke kurz geschürzt, das blüthen-
weiße, faltige, stickereiverbrämte Hemd über
den drallen Nacken in's schwerbelastete Mieder gespannt, das bunte Kopftuch über dem

Oberösterreicherin.

glänzend geölten Haare, den listig funkelnden Augen, der breiten, flachen Nase, dem
vollen Munde mit den gesunden, beißlustigen Zähnen, die kräftig geformten Beine
von hochreichenden Röhrenstiefeln bedeckt. Mädchenweiber sind es aus der Hanna,
Mährens fruchtbarstem Landstrich. Die Hannakin, von der Natur zur Ernährerin
trefflich ausgerüstet, wird zu dieser Bestimmung erzogen. Nach mehrmaliger Fahrt
in die Fremde kehrt sie mit ihren Ersparnissen und Erinnerungen als vielbegehrte
Partie in die Heimat zurück, um bald darauf am eigenen Herde zu walten. Vorläufig genießt sie die kurzen Freistunden, welche der gebietende Pflegesängling ihr
vergönnt, und sucht mit Aug' und Ohr und Mund und Hand festzuhalten, was
sich ihr bietet oder sie der Rivalin mühsam abringt, denn nicht kampflos behauptet
sie das Feld. Das Heer dienstbarer Geister zählt noch manch' wackere Streitkraft.

Das höher stehende Stubenmädchen aus Deutschböhmen und Schlesien, nach der letztvergangenen Mode verkleidet, erscheint meist am Arme der durch Gewohnheit geheiligten „Bekanntschaft", am Kampfe nicht Theil nehmend, nur mit überlegenem

Lächeln, wie der Armeevertreter einer fremden Großmacht, beobachtend auf der Manöverwalstatt. Hauptsächlich ringen mit der Hannakin um den Preis: die stille, aber ausdauernde Oberösterreicherin in ihrem malerisch das Haupt mit langen dunklen Schwingen umflatternden schweren Seidenkopftuche; das flinke, geschmeidige Wiener Vorstadtkind mit der vorwitzigen Zunge und den tanzlustig zuckenden, fesch beschuhten Füßchen; die braune Ungarin in etwas vernachlässigter städtischer Kleidung und Haarordnung, deren Mängel über dem Feuer, welches den blitzenden Augen und dem üppig glühenden Munde entströmt, vergessen werden. Sie alle wollen erobern, Huldigungen empfangen, die vornehmeren, das heißt nur gegen Bezahlung zugänglichen Genüsse des Wurstelpraters durch ihr Lächeln, ihre Gunst erkaufen. Anders die Perle der Köchinnen, die Böhmin. Sie allein will nur gewähren, nicht empfangen. Sie geht auf in der Seligkeit des Gebens, des Beglückens. Ganz und voll theilt sie mit, was sie besitzt, sich, ihr Herz und das mühsam erlistete „Körbelgeld". Sie fordert nichts als ein freundliches Grinsen des Geliebten, den die opferfrohe, rauhhändige und weichfühlende Tochter Libussa's nur aus eigenem Stamme wählt.

Glevate im Sonntagstaat.

Mit fast mütterlicher Zärtlichkeit sorgt sie, Alles zum Besten des engeren Vaterlandes, für Speise, Trank und Belustigung des plump schlauen Burschen, der diesen Tribut der Liebe als einen selbstverständlichen entgegennimmt und, während

Marianka nach langem Zieren vom hohen Roß des kreisenden Ringelspieles selig zu ihm herniederlacht, gleichmüthig seinem Nachbar am Biertisch Feuer für die, aus der Geliebten Börse bezahlte „Kurze" entlehnt.

Uns tritt am Anfange der Allee zuerst ein in hellem Wimpelschmuck prangendes, großes Rundgebäude, das Panorama, vor Augen, welches in trefflichen, alljährlich wechselnden Kolossalkreisgemälden die bedeutendsten Schlachten der Neuzeit verewigt. Hier ist der Sammelpunkt der reiferen, wißbegierigen Jugend, die mit gespannter Aufmerksamkeit dem eintönigen Leiervortrage des Erklärers folgt oder sich mit wollüstigem Grauen in den Anblick einzelner Schreckensepisoden vertieft, die allzu naturgetreu wiedergeben, jeden Moment aus dem Rahmen zu treten drohen. Dicht an das Panorama schließt sich die erst vor wenig Jahren nach amerikanischem Muster errichtete „Rutschbahn".

Karikaturenbrett.

Vom hochgelegenen Abfahrtsorte aus, den man zuerst erstiegen, rollt mit Donnergepolter das offene, 8—10 Personen fassende Karrenwägelchen unter dem Gelächter der Zuschauer und Gekreische der darin befindlichen Frauen zur Tiefe, erklimmt dann eine zweite Höhe, um nochmals abwärts zu sausen, wieder aufwärts zu ächzen und schließlich mit dem Reste der durch den ersten Stoß erzeugten Triebkraft den Rückweg in gemächlicherem Tempo anzutreten. In dem zum ersten Male die Rutschbahn Benützenden werden eine Summe eigenthümlicher, nicht gerade angenehmer Empfindungen erweckt, die Manchem, auch ohne den Eintrittspreis von 10 kr., theuer zu stehen kämen, wenn nicht die kurze Dauer dieser sogenannten Vergnügungsreise deren gefährliche Folgen verhindern würde. Indeß, die Rutschbahn erfreut sich zahlreichen Zuspruches.

Nebenan hat ein Schnellphotograph sein Wanderlager aufgeschlagen. Er rühmt die Vorzüge seines Apparates, die gerade momentan günstigste Beleuchtung und verweist auf die ausgestellten Kunstproben, Einzel- und Gruppenaufnahmen, die einem Forscher reiches Material zum Beleg der Darwin'schen Atavismustheorie bieten würden. Laut preist der Ausrufer die fabelhafte Raschheit des Verfahrens: ein

Blick in das dunkle Räthselange des Zauberkastens — ein Ruck · · ein Auf- und
Zuklappen — fünf kurze Minuten, während welcher der Magier verschwindet, um
triumphirend mit dem, noch klebrig feuchten, aber unter jeder Bedingung wohlgelungenen Conterfei zurückzukehren. „Treten Sie ein, meine Herrschaften! Kein
Landaufenthalt mehr nöthig, keine Mastkur wirkt solche Wunder wie der Aufenthalt
in diesem Atelier. Nichts
Gesünderes für die Schwa-
chen, Blutarmen! 500 fl.
zahle ich, wenn nicht
nach 5 Minuten das zar-
teste Fräulein sich selbst
mit Leichtigkeit, und in
einer Hand dazu den
dicksten Herrn nach Hause
trägt — selbstverständlich,
wenn's die Frau Mutter
erlaubt."

„Salsomacci".

Pränscher's Wachs-
figurencabinet und ana-
tomisches Museum, wel-
ches des Abends in fun-
kelndem, durch zahllose
Spiegel- und Krystall-
lustres verstärktem Lichte
strahlt, übt ebenfalls nicht
geringe Anziehungskraft.
Es erreicht in seiner
Schaustellung wie jedes
derartige Etablissement
den Gipfel der Geschmacks-
verirrung im Reiche bild-
licher Darstellung und
unterordnet sich dem be-
rühmten Museum der
Madame Tussaud in
London nur durch seine
geringere Ausdehnung.
Der ästhetische Schauder, welcher den Vorüberwandelnden vom Eintritte abhält, ist
wohl sein bestes Theil. Der bekannte französische Roman- und Kunstschriftsteller
Huysmans behauptet zwar in seinen Schriften, daß die Malerei, diese Essenz der
„schönen Lüge", überhaupt keine Zukunft habe, da sie nicht im Stande wäre, dem

allgemein gewordenen Drang nach Wahrheit zu entsprechen und ihr durch die
Photographie jede Existenzberechtigung entzogen sei. Er versucht die Rechtfertigung
des crassesten Naturalismus in der modernen Kunst, vertheidigt die Erhebung des
Häßlichen und Krankhaften, als des momentan einzig Richtigen, zum Vorwurfe
künstlerischen Bildens, weil es unserer körperlich und geistig leidenden Generation
entspreche, sie charakterisire. Nach ihm ist der Künstler ein Prediger, die Kunst die
heilige Schrift der Wahrheit, das flammende Schwert der Schönheitsästese. Der
Künstler soll nur den Schweiß des Angesichtes der hartarbeitenden Menschheit sehen
und wiedergeben und nicht zurückblicken auf den leis verglimmenden Schein des

. Die Damencapelle.

verlorenen Paradieses. Nach Huysmans gehört die Architektur der kommenden Jahre
dem Schmiedeeisen, die Plastik dem bemalten Wachs, dem polychromen Gipsabguß.
Die künstlerische Corruption du fin siècle treibt in diesem Schriftsteller eine ihrer
schillerndsten Sumpfblüthen. Giftig, gefährlich ist sie kaum zu nennen. Wer geschichtlich
weiter zurücksieht und der in großen Zügen ganz ähnlichen Wandlungen der alt-
indischen, egyptischen und griechischen Kunstepochen gedenkt, wird der zweiten Hälfte
des nächsten Jahrhunderts in ruhiger Voraussicht wieder einräumen, was der ersten
geraubt wurde. Der Unterschied zwischen heute und damals besteht nur in der Ver-

vollkommnung naturwissenschaftlicher Kenntnisse und deren Nutzbarmachung, der Erweiterung alter und dem Entstehen vollkommen neuer Begriffe, die bildlich ausgedrückt werden sollen, wodurch eine Wirkung auf den Kunstgeschmack unmöglich ausbleiben konnte, ferner darin, daß wir jetzt in einem Jahrzehnt geistige Strecken im ewigen Kreislaufe zwischen Idealismus und Realismus zurücklegen, zu welchen unsere Vorfahren Jahrhunderte, ja Jahrtausende benöthigten. Herr Huysmans ist einer der Jüngeren aus der jungen Schule und erlebt vielleicht noch die Wiederkehr einer künstlerischen — — Schäferzeit!

Du hehre Kunst — — — wer wagt es überhaupt deinen Namen im tollen Treiben des Wurstelpraters auszusprechen? Und doch, wo wäre der dunkle Erden-winkel, den nie ein Blick aus deinem hellen Auge erleuchtete? Freilich, in dem tausendfältigen Durcheinandertönen der Leierkasten, Orchestrions, Militärmusiken, Trommeln und Trompeten darf man dich nicht suchen, aber hier, abseits vom lauten Getümmel, klingt aus lauschigem Gartengrün ein heller, reiner Geigenton. Aus der unendlichen Disharmonie ringsum erhebt sich siegreich eine Melodie, bald süß-zaghaft schmeichelnd, kosend — bald übermüthig aufjauchzend im zündenden Rhythmus des echten Wiener Liedes. Nicht endenwollende „Bravis" und Händeklatschen weisen uns den Weg. — Weiß schimmert's durch die Büsche. Welch' helle Vögel wiegen sich dort unter den Zweigen und singen, wie ihnen das Schnäblein wuchs? Hei, nun blitzt von neuem der

Bosnische Soldaten.

flinke Fiedelbogen durch die Luft, die ihn führt, ist eine kräftig schlanke Frauenhand. Um die stehende Dame, die tüchtige Violinspielerin und Dirigentin, Frau Messerschmidt-Grünner, schaaren sich im Kreise sitzend ihre braven Genossinnen, die Mitglieder der bekannten „Damencapelle".

Meist jung, zuweilen hübsch, in gleiche Uniform, weiß mit bunter Schärpe, gekleidet, sind die Mädchen gut geschult und vor Allem taktisch im Spiel, nicht selten von wirklicher musikalischer Begabung. Durch Elternmangel oder traurige häusliche Verhältnisse gezwungen, frühzeitig für sich selbst einzustehen und ihr Brod zu verdienen, nehmen die Meisten ihren Beruf ernst, durchaus nicht als Freibrief für ungebundenen Lebenswandel und schämen sich seiner nicht. Mag auch der Volkswitz „die von der Damencapell'n" mit harmlosen Spottliedern bedenken und man des Abends den blassen Gesichtern Müdigkeit, dem Tanteslächeln Resignation nicht unschwer ablesen, sie halten sich wacker die braven Mädchen und irren -- behauptet auch hier wie überall, wer wollte den ersten Stein aufheben, der amant du coeur seine Rechte -- nur in seltenen Fällen vom rechten Pfade ab. Die Damencapelle erfreut sich allgemeiner Beliebtheit und der sie engagirende Wirth zahlreichen Besuches.

In starrem Staunen versunken stehen vor diesen weißen, musikmachenden Frauen die bosnischen Soldaten, die, meist ungarischen Regimentern zugetheilt, zum

Der Kraftmesser.

ersten Male in Wien garnisoniren. Nur die naheliegenden, lebhaft umworbenen Schießstände vermögen durch ihre Anziehungskraft die an orientalische Abgeschlossenheit des Weibes gewöhnten, verblüfften Bursche von dem Anblick der Damencapelle loszureißen. Neben dem militärischen Stammgaste tritt auch mancher geschickte Schütze an den Stand, der aus jenen entlegenen, „enteren" Gründen Wiens kommt, wo schon allmälig, ein Uebergang zur Landstraße, in die Zwischenräume der Granitpflastersteinblöcke Moos und Graswuchs sich drängt. Sie sind von dorther, wo zwischen den spärlicher stehenden alten soliden niedern Häusern, neben Trockenplätzen, Gemüsegärten und Friedhofsmauern plötzlich wie über Nacht aus einer Riesenstaub-

wolle ein moderner Zinsschwindelbau entsteht, der noch vor seiner Vollendung ohne
jede Baarzahlung, nur durch Uebertragung von Credit und Schulden, aus der vierten
in die fünfte Mäuserhand ging, bis zuletzt ein stadtbahngläubiger Optimist das Object

Carameli Haussrer.

erwirbt und vermittelst allwöchentlicher Pfändung gerade die 48%, Steuer des
Wiener Hausbesitzers hereinbringt. Sie sind Bewohner der Vororte, welche gleichzeitig die Nachtheile des Land- und Stadtlebens genießen, ohne jemals eines seiner

Vorzüge theilhaft zu werden. Jener, der eben jetzt in seinem Sonntagsstaate, dem großcarrirten Beinkleid, braunem Sammtrocke, dem flatternden roth oder blauseidenen Halstuche, glänzend gestärkten färbigen Hemde, schief in den Nacken gedrückten

Der Dalmatiner.

Hute, der Nelke hinter'm Ohr und Virginiercigarre im Munde, den Stutzen an die Backe hebt, hat sicher seine Schußgewandtheit schon mehrmals in unauffälliger Toilette und gedämpfterer Beleuchtung an allerlei Wildem und Zahmem, das ihm

über den Weg lief, ohne lang um Erlaubniß zu fragen, erprobt. Er ist auch einer
der Hauptmatadore des Kraftmesserplatzes und stets von zahlreicher, lebhaft inter-
essirter Zuschauermenge umringt. Man wettet für oder gegen Jenen, der sich zu
einer Probe anschickt, mißt mit anerkennenden oder verächtlichen Blicken die Körper-
proportion, die Muskelstärke seines Armes, befeuert ihn, wenn er den schweren
Schlägel schwingt, durch Sympathiezurufe wie: „Auß auf die alte Wagnerin“,
„Höher, Peter“, „Hau'n dani, alter Spezi“, „Auß muaß er“ nämlich der kleine
Mann, der, je wuchtiger der Schlag ausfällt, desto höher an der Zeigersäule hinauf-
läuft. Oder man räth ihm ironisch, den Apparat nicht in den Grund zu bohren,
liest mit Bewunderung, getäuschter Erwartung oder schallendem Hohngelächter das
Resultat, welches am Kraftmesser ersichtlich wird, und freut sich, je hitziger der
Kampf der Rivalen entbrennt. Dieser setzt sich oft im anstoßenden Wirthshausgarten in veränderter Form und unter Assistenz berufsmäßiger Kraftmenschen und
Akrobaten fort, die dort auf einer kleinen Bretterbühne in allerlei grotesken Ver-
kleidungen Pantomimen und Raufscenen aufführen und, in ihrem Künstlerstolze
durch die Erfolge der „Dilettanten“ verletzt, ihr Möglichstes thun, um diese durch
derbe Witze und eben solche Püffe aus dem Felde zu schlagen.

Ruhiger gestaltet sich das Vergnügen, welches die nächste Bude bietet. Dort
sind in mehreren Reihen komische Figärchen und Hampelmänner aufgestellt, nach
welchen man mit kleinen, festgedrehten Wollknäueln wirft, die an elastischen Fäden
hängend, nach jedem Wurf zurückschnellen. Man zielt, lächelnd über die anscheinend
leichte Aufgabe und fehlt gewöhnlich. An diesem, wie man glauben sollte, nur für
Kinder berechneten Spiele sieht man mit der größten Ausdauer und Hartnäckigkeit
auch ältere Leute Theil nehmen. Zuerst der Kleinen wegen eingetreten, werden sie
durch deren Mißerfolge aufgeregt und angespornt und plagen sich nun mit unglaub-
lichem Eifer, bis es ihnen gelingt, den Ball einem der Hampelmänner an den
Kopf zu schleudern, worauf dieser unter Schellengeklingel und schmerzlichem Zucken
gen in die Höhe fährt.

Eine der bekanntesten Typen des Wurstelpraters ist der „Zuckerhändler“, der
ein moderner Rattenfänger, stets von Schaaren süßgieriger Schleckmäuler gefolgt,
sein „Caramel Caramel“ in allen Tonarten erklingen und die auf breitem Brette
vor sich hergetragenen Zuckerpyramiden verlockend in der Sonne blitzen läßt.
Mancher dieser für die Beschäftigung der Zahnärzte sorgenden Kleinindustriellen
hat sich, vom Handelsglücke begünstigt, auch schon zur Miethe oder dem Eigenbau
einer kleinen Hütte aufgeschwungen, die ihn und seine Schätze vor der Unbild der
Witterung schützt. Er ist seiner Clientel, ob wandelnd oder seßhaft, sicher.

Die kleinen, mit bengalischen Zündhölzern oder sonstigem unschädlichen Zimmer-
feuerwerk handelnden Indenjungen tauchen erst Abends im grellfarbigen Lichte ihrer
zu Reclamezwecken entzündeten Leuchtkörper in den Gasthausgärten auf, wo auch
die Bosnier, kräftige, gebräunte Gestalten, ihre Dolchmesser, Pfeifenrohre und allerlei
werthlosen Frauenschmuck sprechenden Blickes, aber stummen Mundes anbieten

Desto größeren Spectakel vollführen zu allen Tageszeiten die Soda und Himbeer-
limonade anrufenden Karrenschieber, die Eisverkäufer, Stiefelputzer, Kastanien- und
Aepfelbrater, die Blumen verkaufenden jungen, und die mit billigen Cravaten,
Federmessern und Kämmen hausirenden alten Weiber. Auch an größeren Verkaufs-
buden ist kein Mangel. Spielzeug, Toilettebedürfnisse, billiger imitirter Schmuck,
Rauchrequisiten, Glas- und Porzellangegenstände — Alles billig, grell bemalt, stark
riechend, kaum erworben und verdorben.

Die Gasthäuser nehmen natürlich
nicht wenig Bedeutung in den Augen der
Praterbesucher und Platz im Grünen ein.
Jedes Gasthaus hat, nimmt man's auch
im Sonntagsstrum mit der Wahl nicht
so genau, im Allgemeinen sein eigenes
Publicum. Vom feineren, mehr dem Nobelprater angehörenden Schweizerhaus bis
zur kleinsten, auf der Feuerwerkswiese
etablirten Buschenschänke findet jegliches
seinen Stammgast. „Der braune Hirsch",
„der Bär" und „Hahn" werden von den
gesetzteren Leuten, Beamten, Lehrern, Kauf-
leuten, den Familienvätern bevorzugt; der
„Eisvogel", „der stille Zecher" spielen
auch in der heißesten Sommerzeit zum
Tanze auf und sind der Versammlungs-
ort der feschen Geister. In der Csárda
finden sich die Ungarn, anderswo zu den
Klängen von Clarinette und Horn die
Böhmen zusammen. Die Ansbacher Bier-
halle ist das Lager der „Antisemiten",
und nicht weit von ihr verbirgt sich
ein dem Besuch des auserwählten Volkes
allein geweihtes Gasthaus. An diesen Tisch
setzt sich mit Vorliebe der Officier —
an jenen der Civilist. Hübsche Mädchen,
üppige Frauen fehlen nirgends und trium-

„Brod-Schani".

phiren über alle Vorurtheile von Rang und Nationalität. Bier, Gulyas, Kalbsbraten
und Backhühner bilden den Hauptconsum, schließen aber eine reichhaltigere Wahl
der Speisen und Getränke nicht aus. Dazu gehören Salami und Käs, von
den eine Wiener Type bildenden Salamimännern dargereicht. Manche der größeren
Restaurants sind auch im Winter Sonntags geöffnet und erfreuen sich des
Zuspruchs ihrer treuen Gäste. Dann klingen oft fröhlich die Gläser in Erinnerung

schöner hier zugebrachter Sommerabende zusammen und der Hoffnung auf deren
Wiederkehr.

Ertönt der Ruf: „Schani Brod", stellt sich ein lieblicher Knabe ein, meist im
Alter von 7—14 Jahren, dem Anfang und Ende der Schulpflichtigkeit. Er wird
von speculativen Eltern zur lukrativen Verwerthung seiner Feierabendstunden und
Ferienmonate angehalten, und waltet seines, flinke Beine und Geduld fordernden
Amtes mit Eifer und Humor. An der Spree riefe man ihn vielleicht „Brödchen-Fritze".
Bei uns heißt er „Schani" und wird wohl im Laufe der Zeit ein befrackter weiß-
bebinderter, das Trinkgeld mit vornehmer Herablassung einsackender „Jean, zahlen!"

Zur Osterzeit öffnet auch das Fürsttheater, nach seinem Gründer und ehemaligen Director noch immer so genannt,
ein ganz stattliches, dem Volksstücke, der
Posse und Parodie geweihtes Haus, seine
Pforten.

Garküche.   Sodawagen.

Wer eine Analyse der Belustigung, ihrer Ursache und Wirkung, eine Geschichte
des Lachens vom ersten, halbwiderwilligen Verziehen der Mundwinkel, dem leichten
Schmunzeln bis zum dröhnenden Ausbruche der Heiterkeit, welcher die convulsivisch
zuckenden Seiten schmerzen und Thränen in's Auge treten läßt, schreiben wollte,
fände im Fürsttheater den geeigneten Beobachterplatz; denn lachen müßt Ihr, die
Ihr tretet ein, lachen um jeden Preis, selbst um den Eures gesunden Menschen-
verstandes. Mit Sentimentalität gibt man sich wenig ab auf dieser Bühne. Liebes-
scenen dienen nur als Ausfüllung der Pausen zwischen dem Abgang und Wieder-
auftreten des Lieblingskomikers oder der gerade bevorzugten Localsoubrette. Die

Charakterdarsteller des Fürsttheaters sind aus einer „ganz eigenen Race". Ihre
Beliebtheit und Wirkung beruht zumeist auf dem Komischen in der Erscheinung, in
dem Contraste dessen, was man von ihnen erwartet, und dem, was sie thun. Nicht
was der allzu große oder künstlich zugespitzte Mund singt und sagt, ist Hauptsache,
sondern wie er die Worte gurgelnd aus der Tiefe holt, mit der Zunge wendet, von
einer Backe zur andern schleudert und endlich durch die Zähne pfeift oder durch die
Nase schnüffelt. Jedem Körpertheil ist seine eigene, Heiterkeit erweckende Rolle zugewiesen. Dann gibt es die sogenannten „Specialitäten". Jener zum Beispiel weiß

Beim „Wurstl".

den „Böhm' in allen Lebenslagen", Dieser den Trunkenen oder Stotterer, Jener
den Wiener Hausmeister in allen Grobheitsstadien, Dieser wieder den Pechvogel, der
überall dazu kommt, wo geprügelt und arretirt wird, trefflich nachzuahmen. Dem
glücklichen Director des Fürsttheaters wird nie der Vorwurf gemacht werden können,
daß er Rollen unpassend besetze, für sie nicht die richtigen Schauspieler wähle. Er
notirt dem Dichter die Fähigkeiten seiner Künstler, und siehe da, die nächste Novität
bringt einen Böhm' und einen Hausmeister ꝛc. ꝛc. Wir leiden ja keinen Mangel an
Dichtern, die aus dem Berliner Volksleben, den gesammelten Classikern und den
Predigten Pater Abraham de Santa Clara's Wiener Typen schöpfen, Rollen auf

den Leib schreiben, Unpassendes austauschen und Bestellungen der Schauspieler promptest effectuiren. Manche der Darsteller des Fürsttheaters haben ihren Weg über die Josefstadt an's Carl- oder Wiednertheater gefunden, oft aber auch umgekehrt. Es

wächst zuweilen der Komiker mit seinem Publikum, verkümmert aber auch auf fremdem Bretterboden, wenn er wohl die Botschaft hört, allein ihm der Glaube fehlt an die Macht des Gedankens und Wortspieles, des Triumphes des Sinnes, selbst in der Komik, über den Unsinn.

Das Fürsttheater veranstaltet allsommerabendlich, an Sonntagen auch Nachmittags, Vorstellungen und ist gewöhnlich dicht gefüllt. Man erfreut sich während der Actpausen am mitgebrachten Proviant, den umhergereichten Getränken, auf den Galerien der Erlaubniß die Röcke abzulegen, und an den Gesprächen des Publikums, welche, wenn der Andrang bei der Casse eine Trennung Zu-

Die große „Gelüßen".

sammengehöriger bewirkte, mit großer Zwanglosigkeit vom Parterre in die Logen und höher hinauf geführt werden. Familiengeheimnisse nicht ausgeschlossen.

Was das Fürsttheater für die Großen, sind die Marionetten- oder Pimperltheater, auch einfach „der Wurstl" genannt, für die Kleinen, und nicht bloß für diese allein.

Zwar vom alten deutschen Puppenspiel ist wenig mehr geblieben, nicht Dr. Faust, noch sonst eine Gestalt unserer Märchenwelt erscheint mehr auf der kleinen Bühne. Wohl treiben die Puppen viel Schabernack, allein nicht in Till Eugenspiegels Art und Gewand. Tod und Teufel allein behaupten neben modernen Figuren ihr Recht und raufen sich um den Besitz derselben. Was kümmert aber dieser Mangel historischer Anknüpfungspunkte die jüngste, selig in's Anschauen des „Wurstl's" versunkene Generation? Nichts Herzerfreuenderes als diese lichten und dunklen Lockenköpfchen die großen leuchtenden Kinderaugen, die staunend geöffneten Mündchen, der Anblick des ganzen, nimmerruhenden, quecksilberartig hin- und herrutschenden kleinen Volkes, das in fünf- und sechsfachen Reihen, neben-, über- und untereinander sichert, jubelt, plaudert und lacht. Wie sie energisch, ja stürmisch „Ja" winken und rufen, wenn der „Wurstl" frägt, ob er den Teufel erschlagen und einsargen solle; wie sie voll Mitgefühl das nie fehlende weiße Kaninchen mit den albernen rothen Augen, das in alle erdenklichen gefährlichen Situationen versetzt wird, beklagen; wie sie das Wickelkind verachten, welches sich ruhig gefallen läßt, bald als Kopfpolster, bald als Vertheidigungswaffe benützt zu werden, als ob Jahrhunderte zwischen heute und ihrer eigenen Wickelkindzeit lägen; wie sie voll Ernst und Würde, auf den Zehenspitzen sich streckend, ihren Obolus in die vom Wurstl herabgelassene Sparbüchse stecken — — das muß man sehen und den Widerschein all' dieser Freude in den Herzen glücklicher Eltern mitempfinden können, um den Werth des „Wurstl's" trotz der verlorengegangenen Puppenspieltradition vollauf zu würdigen.

Vom Wurstl weg geht's zum Ringelspiel. Der altehrwürdige Chinese des Stammvaters Calafati hat mit zahlreicher Concurrenz zu kämpfen. Nicht allein die „schöne Schäferin" winkt verlockend in ihre blumen

Die „Hutsch".

geschmückten Wagen zu steigen, wilde Thiere, in's Joch gespannt, Löwen, Giraffen, Panther laden ein, auf ihrem Rücken Platz zu nehmen. Dort rasselt eine Eisenbahn nach fernen Ländern, hier segeln bunte Schiffe rund um die Erde, alle Welthäfen anlaufend, ja sogar lebende Pferdchen, allerliebste Ponnys, ziehen im Kreise die jubelnde Kinderschaar und mit ihr, was unglaublich komisch wirkt, oft einen baumlangen Burschen, eine dralle Maid, die in mächtig entwickeltem Körper ein kindlich Herz bewahrten. Der Drang, sich de facto über seine Mitgeschöpfe zu erheben, aufwärts, dem Lichte der Aetherfreiheit zuzustreben, ist so alt als die Welt. „Wenn ich ein Vöglein wär'", wer hat es nie gesungen? Allein nur glückliche Stunden sind beflügelt. Unsre Füße wurzeln träg und schwer im Boden, so heiß er uns auch manchmal sein mag. Mit Silberer's Windobona in's Blau zu schiffen ist Wenigen beschieden; da hilft sich denn der, den es allzu mächtig nach Schwung und Flug verlangt, mit der großen „Hutschen", rege Schaukel, die von zwei handfesten Burschen geschwenkt, bis zur Baumeshöhe aufwärts saust.

Der Anblick erregt Besorgnisse für die Sicherheit der Lustfahrer. Sie sind jedoch unbegründet. Die Schaukel hängt an soliden Eisengerüsten, bietet Raum für 4 Personen und ist mit genügend hohen Schutzwänden versehen, um einen Fall zu verhindern. Ein harmloses Vergnügen ähnlicher Art mit dem Vorzuge größerer Reisegesellschaft und regelmäßiger Bewegung gewährt die „Haspel".

Hutschen und Haspel machen einander ernsthafte Concurrenz; man kann wirklich sagen, auf Tod und Leben. Wir fühlen uns nicht würdig, der Jury zur Beurtheilung ihrer speciellen Annehmlichkeiten beizutreten. Wie leicht irrt selbst der Fachmann, läßt sich beeinflussen durch die Nähe einer hübschen Nachbarin, die beim Aufsteigen ein ganz klein wenig, ein Fingerbreit weißen Strumpfes über dem festgeschnürten Stiefelchen erblicken läßt, oder den vorhergegangenen Genuß einer opulenten Jause. Wie erst der Laie!

Man mag der Wienerin viele Vorzüge einräumen, viele Vorwürfe machen, natürlich, lebensfroh, und vor Allem neugierig ist sie, vom Bürgerskind bis zur Comtesse. Was sie selbst nicht mitmachen kann, sehen will sie es wenigstens. Verbietet es ihr der Gesellschaftsbrauch, mit Gevatter Schneider und Handschuhmacher auf der Straße zu gehen, so lacht aus der wappengeschmückten Familienarche oder dem feschen „Unnumerirten" das reizende Gesichtchen einer unserer Mitbürgerinnen nicht weniger herzlich und freundlich über die „Wurstl" und die tollen Possen der Clown's und Marktschreier. Fürstenkinder fürchtet man nicht dem Verderben preis zugeben, wenn man sie einmal, zumal an Wochentagen, des Vormittags „Ringelspielfahren" läßt, und der Besuch des Wurstelpraters nach der obligaten Nobelalleefahrt ist selbst für „höhere" Firmlinge unerläßlich.

Beim Herannahen der Abendzeit, mit ihr der Fütterungsstunde, mischen sich seltsam grollende thierische Laute in den fröhlichen Reigen. Dumpfer wirbelt die Trommel, der heisere Ausrufer verdoppelt seine Bemühungen, uns zum Eintritt zu bewegen. Zwischen den, den Budeneingang verhüllenden Vorhängen erscheint der dunkle Kopf, die schlanke Gestalt einer noch jungen, blassen, großäugigen Frau, deren geschmeidige Glieder vom Halse bis zu den in Sandalen steckenden Füßen von einer Riesenschlange umwunden sind, die ihr häßliches Haupt auf der Brust der Bändigerin ruhen läßt. Der Prater zählt außer dem vornehmeren, der Nobelallee angehörenden Vivarium stets eine oder mehrere Menagerien, vor deren Pforten allerlei niedliche Aeffchen, kreischende Papageien und gelehrte Hunde auch dem Gratiszuseher ihre Künste zeigen.

Allmälig wird's auch hier stiller. Mensch und Thier sind müde geworden. Die Stimme versagt im Werbeliede um die Gunst der Menge, die Bewegung wird lässig, schläft ein. Die Angehörigen schließen sich enger aneinander, man scherzt und plaudert wohl noch, aber in gedämpfteren Lauten. Das Rollen der Wagen, der Tactschritt der zu Fuße Heimkehrenden übertönt die schwächer und schwächer klingenden, endlich ersterbenden Musikklänge. Bunte Laternen, an der Stock- oder Schirmspitze hochgehalten, erleuchten die dunkleren Seitenwege, tauchen glühwurmartig hin und dort auf und werfen ein schiefes Licht auf träumerische Liebespaare, auf manch' schwankendes Menschenkind, das zu tief in den Becher schäumender Praterlust geschaut, und bewahren den geplagten Familienvater, der auf Arm und Rücken die schlafenden oder schlafgreinenden Pfänder ehelicher Zärtlichkeit nach Hause schleppt, vor dem Stolpern.

Ueber der Rotunde steht in hellen Sommernächten groß und ruhig der Mond, dessen Strahlen, wie Wasserperlen glitzernd, über das gewölbte Rund des metallgefaßten Glasdaches gleiten. Es ruht sich kühl und angenehm unter den Kastanienbäumen, wenn in den still gewordenen Alleen die Stimmen der Natur zu flüstern beginnen und nur aus der Ferne ein dumpfverworrenes Brausen, der bange Athem der dunstumlagerten Großstadt, in die friedliche Idylle herüberklingt. Um Mitternacht knirscht nur mehr der Sand unter den eintönigen Schritten der Wächter, und tiefer Schlaf ruht über den elyseeischen Feldern Wiens, dem Wurstelprater.

Bei den „Künstlern" vor der Linie.

Von

Fritz Lemmermayer.

Ridibumm, ridibumm, ridibummbummbumm — Trommelgeschmetter und
Heidenlärm! Ein seltsamer Zug bewegt sich durch die Gasse, weit draußen vor
der Linie, wo Wiesen und Hügel beginnen. Die Leute, aufgescheucht von ihren
Alltagsverrichtungen, stecken die Köpfe zum Fenster hinaus und rennen durch's
Thor; jeder will das Spektakel sehen. Die Hausfrau, die Hände, welche eben einen
Teig geknetet, noch mit Mehl bestäubt, eilt aus der Küche; der Schuster wirft den
Leisten weg, mit dem er seinem Lehrbuben just einen Schlag versetzt hat; der
Barbier schneidet mit schartigem Messer seinem Opfer noch schnell eine Wunde in
die Wange - und hinaus geht es auf die Gasse und da kommen sie auch schon
die Künstler, sehnige und dürre Gestalten, mit mühevollen, bleichen Gesichtern, aus
deren Augen der Hunger schaut; der Eine oder Andere besitzt etwa eine zur Zeit
noch nicht gekenkte Physiognomie, trotzig, frech, herausfordernd. Jeder Körper steckt
in einem Tricot, bunt an Farbe, mit Goldputz behangen, der im Glanze der
Sonne schimmert, rein und beschmiert; dem Einen sitzt es so straff, daß die Nähte
platzen, dem Andern umschlottert es weit und bauschig den abgemagerten, in Kummer
und Hunger verdorbenen Körper. — Jeder ein geflickter Lumpenkönig, Alle zu-

sammen beflittertes Elend, geschmückte Sorge. Hurrah! Lustig die Trommel gerührt, daß ihr Wirbel mit dem Jubel der Lerchen um die Wette schmettert, die sich von den grünen Gipfeln emporschwingen in den göttlichen Azur. Der Trommler ist ein halbwüchsiger Junge, bleifarbhäl und mit einem Netz von Pockennarben im hübsch gebildeten Angesichte. Hinter ihm wälzt sich der Schwarm. Zuerst eine Art von Pierrot, die Wangen bemehlt, die Haare in zwei pyramidalen Büscheln aufgestellt. Er macht Sprünge, grölchzt, meckert, blökt, bellt, miaut, grunzt, als wär' er kein Mensch, sondern eine ganze Menagerie. Hinter ihm tummeln sich die Andern,

Die Production der „Künstler".

erwachsene Personen und Kinder, abenteuerlich und sonderbar, durch allerlei Kunststückchen eine Ahnung von den abendlichen Productionen in den Gemüthern der Menge beschwörend. Die Straßenjugend, üppige Vorortsechsung, liefert unter Gebrüll und Tollheit die freiwillige Begleitung.

Und nun der Abend. Die Kirche läutet Angelus, die Hühner steigen Schlafens halber auf ihre Sitze, der Handwerksmann legt sein Arbeitszeug beiseite und der Himmel zündet seine Lichter an. Auf dem kleinen Platze vor der Kirche wird's

lebendig und romantisch. Man sieht mannigfach Geräth, im Zwielichte der Dämmerung gespenstig, drohend, galgenhaft: Stangen und Balken, eingerammt in die
Erde, dazwischen hin und her laufend Seile mit Eisenringen an den Enden,
Schaukeln, Trapeze, davor eine winzige Bühne. Holzbänke, rasch gezimmert, laden
die Zuschauer zum Platznehmen ein. Sie rücken heran, klein und groß, wie auf
der Weide; sie setzen sich, nachdem sie einer an dem Geldtische hantirenden Frau
eine Münze hingelegt, in Reih' und Glied, und harren, nicht ohne Unruhe, auf das
kommende Schauspiel. Einige Petroleumlampen, weniger lichtspendend als qualmend
und übel riechend, mit verrußten Cylindern, sind an geeigneter Stelle angebracht
und mächtige Fackeln, in der feuchten Abendluft röthlich flammend, hüllen die
Scene in Purpur. Wieder wird die Trommel geschlagen und ein altes Werkel
quält sich, lustige Weisen schrill und erbärmlich abzuspielen. Die allgemeine Erwartung ist gestiegen, das Fest beginnt. Ein Mitglied der Truppe nach dem
anderen offenbart seine Dressur, seine Behendigkeit und Kraft. Die Gewandung
erscheint bei dem Fackelscheine weniger schäbig als bei dem mit dreister Deutlichkeit
alle Schlissen und Flicken aufdeckenden Sonnenlichte; das Publicum ist entzückt,
hingerissen. Ein Gymnastiker will beweisen, daß er keine Knochen habe, daß er ein
Federball sei und ihm die unerhörteste Gliederverrenkung keine Schwierigkeit biete;
ein Kraftmensch macht den Centner zum Pfunde; ein paar Clowns führen unter
näselnden Lauten eine Pantomime auf und prügeln sich, als wären sie unver-
wundbar wie Luft; Kinder, mager und geschwind wie Affen, werden von einem
Athleten in die Höhe geworfen, machen etliche Purzelbäume und stehen gleich wieder
auf zwei Beinen; der Riesenhafteste in der Truppe stemmt sich auf alle Viere, die
nächst Stärksten knien sich auf seinen breiten Rücken, wieder Andere schwingen sich
auf die Schultern der Knienden und die Jüngsten klettern die lebendige Pyramide
empor, den Abschluß bildend. In dieser Weise geht es fort, Production auf Production, Abenteuer auf Abenteuer. Dazwischen das Knistern der düsterrothen Fackeln,
das einförmige Leiern des Werkels, das dumpfe Murmeln der Zuschauer — ein
Gaukelspiel der Noth!

Die Zuschauer starrten auf das helldunkle Nachtbild, staunten und vermochten
sich nicht zu fassen; nicht allein die liebe Jugend, die baarfüßig herumstand, auch
die großen Männer und Weiber. Sogar ein Honoratiorenhaupt war zugegen, ein
junger Fleischhauer und Hausherr. Er war der erste hier, wie weit und breit im
Umkreis. Die stattlichen Beine von sich gestreckt, die plumpen Hände mit den
dicken, reich beringten Fingern behaglich über den Bauch gelegt, so saß er da,
witzelnd und immer lachend, denn er besaß ein kitzliches Zwerchfell; er lachte auch,
als einer der Knaben einen bösen Fall that und sich die Nase blutig schlug, und
er lachte, als ein zweiter eine Ohrfeige bekam, weil er eine Sache schlecht gemacht.
Eine junge Dirne gieng mit einem Teller von Gast zu Gast, um eine Gabe bittend.
Sie war bleich und schön; mit traumhaften Augen schaute sie in die Welt, in
ihrem Gesichte war eine brütend sitzende Schwermuth zu sehen und noch etwas

Anderes, das auf den frühen Verlust der Unschuld hindeutete. Sie war eine Maien-
blüthe der Sünde. Mit kurzem, fliegendem Röckchen schritt sie auf den Gewaltigen
und Unwiderstehlichen zu und hielt ihm den Teller hin. Er paffte, lachte, blinzelte,
flüsterte etwas, faßte die Erröthende beim Kinn, dann warf er ihr einige Kreuzer
hin und sagte Gesindel oder was dergleichen. Die Künstler hatten ihr Spiel beendigt;
stolz giengen sie von hinnen wie Helden, die eine Schlacht gewonnen und den Lorbeer
aus milder Frauenhand erharren. Bald waren die Fackeln verlöscht und Nacht war
rings um den Tempel der Kunst. Der aber, so die Lilien auf dem Felde bekleidet,
bewahre davor unsere Kinder!

Maskenzug in Linz.

Wiener Fasching.

Allgemeines.

Von Eduard Pötzl.

Der Carneval von Wien gehört mit zu den „Specialitäten" der Kaiserstadt an der Donau, welche diese im Auslande heute noch als eine Art Phäakennest erscheinen lassen. Wir Wiener wissen das besser; es ist nicht Alles so lustig, als es aussieht. Aber mit dem Wiener Fasching verhält es sich doch noch so, daß man ihn den liebenswürdigsten Eigenthümlichkeiten unserer Vaterstadt beizählen darf. Obgleich der Carneval in Wien durchaus die offene Straße vermeidet, so daß seit dem Verschwinden des Ottakringer Faschingszuges öffentliche Plätze durch die Carnevalslust kaum berührt werden, so darf man doch mit Fug behaupten, daß vielleicht keine andere Stadt der Welt sich den Faschingsfreuden mit solcher Innigkeit hingibt, trotz jeweiliger schlechter Zeiten, trotz alles politischen Haders und trotz der zunehmenden — — Vernünftigkeit. Mag anderswo der liebe Mob noch so verrückt auf den Straßen umhertollen, es sind immer nur wenige Tage, an welchen dies geschieht und ein großer Theil der Bevölkerung hält sich absichtlich von dem Trubel ferne. In Wien

hingegen gibt es kaum Jemanden, der nicht in die Faſchingsluſt mit hineingezogen
würde und ſich nicht gerne mit hineinziehen ließe. Wer ſchon den Elite-, Vereins-
und Körperſchaftsbällen entſchlüpft, wer aus ſittlichen Grundſätzen die Maskenbälle flieht und um keinen Preis auf die Wäſchermädelbälle gehen oder gar den
Lumpenball beſuchen würde, der fällt doch ſicher einem oder mehreren Hausbällen
zum Opfer; denn die meiſten Bürgerfamilien der Vorſtädte und Vororte oder vielmehr der Bezirke, wie ſie jetzt auf großwieneriſch heißen, wie nicht minder die Gaſt-

Wäſchermädelsball.

wirthe laſſen den Faſching nicht vorübergehen, ohne ihre Freunde, Bekannten und
Kunden mit dem üblichen Hausball zu erfreuen. Da blüht natürlich der Weizen der
Werkelmänner, Clavierpauker und ſogenannter Salonkapellen. Du lieber Himmel,
welche Fundgrube von Beluſtigung ſind allein dieſe Wiener Salonkapellen, welche
insgemein ihren Namen deshalb tragen, weil ſie noch nie in einem Salon geſpielt
haben. Man muß ſchon lachen, wenn man auf dem Programm die Namen der
Muſiker lieſt, welche faſt ausnahmslos ein bischen grotesk lauten: Alinko, Eichele
und Hellabart, Latzenberger oder Pomeiſl. Die Durchſchnitts-Salonkapelle
beſteht aus Clavier, Geige und Clarinette und — der großen Trommel. Von welchem

Standpunkt aus diese „Salonmusiker" à la Aliulo, Eichele und Hellabart u. s. w.
die verschiedenen Hausbälle, wo sie aufspielen, abschätzen, das konnten wir einst aus
der Antwort eines Salonkapellmeisters heraushören, welche derselbe auf die Frage,
wie ein gewisser Hausball ausgefallen sei, mit einer vergnügten tätschelnden Bewegung
nach seinem ansehnlichen Bauch ertheilte: „Sehr fein," sagte er, „sehr fein war der
Ball, das muaß ma' schon sag'n. War'n viele Gönner da, wissen schon, sehr ehren-

Getreuenball.

werthe Gönner, und die Hausfrau — alle Achtung! A ganze Schüssel Bratheudl
und Krapfen hab'n m'r abg'fo'zut. War wirkli a feiner Wurf!" Für Mindergebildete
hier die Erklärung, daß der zufriedene Salonkapellmeister unter Gönnern das Nämliche
versteht, was man im Wienerischen sonst „Wurzen" nennt und daß das „Abfox'uen"
von Eßwaaren so viel bedeutet, als mit denselben gänzlich aufräumen.

Die Pole des Wiener Faschingstreibens sind einerseits die Elitebälle — jede
Facultät, jeder wohlthätige Verein, jedes Gremium und jede Zunft gibt einen Elite-

Fiakerball.

Gruppe der Patronessen.

Ball andererseits die volksthümlichen Ballfeste der Fiaker, Wäschermädel u. dgl.
Fiakerball gibt es nur einen, welcher alljährlich am Aschermittwoch stattfindet und
regelmäßig von einem Dutzend hocharistokratischer Ehrengäste besucht wird, welche
ihren Leibfiakern zu Liebe gewissermaßen die Patronanz über das große Ballfest
übernehmen. Dieses ist als Genossenschaftsball ganz seriös gehalten; die Fiaker
erscheinen zumeist im schwarzen Anzug, ihre hübschen Frauen und Töchter in einfachen, aber flotten und modischen Kleidern. Die „Hetz" beschränkt sich zunächst auf
das „Gemüthliche", wo die unvermeidlichen „Schrammeln" spielen und sowohl
die liederkundigen Fiaker (wie z. B. der „Bratfisch", der „Hungerl", der
„Kopfabschneider" und der „Schuster-Franz"), als auch sonstige Jobler und
Preispfeifer die neuesten Erzeugnisse der Volksmuse zum Besten geben. Auch von den
Wäschermädelbällen ist nur einer echt, alljährlich arrangirt von der „Wäscherburg" am Himmelpfortgrund, zumeist im Saale der „drei Engel" auf der Wieden.
Hier sehen die drallen Wäschermädel streng darauf, daß sich keine anderen Elemente
einschleichen, welche nur das Costüm von Wiener Wäscherinnen tragen. Auf den

sogenannten Wäschermädelbällen in Hernals, Lerchenfeld und Ottakring erwarte man keine wirkliche Wäscherin zu finden; doch empfindet Niemand die Täuschung allzu schwer. Ist doch die Scenerie eines solchen Ballsaales: Qualmtrübe Luft von ungefähr 30° R. — bösartiger Dunst — hinreißende Geigentöne — wogendes Gewühl — Jauchzen und Paschen — niedliche Lackschuhe — weiße „Pusserl-strümpfe" — gestreifte Röckchen — bunte „Gugeln" — carrirte Glockenhosen — schmalrandige Hüte — aufgewichste Scheitel — dann der Oberjaal mit noch heißerer Stickluft, zechenden Gesellschaften, verzweifelnden Kellnern, schmetternden Joblern, sehnsüchtigem Aufrauschen des „Blasbalgs" (der Harmonika) nebst tollen Distant-sprüngen des „picksüßen Holzes" (der Clarinette) u. s. w. Es ist eigentlich zum Davonlaufen, aber eben deshalb für die Leutchen die richtige Taumel-Atmosphäre zur Entwickelung übermüthigster Lustbarkeit.

Schier endlos wäre die Aufzählung der Vereins- und Genossenschaftsbälle während des Wiener Faschings, auf welchen das erste Paar gleich um acht Uhr Abends zu tanzen beginnt, um nur ja keine Minute der kostbaren Zeit zu verlieren. Bei diesen Festen vermengt sich Alles, was sonst durch dienstliche, sociale oder politische Schranken getrennt ist. Auf dem Ball der Unterofficiere erscheinen regel-mäßig auch goldene Krägen, auf dem Ball der Detectives die höchsten Polizeibeamten, auf dem Kränzchen der Modistinnen und Blumenmacherinnen die „Gigerln" in statt-licher Zahl. Fast jedes Handwerk grüßt den Fasching mit einem Tanzfeste und wenn es nicht zu frivol wäre, wir glauben sogar die — „Pompfuneberer" würden auch einen Ball veranstalten und auf demselben um Mitternacht den Besuch von todten Ehrengästen erwarten . . . .

Der Hofball.

Der Hofball in Wien! Wer den Hofball sehen könnte, wäre es auch nur irgendwo verborgen durch schützende Gardinen, hinter einem Pfeiler hervorlugend, oder an einem der kleinen ovalen Fenster, welche die Westseite des Ceremoniensaales entlang sich unter dem Gesimse hinziehen! Das ist der Wunsch vieler Tausende und wie Wenigen wird er erfüllt. Wir glauben daher dem Verlangen der Leser entgegenzukommen, wenn wir in diesem Buche auch den Hofball schildern, damit sie wissen, wie es in den Feſträumen der kaiſerlichen Hofburg in Wien zugeht.

Das Fest ist wie jedes bald vorüber, aber welche Arbeit, welche Anſtrengung koſtet es, um dasſelbe ſo zu Stande zu bringen, daß es in ungeſtörter, in vollſter Ordnung vor ſich gehen kann. Dieſe Aufgabe wird von dem feſtlichen Generalſtabe im Oberhofmeiſteramte Sr. Maj. des Kaiſers ſtets mit Geſchick und Glück gelöſt. Dort ſind, wie bei allen großen Feſten, den ganzen Tag und oft auch die halbe Nacht hindurch mehrere Hofbeamte damit beſchäftigt, die nöthigen Anordnungen zu treffen. Es werden die aufgeſpeicherten Liſten hervorgeholt, welche die Namen derjenigen enthalten, die einzuladen ſind. Die Hofanſage wird abgefaßt, zur Druckerei befördert, im Bürſtenabzuge bald darauf überbracht, corrigirt, und dem Reindrucke übergeben. Es wird feſtgeſtellt, welche von den Einzuladenden ſich in Wien befinden, welche nicht. Manche entſchuldigen ihr Nichterſcheinen durch Abweſenheit von der Reſidenz, Andere durch Unwohlſein. Die Feſträume werden ſodann beſichtigt, hie und da Aenderungen im Arrangement vorgenommen, die Beleuchtungsvorrichtungen inspicirt, die Aufträge an die Hofküche und den Hofkeller vom Hofcontrolor ertheilt, um die Unmassen an Speisen und Getränken herzurichten, womit die große Tafel, die Buffets und die Theezimmer versehen werden sollen. Die Dienerschaft erhält Weisungen und hält sich bereit.

So zahlreich auch die kleine Armee der Hofbediensteten ist, für den Hofball reicht sie nicht aus. Ihr muß eine andere, gleich große Schaar zu Hilfe eilen, welche für solche Feste in Bereitschaft ist. Sie recrutirt sich zumeist aus den Amtsdienern der Ministerien und Hofämter. Die Diener stellen am Festabende in der schimmernden Hofkleidung, in Schuhen und Strümpfen, trotz des ungewohnten Anzuges, vollkommen ihren Mann, kurz in der Hofburg geht es vor einem solchen Feste zu, wie in einem Ameisenhaufen. Wochenlange dauert die Arbeit für diesen einen Abend.

Die zwischen 2000 und 3000 betragende Zahl der zu einem Hofballe Eingeladenen besteht aus den verschiedenartigsten Ständen und Berufsarten angehörigen Personen. Es sind dies die Minister, die obersten Hofchargen, die Mitglieder des Hofstaates, die geheimen Räthe und Kämmerer, die Truchsesse, die Generalität, Officiere von allen in Wien vertretenen Waffengattungen, die Mitglieder der österreichischen Orden und beider Häuser des Reichsrathes. Hoffähig und hofballfähig ist eben nicht ein und dasselbe. Alle die wir genannt, sind hofballfähig, aber nicht hoffähig. Nur die Minister, die geheimen Räthe und Kämmerer, Palastdamen und Hofdamen, der Hofstaat und die Angehörigen des Hochadels werden auch dem Kammerballe zugezogen.

Wenn alles bereit ist, die Säle geschmückt, und die Reihe der Prachtzimmer in Stand gesetzt, durchschreitet der Obersthofmeister Prinz Hohenlohe, gefolgt von seinem Stabe, alle Räume, um sich nochmals zu überzeugen, daß nichts fehle, daß Alles geschehen sei, was angeordnet wurde. Nun beginnt die Auffahrt der Geladenen vor der Burg des Kaisers von Oesterreich. Die Festgemächer werden voll beleuchtet, im „Rittersaale" lodert, wie durch einen Zauber gleichzeitig die ganze Reihe der tausende von Flammen auf, an den Kronleuchtern, an den Pfeilern ringsum und unterhalb des Plafondes. In den beiden Redoutensälen ist es auch hell geworden. Die ersten Ankömmlinge, meist junge Officiere, betreten wie Alle, welche die spiegelglatten Parquets in der Hofburg nicht gewohnt sind, etwas zaghaft die Räume, nachdem sie über blumengeschmückte Treppen, durch Reihen festlich gekleideter Hofdiener, Hof- und Kammerfouriere, Mitglieder der deutschen und der ungarischen Garde, geschritten sind. Sie bleiben in den Festräumen, welche dem in Verschluß gehaltenen Ceremoniensaal vorliegen, in Gruppen stehen, blicken um sich, bewundern und plaudern. Allmählig schreiten Würdenträger einher mit oder ohne Damen. Man verbeugt sich, man grüßt, man verneigt sich. Ein leises Murmeln geht durch die Säle. Das ist dieser, das ist jener, ertönt es hie und da. Berühmte Männer, schöne Frauen des hohen Adels erwecken und fesseln die Neugierde und erfreuen das Auge.

Die Zufahrt findet an verschiedenen Punkten der Hofburg statt, je nachdem Dieser oder Jener einer bestimmten Kategorie von Geladenen angehört. Den Botschaftern und Gesandten, Palast-, Hof- und Sternkreuzordensdamen, dem Hofstaate, fast jeder Gruppe ist eine eigene Stiege zugewiesen, während das Gros der Gäste vom Franzensplatze aus oder von der Augustinerbastei zuströmt. Es wogt bereits in den Prachtappartements, man harrt und plaudert, denn man ist früh gekommen.

Bevor der Hofball — die Stunde ist auf 8 Uhr festgesetzt — beginnt, haben sich die Botschafter und Gesandten mit ihren Damen und den Mitgliedern der Legationen, die Palastdamen und Mitglieder des hohen Adels in bestimmten Appartements versammelt, wo die Majestäten Cercle halten. Es ist althergebrachte Sitte am Wiener Hof, daß das diplomatische Corps, daß die Bräute des Hofadels und die jungen Comtessen, wenn letztere zum ersten Male in die Welt eingeführt werden, das Erstere beiden Majestäten, die Letzteren der Kaiserin vorgestellt werden. Die Vorstellungen erfolgen durch den Minister des Aeußern, die Obersthofmeisterin Ihrer Majestät, Damen des hohen Adels und die Mütter der Comtessen. Von den Mitgliedern der Legationen werden jene vorgestellt, welche bisher noch nicht die Ehre hatten, vor den Majestäten zu erscheinen.

Haben die Allerhöchsten Herrschaften diese Pflicht erfüllt, so erhält der Oberceremonienmeister die Weisung voranzuschreiten, und der kaiserliche Hof begibt sich unter Vorantritt des ersten Obersthofmeisters nach dem Ceremoniensaale. Der Kaiser und die Kaiserin schreiten voran, der Kaiser eine Erzherzogin, die Kaiserin einen Erzherzog zur Seite, und es folgen nun alle in Wien anwesenden Mitglieder des kaiserlichen Hauses und die regierenden Familien Angehörigen, welche in Wien ihren dauernden oder zeitweiligen Wohnsitz haben.

Einige Zeit vorher sind die Pforten des Rittersaales, so heißt in Wien populär der Ceremoniensaal, geöffnet worden, und alle die dem eigentlichen Balle in erster Reihe beizuwohnen das Recht besitzen, haben sich in demselben aufgestellt, während die Herren, denen die Bescheidenheit sagt, daß sie eine weniger hervorragende Rolle in diesem Hause zu spielen haben, sich mehr im Hintergrunde halten. Der kaiserliche Hof naht. Es entsteht Bewegung in der Menge der Versammelten, es öffnet sich eine Gasse, der Kaiser und der Hof schreiten hindurch und begeben sich nach der im Hintergrunde des Saales angebrachten, mit rothen Lehnsesseln versehenen Estrade, hinter welcher ein kleiner Hain exotischer Pflanzen, dessen leuchtender Blätterschmuck sich an die nach dem äußeren Burgplatz hinausgehenden Fenster des Saales schmiegt. Der Rittersaal befindet sich in dem Gebäudevorsprung, welchen das Wiener Volk „die Nase" heißt. Es ist ein großer, hoher, reizend decorirter Raum, der an der unteren Längsseite von einer Gallerie gekrönt wird. In weißgrauen, marmorirten Wänden spiegelt sich das Licht von tausend Flammen und Flämmchen. Blumenschmuck ziert die östliche Längsseite, drei Reihen rother Bänke sind staffelförmig bis an eine Säulenreihe aufgestellt.

Der Ball beginnt. Das Orchester, dessen Mitglieder in rothe Hofuniformen gekleidet sind und vom Hofballmusikdirector Eduard Strauß dirigirt werden, beginnt zu spielen, genau die kleine, zierliche Tanzordnung einhaltend. Neben dem Orchester ist eine kleine Loge der Wiener Journalistik eingeräumt. Es ist dies eine Errungenschaft der neueren Zeit, damit den Bedürfnissen der Leserwelt am andern Morgen vollauf Genüge geleistet werde. Der Trompeter der Nacht sitzt da neben dem Trompeter des Tages. Man muß es der Wiener Journalistik nachsagen, daß sie sehr rasch berichtet, oft gut berichtet. Nichtsdestoweniger erleben wir es jahraus, jahrein, daß besonders in Bezug auf die Toiletten der Damen kleine Widersprüche in den Spalten der Blätter auftauchen. Es ist erstaunlich, und es muß, da an dem guten Willen nicht gezweifelt werden kann, in der verschiedenen Organisation der Augen der betreffenden Journalisten liegen, daß so verschiedenartige Auffassungen von Farben und Formen stattfinden können, wie dies der Fall ist. Der Eine schreibt, die hohe Frau habe ein blaues, der Andere ein grünes und der Dritte ein graues Kleid getragen. Und so werden auch die Farben der Federn und Blumen, der Edelsteine an den Diadems und Reifen, Colliers und Brochen standhaft verwechselt. Derlei wird nie berichtigt und wir glauben, daß die Herrschaften nur ein freundliches Lächeln für so verschiedenartige Auffassungen der Farbe ihrer Kleider haben. Warum soll es nicht Farbenunterschiede geben, wo so viele Parteischattirungen herrschen!

In der Mitte des Saales bildet sich nun ein freier Raum, den die Anwesenden durch Zurücktreten übrig gelassen haben, und die Tänzer und Tänzerinnen beginnen den Reigen. Die Tänzer sind meist Herren in Uniform, die Damen jene berühmten Wiener Comtessen, deren Schönheit europäischen Ruhm erlangt hat. Meistens feine, schlanke, hochaufgeschossene Gestalten, die in ihren duftigen, einfachen, nur bis zu den Tanzschuhen reichenden Kleidchen, ohne Schmuck, höchstens ein farbiges Seidenband um den Hals, eine Blume im schönen Haar, zwei auf den Tüllfalten, gleich rosig angehauchten Lämmerwölkchen auf dem Parquette des Rittersaales dahinschweben. Geleitet werden die Tänze von jungen Cavalieren und noch erinnert man sich mit Vergnügen der Zeit, wo die jetzt anderwärts beschäftigten Grafen Erich Kielmansegg und Dominik Hardegg den Cotillon meisterhaft anführten.

Um 11 Uhr begibt sich Ihre Majestät die Kaiserin, wenn die Gesundheit der hohen Frau es gestattet an dem Hofballe theilzunehmen, in eines der prächtigen Zimmer und nimmt dort mit den Frauen der Botschafter und Gesandten, den Palastdamen und sonst beigezogenen Damen des hohen Adels den Thee. Es sind mehrere Theetische hergerichtet, jedem derselben präsidirt eine Dame des kaiserlichen Hauses. Se. Maj. der Kaiser hält unterdessen Cercle im Rittersaale und spricht mit den Ministern, mit den Mitgliedern des diplomatischen Corps oder einzelnen Staatswürdenträgern, welche er durch eine Anrede auszeichnet.

Bald nachdem der Tanz seinen Anfang genommen, hat sich ein großer Theil der Anwesenden, denn nur einige Hundert finden in dem Rittersaale Platz, in die Redoutensäle begeben. Man gelangt dahin durch einen langen, mit flandrischen Teppichen überspannten Gang. Im kleinen Redoutensaale spielt ein Militär Orchester, und in dem großen, hohen, weißgoldenen zweiten Redoutensaale ist an einer Langseite das reichbesetzte, fast unübersehbare Buffet aufgestellt. Thee wird in den Neben-

localen serviert. Das Schicksal eines Buffets ist überall, au allen Höfen und in allen
vornehmen Häusern: in möglichst kurzer Zeit geräumt zu werden. Es ist dies auch
in der Hofburg der Fall. Aber die Gastfreundschaft Sr. Maj. des Kaisers und die
Vorsorge der Hofbehörden ist derart, daß so rasch und viel auch verschwindet, um
so rascher und desto mehr neuer Vorrath die Lücken ausfüllt. Eine Linie von Hof-
dienern steht hinter dem Buffet, um dem Verlangen eines Jeden nach Möglichkeit
und schleunig zu entsprechen. Der Champagner perlt in den Stengelgläsern, der
Bordeaux schimmert rubinartig im schön geschliffenen Krystall, der Rheinwein entsendet
aus tiefgrünem Römer seinen Blumenduft. In den großen Lachs, der auf silber-
plattirter Schüssel ruht, wird Bresche gelegt, der Hummersalat angefahren, Rehrücken
und Rehkeule, Filets und Pasteten, Zunge, Schinken und Wildschweinskopf werden
auf die bunten, japanischen, goldgeränderten Teller gelegt. Jedermann hält, den Hut
zwischen den Beinen, in der einen Hand den Teller, in der anderen das Glas, um
sich stehend zu laben und wieder zu laben.

In den Theezimmern, geht es ebenso lebhaft zu. Dort sind die berühmten
Berge von Bonbons, die an das Lebzeltenhäuschen der Sage erinnern, aufgestellt,
und sie verschwinden, rasch wie diese, im Nu. Es ist eine alte, in Wien herrschende
Sitte, ein Bonbon oder mehrere, manchmal sogar ziemlich viele, vom Hofballe nach
Hause zu bringen. Für die Kinder! heißt es. Die Kinder sind aber manchmal recht
erwachsen und sehr hübsch. „Ein Bonbon vom Hofball" spielt in der profanen Welt
dieselbe Rolle, wie ein Blumenstrauß, den man von Mariazell mitzubringen gebeten wird.

Die Mitternachtsstunde naht. Der kaiserliche Hof zieht sich in derselben
Ordnung, wie er gekommen, in die Appartements zurück. Die Musik verstummt,
die Gäste entfernen sich, befriedigt und beglückt, dem Hofballe in Wien beigewohnt
zu haben. Die Contessen träumen, ihre Mütter mit ihnen, von künftigem Glück
und dem Schleier der Braut. Und zu Hause angelangt, wird man mit Fragen
bestürmt, man muß erzählen, erzählen in die frohe Morgenstunde hinein, von dem
Hofballe in Wien.　　• •

Die Opern-Redoute.

Wir wählen den Namen „Redoute", der wie das Faschingsfest selbst, das er bezeichnet, aus Italien nach Wien gekommen zu sein scheint, weil ganz Wien weiß, was es heißen will, wenn man fröhlich sagt: „Ich gehe heute Abends in die Redoute!" Redoute liegt dem Munde des Wieners bequemer, als das harte „Opernball." Die jetzt im Wiener Opernhause stattfindende Redoute ist ein eigenartiges Fest. Es gibt nirgendwo seines Gleichen, weder in Italien, noch in Paris, am allerwenigsten in Berlin. Die Wiener Redoute ist ein im Theater stattfindender Maskenball ohne Tanz.

Bei Allem, was man in Wien zu schildern unternimmt, stellt sich unwillkürlich die Frage ein: wie war es früher, ehe man daran geht zu schildern, wie es jetzt ist.

So auch bei der Redoute. Früher fand dieses Carnevalsfest in den Redouten-sälen der kaiserlichen Hofburg statt. Die Kaiser von Oesterreich sind gute und gnädige Herren. Sie schließen sich nicht ab, sie erschweren den Wienern weder den Verkehr, noch die Unterhaltung, sie gestatten, ohne das Geräusch zu beachten, welches das Gerassel der Wagen die Nacht hindurch und den ganzen Tag über verursacht, die Fahrt durch die Höfe der Hofburg, und sie erlaubten den Wienern in den großen Sälen des kaiserlichen Palastes die Redoute abzuhalten. Im vorigen Jahrhunderte war diese ein Hoffest, nach und nach hatten sich aber auch nicht hoffähige Schichten betheiligt, und endlich wurde jedem „anständig Gekleideten", welcher Geld genug besaß, sich einen Dominomantel oder schwarzen Frack mit weißer Cravatte nebst der dazu gehörigen Eintrittskarte anzuschaffen, der Einlaß gestattet. In dem großen und dem nur durch einen Bogengang getrennten, kleinen Redoutensaale fanden die glänzenden Wiener Maskenfeste statt und zwar bis das neue, prachtvolle Opernhaus, dessen Boden binnen wenigen Stunden gehoben und gesenkt und in ein einziges Parkett umgewandelt werden kann, Ort und Stelle zur Uebertragung des Festes bot. Das Fest in den Redoutensälen war berühmt wegen seiner Schönheit und wegen der eigenthümlichen Art der Unterhaltung; mit Recht berühmt. Zwar gab es auch damals schon Leute, die das ewige Ach und Weh vieler moderner Jünglinge in die heiße Luft seufzten, es sei nicht kurzweilig, der Wiener Redoute beizuwohnen, allein das war damals so erklärlich wie heute. Diese einsamen Nachtwandler hatten keine Verbindung mit den Kreisen, welche den glänzend erleuchteten Saal füllten. Man mußte eine Art von Berechtigung besitzen, um bei der Wiener Redoute seine Rechnung zu finden; einem größeren Gesellschaftskreise oder einer kleineren Coterie angehören, kurz bekannt sein mit einem Theile der Anwesenden. Die gute Redouten Lebensart gebietet, daß kein Mann eine Maske anspricht, sondern geduldig wartet, bis der

Domino unter der Larve einige Worte an ihn richtet, die ihn, in der Regel, versteinert, zum Stehen bringen.

Jeder Mann, der von einer Maske angesprochen wird, fragt sich überrascht: „Wer ist das? Wer kann das sein? Wie kommt diese Dame dazu, zu wissen, was sie mir gesagt hat, mir, wie eine Bombe eines meiner zartesten Geheimnisse in das Gesicht zu werfen?" Und nun beginnt das Spiel der Gedanken und Vermuthungen, das Rathen, Schauen, Berühren der Handschuhe, Betrachten des Ohres, das sich in die Farbe der Haare vertiefen, welches um so mehr verwirrt und von der richtigen Fährte ablenkt, je mehr man sich demselben hingibt.

In der Intrigue, im Gespräche voll Scherz und Neckerei, bestand der Reiz der Wiener Redoute. Sie bot ein großes, weites Feld, eine Art maskirtes Pfänderspiel, das den daran Theilnehmenden bald aus dem Gleichgewichte brachte und in vollen Faschingsrausch versetzte. Wer wäre auch nicht trunken worden in dem Raum! Die Hitze war manchmal so groß, daß man sie kaum ertragen konnte, denn es wurde eingelassen, wer kam. Die Menge staute hie und da und gegen Mitternacht waren die Säle so gefüllt, daß man sich mitunter weder nach vorne, noch nach rückwärts bewegen konnte. Dazu kam ein Summen, Lispeln, Rufen, Lachen, Scherzen, Kosen, Kreischen von Tausenden von Stimmen; die laute Musik in dem großen Saale und die gedämpft aus dem kleinen Redoutensaale herüberschwirrenden Klänge der Militärcapelle; der Duft aus den natürlichen Blüthen der Handbouquets und den künstlichen Blumen an den Köpfen und auf den Kleidern der Dominos und Fantasiemasken; dazu kam endlich jener des Parfums und der zahlreichen, blühenden Frauenleiber. All' das miteinander und durcheinander bereitete dem schüchternen Praktikanten des Lebens, der zum ersten Male den Fuß in dieses Gewirre und Gemische von Licht, Ton und Farbe setzte, einen moralischen Opiumtraum, aus welchem heraus er rief: „Ich bin im Himmel!" Der Jüngling fiel aber bald darauf zur Erde nieder, wenn die Schlange Langeweile ihn umwand und gar kein Engel erschien, der ihn bei der Hand nahm und ihm liebreich zusprach. Geschah es aber, daß zufällig irgend ein, dem zarten Geschlechte angehöriges, durch Blumen, Atlas und Spitzen, Sammtlarve und Fächer unkenntlich gemachtes Wesen sich zu dem Neophyten herabließ, so war der erste Gedanke, welcher in ihm aufblühte: „Ich wurde von einer Prinzessin angesprochen!"

In jeder Maske sah man damals eine Prinzessin. Es soll vorgekommen sein, daß in der That hie und da sich eine vornehme Dame mit einem schüchternen Jünglinge einen kleinen Scherz erlaubte. Die Fama sagt auch, daß manchmals aus dem Scherz Ernst geworden, aber davon drang denn doch nichts mit Bestimmtheit in die Oeffentlichkeit, und so wollen wir den Scherz als Quelle der tausenderlei liebenswürdigen Täuschungen hinnehmen, welche die Redoute mit sich brachte, und welche ihr den außerordentlichen Reiz verlieh. Großen Zauber bildete in der That die wie ein Kartenspiel durcheinandergemischte Wiener Gesellschaft, welche sich in ihren Haupt Repräsentanten zur Redoute einstellte. Von hoch oben, bis tief unten

Im Stiegenhaus.

Alles war da. Die Mit-
glieder der kaiserlichen
Familie, welche sich durch
die Massen bewegten,
wurden von heranflat-
ternden Dominos ange-
sprochen und genedt, sie
hielten wader Stand,
beantworteten wenn im-
mer es möglich war, die
Fragen, gingen auf jeden
Scherz ein, waren artig
und liebenswürdig. Ein
großer Kreis von Mas-
ken bildete um sie eine
Art Sonnenhof oder
Mond-Regenbogen. Die-
sen umschloß ein zweiter
Ring von Neugierigen,
welche hören wollten,
was die Maske und der
Erzherzog mit einander
sprachen oder einfach
nur sehen wollten, was
vorging.

Daneben rechts und
links und hin und her
zogen die Promeniren-
den, die Paare der Herren
und der Damen, die Da-
men alle maskirt, die
Herren alle im schwarzen
Frack und weißer Cra-
vatte, den Hut auf dem
Haupte, denn wer ihn
in der Hand gehalten
hätte, würde demselben
in der kürzesten Zeit ein
frühes Ende bereitet ha-
ben. Hatte die Dame durch
Berührung des Armes

mit dem Fächer das Gespräch angeknüpft und den Angeredeten durch errathen lassen
und wieder ablenken in das Netz verstrickt, so nahm man den Arm des Bekannten,
oder Jenes, mit dem man es werden wollte, eine Absicht, der man oft Jahre lang
nachging, bis man endlich in der Redoute die leichteste und passendste Gelegenheit
fand, und so bewegte sich Alles, ein Paar dem Andern folgend, im eifrigen Gespräche hin und her. Man zog aus dem großen Redoutensaale in den kleinen,
aus dem kleinen auf die Gallerie, welche den Saal umgab, von dort in die „Conditorei" — heutzutage nennt man es Buffet — oder in die Speisezimmer, welche
substanziösere Genüsse bereit hielten. Man saß auch auf den langen, rothen Bänken,
die rings beide Säle einfaßten, oder auf den kleinen Sophas in den Corridoren,
den Vor- und Nebenräumen, welche durch relativ größere Ruhe zu ungestörterem
und zusammenhängenderem Gespräche Gelegenheit gaben. Man erfuhr von den
Masken Bedeutungsvolles und nicht selten flackerte ein Gespräch voll Witz und
Laune, Geist und Gewandtheit zwischen Mann und Frau, die sich gefunden oder
wiedergefunden hatten. Der Geist ungezwungener Unterhaltung herrschte in der
Wiener Redoute, gehalten durch jenes Taktgefühl, das sich unwillkürlich dort einstellt, wo der Hohe weiß, daß er keinen Vorzug vor dem tiefer Stehenden genießt,
da alle durch das Recht der Maskenfreiheit gleich geworden sind, und wo angeborene Gutmüthigkeit manchmal den Mangel feiner Erziehung ersetzt.

So war die Wiener Redoute in den Sälen der Hofburg und so ist sie theilweise noch heute, wo das Maskenfest in der großen Oper Wiens stattfindet.

Andere Zeiten, andere Maskenbälle. Mit den Verhältnissen Wiens haben sich
auch die Redouten geändert. Der hohe Adel lebt nicht mehr, wie früher, neun
Monate des Jahres hindurch in Wien, sondern höchstens noch von Weihnachten
bis Pfingsten. Die Fürsten und Grafen sind große Landedelleute geworden, theils
aus Politik, theils aus Oekonomie. Da es keinen leeren Raum gibt und durch
die Theuerung in Wien auch die Kreise der höheren Beamten, der Fabrikanten
und der Kaufmannschaft in Mitleidenschaft gezogen worden sind, so sind neue
Elemente in die Gesellschaft gedrungen. Sie ist dadurch gemischter als zuvor,
weniger glänzend als ehedem geworden. Sie entbehrt auch in Folge dessen jenes
leichten Tones der Unterhaltung, welcher oft den Geist selbst, nicht ohne Glück,
vertritt. Man kennt sich weniger als ehedem, und man geht in Folge dessen auch
weniger darauf aus, Bekannte zu treffen. Statt des feinen Abenteuers sucht man
die leichter gewordene Bekanntschaft. Hat früher ein Witzwort genügt, um die
leichten Spielen des Geistes Geneigten zu befriedigen, so sucht man nun Anregung
für die robusteren Sinne; schwärmte man ehedem für ein bewilligtes Rendezvous,
zur Mittagszeit auf der Bastei, dem Orte, wo die ganze Welt spazieren ging, so
bittet man nun einen Domino, welcher sich angelegentlich bemüht, seinen Arm in
den unsern zu legen und nicht lange darauf das Ersuchen ausspricht, zum Buffet
geleitet zu werden, ungescheut um eine Zusammenkunft. Selten steigt mehr „eine
Fürstin" von ihrer Höhe zum Parquet der Opernredoute nieder, um einen, zum

Cyra Hebonir.

Himmel der Logen ſehnſüchtig emporſchauenden, einſamen Stillſteher zu beglücken. Was da unten Arm in Arm geht und nahe aneinander gerückt auf der Bank ſitzt, das kennt ſich zumeiſt, trotz der Larve, das hat ſich verabredet, einander in der Redoute zu finden, das iſt durch kleine zierliche Brieſchen eingeladen worden: ja ſicher zu erſcheinen und der Maske zu harren, die dieſes oder jenes nähere Kennzeichen, eine Blume oder ein Band tragen wird. Früher war die Opern-redoute ein Vergnügen, jetzt iſt ſie manchmal auch noch ein ſolches, aber das Ge-ſchäft iſt nicht ausgeſchloſſen.

Die Redoute im Opernhauſe unterſcheidet ſich von jener in den Redouten-ſälen, daß ehedem die Geſellſchaft eins war im Raume und im Geiſte, und nun in drei weſentlich verſchiedenen Sphären getrennt erſcheint. Es ſind dies das bürgerliche Parquet, die ariſtokratiſchen Logen und die demokratiſchen Galerien. Im Saale müſſen die Damen maskirt erſcheinen, in den Logen hingegen thronen ſie in Balltoiletten, und die Beſucher der Galerien, welche einfach eintreten können, wie ſie wollen, haben nur das Recht niederzuſchauen auf die Welt, in der man ſich unterhält, ſie ſind ſogar von den Genüſſen an dem Buffet aus-geſchloſſen. Sie hören bloß die Muſik und den Lärm, welchen die Maskenbrandung da unten, wie Meereswogen an die Wand ſchlagend, erzeugt. Wenn wir von ariſtokratiſchen Logen ſprachen, ſo iſt dieſer Ausdruck nicht ganz wörtlich zu nehmen. Allerdings ſitzen in manchen Logen Damen des Hochadels, aber in anderen nehmen junge, hübſche Mitglieder des Balletcorps, wie Damen geputzt, nur ſteifer in der Haltung wie dieſe, weil ſie ihrer ſelbſt nicht ganz ſicher ſind, Platz. Es iſt ein echt wieneriſcher Zug, daß die Fürſtinnen und Gräfinnen durch die Nachbarſchaft der mehr oder minder ſchönen Vertreterinnen der leichteſten Muſe nicht im Geringſten beirrt werden. Sie genieren ſich nicht und laſſen ſich nicht in ihrem Vergnügen ſtören; die Ariſtokratie aller Länder hat das Vorrecht, eine Welt für ſich zu ſein, und was außerhalb ihres Kreiſes, was rund um ſie her an fremdem Element wirkt und webt, exiſtirt einfach nicht für ſie.

Der Anblick der ſchönen, geſchmückten, glänzenden Welt erfreut den vom Parquette aus emporblickenden Verehrer aller dieſer guten Gaben des Himmels und der Erde, aber unmaskirt einer Redoute beiwohnende Frauen nehmen dieſer doch den eigenthümlichen Charakter. Die Redoute wird dadurch ſteif, man genirt ſich, man fühlt ſich beengt, man gibt ſich nicht ganz und gar dem Faſchings-vergnügen hin, wie man gerne wollte, und wie es ſein ſollte. Man kann recht gut die Maskenfreiheit verkünden, die Anweſenheit von Augen, die auf unſer Thun und Laſſen von oben herabſchauen, hebt ſie ſo ziemlich wieder auf. Wer einen Maskenball beſucht, will, daß Alle Handelnde ſind, daß es nicht Spielende und Zuſchauer gebe. Niemand will dem Andern eine Comödie vorſpielen, wie man derb in Wien ſagt: „den Wurſtel vormachen". Das iſt ſicherlich auch nur eine Uebergangs-Erſcheinung. Die Redoute muß, was die daran Theilnehmenden betrifft, wieder werden, was ſie einmal geweſen iſt: die Herren alle gleich unter

einander, ohne Larve, und die Damen alle gleich in der Hülle des Domino. So
haben die ursprünglichen Gesetzgeber italienischer Abkunft die Reboute organisirt,
und so sollte sie bleiben, wo immer man sie veranstaltet.

Wir haben den wesentlichen Unterschied der Wiener Reboute von heute und
ehedem gekennzeichnet. Nichtsdestoweniger bieten die Wiener Opernbälle ein Schauspiel
wie man es nirgendswo findet. Neben bescheidenen, den einzelnen Maskenleihanstalten
oder Garderoben der verschiedenen Theater entlehnten, mehr oder weniger verschlissenen
Seidenfähnchen, sanirten Blumen, verwelkten Spitzen, abgegriffenen Fächern, sieht
man Phantasiemasken, voll Frische und Schönheit in Stoff und Schnitt, die funkelneu
aus den Ateliers von ersten Schneiderinnen hervorgegangen sind. Es gibt noch Damen
der Wiener Ganz oder nicht Ganzwelt, welche viel Geld dafür ausgeben, um während
einiger Stunden zu glänzen. Sie müssen wissen, warum sie es thun. Es stellt sich
sogar hie und da ein besonderer Einfall, eine nicht ungewöhnliche Geschicklichkeit bei
der Zusammenstellung von Maskenanzügen ein. Hauptsächlich wird in neuester Zeit
das Thier- und Pflanzenreich favorisirt, da gibt es keinen Vogel, keine Blume, die
nicht auf dem Haupte oder an den Kleidern getragen wird. Von den flatternden
sieben Raben bis zu dem sich auf den Stengeln einer lieblichen Pflanze oder an dem
Platze, wo das Herz schlagen soll, einsam wiegenden Colibri, wird auf der Wiener
Reboute von den Masken Alles getragen, was da fleucht und kräucht, das huscht
einher, duftet aller Orten, und gleicht, wenn der Saal ganz gefüllt ist, einem Parterre
von Blumen, über welchem die Vogelwelt aller Zonen flattert. Und die Herrenwelt
geht vergnügt einher mit dem stolzen Siegeslächeln desjenigen, welcher sich sagt:
„Das Alles geschieht meinetwegen!"

Nicht die ganze Herrenwelt Wiens, sondern nur ein Theil derselben, vielleicht
der kleinere. Jener, welcher sich nicht amüsirt, entfernt sich deshalb auch gegen Mitternacht, die Beglückten aber harren aus bis in die Morgenstunden plaudernd und Eis
schlürfend; und die letzten, die zurückbleiben, gehen dann je ein Herr und eine Dame
in das Bestibule und warten, bis der Wagen herankommt, welchen der seinen Kehlkopf
bis zum Zerspringen desselben anstrengende Wagenrufer endlich herbeigenöthigt hat. Sie
fahren dann „zu Sacher" oder in ein anderes Restaurant, das sich des Vorzuges der
Zimmerchen für Zwei oder Vier erfreut.

Das ist die Reboute in Wien heute. Wir haben gesagt, daß sie keiner anderen
gleiche, und bleiben bei dieser Meinung. Da herrscht nicht der Lärm und das
Gewirre und Gejohle des Carnevals in Italien. In Wien treibt sich nicht die
gezahlte Unverschämtheit der mit 10 Francs per Kopf entlohnten Horde der Pariser
Opernbälle herum, wo das Publicum durch Tänze der gemietheten Cancanisten
unterhalten wird. In Paris gibt es nur zwei Vergnügen: entweder der Zeuge übel
duftender Unfläthigkeiten der unmaskirten Tänzerinnen aus dem Studentenviertel
zu sein, oder sich von einem Domino, wie Mephisto von Marthen in dem Zauber-
garten der großen Oper herumzerren zu lassen. In Paris sind von Anfang an Aller

Augen nur auf die Börse des Fremden gerichtet. Und nun erst Berlin! Dieses scheint für Maskenbälle nicht das geringste Talent zu besitzen. Wir haben einmal einem Maskenfeste bei Kroll beigewohnt. Es wurde durch einen im langsamen Polonaiseschritt einherziehenden Zug eröffnet, die Paare sprachen kein Wort miteinander und alle Herren hatten lange falsche Nasen. Das ist das Faschingsvergnügen in Berlin. Da ziehen wir denn doch die Wiener Opernredoute vor, auch die von heute.

. .

Im „Reiche der Schatten".

Wiener Künstlerfeste.

Von

Marie Weyr.

Das Carnevalsleben der bildenden Künstler Wiens hat Züge von der Gesellschafts-Großstadt und der Kunst-Kleinstadt zugleich. Der intime Reiz, anknüpfend an die Düsseldorfer Malkastenfeste und die Münchener lebenden Faschingstrachten-Bilder bogen hat sich erhalten, die Gemüthlichkeit, das einander Kennen und Verstehen ist geblieben, aber die Großstadt zwang den schlichten Rahmen zu sprengen und sich mit Farbenpracht zu umgürten. Aus dem fröhlichen Stillleben ist eine Art scherz-haften Historiengemäldes geworden. Man war früher zur Miethe und schuf sich dann ein eigenes Heim. Die Kunst wurde reiche Wiener Hausfrau. Sie übt nun glänzende Gastfreundschaft. Dieses immer fühlbare Verhältniß von Gast und Gastfreundschaft macht den Verkehr im Wiener Künstlerhause angenehm und behaglich. Die Feste sind schön und vornehm wienerisch. Keine andere Großstadt hat derlei anzuweisen. Wer besucht nicht gerne ein Haus, dessen Ehren ihm von 4—500 Hausherren in der zuvorkommendsten Weise erwiesen, dessen schäumende Freudenbecher von

annuthigen Frauen erdeuzt werden und in dem er sicher sein kann die graciösesten
taktsichersten Tänzerinnen, die reizendsten Haustöchterchen zu finden? Die Wiener
Künstler sind stolz auf ihre blühenden Frauen und lieblichen Mädchenkinder; sie
lieben es, sich im Verein mit ihrer Familie zu vergnügen. Daraus folgt ihr gutes
Recht vorsichtig in der Wahl ihrer Festgäste zu sein und weder Protection noch
Ueberzahlung vermögen dem oder derjenigen Eingang zu verschaffen, die den Mitgliedern nicht bekannt .... oder zu bekannt sind. Die Herzen prüft Gott allein,
das Benehmen der Geladenen der leitende Ausschuß der Genossenschaft. In Berlin
versuchte man wiederholt eine Nachahmung der Wiener Künstlerfeste; sie scheiterten
an der Banalität des Bürgerthums, dem Protzenwesen der Geldaristokratie, der steifen
Abgeschlossenheit des militärdurchsetzten Adels und der doch immerhin etwas ge-
messeneren Verkehrsweise der Künstler selbst, unter sich. Die Gesellschaft Londons
steht, bei aller Herablassung der oberen Kreise den einzelnen Künstlern als Person
gegenüber, vor einem freieren Umgang mit ihnen wie vor einem Räthsel, und in Paris
ist derlei Geselligkeit ein Ding der Unmöglichkeit. Dort plagt und freut sich jeder
für sich allein. Gehört der Künstler zur „Bohême“, so existirt er einfach gesellschaftlich
nicht; ist er „du monde“, hat er sich einen gewissen Rang, Mittel erworben, eine
reiche oder doch aus bekannter Familie stammende Frau geheiratet, empfängt und
erwiedert man seine Besuche, so gilt dies in erster Linie dem tadellosen Gesellschafts-
menschen — Stand gleichgiltig. Er lebt mit Ausnahme seiner Arbeitsstunden wie
jeder beliebige Boulevardier, reitet im Bois, speist heute auf fremde Kosten bei
Madame la Vicomtesse, morgen auf eigene bei Mademoiselle Nini Peluche von den

Bouffes Parisiennes, bewohnt im Winter die „rive gauche" der Seine, nach dem grand prix die Umgebung von Paris, badet im August in Trouville und jagt zur Herbstzeit auf den Adelssitzen der Bretagne. Eine Vereinigung der Künstler zu anderen als temporären Ausstellungszwecken gibt es nicht und auch diese entbehrt des engeren Bandes der Collegialität.

Anders in Wien, bei uns. Nach des Tages Arbeit vereinigt das Casino im Künstlerhause die Genossen zu anregendem Gespräch und leichtem Spiel, die nicht unbedeutende Bibliothek zu ernster und heiterer Lectüre. Vom gemeinsamen Mutterhause aus zieht man im Lenz auf frohe Abenteuerfahrt in's junge Grün der Wien umgürtenden Buchenhaine, im Carneval schmückt man es für seine Söhne zum Mummenschanz, heut' im Styl vergangener Zeitalter, morgen in phantastisch sinnreicher Zauberart, dann wieder zur ländlichen Idylle, und auf den weißblaustrahlenden Flügeln des elektrischen Lichtes schwingt sich in klaren Winternächten die Kunde von der frohen Gestaltungskraft, dem unnachahmlichen Humor unserer Bildner über die dunkel ruhende Stadt.

Die Genossenschaft wählt zu Beginn des Winters aus ihrer Mitte ein Vergnügungscomité, welchem für das Arrangement der kleineren Unterhaltungsabende, der Wahl der mitwirkenden Bühnen- und Gesangskünstler, der Tanzmusik, des Blumenschmuckes volle Freiheit gewährt wird, während die Direction und Verantwortung für das große, alljährlich am Faschingmontage abgehaltene „Gschnasfest" der jedesmalige Vorstand und Ausschuß übernimmt. Außer den programmmäßig veranstalteten Vergnügungen fehlt es niemals an Gelegenheit zu unvorhergesehenen frohen Zusammenkünften. Bald spendet einer der Nimrode unter den Künstlern selbsterlegtes Wild oder einer der jagdbesitzenden Theilnehmer der Genossenschaft ein stattliches Wildschwein aus seinen Forsten — ein andermal bietet ein famoser Fischzug in den, dem derzeitigen Vorstande Herrn Architekten Franz Roth gehörenden Donau-Ausständen der Insel Loban reiches Material zu einem gemüthlichen Fastenfestmahl, welches, von kochgeübten Künstlerhänden zubereitet, an Schmackhaftigkeit nichts zu wünschen übrig läßt.

Fast allwöchentlich finden sich die Künstler und durch sie eingeführte Gäste, allmonatlich die Familien zu den sogenannten „Herren- und Damenabenden" im Künstlerhause ein. Beide beginnen mit Gesang und allerlei künstlerischen Productionen theils bekannter Wiener Musiker und Mimen, theils begabter Dilettanten aus den Kreisen bildender Künstler, denen an den Herrenabenden ein fröhliches Symposion folgt, während an den Damenabenden das schöne, leicht bewegliche Geschlecht den Tanz als altehrwürdige Opfergabe fordert. Und mit welchem Feuer, welcher Ausdauer, Grazie und Eigenart tanzt man im Künstlerhause! Wie fest und sicher hält der, tagsüber den Meißel schwingende Arm die biegsame Taille der Tänzerin, wie weiß der formfühlige Bildhauer das rhythmische Wellenspiel der schlanken Glieder, den kräftig-schwungvollen Tanzschritt der Wienerin, die angeborene Anmuth in Fuß- und Kopfhaltung, die weiche Rundung im Bug des Armes zu schätzen und für den

Zuschauer zur Geltung zu bringen! Wie wohlbedacht und zierlich baut der Architekt aus Vor- und Rückschritt, Neigung und Verbeugung, Tour auf Tour das lustige Tanzgebäude, fügt Hand in Hand und Paar an Paar, und kittet durch Scherz und Schmeichelworte die lebenden Grundpfeiler des Gesellschaftsreigens. Und erst die Maler muß man walzen sehen! Mag die Partnerin nun das Wiegen und Drehen, das schwebende Hangen und Bangen im Sechs-, Zwei- oder Dreischritt

begehren, da gibt's kein Hasten oder unsicheres Trachten nach Schritteinigkeit; wer vermöchte zu behaupten, daß die Wiener Maler kein Taktgefühl besäßen? Und mit welcher Befriedigung weilt ihr sensitiver Blick, indeß die Beine eilen, auf der wohlthuenden Harmonie von Auge, Haar und Gewand der Frauen, den förmlich in Fleisch und Blut übergegangenen Regeln der Künstlerfarbenlehre, die man an ihnen wahrnimmt, von der, dem Colorit des Köpfchens angepaßten Blumenkrone, bis zur zierlich durchbrochenen Fußbekleidung, durch welche die rosigen Fleischtöne wie Apfelblüthen unter Maienschnee hervorlugen. So gibt es wirklich noch junge Leute, nicht bloß unter den Alten? Im Künstlerhause sucht man sie vergebens, die petits crevés der „Moderne" die traurigen Wandelwandbecorationen der Ballsäle, die vom Zusehen erschöpften unreifen Greise, ebenso fruchtlos die, wie verschüchterte Tänbchen,

Tänzer.

ach, oft wie lange, beisammensitzenden Mädchen, die bedauernswerthen Ballmütter mit dem krampfhaft verhaltenen Gähnen und dem trostlosen stereotypen Lächeln. Hier gibt's keine blasirten Jünglinge, keine müden grämlichen Väter, ängstlichen Garbedamen, keine — eifersüchtigen Ehemänner? Halt — so weit wollen wir im Localpatriotismus doch nicht gehen.

„Darf ich bitten, meine Gnädige?" „Aber bedenken Sie, ich bin Mutter
erwachsener Töchter." „Was thut's? Sie tanzen wie Ihre Jüngste."

„Ach, Papa, bitte, bitte nur einmal um den Saal mit mir . . . ."

„Aber Kind, meine weißen Haare!"

Schützen-Kränzchen.

„O Papa, glücklich, wer heutzutage überhaupt welche hat" und fort zieht ihn
das Töchterchen.

„Wie - schon 4 Uhr Morgens? Nun wird es aber doch Zeit sein . . . . auf
nach Kreta!"

„Was, schon nach Haus, Ihr Schlafmützen? Schämt Ihr Euch nicht? Aus dem Künstlerhause geht man nicht ehe das Tageslicht heimleuchtet! Sie werden doch diese Schönheitsprobe nicht fürchten, meine Gnädige? Vorwärts, Musikanten, und wenn Ihr müde seid, so trollt Euch. Es findet sich wohl noch einer unter uns, der aufzuspielen weiß."

Uebt das große Faschingsfest durch den Reiz der Ueberraschung, den Zauber der Decorationen und Costume auch die größte Anziehungskraft auf das große Publicum, die Gäste, und finden sich die Mitglieder an den Herren- und Damen-abenden zu zwangloser intimer Aussprache, einer Art Künstlerfamilientisch am Liebsten ein, so bildet das sogenannte „Schützenkränzchen", welches alljährlich von den Jagdfreunden unter den Künstlern, der „Schützengilde", als Schluß der Unter-haltungen in der Fastenzeit veranstaltet wird, den Gipfel übermüthiger, schranken-loser Heiterkeit.

Man pflegt hiezu in Jäger- oder Gebirgstracht, einem Nationalcostume oder gewöhnlicher Sommerkleidung zu erscheinen und durch die Einfachheit und Zwang-losigkeit der Toilette wird die Stimmung schon im Voraus günstig beeinflußt, gehoben, und der ganze Umgangston natürlicher, ländlich-ungenirter. Wie ein frischer, herb-kräftiger Hauch der Ischler und Salzburger Berge duften uns zahlreiche, in den Ecken der noch vom vorhergegangenen „Gschnasfest" decorirten Räume placirte Tannen- und Fichtenbäumchen entgegen; wie ein froher Sommergruß empfangen uns die an den geliebten oberösterreichischen Seen gebräuchlichen Laute, die fast jeder unter uns ganz prächtig aneinanderzureihen versteht. Wie sensitiv, wie leicht beein-flußt der Oesterreicher durch von ihm selbst veranlaßte Aeußerlichkeiten ist, zeigt sich hier in augenfälliger Weise. Stellt den Deutschen, den Engländer, den Franzosen auf ellenhohe Socken, steckt ihn in die ländlichste aller Trachten, er bleibt doch immer was er ist, Strizow oder Mr. Pickwick oder Chevalier Dumont. Nicht so der Wiener. Er versteht der Larve Leben einzuhauchen, der Maske Arme und Beine anzusetzen. Er vermag jedes Nationalcostume charakteristisch und hübsch zu tragen. Am Ange-nehmsten ist es ihm freilich, wenn er „sich selbst" als Trumpf ausspielen, gut alt-österreichisch, sei's nun ob- oder niederennsisch-natürlich sein kann. Der Wiener, nicht bloß der Künstler, ist nun einmal so. Die Kleider hängen nicht an ihm, im Gegen-theil, sie sitzen gut und richtig und vortheilhaft; es steckt eben auch ein gesunder Kern im Schneidergehäuse. Er aber hängt an seinen Kleidern, den Alltagskleidern, die er warm und behaglich des Winters in der Stadt, bequem und lustig im Sommer am Lande trägt, er hängt von ihnen ab, körperlich und geistig. Der Frack ist bei uns nicht wie in England das sine qua non des Mittagstisches, das den Penaten des Hauses gebrachte Respectsopfer, ist nicht wie in Frankreich einfach der „bessere Rock", den man nach vollbrachter Tagesarbeit anlegt, den Staub und Schweiß, die Sorgen des Berufes auch äußerlich von sich abstreifend, eine Anwartschaft förmlich auf einen fröhlichen, genußreichen, zum Mindesten der Ruhe geweihten Abend. Auf des Frackes Flügeln schwingt sich aus der Arbeiterpuppenhülle der Gesellschaftsmensch.

Dem Wiener, falls er nicht dem honorablen Kellnerstande angehört, ist der Frack noch heute, gelinde gesagt, etwas Unheimliches; sein Tragen ist das Sichtbarwerden eines physischen oder moralischen Ausnahmszustandes, zeigt von Emotionen, denen man gerne aus dem Wege geht, ist unauflöslich verknüpft mit der Vorstellung von Hochzeiten, Kindtaufen, Sterbefällen, Audienzen und Staatsvisiten, Denkmals-enthüllungen und Frohnleichnamsprocessionen, kurz, Augenblicken im Menschenleben, die ja auch ihr Angenehmes haben können, im Allgemeinen jedoch keineswegs jene „urfidele Hetz"-Stimmung befördern, welche nun einmal die Grundbedingung für eine Wiener echte und rechte „Unterhaltung" bildet. „Der Wiener im Frack" wäre eine gar nicht uninteressante psychologische Studie.

Auf dem Schützenkränzchen begegnet man ihm nicht, dafür aber sein beobachteten und köstlich wiedergegebenen Typen aus dem österreichischen Bauern- und Gebirgs-leben, deren Tänze, Ländler, Walzer und Schuhplattler meisterhaft getanzt und deren Gesänge in Wort und Ton und derb-gesundem Humor unter jauchzendem Beifall, mitunter etwas weitgehend „echt", zum Ausdruck gebracht werden. Unten, im „Gemüthlichen", einem langgestreckten niederen Souterrainlocale, ist ein Schießstand eingerichtet, bei welchem es unaufhörlich lustig knallt und knattert, daneben wird „Heuriger", Meth und Most und Märzenbier ausgeschenkt, indeß in den oberen Räumen, über den Köpfen der durchaus nicht „stillen" Zecher in den Tanzpausen die Lebkuchenbuden sich als brillanter Handelsplatz bewähren. Will doch keine der feschen „Schützenliesel" und Bauernbirndln ohne eine gewaltigen Reiter auf wild bewegtem braungebackenen Streitroß oder ein überlebensgroßes rosenroth verzuckertes „Lebzölten"-Herz nach Hause gehen, während das Geschenk eines sanftlächelnden Wickelkindes, weiß der Himmel warum, selbst bei den Aufgeklärtesten des schönen Geschlechtes mit bedeutendem Mißtrauen und jenem eigenthümlichen Schmollen auf-genommen wird, welches der einst so blühenden Industrie, wie meinen die der Leb-kuchensänglinge, keine lange Dauer mehr verspricht. Von Zeit zu Zeit schallt der frische reine Hörnerklang des Quartetts Schautel durch die Säle wie eine Sieges-fanfare der Jäger und Wildschützen, die hier in seltener, ungetrübter Eintracht auf eigenem und fremden Gebiete nach schönem Wilde pürschen. Es mag wohl auch viel Jägerlatein des Herzens da gesprochen werden, im Laufe einer solchen Schützennacht. Was thuts? „Auf der Alm, da gibt's ka Sünd'!" Und wie oft fängt sich nicht der Wilddieb in eigener Schlinge — wie häufig verwundet nicht ein schüchternes Reh-auge den Jäger!

Doch nicht Diana und Terpsichore allein lächeln dem Künstlerhause. Die lieblichsten der Musen halten dort allwinterlich ihr Kaffeekränzchen und was dabei beschlossen wird, läßt sich alsbald hören. Rasch ist eine kleine Bühne auf-geschlagen und ist keine passende Waare am Possen- und Singspielmarkte, so dichtet man im Hause selbst, improvisirt wohl auch, wie man seine Decorationen selbst malt und die Costüme selbst schneidert. Kein Schauspieler unserer Bühnen, keine Sängerin verweigert die freundliche Bitte der Künstler, ein Gedicht, eine Scene, ein

Lied vorzutragen und diese selbst, angeeifert durch das gute Beispiel entpuppen sich oft als Besitzer ganz prächtiger, wohllautender Stimmen und nicht unbedeutender, mimischer Talente. Wer denkt nicht noch mit Vergnügen der ausgelassenen Operetten-aufführungen „Friedrich des Heizbaren" und „Leonardo und Blandine", bei denen die Zuhörer sich vor Lachen auf ihren Stühlen krümmten, der gesanglich unüber-troffenen Leistungen, des graciös-liebenswürdigen Spieles unseres ausgezeichneten Landschaftsmalers J. E. Schindler und seiner reizenden Gattin, des einschmeichelnden Liedervortrages Julius v. Blaas und der unwiderstehlich komischen Darstellungs-kunst Maler Goltz's, die derselbe auch im letzten Jahre gelegentlich der Aufführung des feinempfundenen melodiösen Singspiels „die 14 Nothhelfer" von Richard v. Perger zur Geltung brachte?

Dieser Geschmack an geselligen Freuden, das unbestreitbare Geschick dieselben in Scene zu setzen, verursachen, daß man, das heißt das Publicum, fast während des ganzen Winters das Künstlerhaus nur als Vergnügungs-Etablissement betrachtet, den ernsten Zweck desselben ganz vergißt und beinahe erstaunt ist, daß die Mitglieder tagsüber fleißig, im Schweiße ihres Angesichts das tägliche Brod zur nächtlichen Lust verdienen. Gottlob, manchmal auch etwas darüber.

Maler Goltz, welcher sich in den letzten Jahren die größten Verdienste um die Geselligkeit erworben hat, bemerkte: „Es ist nur gut, daß wir jeden Frühling bei der Jahresausstellung wieder beweisen, daß wir auch noch malen und model-liren können. Man würde uns sonst rein nur mehr als „Gschnas-Künstler" betrachten."

Ja, im „Gschnas", diesem Zwitter himmlischer Fantasie und irdisch-ästhetischer Respectlosigkeit, diesem Hervorrufen poetischer Illusion durch unglaublich abgeschmacktes, widersinniges Material, diesem brillanten Witzfeuerwerke, welches von allen neckischen Kobolden, die je bei einer lustigen Ideenzeugung zu Gevatter standen, abgebrannt zu werden scheint, feiert seit Jahren der unnachahmliche Humor der Wiener Künstler seine Triumphe.

Der Begriff „Gschnas" ist ein sehr dehnbarer, das Dialectwort findet in der Schriftsprache keine vollkommen entsprechende Wiedergabe. Es ist dem Reichsdeutschen so unverständlich als schwer auszusprechen, hat aber bereits durch die schon zu einer Art Europaberühmtheit gelangten Künstlerfeste eine, weit über die Grenzen, selbst Groß-Wiens, reichende Verbreitung gefunden. Unter „Gschnas" versteht der Wiener allen Schein, dem kein Sein zu Grunde liegt, das momentan Einnehmende, Blen-dende und doch Unechte, welches bei näherer Betrachtung sich als werthloser Plunder entpuppt. „Gschnasig" ist ihm die reizende Hexe, die der Zauberer des Nachts in seine Arme beschwört um beim Erwachen den dürrsten Besenstiel auf seinem Lager zu finden; „gschnasig" nennt er die Reden gewisser Volksvertreter, Gschnasberge sind ihm die Kalkhügel der sächsischen Schweiz, wenn er der heimatlichen Alpen gedenkt, König Mil...., pardon Menelaus in der „schönen Helena" nennt er einen Gschnaskönig u. s. w.

Der „Gschnas" als Festschmuck ist eine echte und rechte Wiener Specialität.
Wie ihn unsere Künstler schufen und alljährlich neu unter ihren schier magisch
waltenden Händen entstehen lassen, ist er in seinen materiellen Bestandtheilen ein
urwüchsig Plebejerkind, aus Bodenkram, Küchenabfällen, Trümmern und Scherben
geboren, geistig geadelt durch seine Verdienste um das Zwerchfell der Menschheit,
geschmückt mit dem Orden der Kunst und Frohsinnswissenschaft, dem Stern der
Genialität in echten, nicht gschnasigen Brillanten. Die Idee, welche dem jeweiligen
Feste zu Grunde liegt, wechselt natürlich alljährlich, mit ihr die gesammte „stylvolle"
Ausschmückung der Räume. Bereits im Spätherbste beginnen die Berathungen über
dieselbe, die Ausführung der Details, die Zusammenstellung der Gruppen, die Vertheilung der Arbeiten. Schon viele Wochen vor dem Feste arbeiten die Künstler,
alt und jung, vom ehrwürdigen Professor bis zum noch nicht flügge gewordenen
Akademiker mit der größten Opferfreudigkeit und Hingebung in den Abend- und Nachtstunden an den einzelnen Schauobjecten, den Gemälden und Figurinen für die Gschnas-
galerie und den Wanddecorationen, welche, meist über den Rahmen des „Gschnases"
hinausgehend, oft wirkliche Meisterstücke an Farbenzauber und kühner Charakteristik
sind. Der Ausschuß der Genossenschaft und das Vergnügungscomité erklären sich während der Festvorbereitungszeit in Permanenz; es hilft wer helfen kann mit Rath
und That, mit Kopf und Mund und Hand und Feder. Gibt's doch vieltausenderlei
zu bedenken und auszuführen, gilt es doch nicht allein dem Vergnügen einer tollen
Faschingsnacht! Heißt es doch alljährlich auf's Neue das altehrwürdige Recht der
Künstlerfeste auf die erste Stelle am Hofe Prinz Carnevals geltend zu machen,
das Vertrauen der Genossenschaft, welche einen, viele Tausende betragenden Credit
dem Festcomité gewährt, zu rechtfertigen und dem Pensionsfond der Wittwen und
Waisen der Künstler eine gesicherte Zukunft zu schaffen! Es liegt mehr Methode
und ernste Arbeit dem Faschingswahnsinn zu Grunde, als man glauben sollte.
Schon die fliegenden Einladungsblätter zum Festbesuche, der reimgewandten Feder
Professor Koltsch's, des Künstlerhauses ureigensten Poeten entstammend, sind
hochoriginell, die textumschließende Randzeichnung, meist eine der Festidee ent-
nommene sinnvolle Allegorie, im letzten Jahre ein reizend poetisches Traumbild
Maler Veith's, verspricht für den Abend dem Publicum die angenehmsten Ueberraschungen. Was die Mitglieder betrifft, so haben wohl die Wenigsten, falls sie
nicht selbst schaffend sich betheiligten, umhin gekonnt, einen Blick hinter die im
Uebrigen streng gehüteten Coulissen zu werfen. Hie und da guckt auch ein kleiner
Berichterstatter durch's Schlüsselloch, ein großer durch den Schornstein, die Zeitungen
plaudern, die Damen der Comitémitglieder, vor denen es bekanntlich laut Para-
graph I der neuen Ehegesetzgebung kein Geheimnis gibt, nicht minder. Mancher
der beneidenswerthen Künstler, dem soeben ein neuer, guter, malerischer, plastischer
oder gschnas-anatomischer Witz gelungen ist, schreit in seiner Herzensfreude ein
jubelndes „Heureka" den Nachtigallen im grünen Gewande, im Schilfe der lieblich
duftenden Wien zu, und die Märe von König Midas Glück und Ende läuft auf

dampfbeflügelten Klatschmäulern durch die Stadt! Was thuts? Das Künstlerhaus
gleicht in diesen Tagen dem Gegenstück des Danaidenfasses. So viel man ihm
auch an Neuigkeiten entschöpft, man erschöpft es nicht. Allabendlich ertheilen
vor dem Feste die Künstler im Hause Rath und Auskunft behufs Wahl und Anfertigung der Trachten, erläutern in verbindlichster Weise die zur Schau gestellten
Costümbilder, antworten unermüdlich auf die noch so naivsten Fragen, und greifen
dem Minderbegreifenden vis-à-vis nicht selten zum Stift, um mit ein paar raschen
charakteristischen Linien die Grenze zwischen Wollen und Können, die besonders bei
dem weiblichen Theile der Besucher seltsamen Schwankungen unterliegt, zu fixiren.
Die männlichen Festgäste stellen geringere Anforderungen an malerischen Reiz und
Pikanterie ihrer Maske; nur soll dieselbe möglichst bequem und billig sein. Allein
heutzutage ist selbst der „Gschnas“ nicht umsonst herzustellen; mag hundertmal der
Hermelin aus Watte und Pflaumenkernen, Helm und Rüstzeug aus Gugelhupf-
modeln und eitel Pappe, und die pompöseste altegyptische Mumientoilette aus
gestreiften Kaffeeservietten fabricirt werden, es hat doch alles seinen Geldwerth.

Ist die Aufregung im „Hause“ ob des Gelingens des Abends eine fieberhafte, so herrscht keine geringere in den vielen Häusern, die ihre Abgesandten zum
Feste schicken. Handelt es sich für die an proteusartige Verwandlungen gewöhnte
Künstlersfrau nur um die Idee, die „Creirung“ einer neuen originellen Type, zu
der sie ja überdies den besten Rathgeber an der Seite hat, entnimmt sie das
Material für ihre Costüme größtentheils dem Atelier des Gatten, ihrer Wohnungs-,
oft auch Kücheneinrichtung, ist der in Gewandfragen Vielgewandten nur das „Was“
nicht das „Wie“, das möglichst reizend zu lösende Räthsel, so bildet der Vorwurf
zu einem „Gschnascostüme“ für die übrigen Damen, die Ausführung selbst der einfachsten Gschnastoilette die Verzweiflung der Schneiderin von Beruf. So was will
eben errathen, nicht erlernt sein.

Es gibt fast kein Zeitalter, kein Volk der alten oder neuen Welt, welches
nicht schon in schalkhafter Parodie im Künstlerhause erschienen wäre. Somit wächst
auch mit jedem Jahre die Schwierigkeit, eine neue Festidee zu ersinnen, und künftig
gelingt es wohl nur dem mit einer besonderen Wünschelruthe Begnadeten etwas
„Noch nie Dagewesenes“ zu finden. Wir sahen im Laufe der Jahre ein „vene-
tianisches“, ein „assyrisches“ und ein „niederländisches“ Fest; sahen „Wien von
der Steinzeit bis zur Papierzeit“, „Groß-Peking“, die gelungenste Parodie auf
Groß-Wien, die je erdacht wurde. Wir hielten eine glänzende militärische Parade
über alle Krieger, betitelt „von Jericho bis Waterloo“, wir wandelten am „Congo-
feste“ unter Cocospalmen und tranken als alte Schwarze mit den niedlichen weißen
Einwanderinnen immer noch eine Bruderschaft, wir legten für einige Stunden
ohne die mindeste Scham unsere zweibeinige Menschenwürde zu den übrigen „über-
wundenen Standpunkten“ und vergnügten uns königlich auf dem „Ball der Thiere“,
um uns im letzten Winter mit einem Ruck der Erdenfesseln entledigend, zu einem
Feste „Im Reiche der Vierten Dimension“ zu begeben. Schwieriger als diese Idee

Am „Meeresgrund".

war wohl keine der vorhergehenden durch-
wühren, doch reizte das Bizarre, Eigenartige derselben. „Ein verteufelter Gedanke" riefen wohl die meisten Künstler
und mit ihnen das Publicum, welches sich
absolut nicht vorstellen konnten, was denn
eigentlich in dieser „Vierten Dimension"
vorgehen sollte. „Ein verteufelter Einfall, aber es läßt sich was d'raus machen."
Und sie haben was d'raus gemacht, das
werth zu schauen war, sie haben ein Reich
der Geister geschaffen, so voll Poesie und
Märchenzauber, Bild an Bild gereiht von
so bestrickendem Reiz, so üppiger Phantasie, daß es nach dem einstimmigen Urtheile der Besucher kaum zu überbieten
ist. Nichts „Wirkliches" durfte dargestellt
werden, nichts was auf Erden jemals
existirte außer in den Träumen, den Gebilden der Sage und Dichtung vergangener
und gegenwärtiger Zeit; ein Luftschloß
sollte gebaut werden, in dem bis zum
ersten Hahnenschrei sich greif- und sichtbar
versammeln sollte, was körperlos und unsichtbar in Wald und Flur, in Bergestiefen,
am Meeresgrunde, in luftigen Höh'n
das kurzsichtige Menschengeschlecht um-
schwebt. Und sie kamen in Scharen, die
guten und bösen, die gruseligen
und die feschen Geister, Himmel
und Hölle, Olymp und Tartarus
sandten ihre Vertreter zum Ge-
spenstercongreß und überraschten die
transcendentale Welt durch die Eintracht ihrer Meinung, es solle das
Gebiet der „Vierten Dimension"
Jedem gehören, der es zu besitzen
wünsche, die Grenze sei nur gegen
die gesunde Vernunft zu sperren,
es dürften im Lande außer Pegasus
und Rozinante nur Steckenpferde

„Brautgrotte".

geritten werden, und das „Mibitzen" sei als voll
kommen geistlose Gewohnheit in's Café Scheidl
zu verbannen.

In „König Laurin's Rosengarten" war der
größte Saal im Erdgeschoß des Künstlerhauses
verwandelt worden und thatsächlich glich er am
Festabend einem Garten von traumhafter Schönheit. Tausende von Rosen zieren die Wände,
umschlingen die Pforten, drängen sich aus den
Ecken, glühen von den Büschen, wellen zu unseren Füßen. Rosige Wölkchen um-
schweben die Decke, Rosen kränzen die Locken und prangen auf Mund und Wangen
der Frauen, es ist ein Wiegen und Wogen in Licht und Glanz und weichem Duft,
süßbetäubend wie der Hauch von Schiras Blütenfluren. Der ganze Saal, ein
Hymnus an die Freude, das Hohelied der Blumenliebe, ein wonniger Frühlings-
rausch, aus Rosenkelchen geschlürft, ist ein Triumph der Decorationskunst Meister
Kautsky's und Sohn, der im Hintergrunde dämmernde Ausblick auf den steinernen
Rosengarten der Dolomiten bei Bozen im schamhaft-glutvollen Brautabendkuß der
sinkenden Sonne ist ein Gemälde von unbestreitbarem künstlerischem Werthe, leider
so schön als vergänglich, denn so wenig „gichtasig" das Talent Kautsky's, so sehr
ist es das Material, das er zu dessen Bethätigung verwandte.

Im „Roiengarten“.

Aus hellstem Lichte tauchen wir in tiefsten Schatten, aus Laurin's schwebenden Gärten führt der Weg in's Gnomenreich, eine Schöpfung urwildwuchsiger, grotesker Steinklotzthürmung, in deren Höhlen es magisch aufblitzt. Röthlich funkelt der Nibelunge Hort von Alberich gehütet, von Molch und Schlange umringelt. Wieland der Schmied haust alldort, um ihn die bekannten Lichtscheuen und Finsterlinge aller Art. Meister Juch, der geniale Erfasser und Wiedergeber menschlicher Schwächen mit dem scharfen Blick, der schnellen Hand, dem unruhigen Fuß und ruhigem, spärlichen Wort, der unermüdlichste Arbeiter, wenn's dem allgemeinen Wohle, dem Interesse der Genossenschaft gilt, hat dies Heim der Kobolde, Eulen, Salamander und Zwerge geschaffen und taucht bald hier, bald dort, wo's zu helfen oder ordnen gilt, das Haupt vom wallenden Haar umflattert, wie der Geist des Berges warnend aus der Dämmerung.

Ein einziger Schritt vom Wege genügt — wohl mancher Tannhäuser that nicht mehr — und schon umfängt uns unwiderstehlich das Zaubernetz, in dem sich einst, so erzählt man sich, Frau Venus selbst, auch in der Einsamkeit nicht gern alleine, fing, und das sie zum Schaden der Sterblichen an Tagen großer Wäsche zum Trocknen vor dem Hörselberge ausspannt. Wir sind in ihrer Grotte. Bläulich schimmernd steigen schlanke Säulen aus rauhem Gestein, Edelsteine flimmern von der maurisch-gothischen Spitzenarchitektur — in einem Felsenlabyrinthe unabsehbar geheimnißvoller Tiefe scheint sich der Liebestempelbau zu verlieren. In Wirklichkeit ist's ein zimmergroßes Fleckchen Raum — wenige Meter Leinwand genügen zum Hervorrufen der lieblichsten Täuschung. Der Stoff allein thut's freilich nicht, er muß auch so trefflich bearbeitet sein, wie's der junge Dichter, Maler Herr Tomek verstand, es müssen auch so geschickte Regisseure ihn in's rechte Licht setzen, als die Ausschußmitglieder im Künstlerhause sind.

Seht — dort ruht die Göttin selbst auf üppigem Lager und lächelt uns verlockend an, daß die Grübchen in den sanft gerundeten Wangen sich zu vertiefen scheinen, die weißen Zähnchen blinken und der schimmernde Stern im rothbräunlichen Gelock leise zu erzittern beginnt. Wohl Mancher bliebe gerne sieben Jahre drinnen im Anschauen der verführerischen Dame. Allein wer es wagt, mit frevler Hand den Schleier zu berühren, fährt entsetzt zurück — er hat ohne die etwas boshafte Fürsorge Bildhauer Benk's, des liebenswürdigen Schöpfers der modernen, „oberschaumgebornen" Aphrodite gerechnet. Vom Gürtel abwärts, weit schlimmer als das trügerische Geschlecht der Nixen und Sirenen, die sich doch eines respectablen Fischschwanzes erfreuen, besteht die Anmuthsreiche aus eitel Stroh und Häckerling, in Sackleinwand gehüllt, und nur eine Fußspitze, die wieder schneeig aus der Umhüllung tritt, ist, wie der Oberleib, aus Wachs geformt. Frau Palmay scheint in richtiger Erwägung der Thatsache, daß Meister Benk den Gefühlen der Mitwelt ungleich mehr entspräche, als die alten, dummen Griechen, die nicht einmal „ungarischen Globus" kannten, und deren primitive Weltkenntniß jenseits des Ister ein geographisches Ende erreichte, ihre jüngsten Studien antiker Pose beim Gschnasfeste gemacht zu haben. Man sah sie nicht lange hernach, bei der Aufführung der „Schönen Helena" in der Traumvorbereitungsscene fast dieselbe Stellung einnehmen. Sie war als „Helena" ganz Benk'sche Venus mit Ausnahme des Gesichtes, welches

uns im Künstlerhause, und einiger anderer Kleinigkeiten, die uns an Frau Palmay
besser gefielen.

Die Wanderung durch alle Provinzen des Geisterreiches nochmals im Geiste
anzutreten, würde uns hier zu weit führen. Zum Schlusse sei noch das würdige
Pendant zum Rosengarten, der „Meeresgrund mit der versunkenen Stadt Groß-
Vineta" heraufbeschworen, ebenfalls ein Werk der Herren Kautsky, welches seine
Meister lobt. Welch' eine Fülle der Gesichte gab es da, welch, unglaublich reiche
Schätze ruhten dort unter purpurnen Korallensträuchern, welch' abenteuerliches Gethier
schiffte und kroch und flog durch die silberblauen Wogen, in denen sich weich und
wohlig manch' schuppenpanzerige Nixe, manch' kreuzlustiger Triton muschelblasend
wiegte. Böcklin, der Herrscher im Reiche ultramariner Tinten, dessen schalkhaft
mephistophelischer, künstlerischer Pferdefuß zuweilen ganz unerwartet zum Vorschein
kommt, der Geist, der stets das Schöne verneint und, mit Ausnahme der unglücklichen „Susanna im Bade" dasselbe doch immer wieder schafft, hätte seine Freude
an dieser Schöpfung gehabt.

Wollen wir noch des Olymps mit seiner vollzählig erschienen Götterschaar
und der Hölle gedenken, an deren Wänden die nach dem Leben umrissenen Schatten-
bilder unserer fidelsten Künstler beim röthlich flammenden Fackellicht ein gespenstig
Kesseltreiben zu veranstalten schienen, der Hölle, dieses zum Erdrücken besuchten
Versammlungsorts der galantesten Teufel, schwarzblütigen Teufelinnen und der
charmantesten Teufels Großmutter, die je als Hausfrau ihre gezwungenen Gäste
empfing? Wer nur einmal in die geistsprühenden Augen der, gegen alle Tradition,
trotz Brille und grauschopfiger Perücke, selbst in der Bosheit ihrer köstlichen Apho-
rismen bezaubernd liebenswürdigen Dame geschaut, schwor darauf, man könne nichts
Besseres thun, als schleunigst zum Teufel zu gehen. Leider hatte Marianne Brandt,
die größte aller lebenden Gesangheroinnen, diese Rolle nur auf kurze Zeit übernommen,
und nach Mitternacht Kommende sahen sich vergebens nach der Großmutter um,
welche, o seltener Fall, durch keine ihrer lebhaften Enkelinnen an Pikanterie und
Grazie ersetzt werden konnte.

Die Wiener Künstler können sich mit Recht ihrer Anstrengungen rühmen, aber
auch ihrer Gäste erfreuen; die im wahren Sinne des Wortes „beste Gesellschaft"
Wiens vereint sich dort, durch kein lästig Kastenvorurtheil getrennt, verbunden durch
die Allen gemeinsame Freude am Heiter-Schönen. Der Protector der Genossenschaft,
Herr Erzherzog Karl Ludwig, mit ihm mehrere Mitglieder des Kaiserhauses,
beehren jährlich das große Fest mit ihrer Gegenwart und geben in huldvollster Weise
ihrem Gefallen an dem bunten Treiben Ausdruck. Sind die frohen Festklänge verhallt
und der kurze Herrschertraum Prinz Carnevals zu Ende, geht Jeder mit neuer
Lust an sein ernstes Schaffen — die Arbeit fordert ihre Rechte. D'rum ihr strengen
Moralisten, gönnt den Künstlern die Rosen, mit denen sie sich die oft so heiß und
sorgenvoll brennenden Stirnen kühlen, scheltet sie nicht große, leichtfertige Kinder,
wenn sie sich und Euch durch die holde Kunst der Täuschung die traurige Jannen-

grimasse der Wirklichkeit als süßes Lächeln der Freudengöttin erscheinen lassen. Sind die Künstler wirklich so unterthan der Macht des Augenblicks, so wechselnd in ihrer Empfindung als der Reiz selbst, der sie hervorruft? Lieben sie wirklich öfter, flatterhafter als die übrigen Menschen? Wir glauben es nicht. Wäre es aber so, wer dürfte zum ersten Steinwurf die Hand erheben? Der Weg zum Gipfel, auf dem hoch und steil und einsam der Lorbeer steht, ist ein gar weiter, mit Abgrundtiefen zu beiden Seiten, besäet mit Dornen und spitzen Steinen. Nur wer ihn selber wandelt, weiß, wie müde oft der Schritt erlahmt, wie Mißmuth und Zweifel selbst um den klarsten Blick verwirrende Nebelschleier legen.

Wie wohlthuend leuchtet ihm dann der Stern eines feurigen Augenpaares — wie geläutert geht er, ein Salamander, durch die Herzensgluthen, schöpft neuen Muth aus einem süßen Lächeln. Unsere Künstler sind noch Idealisten, Gott sei Dank, und halten an ihrem Wahlspruche fest: „Schönheit siegt mitrathend im Rathe höchster Gewalten".

Der Lumpenball.

Von

Eduard Pötzl.

Nun beschit meine ganze Truppe aus Kerlen, die so zerlumpt sab, wie Lazarus auf gemalten Tapeten, wo die Hunde des reichen Mannes ihm Schwären lecken . . . . aus dem Hungerleter einer ruhigen Welt eines langen Friedens, zehnmal schmählicher zerlumpt, als eine alte, geflickte Standarte. Ein toller Kerl begegnete mir unterwegs und sagte, ich hätte alle Galgen abgerissen . . . Kein menschlich Auge hat je solche Vogelscheuchen gesehen.

Falstaff im „König Heinrich IV."

Diese anschauliche Beschreibung könnte ebenso gut den Besuchern des Lumpenballes gelten, welcher bis jetzt jährlich in Schwenders „Colosseum" abgehalten wurde. Nur ist die Zahl dieser freiwilligen Lumpen mehr als 100mal größer als das angeworbene Fähnlein Falstaffs. Der Lumpenball ist eine der seltsamsten Wiener Carnevalsbelustigungen, eine, die wohl auf der ganzen Welt nicht ihresgleichen haben wird. Die ursprüngliche Absicht der Unternehmer, einer Anzahl von Lerchenfelder Bürgern, welche einen Verein zur Entsendung kränklicher Kinder an die Meeresküste unterhalten, bestand darin, die Summe von Erscheinungen vorzuführen, die man unter dem Worte „Lump" begreift. Es sollte auf dem Lumpenball eine Art Revue über die im Laufe des Jahres in und außerhalb des Vaterlandes vorgekommenen Lumpereien abgehalten werden. Das moralische Lumpenthum sollte daher im Vordergrunde stehen. Ein Lump kann im vollsten Maße sein, dessen Kleidung eine tadellose ist, während der unappetitliche Hadernsammler häufig, ja sogar zumeist ein ehrlicher, arbeitsamer

Mensch ist, dessen Vorführung nicht in dem ursprünglichen Programm der Veranstalter des Lumpenballes gelegen war. Allein bei dem Umstand, als durchschnittlich 6000 Personen den Ball besuchen, von welchem die Hälfte auf eigene Faust sich die Erscheinungsform wählt, überwiegt seit Jahren das abstoßende Flickenthum, das mißverstandene, brutal in der äußeren Erscheinung ausgedrückte Lumpenthum, gegen das eben angedeutete persiflirende Element.

Der Lumpenball ist berüchtigt wegen seiner geradezu entsetzlichen Atmosphäre und eines Getöses, das auf den Neuling wirken mag wie der Aufenthalt in einer Zelle mit Tobsüchtigen. Brodem, Schwaben sind zu milde Bezeichnungen für die Luft, welche die Säle des Colosseums während der Ballnacht der Lumpen erfüllt. Was für kräftige Naturen müssen die Menschen haben, welche eine Nacht hindurch in dieser grauen, zähen, dicken, schwülen, verdorbenen Luft ununterbrochen tanzen und tolle Späße machen! Jedem unbetheiligten Zuschauer erscheint dies als die ärgste Plage, den Leuten selbst macht es ein großartiges Vergnügen. Gibt es doch keinen Lumpenball ohne jene drolligen, einsamen Lumpen, welche sich die ganze Nacht hindurch mit irgend einem unsinnig schweren Gegenstande, z. B. einem Baumstamm als Keule abschleppen, um anzudeuten, daß sie Räuber seien, und die damit wortlos keuchend treppauf, treppab ihres Weges ziehen. Sieht man doch Masken in schweren Bärenpelzen oder in anderen drückenden Vermummungen, welche sie noch dazu wehrlos dem Muthwillen anderer aussetzen. Eine gewisse Berühmtheit auf diesem Gebiete hat der stillbegeisterte Narr erlangt, welcher sich alljährlich als Tanzbär von einem Zigeuner unter ernsthaften wuchtigen Hieben durch die Säle treiben läßt. Nur ein einzigesmal wurde es sogar diesem Fanatiker zu bunt. Sein Treiber mochte ihn wohl auf eine empfindliche Stelle geschlagen haben, denn plötzlich sah man die Beiden sich raufend auf dem Boden wälzen. Aber sie schienen bald darauf wieder versöhnt zu sein und beim nächsten Lumpenballe sah man sie richtig wieder beisammen. Einmal traten auf dem Lumpenball nicht weniger als 10 junge Kerle auf, welche sich den Kopf hatten rasieren lassen und Annoncen darauf trugen — auch ein merkwürdiger Geschmack, wenn man bedenkt, wie lange Zeit diese Kahlköpfe in Folge ihres verrückten Einfalles in stiller Zurückgezogenheit zubringen mußten, bis sie wieder ein menschliches Aussehen gewannen.

In Folge der bequemsten Maske des Lumpenthums, nämlich des Tragens von allerlei ekelhaften Fetzen und der Darstellung von körperlichen Gebrechen, hat der Lumpenball auch eine ziemlich abstoßende Seite, welche ihm nur verziehen wird, weil sein Reinerträgniß stets tausende von Gulden beträgt und aus demselben so manches erblich belastete Kind aus den untersten Volksklassen durch zweckmäßige Ernährung und durch jährlich zweimonatlichen Aufenthalt am Meere vor dem Schicksal bewahrt werden kann, welches die künstlichen Lumpen und Schwären der Mehrzahl der Ballbesucher grotesk und grausig genug andeuten.

Der Lumpenball ist wirklich nur bei dem noch immer liebenswürdigen Charakter des Wiener Volkes möglich. Es wird fast nie auf demselben gestohlen oder ein

Betrunkener bemerkt. Troß allem wüsten Geheul und Getobe gehört eine Schlägerei
unter den Tausenden von Menschen, die einander da in jeder Minute unsanft berühren müssen, zu den Seltenheiten. Die Harmlosigkeit und die wohlthätige Absicht
lassen diese etwas übel riechende Blüthe des Wiener Faschings in einem freund-
licheren Lichte erscheinen, als dies sonst bei dem unzweifelhaft guten Geschmack der
Wiener möglich wäre.

Das schöne Geschlecht des Lumpenballes.

Bei den Volkssängern.

Von

Eduard Pötzl.

Das „Brett'l", wie die Volkssänger-Tribüne zum Unterschiede von den welt-
bedeutenden Brettern genannt wird, hat seit den Zeiten der Harfenisten einen nicht
unbeträchtlichen Einfluß auf das Wiener Volk ausgeübt. Lange Zeit stand die
Muse des Volkssängers dem Herzen des Wieners näher als die Theatermuse, und
erst der fortschreitenden Bildung der unteren
Classen sowie der stärkeren Entwicklung des
Volksstückes gelang es, den Sinn der Bevölkerung von dem „Brett'l" abzulenken und
dem Theater zuzuwenden. Das Volkssänger-
wesen hat seit einem halben Jahrhundert merkwürdige Wandlungen durchgemacht. Von dem
biederen, altväterischen, aber ehrlich witzigen
Moser, dessen „Conversationen" so überaus
beliebt waren, wird bald nur noch eine dunkle
Erinnerung übrig sein. Hingegen erinnern sich
die älteren Herren der Gegenwart noch mit
einem vielsagenden Lächeln an die Mannsfeld und die Blüthezeit dieser bacchantischen
Volkssängerei in den Sechziger Jahren.

Als die Mannsfeld im Irrenhause endete,
wurde mit ihr die ausgeklügelte, scheinbar zurück-
gedrängte, aber desto frecher aus jedem Worte
blinzelnde Zote zu Grabe getragen. Es gab damals keine würdige Nachfolgerin dieser Hohen-

Guschelbauer.

priesterin der Frivolität. Einige Weibsbilder, die sich ihre Nachahmung angelegen sein
ließen, hatten in Wirklichkeit nichts von ihr als die Heiserkeit, die gestutzten Haare und
das zugeknöpfte Kleid. Da die Stärke der Mannsfeld aber darin bestand, daß sie mit
scheinbarer Vornehmheit recht niedrige Dinge besang, während ihre Nachfolgerinnen
der Gemeinheit nicht einmal dieses Mäntelchen umzuhängen vermochten, so wendete
sich das Publicum schließlich mit Ekel von der ganzen Richtung ab und begünstigte
nur noch die anständigen Volkssänger, welche es ermöglichten, daß man mit Kind
und Kegel ihre Abende besuchte. Während vordem die Locale der Volkssänger gefüllt
waren mit jungen und alten Lebemännern und galanten Damen, hielt nun, wie

Volkssänger.

einst bei Moser und später bei dem alten „Kampf", das Bürgerthum seinen Einzug in diese Hallen. Ganze Familien saßen da bei Speise und Trank und ergötzten sich bis Mitternacht an den harmlosen Spässen ihrer Lieblinge auf dem „Brett'l". Die Theater standen dazumal häufig leer, während die Volkssänger nicht Plätze genug hatten. Allerdings konnte es Einem zu jener Zeit im Theater passiren, daß man Volkssänger von der Bühne herab copiren hörte, oder Stücke ansehen mußte, die

nicht allzu hoch über dem Niveau der sogenannten Intermezzi und kleinen Possen standen, welche die Volkssänger mit dem geringen Apparate von einem Tischchen und drei Stühlen vor ihrem Publicum aufzuführen pflegen. Das Volkstheater war im Verfall, die Volkssängerei stand in Blüthe und zwar Dank einem talentvollen Dichter von echt wienerischen, schlagend witzigen Couplets, die noch heute ihre Wirkung üben — dem Volkssänger Wilhelm Wiesberg. Unterdessen hat sich das Blatt wieder ein bischen gewendet: das Publicum hat seine Gunst wieder mehr dem Theater zugewandt, so daß die üppig emporgeschossenen Singspielhallen und Volkssängergesellschaften zum großen Theil sich wieder auflösen mußten und nur eine kleine Zahl erster Kräfte auf diesem Gebiete mit lohnendem Erfolg besteht. Von diesen ist zunächst die „Mirzl" zu nennen, vielleicht die tollste, ausgelassenste Volkssängerin, die

Kurie Montag.

jemals auf dem „Brett'l" gestanden; eine übermüthige, graziöse Frau mit dem Dialect des Wäschermädels und dem Chic einer Dame aus der Gesellschaft. Ihre Lieder sind übermüthig, doch keineswegs anstößig. Und als Typus des modernen Volkssängerthums vom guten Schlage sei noch des unzertrennlichen Paares Guschelbauer und Frl. Montag gedacht. Als Volkssänger ist Guschelbauer ein

zweiter Matras. Sein „alter Drahrer" darf als ein schauspielerisches Kunststück
gelten, das seinesgleichen auf dem Brett'l kaum mehr finden wird. Er stellt einen
alten Wiener Biz dar, der in seiner weinseligen, weichen, schwärmerischen Stimmung auf dem Heimwege vom Heurigen erzählt, wie beliebt er dermalen bei Alt
und Jung sei, wie er aber auch einst im Jenseits auf einen freundlichen Empfang
bei St. Petrus hoffe, denn:

Sonst gibt's an Pahäll da d'rin,

Weil i a alter Drahrer bin.

Die selbstbewußte, kraftstrotzende Bewegung des rechten, den „Stösser" schwin-
genden Armes, mit welcher Guschelbauer den in duseligster Melodie gehaltenen
Refrain unterbricht, gleichsam um anzudeuten, daß weder Rausch noch Alter einen
„Drahrer" zu beugen vermöchten, trägt ihm noch heute, da er schon fünfzehn Jahre
allabendlich dieses Lied singen muß, jedesmal Stürme von Beifall ein. Seine Duett-
genossin bei dem eigenthümlichen Ueberschlagen von Wiener Liedern und Joblern
ist die Montag. Jeder Zoll eine Wienerin, von den grell blickenden grauen Augen
bis zu den kleinen Füßen.

Rauchend sitzen die Männer, plaudernd die Frauen bei den „Soireen" der
Volkssänger, lachen über die „G'spaß" und prägen sich die Lieder ein, welche da
gesungen werden, um sie dann zu Hause mit harmlosem Frohsinn nachzusummen.
Hier findet man noch das gemüthliche Wien vom alten Schlage.

Bei Sacher.

Wien bei Tisch.

Gasthäuser.

Wir wollen jetzt von den Gasthäusern sprechen, den Anstalten, welche an die
Stelle der alten Gastfreunde getreten sind. Ehedem kehrte man bei Verwandten
und Bekannten ein, heute geht man in einer fremden Stadt in das „Hôtel", um
da zu wohnen, und in ein „Restaurant", um dort zu speisen. Es ist eigenthümlich,
wie zähe man an Fremdwörtern festhält, wenn es sich um irgend eine durch die
Civilisation neu eingeführte Einrichtung handelt. So ist es auch mit den Worten:
Hôtel und Restaurant. Die guten alten Worte „Einkehrwirthshaus" und „Gasthaus" sind heute Vielen nicht mehr ganz gut, wenn man ausdrücken will, daß
man bequem wohnen und fein zu essen die Absicht habe; bekannt ist jedoch, daß
das Wort nicht mit guter Speise sättigt und daß man nicht überall angenehm

15*

sein Haupt zur Ruhe legen kann, wo mit glänzenden Lettern über dem Einfahrts
thore „Hôtel" angebracht ist. Doch stoßen wir uns nicht an Worte, bleiben wir
bei der Sache.

Wie alles in Wien, ist auch in dem Reiche des Wohnens und Essens eine
große Umwälzung vor sich gegangen. Daß wir es nur bündig sagen, aus dem
alten, guten Wiener Gasthause ist das moderne „Restaurant" geworden, aus dem
alten, bequemen Einkehrwirthshaus das „Hôtel". Der alte Wiener Gastwirth war
ein ganz eigener Mensch, wie alles Altwienerische von echt bairischem Landschlag
abstammend. Bairische Auswanderer haben den Wiener Wirth zur Welt gebracht, den
Mann von stattlichem Baue, starken Gliedern, rund und wohlbeleibt, den Schmer-
bauch voran tragend, aus hellen Augen freundlich blickend. Die vollen herab-
hängenden Wangen glänzten, um den gewöhnlich seinen Mund mit den schmalen
Lippen spielte ein freundliches Lächeln, am Nacken faltete sich zu einem ausgiebigen
Wulste die Haut in zahlreichen Ringen und der Kopf · wenn ihn nicht die grüne
Sammtmütze Ludwig XI., wie sie heute noch in manchem entfernten stillen Winkel
Oberösterreichs die Hausknechte tragen, schmückte ·· trug auf der Wölbung die
glänzende Platte des haarlosen Schädels. Von ihr liefen Lichtstrahlen förmlich über
die Augen, Wangen, um den Mund und das Kinn herab. Man sah dem Manne
an, daß er nicht nur gut zu essen gab, sondern selbst gut zu essen verstand. Wenn
in Wien Gemüthlichkeit herrschte, und es gab solche, so war sie auch den Herzen
der Gastwirthe nicht vollkommen entschwunden. Sie waren Geschäftsleute, aber sie
hatten ein Herz im Leibe; sie konnten rechnen und nehmen, aber auch nachsehen
und geben. Sie thaten es wie die Räuber, welche den historischen Ruf als „Ver-
theidiger der Armuth und Rächer der Missethaten der Ritter" gewonnen hatten;
sie gaben dem Einen, was sie dem Anderen nahmen. Indessen: es ist, da fast alle
reich geworden sind, anzunehmen, daß sie viel mehr genommen als gegeben haben.

Der Wiener Gastwirth betrieb sein Geschäft als eine Art von Familienvater.
Seine Gäste waren fast Mitglieder seiner zahlreichen Familie. Er begnügte sich
nicht damit, den Leuten gut zu essen und zu trinken zu geben, er sorgte auch
für ihre Unterhaltung, behandelte sie je nach Stellung und Verdienst, mit mehr
oder weniger Respect oder mit größerer oder geringerer Herablassung. Mit Allen
war er aber familiär. Er sagte zu dem Einen „Ente Excellenz" oder „gnädiger
Herr", stand mit Anderen auf dem Fuße der Dutzbrüderschaft und Kameradschaft,
allen Gästen reichte er jedoch in derselben Haltung seine Dose, die bald aus Silber,
bald aus Holz bestand, viereckig die eine, rund die andere. Die runde konnte nie
ohne zu kreischen aufgemacht oder geschlossen werden, während die silberne mit einem
Schlage zuflog. Der Wirth ging von einem Gaste zum andern, von einem Tische
zu dem nächsten. Mehr noch als früher und in der neuesten Zeit der Barbier war
er der Mann der Neuigkeiten. Er wußte Alles, denn ihm wurde Alles erzählt. Er
bildete die lebendige Chronik der Stadt oder der Vorstadt, in welcher er residirte.
Damals waren noch nicht die Zeitungen fast monopolartig mit dieser Aufgabe betraut,

der Wirth beantwortete die Frage:
Was gibt es Neues? Mit dem
Einen besprach er dieses, mit dem
Anderen jenes; von den Einen
wurde er gehänselt, die Anderen
hielt er zum Besten. Er mußte
bei jedem Tische, bei jedem Ge-
decke Red' und Antwort stehen,
wenn die Speise nicht mundete,
der Trank nicht für frisch und gut
genug gehalten wurde. In den
meisten Fällen gab er lächelnd
Antwort, hie und da fand er, daß
man Recht hatte und ordnete sofort die Zurücknahme des Gebo-
tenen an, manchmal aber wurde
er ganz ausnehmend grob. Bei
Allem und Jedem, was sich auf
das Gasthaus bezog, und manchmal auch bei Sachen, die nicht
in sein Ressort fielen, war er
Rathgeber und oft auch Helfer. Er
war der nächste und oft auch der
beste, wenn es galt, manchmal
einem würdigen Freunde, aber
hie und da auch Einem zu helfen,
der eben erst zugereist war, aber
doch nicht ganz und gar Ver-
trauens unwürdig aussah.

Der Wiener Keller jener
Zeit bestand außer den spärlichen
und nicht allzu reich versehenen
Abtheilungen ausländischer Getränke, einigen Flaschen Champagner und Rheinwein — fran-
zösischer Rothwein wurde erst
später modern — zumeist aus
Oesterreicher Weinen. Nieder
Oesterreicher! Es gab keinen Wiener
Wirth, dessen Antlitz nicht sonnig
aufflammte bei diesem Worte. Der

Im Stehbüffet

Oesterreicher liebt sein Vaterland, der alte Wiener Wirth liebte es doppelt: das Land, das seine Sprache sprach und das Land, das den Wein reifte, den er rein und unverfälscht seinem Gaste darzubieten als größten Stolz betrachtete. Der patriotischeste Weinliebhaber unter den Gastwirthen Wiens war der alte Stipperger, der Besitzer des Gasthofes zur „Stadt Frankfurt". Er besaß selbst Weingärten in der berühmten Retzer Gegend und war auch der beste Käufer edler Sorten. Sein Essen, sein Haus und seine Keller waren berühmt, zumeist aber wegen des alten Oesterreichers, der, ein Schatz, wie gediegenes Gold in den Kellern ruhte. Den „Oesterreicher" zu heben und seinen Ruhm weithin zu verbreiten, hielt Stipperger für die Aufgabe seines Lebens. Er kämpfte für den Heimatwein in Wien und in der Fremde, zumeist bei den Ausstellungen, wo er der willigst gehörte Fachmann bei den Berathungen der Juroren war. Der Schmerz, daß der „Oesterreicher" nicht zu verdienter Anerkennung und zu dem gewünschten Preise gelangen könne, und daß die Leute in der Heimat nicht zum geringsten Theile Schuld daran seien, durch schlechte Behandlung der uns verliehenen Gottesgabe, durch nicht rationelle Pflege in und außer dem Keller, nagte an seinem Herzen. Es war bei einer Pariser Ausstellung. Stipperger führte uns in die französische Abtheilung der Weine, zeigte uns, wie die Franzosen die Flaschenweine sorgsam behandeln, sie sorgfältig einzeln auf luftige Drahtgestelle lagern und rief aus: „Sehen Sie, da liegt es, da liegt es! Damit können wir nicht concurriren, denn wir sind nicht fleißig genug, nicht ausdauernd; wir verwenden nicht hinreichende Sorgfalt auf die Behandlung des Weines und vielleicht fehlt uns noch so manches Andere!" Und dabei stürzten dem Mann in hellen Tropfen die Thränen aus den Augen und seine Hand, mit der er die unsrige gefaßt hatte, zitterte.

Stipperger war einer der besten, alten, guten Wirthe; aber er ging mit Fürsten und Grafen, Bankiers und Baronen, die bei ihm einkehrten und immer nur zu ihm kamen und kein anderes Hotel besuchten, bei aller schuldigen Hochachtung ebenso familiär um, wie der Herr Blitzberger in Neulerchenfeld mit dem Gevatter Tröbler und Tischler, die an seinem Tische saßen, Rostbraten aßen und Bier tranken. Stipperger war körperlich nicht eigentlich Wiener Art; hager und mager, knochig mit scharf gerissenen Zügen, aber gemüthlich konnte er doch in gewissen Augenblicken, und das zumeist durch die Freundlichkeit der hohen Herren, die ihn fast zur Familiarität herausforderten, werden. Wenn der Graf H.... kam und Stipperger seinen Hut lüftend an dessen Wagen trat — denn Tag und Stunde der Ankunft des Gastes war ihm früher mitgetheilt worden — so streckte ihm der Cavalier die Hand entgegen, rief ihm zu: „Wie befinden Sie sich, alter Freund?" fragte nach Allem, ließ sich von Stipperger in sein Appartement geleiten und häufig und immer wieder im Laufe des Tages plauderte er mit ihm, fragte ihn um Rath und ließ auch hie und da seine Geschäfte von ihm besorgen.

Wie bei der „Stadt Frankfurt", so ging es in vielen anderen Hotels zu, in den feinsten und ersten, wie in jenen der entfernteren Plätze. Der alte Munsch, der alte Hauptmann, der alte Nowak, im Hotel Munsch, beim goldenen Lamm oder im weißen Roß, ja selbst Schneider noch, der Befehlshaber im Hotel zum „Erzherzog Karl", obwohl er jünger und schon moderner war als die Genannten, standen mit ihren Gästen auf ähnlichem Fuße wie Stipperger. Der Gastwirth war mehr ein Hausherr, der die Freundlichkeit hat, gegen gute Worte und noch bessere Bezahlung „fremde Reisende" bei sich wohnen und essen zu lassen. Und man wußte ihm Dank dafür. Man fühlte sich in keinem der besseren Wiener Hotels fremd, man war vom ersten Augenblicke an in einer angenehmen häuslichen Atmosphäre. Man mag über die alte Zeit denken wie man will, man kann das Enge und manchmal nicht Zureichende zugeben, man wohnte vielleicht zu jener Zeit nicht so gut in den Wiener Hotels wie heutzutage, vorzugsweise der schmalen Betten wegen, welche seit dem Anfange dieses Jahrhunderts in Wien auf unbegreifliche Weise sich eingenistet hatten, aber man speiste ehedem besser als heute, man war, wie man in Wien zu sagen pflegte, gut aufgehoben.

Man speiste besser? Jawohl! Damals gab es noch eine Wiener Küche. Das Repertoire derselben war nicht groß, aber die Stücke waren gewählt, die lächerliche Phrase — lächerlich, weil sie die Wiener als Prasser darstellt, was dieselben nie gewesen sind — von dem Huhn, „das sich ewig am Spieße dreht," insoweit hatte sie ihre Berechtigung, daß junge Hühner eine Lieblingsspeise der Wiener bildeten und noch bilden. Nirgendwo schmeckt das junge Huhn so gut, wie in Wien. Wir verkennen nicht die Vorzüge des großen französischen Huhnes, wir kennen sie ganz genau, aber etwas so Feines, Zartes, wir möchten sagen Duftiges, wie das junge Wiener Huhn, gebraten oder gebacken — Backhuhn ist die populärste Form — gibt es nicht wieder. Und die Hauptsache, man kann das Stück Huhn — in der Hand halten! Das allein ist für den echten Wiener schon ein Hochgenuß. In „Hemdärmeln" sitzen, mit der Hand essen und sich dabei gut thun lassen, ungenirt sein und Niemanden geniren, darnach verlangt das Herz des Wieners, dabei wird ihm wohl, und wenn ihm wohl ist, dann singt er.

Die Hühner und jungen Gänse, von den goldenen Kernblättern des Bundsalates oder den mosaikartig durchsprenkelten feinen Scheiben der Gurke begleitet, waren als Frühgericht die Leckerbissen. Dazu gesellten sich kräftige Suppen — Suppe liebte der Wiener und liebt sie noch heute vor Allem — gekochtes Rindfleisch von einer Saftigkeit und Weiche, welche die Liebe begreiflich machen, die der Wiener bis in die neueste Zeit für dieses Gericht besitzt, eine Zuneigung, die kaum irgendwo außer Oesterreich getheilt wird, und schließlich Mehlspeisen sonder Zahl, alle süß, flaumig, die Zunge sanft streichelnd, den Magen nach Menschenmöglichkeit füllend, bildeten das Menu, welches bei Herstellung eines guten splendiden Wiener Mittagessens stets eingehalten wurde, des Kalbschlegels nicht zu vergessen, des Indians an hohen Fest- und Feiertagen und des Kapauns. Der „Schöps" wurde von den Wienern stets mit Geringschätzung behandelt und zum blutigen Roastbeef oder Filet, zu den Zierden von Alt Englands robuster Küche, war man noch nicht vorgedrungen

Die Gerichte, welche zumeist zum zweiten Frühstück verzehrt wurden, der Wiener liebte es damals öfter als jetzt zu essen, hie und da auch zweimal vor dem Mittagessen ein Frühstück einzunehmen, waren der landesübliche Rostbraten und das Wiener Schnitzel. Rostbraten mit Zwiebel, auf einem Hügel gerösteter Kartoffeln ruhend und mit seinen Kanten über Erdäpfel und Teller wie ein Mantel herabhängend und das Wiener Schnitzel von nicht minder beträchtlicher Größe, stark im Mehl gewälzt und dann in schmorende Butter geworfen, dampfend, um sich wenn man ihm unvorsichtig nahte, den Mund zu verbrennen, auf den Tisch gesetzt in Begleitung von süßer oder saurer Beigabe, das waren die populärsten Speisen in

Bei Gause.

Wien und sind es heute noch. Sie kosteten damals nichts oder fast nichts, denn 20—30 Kreuzer waren kein Geld, wie man zu sagen pflegt. Dazu trank man aus hohen Gläsern Wein, dem man stets eine entsprechende Quantität Wasser zusetzte. So ißt und trinkt man vielfach noch heute, wenn auch die Portionen nicht so groß, und die Gerichte nicht so wohlschmeckend sind, wie ehedem. Eines ist aber gewiß, es gibt nichts auf der Welt, das besser den Durst löscht und erfrischt als gewässerter niederösterreichischer Wein. Wie viel besser hätte noch das echte Getränk in dem alten Wien geschmeckt, wenn es zu jener Zeit die Hochquellenleitung, die Kühlung der Alpensee gegeben hätte, oder wenn das Sodawasser schon erfunden gewesen wäre.

Das gute Essen der alten Zeit und der perlende „Stutzen" dazu — „Gespritztes", welche Wonne!

Die Wiener Küche von ehedem war deßhalb so gut, weil die Braten am Spieße staken; nur das offene Feuer gibt saftig weiches Fleisch und jene goldige Kruste der Außenseite, welche dem Munde die Geheimnisse des mit dem Harten vereinigten Zarten verräth. Die Gelehrten haben noch nicht ergründet, warum das Reich des Spießes in Wien zu Grunde gieng, warum er sich zu drehen aufgehört hat. War es die Noth der Zeit, war es die Bewegung, welche ein erfinderischer Kopf unglückseligerweise in die Welt geworfen hat — jede Bewegung zieht Schaaren in ihren Wirbel hinein, die willig oder unbewußt Nachfolge leisten — kurz in Wien brannte plötzlich das Feuer unter den Eisenplatten des Sparherdes. Wehe der Hausfrau, die sich nicht beeilt hätte, sparsam zu sein und der neuen Art gemäß zu kochen,

Im Kirchhof.

sie wäre als Verschwenderin in ihrem ganzen Kreise gebrandmarkt worden. Wir wissen nicht, ob man viel bei dieser neuen Methode erspart hat, aber Thatsache ist es, daß es mit dem Braten, dem guten, saftigen und reschen Braten ein Ende hatte. Man bekam fortan in Wien nur in der Röhre gedünstetes oder gekochtes Fleisch, das Alles war, nur kein Braten. Diese Methode hat sich lange Jahre hindurch erhalten, bis die große kosmopolitische Einwanderung verschiedenartigster Speisen aus den mannigfaltigsten Ländern in Wien ihren Einzug hielt. Seitdem ist es mit der nationalen Wiener Küche fast zu Ende und Jedermann, wo immer her er auch kommt, kann in Wien in seiner vaterländischen Art speisen. Der Franzose erhält sein Ragout, der Engländer sein gekochtes Gemüse mit darauf gelegter Butter, halb oder viertel durchgebratenes Beefsteak oder Rostbeef. Die österreichischen Provinzen sind durch die verschiedenartigen landesüblichen culinarischen Specialitäten vertreten.

Die Ungarn finden ihr Gulyás, ihre Mehlspeisen mit Käse und gebratenem Speck, ihr paprizirtes Kraut; Italiener Maccaroni und geschmacklose Polpetti, zu welchen alle Sorten südtirolischer oder italienischer Weine getrunken werden; die Böhmen finden ihre mit Zwetschkenmus dick überstrichenen „Dalken", die Polen ihre säuerlichen Suppen, die Steirer ihren „Sterz". Das dampft und quirlt durcheinander, daß der Magen nicht weiß, was der Mund gegessen. Die Wiener Küche ist föderalisirt.

Indessen, wenn Wien einsieht, daß es gefehlt hat, so bessert es sich. Die Wiener Küche ist, wenigstens in den ersten Hotels und in den Häusern, die auf wohlschmeckende Speise, auf gute nahrhafte Kost halten, zum Spieß zurückgekehrt. Rostbeef, Filet, Huhn und Kapaun werden wieder auf die lange, eiserne Nadel gesteckt, welche sich oberhalb des offenen Feuers dreht. Nur die armen Leute kochen noch auf dem Sparherde, auf den nur allzu häufig gesprungenen eisernen Platten mit verschiedenartigen runden Löchern, und in den mannigfaltigsten Röhren.

Nichtsdestoweniger, trotz aller Uebelstände der Wiener Küche, dem Wirrwar in derselben, und dem schlechten Geschmacke, welchen viele Speisen, die nicht sofort nach dem Garwerden auf den Tisch gebracht werden, besitzen, hat das Essen in Wien doch noch sein Gutes. Man kann in keiner Stadt der Welt so billig und so gut essen wie in Wien. Allerdings muß man bekannt sein in Wien, wissen wo man hinzugehen hat. Im Vergleiche mit den Genüssen, welche Paris zu 2½ Francs und Berlin um 2 Mark bietet, ist Wien heute noch die paradiesische Stadt des Essens. Ein Gulden reicht hin, um eine gute und reichliche Mahlzeit zu sich nehmen zu können, wenn man mit vortrefflicher Suppe, schmackhaftem, saftigem Rindfleisch, nebst Gemüse, Wiener Mehlspeise und einem großen, mit Wein und Wasser gefüllten Glase zufrieden ist.

Darin ist sich Wien gleich geblieben. Eine große Umwandlung haben aber die Hotels erfahren. Sie sind der vollständige Gegensatz des vornehmen Einkehrwirthshauses von Alt Wien. Man lebt theuer in den Hotels zu Wien! Diesen Ruf hört man aller Orten, in der Heimat wie in der Fremde. Das läßt sich auch nicht leugnen. Nicht so sehr die Preise der Wohnung und des Speisens, wenn man nicht als Prinz auftritt, bilden die hohen Kosten, die ein Tag in einem Wiener Hotel zugebracht, auf die Rechnung zaubert; die Nebenauslagen machen das Hotelleben so theuer. Beleuchtung und Bedienung, Trinkgelder an alle Welt, vom Stubenmädchen angefangen, welches als Erste schmunzelt, wenn man das Appartement verläßt, bis zu dem Portier, welcher uns beim Einsteigen in den Wagen behilflich ist. Alles lächelt, was mit dem Ausstrecken der Hand ziemlich nahe verwandt ist. Dazu kommen die Fremdenführer, die Fiaker und was sich Alles noch nothwendiger oder unnöthiger Weise dem Fremden beigesellt. Leute, welche gewohnt sind in der Fremde an der Table d'hôte zu speisen und nicht die Art des Wieners, sich mit drei Speisen zu begnügen, nachahmen, müssen Dejeuners

und Diners, wenn sie dieselben so mannigfaltig wünschen, wie sie die Table d'hôte
bietet, mit recht hohen Preisen bezahlen. Das vermögen nur reiche Leute zu
leisten. Die Ursache dieser Theuerung liegt in der Entstehung der neuen Wiener
Hotels. Sie stammen zumeist aus einer Zeit, wo, wie man damals zu sagen
pflegte, das Geld auf der Straße lag und man mit Millionen herumwarf, wie
heute nicht mit Tausenden. Man baute Hotels, ohne das zukünftige Erträgniß in
den Calcul zu ziehen. Hunderttausende wurden auf Ausschmückung einzelner Säle
und Stiegenhäuser, auf Decorirung und Anlagen aller Art verwendet. Sie liegen
nun festgerannt in vergoldeter Holzschnitzerei, in prunkenden Freskobildern an den
Wänden, in Marmorsäulen und goldenen Kronleuchtern, in Mosaikböden und
Wintergärten. Wurde doch sogar das Palais eines Prinzen in ein Hotel umgewandelt, und die fürstlichen Säle dienen nun illustren Fremden als Schlaf- und
Wohnzimmer. Es gibt Salons, die dem Raume nach sechs Wohnzimmer fassen
könnten, wenn man das Haus, damit es sich rentire, für den Fremdenverkehr erbaut
hätte. Das will allerdings bezahlt sein und wird auch bezahlt. Gerade den vornehmsten Wiener Hotels fehlt es das ganze Jahr hindurch nicht an Bewohnern.
Und gerade in diesem fast königlichen Hotel, wo man ein ganzes kleines Fürsten-
thum in einer Woche aufzehren kann, befindet sich eine echt wienerische Einrichtung,
die „Schwemme" genannt, wo man drei der Speisen, welche in silbernen Terrinen
den Herrschaften vorgesetzt werden, um einen Gulden bekömmt, ja man kann dort,
im Hotel Imperial, eine allerdings etwas „kleine Portion" Gulyás zum Dejeuner
oder Gabelfrühstück, in landesüblicher Sprache, um die Summe von fünfzehn
Kreuzern vorgesetzt erhalten, wenn man es nicht scheut, in der Gesellschaft von
Stubenmädchen und Dienern der im Hause wohnenden fremden Herrschaften und
der einheimischen unverfälschten Fiaker zu speisen. Die manchmal etwas laute
Nachbarschaft der feschen Wiener Roßselenker ist allerdings nicht nach Jedermanns
Geschmack.

Die ersten Fremdenhäuser in Wien sind: Eduard Sacher, Hotel Imperial,
Grand Hotel, Continental, Munsch, Stadt Frankfurt, Erzherzog Karl, Meißl
und Schaden, Royal u. s. w. Dazu gesellen sich eine ganze Reihe von Häusern
zweiten Ranges, Speisehäuser vortrefflicher Art, z. B. der Stephanskeller, wo man
in überirdisches Entzücken gerathen kann, Leidinger, das auch ein Inferno hat,
mit einem schwachen Ansatz von kleinen Zimmerchen, die man in Wien „separirte
Cabinette" nennt u. s. w. Eine Eigenthümlichkeit in der Reihe von Etablissements,
die für die Genüsse des Magens bestellt sind, bildet das Hotel Sacher. Der Gründer
des Hauses war der Erfinder der berühmten „Sachertorte", deren braunes Chocolade-
kleid das Entzücken aller Feinschmecker der Welt bildet. König Milan von Serbien
und der Prinz von Wales zogen das Essen bei Sacher und das Trinken auch dem
in jedem anderen Restaurant vor. Was vornehm ist und gut leben will, geht zu
Sacher. Wer „allein", aber nicht gerade still sein will, bestellt bei guter Zeit einen
geschlossenen, kleinen Raum bei Sacher, um zu zweit, zu viert und manchmal

auch zu zwölft — denn es gibt auch größere gesonderte kleine Räume — zu diniren oder zu soupiren. Es gibt nichts auf der Welt an Gutem und Seltenem, was man bei Sacher nicht haben kann, wenn man es zu zahlen oder schuldig zu bleiben im Stande ist. Die Fleischspeisen sind das geringste, was den Preis anbelangt; aber eine Erdbeere, ein Pfirsich, eine Traube, deren völlige Reife man zur Zeit nicht im Entferntesten vermuthet, werden zum Nachtische servirt, u. zw. zu wahren Amateurpreisen. Da hilft keine Revision der Rechnung, denn eine seltene Frühfrucht, eine allerechteste Cigarre der allerersten Havanna-Firmen, ein Glas Cognac, das der Besitzer den ältesten Beständen seines Kellers entholt hat und nach dem vorigen Jahrhundert zurückverlegt, sind Seltenheiten, die man nicht genug schätzen kann, wenn man sie anbietet. Doch Sacher ist nicht nur für die Könige, Fürsten und Grafen dieser Erde, die Bankiers und Börsenspieler in Zeiten der hochgehenden Course; es können auch kleine Leute bei ihm speisen, um einen einfachen österreichischen Gulden bei ihm dejeuniren. Man bekommt ein Gericht von Eiern, Braten, Käse oder Obst. Für ein Mittagmahl würde es nicht ausreichen, aber Leute, die erst des Abends zu Mittag essen, haben zu so mäßigem Preise ganz ausgiebig und gut gefrühstückt.

Auch in der Art, wie der Wiener trinkt, hat sich eine große Umwandlung vollzogen. Wie lange hat es gedauert, bis Dreher das Wiener Bier auf die Höhe seines berühmten „Lagers" gehoben hat, dann schlug die Mode um und Pilsener kam an die Reihe; in neuester Zeit entstanden Bierhallen aller Orten, in denen dem Gambrinus bairischer Nationalität geopfert wird. Man trinkt in den vornehmen Bierhallen Wiens mit Vorliebe bairisches Bier. Das Spatenbräu ist siegreich, es ist zuerst aufgetreten und hat sich bis heute behauptet, weder der Löwe noch Pschorr kommen ihm ganz gleich. Zu diesen gesellen sich Ansbach und Nürnberg und wie sie alle heißen, die dunkeln Flüssigkeiten, welche man aus Steinkrügen zu trinken liebt, während der echte Wiener Mensch an dem echten Wiener Bier festhält, das er im hohen Krystallglase credenzt erhält, und wovon er nicht früher trinkt, bis er, den Humpen hochhaltend die gelbrothe Flüssigkeit goldbigroin erglänzen sieht.

Der Wiener ist kein Kostverächter, ein Getränkeverächter noch weniger, er nimmt das Gute, wo er es findet, ißt und trinkt es mit Behagen. Nur darf man, wenn er auch selbst dem Fremden huldigt, in seiner Gegenwart das Einheimische nicht tadeln, das Wienerische nicht angreifen. Das verträgt er nicht, der Wiener. Und wenn er im Kreise seiner Kameraden noch so sehr Opposition in welcher Richtung immer gemacht hat, so tritt er sofort kampfbereit auf die Wahlstatt, wenn ein Fremder ihm die Heimat anzugreifen wagt. So ist der Wiener. Zwei Seelen wohnen seit jeher in seiner Brust, die Bewunderung des Fremden und die stete Bereitschaft, das Vaterländische zu vertheidigen. Diese zwei Empfindungen zerreißen ihn und spalten seinen Charakter, ob es sich nun um Politik oder um die Wahl zwischen schwarzem deutschen und hellem österreichischen Bier handelt.

Dieser Art sind also die Hotels und Gasthäuser in Wien. Früher besaß man eine Gattung von Familienhäusern, in welchen als Familienvater der Hotelier waltete, jetzt hat man auf Actien gebaute Hotels, an deren Spitze ein Director, ein gar vornehmer Mensch, regiert. Er leitet die Geschäfte gut oder minder gut, bleibt, wenn er nicht entfernt wird, aber wenn er auch noch so vortrefflich ist, er hat kein Herz für die Gäste und das Herz der alten Wiener Wirthe — „sie kochten mit Liebe" — war die Hauptsache; das vergoldete das alte Wiener Einkehrwirthshaus.

❉ ❉ ❉

Im Stammbeisel.

Tag und Nachtbilder

Von

Friedrich Schlögl.

Binnen Jahresfrist cursirte hier wiederholt eine allgemeine Frage und die lautete: „Was wäre Wien ohne Tramway?" Und die Antwort hieß einstimmig: „Der Fall ist überhaupt gar nicht denkbar, und wenn schon, so dürfte die Calamität höchstens achtundvierzig Stunden währen, denn bei längerer Dauer könnte man für nichts mehr gut stehen, die peinliche, der gesammten Bevölkerung fühlbare und unerträgliche Situation würde vielleicht sogar zu einer Rebellion führen, so unentbehrlich ist dieses Verkehrs-Vehikel bereits geworden und so unabweisbar ist dieses Bedürfniß für die Allgemeinheit!" So sprachen selbst die Weisesten der Weisen, so sprachen auch die sattsam bekannten „Denker Wien's".

Diese scheinbar wichtigste der Fragen war einfach lächerlich, und die tiefsinnige Antwort war es gleichfalls. Wien hat die beiden gefürchteten Krisen eines Tramway-Strikes mit Fassung, ja mit Ergebenheit in das Unvermeidliche hingenommen und glücklich überstanden, es ist ruhig geblieben, es hat sich am ersten Tage zum längst ungewohnt gewordenen Gehen wieder gewöhnt und am nächsten Tage bereits überlegt, ob man dasselbe nicht auch ferner thun könnte und sollte, oder ob im äußersten Nothfalle — da von einer erheblichen Zeitersparniß bei der ruckweisen Tramwayfahrt ohnehin kann die Rede — ein anderes Beförderungsmittel nicht etwa sogar vorzuziehen wäre? (Wenn an dem, man sah wenigstens

ein, daß die Tramway zum Heile Wiens und der Wiener nicht unumgänglich erforderlich sei und daß bei einem dritten ähnlichen Anlasse die „Krisis" noch ruhiger
verlaufen würde.

Ungleich wichtiger erscheint mir die Frage: „Was wäre Wien ohne
Wirthshaus?" Man denke: Das Wort, der Begriff „Wirthshaus" im
weitesten Sinne genommen! Nirgends ein Wirthshaus! Was soll der „civilisirte"
Mensch in solcher Lage thun? Die Welt wäre ihm trotz der dichtesten Bevölkerung
eine trostlose Einöde.

Ach, ich spaße nicht und rede im vollen Ernste. Das „Wirthshaus" ist, wie ich
dies auch in meinem Beitrage zum kronprinzlichen Werke des Ausführlichen dargethan,
ein mächtiger, wenn nicht der mächtigste Factor im Leben des Wieners.

Der Eingang in diese vielbesuchten Zufluchts- und Wallfahrtsstätten für
Hungrige — und noch mehr Durstige — führt durch das „Atrium" vulgo die
„Schwemme", jenes populäre Eldorado der nachbarlichen Hausmeister und Klein-
gewerbetreibenden, der Gesellen und aller Vacierenden, der Kutscher und Straßen-
arbeiter und jener eiligen Passanten, die nur für einen „Stehpfiff" oder ein
„Stehseidel" (nach altgewohnter Benennung) Zeit und Muße — und die nöthige
Scheidemünze zur Verfügung haben, aber durch schlechte Beispiele und die wort-
reichen Verführungskünste von geschulten und ausgepichten „Bekannten" gar oft
verleitet werden, länger zu verweilen, als es ihre Berufsgeschäfte und übrigen
Umstände erlauben würden. Hier sind denn auch, wo noch die altmodischen „Salz-
bretzen" und der moderne „Hadschi-Loya"-Schwarzwecken paradiren, auf
einem separaten Tische zur verlockenden Auswahl jene üblichen Zierden eines pri-
mitiven Buffets aufgestellt, die der Kenner und vorstädtische Gourmand nur mit
verliebten Blicken und bei schmalzender Zunge betrachtet, bis er aus dem bunten
Sammelsurium von: „Stelzen, Russen, Preßwürsten, gedörrten „Savaladis", ge-
sulzten Schweinsfüßeln, gebackenen Schneiderfischeln, Buchteln, Quargelkäse und
antiquarischen Gansbügeln" sich das Richtige für seinen specifischen Gaumen und
abgehärteten Magen auserkiesen, wenn er es nicht im Anfluge einer sybaritischen
„Aufhauer"-Laune vorzieht, was „Warmes", d. h. ein kleines Gollasch mit Nockerln,
oder saure Nierndln, oder gar, so es seine momentanen Mittel erlauben, ein Teller-
fleisch mit Essigkren sich zu vergönnen. Mehrfach genügt jedoch schon ein „Haring"
(in natura, welcher heroische Gusto allerdings durch einen größeren Aufguß von
„Fensterschwitz" (im Hochdeutschen: Abzugbier) wieder gesühnt werden muß.

Das sind in diesem gemeinschaftlichen Vorraume des „Wiener Wirthshauses" für gewöhnlich die Früh- und Vormittags-Schmausereien, die sich aber und
zwar sowohl bei gutem als schlechtem Wetter, je nach dem Wechsel der Gäste tagsüber
nicht selten wiederholen. Abends ist das Bild natürlicherweise ein viel belebteres,
da die diversen schöneren Ehehälften in liberalstem Negligé mit ihren Gesponsen
sich auf ein paar Stündchen einfinden; die Gesellen mit ihren definitiven Zukunfts-
Bräuten oder Interims-„Flammen" an den Ecktischen Platz nehmen, und auch die

Köchinnen des Bezirkes mit ihren zeitweiligen militärischen Beschützern behufs einer
vertraulichen Plauderei hier sporadisch sichtbar werden. Diese charakteristischen
Volkstypen, aus deren Mitte sich in kurzen Zwischenpausen Jubelschreie oder laute
Verwünschungen der „Schnapser" hörbar machen, so wie das wirre Treiben
an der Schenke Seitens der Mägde, Lehrjungen und der mit leeren Gläsern unge-
stüm herandrängenden Kellner, in welchem lärmenden Chaos nur der Hausknecht
und die Aufschreiberin ihre classische Ruhe bewahren, sind das bleibende Merkmal
der „Schwemme".

Ein paar Schritte weiter, durch die offene Thür und man befindet sich
bereits in einer besseren Region. Es ist dies das sogenannte (erste) „Extrazimmer", in welchem meistentheils ein Stammpublicum sich seßhaft gemacht,
das allabendlich um die nämliche Stunde (eigentlich Minute) erscheint, zu welcher
es gestern und vorgestern und überhaupt seit Jahren gekommen und das in den
liebgewonnenen Räumen treu anhält, trotz einzelner, aber bald vorübergehender
Zerwürfnisse, Mißverständnisse und Meinungsstreitigkeiten und ungeachtet auch die
Küche vielleicht schon wiederholt Anlaß zur Klage gegeben, wenn eine Lieblingsspeise vergriffen oder zum Kalbsbraten die Niere fehlt. Denn hier thront der
„Stammgast" mit seinen angebornen Rechten, der eine Berücksichtigung in allen
Fällen und nach allen Richtungen verlangt und sie auch dann erheischt, wenn die
Erfüllung seiner urplötzlichen Wünsche oft platterdings unmöglich ist.

Dieses specifische Stammpublicum des ersten Extrazimmers, wo es auch
noch schön angerauchte, silberbeschlagene Meerschaumpfeifen zu bewundern gibt,
recrutirt sich vor Allem aus (günstiger situirten) bürgerlichen Elementen, mehrstöckigen Hausherren und aus Beamtenkreisen subalterner Kategorie. Hier, wo
Einer den Andern kennt und dessen Lebenslauf von der Wiege an zu erzählen
wüßte, herrscht demnach eine wechselseitige intime Freundschaft und fast ein allgemeiner „Du"-Standpunkt. Denn hier werden eben jene Allianzen und Ver-
brüderungen („Bruderschaften") geschlossen, die erst der Tod löst. Hier
auch sind die Werbeplätze für Taufpathen, Firmgöden, Beistände und künftige
Schwiegersöhne, wie es der geeignetste Boden zur Gründung und Fortpflanzung von
Vereinen ist, mögen dieselben Gesangs-, Geselligkeits- oder Humanitätszwecke verfolgen, endlich floriren hier im weitesten Umfange die beliebten Losgesellschaften
mit ihren Haupt- und Nebentreffer-Aspecten und was der tolerirten ungefährlichen Verbindungen noch mehr sind. Daß ein Sammelbogen für milde Beiträge zur Unter-
stützung Nothleidender hier nicht vergebens die Runde macht, ist fast selbstverständlich,
und zwar schon aus dem einen Grunde, weil hier auch ab und zu Frauen mit
ihren Töchtern als Gäste erscheinen und in derlei Fragen und Angelegenheiten ihre
Stimme nur im wohlthätigen Sinne abzugeben gewohnt sind.

Freilich ist nicht für sämmtliche Abende des Jahres die ungetrübte Harmonie
als unabänderliche Regel anzunehmen und dies umsoweniger, als just in diesem
Raume in vorgerückten Stunden mit einer gewissen Leidenschaft auch dem Karten-

spiele gefröhnt wird, und sogar das zahme Tarok bekanntlich genügenden Anlaß zu heftigen Expectorationen geben kann. In solch strittigen Augenblicken hat meist Einer oder der Andere als Friedensapostel den glücklichen Einfall, eine drollige Wette — die alsogleich unter Gelächter acceptirt wird — vorzuschlagen, worauf das Auszipfeln eines (oder mehrerer) Doppelliter Mailberger beginnt, die lustigste Cumpanei unter allerlei Ulk und Hetzen und bei stetem Gläsergeklirre und Hochrufen eröffnet ist, ihren ungestörten Fortgang nimmt und — zur Beängstigung des schon mehrfach „eingegangenen" Wirthes — meist weit über die Polizeistunde hinaus währt.

Tarokpartie in der „Schwemm".

Das Schlimme an der Sache ist jedoch, daß auch hier böse Beispiele die guten Sitten verderben. Ist man an dem einen Tische allzufroher Dinge, fängt's an den nächsten ebenfalls zu gähren an. Man hat daselbst einem Krainer gerade sieben Sardinenbüchsen abgewonnen, deren Inhalt in einer Fluth frischen Pilsners ertränkt werden muß; man hat einen etwas aufdringlichen Hausirer gehänselt und — bei Abwesenheit von Frauen — mit einem neckischen Blumenmädel geschäkert, an welcher Aufgabe sich besonders die nach den neuesten Mustern adjustirte junge Herrenwelt lebhaft betheiligt, weshalb es aber nicht ausgeschlossen ist, daß bei diesem angenehmen Zwischenspiel oft die würdigsten Greise in oratorischer Beziehung und schmunzelnd den Ausschlag geben.

Mit diesen allabendlich stabilen Beschäftigungen ist jedoch die Thätigkeit des Stammgastes nicht erschöpft. Es werden in ruhigeren Stunden wichtige Pläne behufs Abhaltung von Kränzchen und „Hausbällen" geschmiedet und hiefür nach manchem Zungengefechte die Ehrenchargen vertheilt. Es finden sich aber auch Anlässe, um interne Feierlichkeiten abzuhalten, da an Namens- und Geburtstagsfesten kein Mangel, Taufschmäuse, Jahrestage von Hochzeiten und sonstige „Lätzel" von findigen Köpfen stets auf das Repertoire gesetzt, ja selbst die Todestage abgeschiedener Freunde alljährlich mit einem bürgerlichen Trauersalamander in Erinnerung gebracht werden können. So verlebt man in dieser Luftschichte seine Abende, wie

Stammgäste im „Extrazimmer".

bereits bemerkt, großentheils in Ruhe und Frieden und harmonischer Eintracht, welche nur vor etlichen Jahren in der sogenannten „Hundezeit" — wo es nämlich noch gestattet war, die „treuesten (vierfüßigen) Freunde des Menschen" in die Gasthäuser mitzunehmen und es demnach auch unter den Tischen und zwischen den Beinen der P. T. Gäste von Rattlern, (Pseudo-) Möpfen, Pintscherln, Buldoggs, Pudeln, Doggen, Dachseln, 2c. 2c. wimmelte — zuweilen noch gestört wurde, wenn ein Köter den anderen beknurrte oder eines Fleischknochens wegen eine allgemeine Rauferei und Beißerei unter denselben entstand und die bezüglichen Eigenthümer ihre Lieblinge in Schutz zu nehmen und deren Unschuld zu erweisen suchten.

Und wieder ein paar Schritte weiter — gewöhnlich durch eine Glasthür geschieden — und man betritt abermals eine andere und noch reinere Region, eine Art von Sanctuarium: das zur Winterszeit mit einem Laufteppich belegte zweite und wirkliche Extrazimmer (von Hyperbolischen „Speisesalon" genannt), in welchem die thatsächlichen (wie die quasi-) Honoratioren residiren und im Allgemeinen ein gedämpfter Ton zur Obliegenheit zu gehören scheint. Die Stimmung ist in diesem auserwählten Raume in der Regel eine ernste, gemessene, fast feierlich zu nennende, eine gewisse unleugbare Vornehmheit kommt nicht nur in den Mienen, sondern auch in den manuellen Bewegungen und übrigen Gestionen der Anwesenden zum Ausdruck. Es ist zweifellos, daß man es mit distinguirten Persönlichkeiten zu thun hat, wenn deren Zechen und sonstige Ausgaben auch keine erstaunliche oder nur nennenswerthe Höhe erreichen. Dagegen sind die Anforderungen dieser erlauchten Gäste an den Garçon in Bezug auf rasche und tadellose Bedienung, so wie auf Küche und Keller noch strenger, als sie der capriciöseste Stammgast im vorderen Extrazimmer zu äußern sich gestatten würde. Doch

Ankunft des Stammgastes.

man duldet's, man weiß: „Hohe Herren haben ihre Launen", man will es nicht verderben mit ihnen, man will sie vielmehr dauernd erhalten, dienen sie doch auch zugleich als leuchtende Staffage für den guten Ruf des Hauses. Und so sitzen denn diese Götter und Halbgötter des (richtigen) Extrazimmers an jedem Abende ebenfalls zur gewohnten Stunde und an dem gewohnten Platze und lassen lautlos die silbernen und goldenen Monstre-Dosen oder zierlichen Miniatur-Döschen zwischen den beringten Fingern spielen, befassen sich, wie in Nachdenken oder in Träumereien versunken, mit der fleißigen und unermüdlichen Anfertigung von Brodkügelchen und gerathen nur dann in sichtliche Aufregung, wenn ein fremder, unbekannter, von der Gasse gleichsam hereingeschneiter Gast es wagen sollte, an ihrem Tische,

16*

die Gesellschaft nur gleichgiltig begrüßend, gänzlich ungenirt, um den üblen Eindruck seines Erscheinens unbekümmert, und noch dazu etwas geräuschvoll Platz zu nehmen. Ein solches fast als frech, sicher aber als unbegreiflich zu nennendes Attentat auf das Sitz-Erbrecht, ein solch' gewaltsamer Einbruch in die Klausur der in socialer Beziehung unstreitig höher gestellten oder doch wenigstens sich „höher" dünkenden und deshalb vor der profanen Menschheit sich abschließenden „feinsten" der Stammgäste wird in gerechter Würdigung der Sachlage selbst vom Dienstpersonale mit ebenso erstaunten, wie mißliebigen Blicken betrachtet und der Eindringling darum auch — nach dem Kellner-Jargon — so „schmasu" als möglich behandelt, bis er das ihm unheimliche Terrain ziemlich geringschätzig verläßt, um nie wieder dort gesehen zu werden. Daß derlei „Ereignisse" auch den Wortkargsten der Tafelrunde noch wochenlang Stoff zu eingehenden Gesprächen und eine Serie von Vermuthungen über die Bedeutung jenes Wagnisses und die dunkle Persönlichkeit desselben liefern, könnte nur einem vollends Ungebildeten als unglaublich erscheinen, der in den Geist und die Satzungen, die Sitten und Gebräuche eines Wiener Honoratioren-Zimmers und -Tisches nicht eingeweiht ist.

Genügt doch schon die oberflächlichste Umschau in einem der besser besuchten Wiener Gasthäuser, um den grellen Rangsunterschied zwischen den einzelnen Abtheilungen und Gelassen zu erkennen, wenn man weiter nichts als das Tischzeug, wie die — Wäsche und übrige Toilette der Kellner in den betreffenden Sectionen in's Auge faßt. Es wird da — c'est à dire — immer weißer und weißer und glänzender, je tiefer man in das Innere der Wirthschaft bringt. Denn nicht nur das Tischgeräth mit all' seinem Zugehör glitzert wie eitel Silber und frisch gefallener Schnee, es leuchtet auch der perlkarne Brustlatz (s. „Schnisel, Chemisette") so wie der angeheftete Halskragen und die eingehängten Manchetten des gesammten Dienstpersonales dieser Abtheilung, vom sorgfältigst frisirten Zahlkellner bis herab zum gleichfalls reichlichst pomadisirten (und doch gebeutelten) jüngsten Knirps in gewaschenster und beinahe blendender Reinheit. Der eintretende Gast ist für solche Noblesse der Wäsche und Gesinnung nicht unempfindlich, er nickt dem ehrerbietigst Grüßenden und sich tief Verbeugenden freundlich und huldvoll zu, ist aber erst dann innerlich vollkommen zufrieden, wenn er der anderen Auszeichnung sich versichert sieht, die darin besteht, daß neben seinem funkelnden Eßbesteck auch das gewohnte „Salzstangel" in Bereitschaft liegt.

Das ist so beiläufig das Leben und Treiben im Bereich des „Wiener Wirthshauses", bei welcher nur flüchtigen Schilderung die Eingangs erwähnten vulgären Beisel, in den Seitengäßchen der entfernteren Vorstädte — die Rendezvous bedenklicher Gestalten — wie erklärlich ausgeschlossen wurden. Dagegen wäre bei den anderen, den honetteren und honettesten Unternehmungen dieser Branche noch zu bemerken, daß einige derselben in besonderem Renommée hinsichtlich der Küche stehen und aus diesem Grunde zu gewissen Stunden förmlich zu Abfütterungsanstalten en masse (bei unaufhörlichem „Tellergeschepper" und „Hin-

und „Herschießerei" der Bedienungs-Mannschaft) werden; wieder andere eines ehrenden
Rufes bezüglich einer speciellen Wein- oder Biergattung genießen und deshalb
häufig von Besuchern überfüllt sind, so daß Viele mit einem Stehplätzchen sich

„Beim Stand"

begnügen müssen. Weiters, daß industriöse
Wirthe, deren Räumlichkeiten es gestatten,
nebst ihren öffentlichen Localitäten auch
separirte Cabinette für intime kleine Cirkel,
sowie abgeschlossene Zimmer für größere
Gesellschaften (Club, jour fixe, Vereins-
abend) und Abhaltung von Hochzeiten, Wahlbesprechungen, dann gewissen, für
die Allgemeinheit nicht bestimmten Ehrung-Festivitäten u. s. w. in Stand setzen
und mit dem unumgänglich nöthigen Bilder- und Büstenschmucke ausstatten.
Größeren Zulaufes erfreuen sich auch einige Gastgeber in bürgerlichen Bezirken,

wenn sie im Besitze eines Gartens (oder auch nur Gärtchens) sind, zur Sommers-
oder Backhühner- und grüner Erbsen-Zeit bei den Productionen beliebter Volkssänger und im Winter an Wursttagen, wo um diese Erzeugnisse einer
rationellen „Hausindustrie" von leidenschaftlichen Amateuren jedesmal ein stür-
misches Verlangen geäußert und manch' kleine heitere Balgerei in Scene gesetzt
wird. An Abwechslung ist also nirgends Mangel und nur Eines bleibt sich
allüberall gleich, die unaufhörliche Jagd — nach Trinkgeldern an mehrfache,
vermeintlich rechtmäßige Aspiranten, unter welchen in den letzteren Jahren besonders
die scharfäugigen „Rockanzieher" durch ihre leider allzuheftige und hastige
Dienstwilligkeit sich nicht am augenehmsten bemerkbar zu machen pflegen.

    Damit sei es genug in der Darstellung der Licht- und Schattenseiten im
„Wiener Wirthshausleben", für welch' letztere nur Einer unempfindlich
ist, der überall zu treffende und allüberall gefürchtete, weil nicht „fortzubringende",
sattsam bekannte „letzte Gast" (in der Kellner-Titulatur „Pickan" genannt), der
auch dann noch keine Miene zum Aufbruch macht, wenn der „Vice" wegen Reinigung
des Schankzimmers einen Kübel Wasser ihm über die Füße gießt, sämmtliche
Gasflammen verlöscht, den Blechleuchter mit der flackernden Unschlittkerze ergreift
und mit dem Schlüsselbunde rasselt. Da ist's nun freilich bitterer Ernst, trotzdem
wäre er geneigt, noch „zwischen Thür und Angel" ein Gespräch über die Fleisch-
preise oder über die europäischen Staatenverhältnisse mit den schläfrigsten Jungen
anzufangen. Ein unausstehlicher Mensch!

    Nun aber wirklich allseits „Gute Nacht!" und morgen um die fixe Stunde
ein fröhlich Wiedersehen in der altgewohnten Stammkneipe, am Stammtische als
Muster-Stammgast!

Das Kaffeehaus am Morgen.

Von

Eduard Pötzl.

Wien, welches innerhalb seiner alten Basteien das erste Kaffeehaus des Abendlandes erstehen sah, hat sich in dieser Einrichtung während der zwei Jahrhunderte, die darüber verflossen sind, von keiner anderen Stadt der Welt übertreffen lassen. Das Wiener Kaffeehaus ist zum Muster geworden in allen andern Ländern und hat seinen eigentlichen Charakter im Gegensatze zu den anderwärts beliebten Mischungen von Kaffeehaus und Wirthshaus strenge bewahrt. Es steckt ihn ihm ein guter Theil des wienerischen Wesens, ob es nun am Nachmittag seine Gäste zum Schwarzen, zur Jause oder zu einem „Preferanzel", oder ob es des Nachts die Wirthshausbrüder versammelt, welche den „angebrochenen Abend" mit einer Partie Carambol und einem „Knickebein" würdig beschließen wollen. Immer ist es durchsättigt von einem eigenthümlichen lässigen Behagen, erfüllt von einer Atmosphäre müßigen Frohmuthes, der sich's daran genügen läßt, von der Zeitgeschichte aus den Blättern zu nippen und zu plaudern, wenn es in der Welt draußen donnert. Wer aber kennen lernen will, welche tiefere Bedeutung das Kaffeehaus für den Wiener hat, der muß es in den Frühstunden besuchen. Nicht in der schönen Jahreszeit, sondern an einem grauen weinerlichen Spätherbst- oder Wintermorgen, wenn der Tag noch ebenso unausgeschlafen ist, wie die Menschen, welche so frühzeitig ihr Werk zu beginnen haben. Oben am Himmel wallen dicke Nebel, unten auf dem Pflaster dunstet die schmutzige Nässe um die Wette mit dem fauligen Herbstgeruch, den die verwelkenden Blätter des Parkes, die ersterbenden Gräser und Pflanzen der nahen Anlagen ausströmen. Bei solchem schwermüthigen Wetter umrinnt das Wiener Kaffeehaus seine Gäste mit einem ganz besonderen Behagen. Durch seine blank geputzten Spiegelscheiben flimmert das Gaslicht, welches in den dunkelsten Ecken noch recht nöthig ist; in dem großen Füllofen sieht man ein mächtiges Feuer flackern, und wenn man eintritt, umfängt Einen gleich ein appetitliches Duftgemisch von Kaffee, frischem Gebäck, wie auch von noch jungfräulichem Cigarrenrauch. In einer Ecke unter'm Gaslicht putzt wohl ein nicht näher erkennbarer Marqueur allerlei Geräthe und nächst der Kaffeeküche trippelt ein altes Weiblein hin und her, um einladende Ordnung zu schaffen in den ihrer Obhut anvertrauten geheimnißvollen Räumlichkeiten des Hintertractes; denn hier hat für die emsige Frau erfahrungsgemäß die Morgenstunde wirklich Gold im Munde. An den Fenstern hingegen, wo der umnebelte Tag ein wenig durch die weitläufigen Scheiben zu blicken vermag, ist schon Alles für die früh-

Zeitungsleser.

aufstehenden Junggesellen bereit, die aus ihren ungeheizten Zimmern dahergerannt kommen und nach einem warmen Tropfen Kaffee oder Thee lechzen. Diese lieblichen Getränke dampfen unter den kundigen Händen des Feuerburschen in der Kaffeeküche, während auf den verhüllten Billards neben den Kipfelkörben ganze Stöße von Morgenblättern liegen, deren zarter Parfum von Druckerschwärze den Frühstücksgästen zu den frischen Kipfeln auch ein frisches Stückchen Weltgeschichte verspricht.

Nach und nach rücken sie nun an, die jungen und alten Hagestolze, meist übellaunig, verschlafen, fröstelnd. Erwärmten sie sich und ihren Humor nicht an der traulichen Kaffeehauspoesie des Morgens, es stünde oft schlecht um ihre Laune und Arbeitsfähigkeit während des ganzen Tages. Im Gegensatze zu dem Geselligkeitstrieb am Abend setzt sich Jeder womöglich allein an ein Tischchen und greift

nach seinem Lieblingsblatte, das der aufmerksame Marqueur bereits vor ihn hingelegt hat. Draußen rollen die Wirthschaftswagen durch den Roth in den trüben
Tag hinein, steht der Wachmann mit aufgeschlagenem Kragen an seinem Platze und
quatschen die Tritte der Fußgänger auf dem Trottoir an den Kaffeehausfenstern.
Herinnen klingt's von Zeit zu Zeit metallisch im Ofen auf, starke Erwärmung des
eisernen Kolosses verkündend, knistern die Zeitungen und schlurfen die Morgenschuhe
des geschäftigen Marqueurs, der das Frühstück und die Zeitungen da und dorthin
bringt. Man kann es zu Hause als Ehemann wahrhaftig so bequem und gemüthlich
nicht haben. Bis da geheizt ist und das Frühstück kommt, bis der Mann eine
Zeitung kriegt, die immer die Frau zuerst lesen will — nein, das Frühstück im
Kaffeehaus ist das Beste, was die Junggesellen haben! Und wie da dem Geschmack
und den Gewohnheiten des Gastes Rechnung getragen wird, welche sinnreichen Combinationen bloß beim Kaffee allein möglich sind! Hören wir nur einmal zu, in
welchen Formen der Kaffee bestellt oder, da der Marqueur schon die Neigung des
Gastes kennt, ohneweiters gebracht wird, wobei wir von den drei quantitativen
Unterscheidungen: Schale, Glas, Portion ganz absehen wollen.

> Eine Schale, sehr weiß, mit viel Haut.
>
> Eine Schale Gold ohne Alles.
>
> Eine Melange schlechtweg, mit Schlagobers.
>
> Ein Capuziner mit einem Stück Zucker mehr.
>
> Ein Lichtbrauner in der Theeschale.
>
> Ein Schwarzer im Wasserglas ohne Zucker.
>
> Eine Nuß drann mit Cognac.
>
> Eine Schale schwarz mit zwei Gläsern Wasser.

U. s. w. u. s. w. Lauter anmuthige Variationen über das eine würzige Thema:
Kaffee. Nun kommt aber noch die Wiener Gebäcksymphonie dazu: resche warme
Kaisersemmeln, mürbe Kipfel, Saunzerln, Wasserkipfeln, knuspriges Milchbrod
mit Zibeben (Rosinen), Zuckerkipferl, Theestangerln, flaumige Briochelaibchen und
Riesenkipfel aus dem nämlichen, wohlschmeckenden Teige, ferner zur Allerseelenzeit
geflochtene Heiligenstriezel, im Fasching zuckerbestreute Krapfen, liebevoll mit Marillen-
gelée gefüllt, zur Osterzeit die herkömmlichen Flecken und zu jeder Jahreszeit den
gelben, lockeren, delicaten Guglhupf. Es ist eine wahre Wonne, umgeben von
allen diesen leckeren Dingen im Kaffeehause das Frühstück zu nehmen, und das
muß einmal öffentlich und schriftlich constatirt werden, weil es undankbare Charaktere
gibt, welche gar nicht wissen, was für eine billige und angenehme Häuslichkeit
sie an dem Kaffeehaus des Morgens haben . . .

Freilich, jedwede Sache hat auch ihre Schattenseiten. Man muß auch
allerlei in den Kauf nehmen, was Einen ärgert oder gar anwidert. In unserer
naturalistischen Zeit darf man ja darüber ziemlich offen sprechen. Das Räuspern

z. B. und das Spucken thät Jeder besser unterdrücken. Auch gibt es andere Un-
gezogenheiten zwischen Himmel und Erde, von welchem sich Einer, dem das Kaffeehaus des Morgens eine unbekannte Stätte ist, nichts träumen läßt. Allein kein noch
so unverschämter Pantagruel wird im Stande sein, die herbst- und winterliche
Morgenpoesie des Wiener Kaffeehauses erheblich zu stören. Der stille, warme,
wohlstimmende Grundton kehrt doch immer wieder, gleichwie im Hochwald die schöne
Andacht, wenn das — Wildschwein grunzend im Dickicht verschwunden ist.

Das Kaffeehaus zu allen Stunden.

Von

Alfred Klaar.

Das Wiener Kaffeehaus! Ein Hauch müßiger Beschaulichkeit, der die
Wiener Kaffeeprunksäle durchweht, gemahnt vielleicht noch an die orientalische
Herkunft — in allem Uebrigen aber ist das Wiener Kaffeehaus eine Specialität
geworden, an der eine zweihundertjährige Cultur gearbeitet und die dieser Cultur
viel zurückgegeben hat. In den letzten Jahrzehnten, in denen der Austausch von
Einrichtungen und Unternehmergeheimnissen zwischen den Großstädten ihren Höhepunkt erreichte und in denen das Wachsthum der Verkehrsmittel es immer mehr
erleichterte, ganze Corporationen und Organismen auf Reisen zu schicken, hat man
das Wiener Kaffeehaus in andere Großstädte zu verpflanzen gesucht. Der Unter-
nehmungsgeist hatte daran den wesentlichsten Antheil, denn von zehn Wiener Kaffee-
siedern geht im Laufe der Jahre nur einer zu Grunde, während neun andere bürgerliche Dynastien begründen. Aber auch die Neigung des Publicums kam dem Unter-
nehmungsgeist als Antrieb entgegen. Die Fremden hatten die bequemen Reize des
Kaffeehauses in Wien kennen gelernt und wollten nun alltäglich ein Gleiches auf
ihrem Heimathsboden genießen. So entstanden da und dort ähnliche Unternehmungen.

Man nannte sie zumeist „Wiener Kaffeehäuser" und schon darin lag die Anerkennung
für die Originalität und Musterhaftigkeit der in Wien schon seit Jahrhunderten so
volksthümlichen Kaffeehallen. Noch beredter in dieser Richtung war das Bemühen,
das Wiener Muster in jeder Einzelheit nachzunehmen. Dieselben hohen, festsaalartig
geschmückten Räume im Erdgeschoß, dieselben Marmortische und derselbe „Thron"
der Kassirerin, welche huldreich den begünstigten Stammgästen Audienz gewährt und
mit Grazie die Zuckerschälchen vertheilt, dieselben trauten, in die Fensternischen
hineingepaßten Etablissements, dieselben riesigen Spiegelscheiben, welche dem lässig
hinlehnenden Beschauer gestatten, beobachtend, grüßend und nickend an dem bunten
Straßenleben theilzunehmen, dieselben eleganten, weichgepolsterten Möbel, dieselben
stilleren, dunkel gehaltenen Hinterräume für die Kartenspieler, dieselbe Eleganz und
Bequemlichkeit der allergeheimsten Erholungsstätten — kurz ein Abbild des Wiener
Kaffeehauses mit allem Comfort, der sich im Laufe der Jahre wie eine blinkende
Patina daran angesetzt hat. Noch mehr. Das Braugeheimniß der köstlichen
Melange, der schmackhaften Mischung von Kaffee und Milch, in der auch kein
Fäserchen Haut schweben darf und deren duftender Kelch von einladenden Wolken
Obers (Rahm sagt man in Deutschland) gekrönt wird, die Bäckervirtuosität, welche
die reichen, brüchigen, weichen, kunstvrigen und auf der Zunge schmelzenden Brode
herstellt und der leibhaftige Wiener Kaffeehauskellner mit seiner Findigkeit, die gegen
obligates Trinkgeld jedes Bedürfniß des Gastes erspäht, die Launen seines Gaumens,
die Vorliebe für die Zeitungen gewisser Parteien und Orte, die Art, sich in den
Ueberrock helfen zu lassen u. s. w. — all dies wurde an andere Orte übertragen, mit
all der Genauigkeit und Aengstlichkeit mit der nur jemals ein Stück Architektur von
Süd nach Norden verpflanzt, oder ein berühmtes Gemälde copirt worden ist. Dennoch kann man getrost behaupten, daß ein Wiener Kaffeehaus bis zur Stunde und
vermuthlich auch für eine absehbare Zukunft doch nur in Wien besteht, daß man
sich schon zu einer Reise nach der Donaustadt bequemen muß, wenn man diese Specialität in ihrem vollen Reize, in ihrer Eigenthümlichkeit, allerdings auch in ihren
schädlichen Nebenwirkungen auf den Bummeltrieb und andere noch bedenklichere
Neigungen der Menschen kennen will.

Woran das liegt? Die neue Einrichtung hatte eben sonst überall mit älteren,
längst eingebürgerten zu kämpfen, welche dieselben oder verwandte Bedürfnisse auf
eine andere Art recht und schlecht befriedigt hatten, das Publicum wollte sich in die
Beschränkung nicht fügen, in der so oft das Geheimniß der Virtuosität und der Eigenthümlichkeit liegt, es verlangte das Neue neben dem Alten und so entstanden
Compromisse und die neuen Schläuche füllten sich mit altem Wein. Das „Wiener
Kaffeehaus" in Sachsen, z. B. in Dresden und Leipzig, mußte mit der alt-
hergebrachten Conditorei, in der es recht zierlich und zimperlich hergeht und die aus
dem Allerheiligsten den Tabakrauch ausschließt, seinen Frieden machen. In Berlin,
München, Stuttgart u. s. w. wollte das Publicum auch im Café nicht auf
die Rechte des Wirthshauses Verzicht leisten. Es verlangte Bier und zum mindesten

eine reiche Auswahl kalter Speisen, auch aus dem Kaffeehause wollte man nicht „ohne Nachtmahl" scheiden. Man wollte, wie es in der Dichtung heißt, an beiden Tafeln schwelgen. So entstand wiederum das Mischgeschöpf „Café-Restaurant", ein Halbbruder des Wiener Kaffeehauses, der diesem ähnlich sieht und doch recht gründlich von ihm verschieden ist. Die Kneipstimmung in Ehren — aber mit dem Behagen des Kaffeehauses ist sie nun einmal nicht zu vereinen. Wenn die reinlichen Marmorplatten, welche die Vermischung mit jedem fremden Stoffe stolz von sich weisen, mit Tischtüchern überdeckt werden, die sich in plebejischer Art mit jedem Getränk und jedem Geruch vermengen, wenn die hungri-

gen und durstigen Menschen sich im Wettlauf an die Tafeln drängen, um ein günstiges Plätzchen zu erhaschen, wenn die Kellner mit klappernden Gläsern und klirrenden Tellern sich mühsam an den Gästen vorbeidrücken, wenn Citate aus dem Speisezettel durch alle Räume schwirren und der ungeduldige Trinker aus seinem Glase oder Humpen ein mißtönendes Weckinstrument macht, wenn Bier und Wein eine naive Geschwätzigkeit aus den Gemüthern hervorlocken und der Stammgast des „Beisels" mit Donnerstimme seine Rechte geltend macht, wenn Bierjungen, Speisenträger und Zahlkellner das ganze Getriebe eines kastenmäßig geordneten Sklavenstaates vor den Augen ihrer Bedrücker enthüllen — dann ist es vorbei mit der vornehmen Stimmung eines Wiener Kaffeehauses, mit dem Träumen und Dämmern in einer vereinsamten Ecke, mit der aufmerksamen Lectüre der vor dem Leser breit aufgeschichteten Zeitungen, mit den geheimen

Fenstergucker.

Conferenzen in einem unbewachten Winkel, mit der stillen Geschäftigkeit des Notirens und Correspondirens, mit all der Sammlung und Bequemlichkeit, die ihr schützendes Dach im Wiener Kaffeehause findet. Das Wirthshaus ist aufregend, das Kaffeehaus anregend. Und wenn schon der alte Aristoteles sagt, daß ein Ding, das nur Einem Zwecke dient, diesem besser dienen wird, als ein anderes, das sich zugleich anderen Zwecken zur Verfügung stellt, so gilt dies insbesondere von jenen gastlichen Kaffeehallen, denen die Jahrhunderte in Wien den eigentlichen Charakter aufgedrückt haben. Dieser Charakter leidet oder verschwindet vielleicht, wenn man ihn zwingen will, sich den Bedürfnissen der Kneipe anzupassen.

Das Wiener Kaffeehaus ist der Club von Jedermann. Die Tausende und Abertausende, die in ihren mehr minder dürftigen Junggesellenwohnungen jeden Comfort entbehren, aber auch die geplagten Hausväter, denen daheim weder Ruhe noch Behagen gegönnt ist, finden da einen Ort der behaglichen Siesta, des zwanglosen Verkehrs, ein zweites, elegantes, oft mit allem Luxus des Raffinements ausgestattetes Heim, wo sie inmitten bunter Anregung ihre Dürftigkeit und ihre Sorgen vergessen. Manche dieser Prachthallen für alle Welt können sich mit Fürstensälen messen, so die mit gediegener Pracht ausgestatteten Café's in den Arkadenhäusern, nächst dem Rathhaus und der Votivkirche, so das säulengetragene, im Goldschmuck erglänzende „Café Central" im alten Börsengebäude, das imposante, elektrisch beleuchtete „Café Habsburg" in der Rothenthurmstraße mit seinen kostbaren Decken- und Wandgemälden u. s. w. u. s. w. Andere wiederum, wie die Kaffeehäuser der Noblesse auf dem Graben und auf dem Kohlmarkt, wo jede Quadratklafter Boden ein Vermögen bedeutet, gleichen intimen Empfangsalons und reich ausgestatteten Boudoirs der vornehmen Welt. In solchen Kaffeehausräumen fühlt sich der Student, dem vielleicht eine schmale Mansarde nächtliches Obdach gewährt, als Grandseigneur, auf dessen Wink die Bedienten fliegen, da installirt der Literat, der Zeitungscorrespondent in einer abgeschlossenen Nische sein Bureau, da wickeln Agenten und kleinere Kaufleute ihre Geschäfte ab, da bildet sich in engeren Cirkeln die öffentliche Alltagsmeinung über Ereignisse der Kunst, der Politik und der Literatur, da finden Tag für Tag Hunderte von geheimen Conferenzen statt, aus denen Gutes und Schlimmes hervorgeht. Das Wiener Kaffeehaus ist Wien in der Nußschale, oder besser gesagt, Wien in der Kaffeeschale. Kein Typus und kein Interesse ist da unvertreten, aus den verschiedensten Gesellschaftskreisen laufen da die Fäden zusammen. Für Tausende ist das Café Spielhaus, Vergnügungs- und Plauderstätte, für Abertausende Bureau- und Geschäftslocale und wiederum für Unzählige Empfangssalon, wo die Besuche aufwarten und Audienzen ertheilt werden. Es gibt Leute in Wien, die gute Freundschaft halten, ohne einander je in ihren Wohnungen aufgesucht zu haben. Sie empfangen und begrüßen einander täglich im Stammcafé und führen so ein großes Stück Leben in trauter Gemeinsamkeit. Es gibt aber auch spezifische Kaffeehausbekanntschaften, wie es Bade- oder „Wasserfreundschaften" gibt, die sich lediglich auf eine gewisse Zeit und auf ein umgrenztes Stück Boden erstrecken und über die Schwelle des öffentlichen Locales nicht hinausdringen. Man trifft sich, gewöhnt sich aneinander, bespricht die kleinen und großen Vorkommnisse des Tages, macht vielleicht ein Spielchen zusammen, und Einer weiß vom Andern nicht, „woher er kam die Fahrt, noch wie sein Nam' und Art." In solchen gelegentlichen oder regelmäßigen Zusammenkünften pulsirt der ausgleichende Geist der Großstadt, das über jede Kleinlichkeit hinausgehobene weltmännische Wienerthum, das über die Unterschiede des Standes und Vermögens, ja selbst der Bildung hinweg einen gewissen Gemeingeist aufrecht zu erhalten weiß.

Naturgemäß aber bilden sich nach localen oder berufsmäßigen Eintheilungsgründen allgemein bekannte Ueberlieferungen heraus, nach denen gewisse Café's vorwiegend bestimmten Kreisen angehören. Bequemlichkeit und Interessengemeinschaft ziehen ganz von selbst diese allerdings fließenden Grenzen. Es gibt Gigerl- und Stutzercafé's, die zu besuchen chic geworden ist, Studentencafé's, wo schon mancher Candidat zwanzig Semester, wenn nicht gar sein ganzes Leben verbummelt hat, Café's der Politiker, wo es sehr still zugeht und die Gestalten hinter den riesigen plakatähnlichen französischen und englischen Zeitungen verschwinden, Literaten- und Schauspielercafé's und solche, in denen den ganzen Tag zu Procenten gegeben und genommen wird, endlich düstere, unheimliche Schänken, wo das männliche Verbrecher- thum heimlich seine Fäden spinnt, und prunkende Hallen, wo das weibliche Laster nächtlicher Weile seine Netze auswirft. Jeder Wiener kennt diese nirgends verzeichneten Kaffeehaussatzungen und weiß sich nach seinem Bedürfniß zu orientiren. Gewisse

Damencafé.

Kaffeehäuser erlangten eine geschichtliche Berühmtheit, so das „silberne," wie es die Besucher nannten, das Kaffeehaus „zum Neuner," wo in den dreißiger Jahren die Führer der literarischen Bewegung alltäglich für einige Stunden zusammen kamen, wo Lenau, ein schweigsamer Billardkünstler, manches unsterbliche Gedicht geformt hat, wo Bauernfeld als liebenswürdiges Haupt der geistreichen Mißvergnügten einen Kreis von jungen Stürmern um sich versammelte, wo Grillparzer ab und zu als gefeierter Sonderling in den Kreis der Jüngeren eintrat, wo Anastasius Grün, Johann Gabriel Seidel, Ludwig August Frankl und viele Andere, deren Namen ein Plätzchen in der Literaturgeschichte erobert haben, sich gegenseitig anregten, förderten oder wohl auch befehdeten. Lange Jahre hindurch — bis zur Schließung des alten Burgtheaters — war das „Café Griensteidl" an der stumpfen Ecke

der Herrengasse eine Art Filiale des weltberühmten Kunstinstitutes, eine Er-
holungs-, Probe- und Studierstätte der Hofschauspieler. Das letzte Zimmer
des Café's galt als das Allerheiligste, wo die in Wien stark, oft auch übermäßig
unvornehmen Künstler des Burgtheaters sich eine Art Häuslichkeit errichtet hatten
und wo sie ohne Entree genau, wenn auch immer noch aus einer gewissen
respectvollen Entfernung besichtigt werden konnten. Namentlich Josef Wagner war
da geradezu seßhaft; zu den verschiedensten Tageszeiten konnte man den Mann
mit dem fast übermäßig entwickelten, bedeutenden Kopfe, der immer nachdenklich
aussah und sehr selten seine Gedanken aussprach, beim Kartenspiel, beim Rollen-
studium oder beim Hinbrüten über die Zeitungsrecensionen belauschen. Das alte
Café Daun auf dem Kohlmarkte war in den Tagen des Bürgerministeriums eine
Lieblingsstätte der Staatsmänner und Abgeordneten. Hier pflegte der sparsamste und
fleißigste aller Minister, die Oesterreich je besessen, der wackere Brestel, der (obgleich
Oesterreich just an Ministercabinetten einen ungewöhnlichen Reichthum besitzt) für
seinen Theil nur zwei Kammern bewohnte, fast immer seine Geschäfte zu Fuße
besorgte und nur bei schlechtestem Wetter einen Einspänner benützte, sich mit den alten
Genossen der vorministeriellen Zeit bei einem „Tapper" zu erholen und von den
Sorgen um die dazumal besonders schwierigen Staatsfinanzen auszuruhen. In
jüngster Zeit hat das ehemalige „Café Walch" jetzt „Café Scheidel" durch seine
alltäglichen und allnächtlichen Literatenzusammenkünfte eine gewisse Berühmtheit
erlangt. Hier wurde mancher literarische Krieg begonnen und gewonnen, der Plan
zu manchem großen Beutezug auf den Theatern entworfen, hier werden die kleinen
Größen geprägt und die großen Kleinen oft außer Curs gesetzt, hier wiederhallt
mancher gute Gedanke, aber auch manches tiefgefühlte „Au" über die schlechten
Witze, die hier gleichsam als Ausschußwaare der rastlos arbeitenden Literaturindustrie
ihre Ablagerungsstätte finden.

Wenn im Reiche Karl V. die Sonne nicht unterging, so erlischt im Wiener
Kaffeehause die Gasflamme nicht. Sie brennt vom frühen Morgen an in den rückwärts
gelegenen Spielhallen, die in der Regel auf künstliche Beleuchtung angewiesen sind
und sie leuchtet die Nacht hindurch bis zum Morgen, in gewissen Café's die eine besondere Licenz genießen. Zu keiner Tageszeit ist das Café leer und zu keiner — etwa
ausgenommen den Nachmittag eines Winter-Sonntags — ist es übervoll. Die
Regel ist ein behaglicher Verkehr ohne Hast und Rast. Zeitig am Morgen finden
sich die Arbeitsamen ein und freuen sich der wohligen Umgebung. Das währt so bis
9 Uhr, bis zu der Stunde, welche selbst die Beßtsituirten zur täglichen Beschäftigung
treibt. Die berühmte „Melange" ist in diesen Frühstunden das Getränke, das fast
ausschließlich consumirt wird. Zwischen neun und elf finden sich die Menschen ein,
deren Beschäftigung das Vergnügen ist und deren Leben aus zwei Hälften besteht,
von denen die eine dazu dient, in den Tag hinein zu schlafen und die andere dazu,
in den Tag hinein zu leben. Der surrende Theekessel, flankirt von appetitlich gefüllten
Eierschalen, die nicht minder theure „Portion Kaffee," in welcher die Bestandtheile

der Melange getrennt erscheinen und an der der Frühstückende selbst als Priester der
Feinschmeckerei die Mischehe vollzieht, beherrschen jetzt das Terrain. Nach elf finden
sich die Besucher ein, die im Café selbst ihre Arbeit verrichten, sei es, daß sie sich zu
geschäftlichen Zwecken in die Zeitungslektüre vergraben, sei es, daß sie Geschäfte oder
Beschäftigung suchen. Der anregende Liqueur, das Gläschen Madeira oder Malaga
sind jetzt an der Tagesordnung. Von ein Uhr beginnt die große Wallfahrt „zum
Schwarzen" es gibt wenig Wiener, die ihn nach Tische entbehren und nicht viele,
die ihn nicht lieber im Kaffeehanse, in der Erwartung der ersten Abendblätter, als
zu Hause einnehmen. Dann rücken die Spielgesellschaften, die Tarockbrüderschaften
vor, welche oft die Zeit bis fünf Uhr nachmittags ihrem Berufe abzwacken, um sich
der unendlichen Melodie des „Pagat Ultimo" hinzugeben; denn, wie schon Goethe
sagt, sind den meisten Menschen ihre Liebhabereien wichtiger als ihre Geschäfte. Die
Spieler werden von den „Jausern", den Nachmittags-Melangetrinkern abgelöst.
Das „Jausen", die Zwischenmahlzeit zwischen Mittagmahl und Nachtmahl, gilt in
Wien als ein ernstes Bedürfniß. Wer nicht zwischen vier und sechs seinen Kaffee
im Topfe hat, hält sich für ein Stiefkind des Geschickes. In den Abendstunden
florirt erst recht das Kaffeeleben. Der Bummler, der den ganzen Tag über neben
den anderen Kaffeehaustypen das Feld behauptet hat, fühlt sich jetzt als Angehöriger
der Mehrheit. Vor oder nach dem Nachtmahl kehrt er für ein Stündchen ins Kaffeehaus ein. Das Café ist gleichsam die Verbrämung jedes abendlichen oder nächtlichen
Unternehmens. Wenn es im Gasthaus oder im Verein, auf dem Ball oder in der
Soirée „animirt" gewesen, so muß das Café darauf folgen, wie die Kritik der
Vorstellung, wie die Lösung der Spannung — das ist eine Wiener Spezialität.
Eine Festnacht, die nicht mit einem Gang ins Kaffeehaus abschloß, wird als miß-
lungen betrachtet. Nicht nur die Männer, auch die Frauen und Mädchen, selbst-
verständlich unter dem Schutze ihrer Gatten, Väter und Brüder, huldigen diesem
Kultus. Wer die Zeit von Mitternacht bis zwei Uhr in einem großen Wiener
Kaffeehause zubringt, der kann es leicht erleben, in zwei Stunden zwölf Gesellschaften
mitzumachen, „krystallisirte" nämlich, an denen er Alles, was an einem Dutzend
von Orten vorgegangen ist, condensirt mitgenießen kann. Da poltert die Weisheit
der Vereinsmänner noch kühner als in den Versammlungen empor, da tobt sich der
Enthusiasmus über einen erlebten Kunstgenuß, die Empörung über ein verunglücktes
Debut, oder die Medisance über die Schwächen eines Gesellschaftscirkels aus. Da
wird der Courmacher um eine Nuance kühner, als es kurz vorher in der Privat-
gesellschaft gewesen und der Witz um eine Kleinigkeit freier, als er sich auf dem
Parquet geberden durfte. . . . .

Auch recht trübselige Erscheinungen schließt dieses Nachtcaféleben in sich.
Die Lebemänner kennen die prunkenden Lokale, in denen das bleichwangige Elend
der Verlorenen sich im Flitterputze dem Käufer darbietet und die angeschminkte
Fröhlichkeit auf verlebten Gesichtern, die erzwungene, heisere Heiterkeit werbender
Frauen, der entgegenkommende Gruß aus hohlen, unzärtlichen Augen durch die

Macht der Contraste einen wunderlich schauerlichen Eindruck hervorruft. – – Die
Lebemänner kennen diese Orte und leider auch die Lebejünglinge. Gewiß, die
Kaffeehäuser sind hier und dort zu Höhlen des Lasters geworden. Und noch mehr,
das Wiener Kaffeehausleben selbst kann sich in seiner bummeligen Geschäftigkeit,
in seiner einlullenden Bequemlichkeit für diesen oder jenen zu einem Laster heraus-
bilden. Mancher junge Mensch ist im Wiener Kaffeehaus verkommen, ist bei der
Gewohnheit, alle Zeitungen von A bis Z zu lesen und mit den verschiedenen Gesellschaften desselben Café's in Verkehr zu treten, beim endlosen „Plausch", beim
Billard- und Kartenspiel in den angenehmen, mit der Zeit ganz häuslich anmuthenden
Räumen, so ganz allmählich, ohne recht zu wissen, was mit ihm vorging, zu Grunde
gegangen. Keine Frage, daß es Menschen gibt, die ihr Leben in Wiener Kaffeehäusern verträumten. Aber welche behagliche, nützliche Einrichtung könnte nicht miß-
braucht werden, welches Verkehrmittel diente nicht zugleich einem gedankenlosen, auf-
reibenden Sport? Da das Wiener Kaffeehaus ganz Wien abspiegelt, so kann es
uns die Bilder des Verbummelns und Verkommens nicht ersparen. In einer Großstadt, heißt es, bekommt man mehr Charakter, aber wie es denn auch mit allen
anderen Bedarfsartikeln z. B. mit dem Gelde geht, man braucht auch in einer
Großstadt mehr Charakter als anderswo. Wer davon eine tüchtige Dosis hat, die
man glücklicher Weise auch gegenüber allen Launen des Geschickes erwerben kann,
dem wird das Wiener Kaffeehaus mit seinen Lockungen nicht gefährlich werden.
Er wird darin nur eine höchst angenehme und interessante, großstädtische Spezialität
erblicken, um die Wien mit Recht von anderen Großstädten beneidet wird, ein großartiges Mittel der geistigen und wirthschaftlichen Communication, eine schön geschmückte,
dem Bedürfniß trefflich angepaßte Stätte des freien, geselligen Verkehrs, der Anregung
und Erholung vieler Tausende, die an dem esprit de corps der Großstadt ihren
berechtigten Antheil haben.

IV.

Die Kunst in Wien.

Theater.

Das Burgtheater.

Wenn der Wiener von dem kaiserlichen Hofschauspielhaus spricht, so sagt er: die
Burg. Sie ist sein Stolz und seine Freude. Wenn Wiener zusammenkommen und sich
zwischen ihnen ein Gespräch entwickelt, dauert es nicht lange und man unterhält
sich über das Burgtheater. Es ist ein alter Zug des Wieners dieses Theater zu
besuchen. Noch lieber spricht er über dasselbe, über das Haus, die Mitglieder, die
Männer und besonders die Frauen; über das gute oder minder gute Spiel, Dieses
oder Jenes, über das von Alters her verspottete Orchester und am allerliebsten über
die persönlichen Angelegenheiten der Mitglieder dieser Bühne. Viel hat dazu das
Prestige beigetragen, daß das alte Burgtheater sich an die Burg des Kaisers wie
ein Schwalbennest lehnte. Es gehörte gleichsam zur Burg. In ihm traten des
Kaisers Schauspieler auf, in ihm erschienen die Mitglieder des Hofes bei festlichen
Gelegenheiten und sonst auch so häufig, als sie Zeit und Lust dazu hatten. Im
Burgtheater zumeist lernte also das Publikum die Mitglieder des Kaiserhauses
kennen, dort sah es dieselben von Angesicht zu Angesicht, dort kam es fast in
Berührung mit ihnen. Man fühlte sich gehoben, wenn man mit dem Hofe in einem
Raume saß, mit ihm zugleich lachte, applaudirte und gerührt wurde. Im Burgtheater
bildeten Hof und Bevölkerung in Wirklichkeit eine Familie, vereinigt durch die Kunst.
Da man im alten Wien über so Vieles und noch mehreres Andere nicht sprechen durfte,

17*

so warf sich die Unterhaltung hauptsächlich auf das Theater und in der ersten Reihe auf das Burgtheater. Es bildete sich in ihm eine Art Forum für Wien aus. Billig war es auch, das Leben in Wien zu jener Zeit und so war für panem und circenses gesorgt.

Man sah schlecht im alten Burgtheater, man hörte nicht gut, man stand alle Qualen der Hitze und der Zugluft aus, man drängte und drückte sich, schwebte unter der Decke, sich vorbeugend und der Gefahr ausgesetzt, auf die Köpfe des Parterrepublikums herabzustürzen, oder man stand gepreßt im zweiten Parterre Schulter an Schulter, Rücken an Bauch, und mußte so im Schweiße seines Angesichtes sein Kunstbrod verdienen. Selbst die Herrschaften in den kleinen Logen hatten es nicht viel besser, und der Mann, der während des Zwischenactes „Gefrornes, Mandelmilch, Limonad" herumreichte zur Erquickung Einiger und Belästigung Aller war ein Liebling des Wieners, welcher, wenn es hieß, wir gehen heute in das Burgtheater sich nicht nur auf die bevorstehenden Kunstgenüsse freute, sondern auch auf die Portion „Erdbeer und Vanille" die ihm dort winkte.

Heute ist es anders geworden. Das Burgtheater gehört zwar noch ideell zur Burg, steht aber für sich, durch den Volksgarten von der Burg getrennt, auf freiem Platze, gegenüber dem Rathhause. Die Marmorbilder des Prachtbaues, des schönsten Monumentalwerkes in Wien, leuchten weithin und im Innern ist das Theater so schön und reich geschmückt, wie wohl kein Schauspielhaus der Erde. Man kann es einem glänzenden Paradiesvogel vergleichen, dessen beide Flügel ausgebreitet und gespannt herrlich funkeln. Auch sonst hat sich Manches verändert in dem künstlerischen Bestande dessen, was man Burgtheater nennt. Nicht nur bringen andere Zeiten andere Sitten hervor, sondern andere Häuser sind der Feind alter Verhältnisse und Zustände und stellen andere Bedingungen an die Schauspieler, welche aus alten, beengten Räumen in neue Prachtsäle hinüberziehen. Es gilt sich dem neuen Raume anzupassen, anzuschmiegen, die Entfernung zu studieren, nachzudenken, ob man in gerader Linie, nach oben oder nach unten sprechen soll; das elektrische Licht bedingt eine andere Art sich zu schminken als das Gaslicht oder gar das Öllicht der guten alten Zeit es erforderten, kurz die Schauspieler waren diejenigen, von welchen die Klagen über das neue schöne Haus zuerst ausgesprochen wurden, und es sprach dann natürlich eine große Reihe von Leuten in Wien die Fabel nach: man höre schlecht im neuen Burgtheater und man sehe auch nicht gut. Nun das hat sich theilweise gegeben, und man wird mit der Zeit finden, daß man auch im neuen Burgtheater gesehen und gehört werden kann, wenn man sich das richtige Ansehen zu geben vermag, wenn man in demselben so gut spricht, wie gesprochen werden muß. Wem das Gedächtniß erlahmt, wessen Stimme durch Alter brüchig geworden ist, der wird allerdings nicht mehr zu Jugend und zu Kräften gelangen, nach und nach wird sich jedoch den alten guten Kräften eine Schaar begabter junger anschließen und wenn Alles geschieht, was zur Gewinnung einer neuen Truppe im Laufe der Jahre vorbereitet und durchgeführt werden muß, so muß wieder die Zeit kommen, in welcher man von dem berühmten „Ensemble" des Wiener Burgtheaters wird reden können. Wir sind davon überzeugt, daß es so kommen kann,

Im Burgtheater

ob es aber dazu kommen wird, liegt in den Händen derjenigen, welchen das Wohl und Wehe des Burgtheaters anvertraut ist.

Wie die neue „Burg" aussieht, das neue Haus, ersieht man besser aus dem nebenstehenden Bilde. Um die Geschichte des Wiener Burgtheaters von den Jahren an, in welchem dasselbe gegründet worden ist bis heute zu erzählen, das würde den Raum, welchen dieses Buch zur Beschreibung der ganzen „Wienerstadt" zur Verfügung stellt, überschreiten. Wir wollen deshalb nur in Kürze die Hauptereignisse wie im Kalender die Sonntage mit rothen Lettern vermerkt, berühren. Das Burgtheater wurde von Kaiser Josef II. „Deutsches Nationaltheater" genannt. Nun auf den Titel kommt es nicht an, wenn man nur bei der Sache bleibt, und dabei ist man so ziemlich zu allen Zeiten geblieben. Zwar lehnte sich die Censur in Wien wiederholt schwer gegen die Strömung des neuen Geistes, der über die Grenze herein zu bringen strebte, auf, und die Wiener Verhältnisse beirrten auch in anderer Richtung manche Reformen, die Luft und Licht schaffen wollten. Man liebte es bequem beim Familien-Rührstücke, dem unschädlichen Lustspiele, ja sogar nicht allzu selten bei Kotzebue'scher Schlüpfrigkeit zu bleiben. Man setzte sich in

Wien ungern den Erschütterungen der Tragödie aus und fand nicht selten das literarische Lustspiel etwas langweilig, man bevorzugte schlechte Übersetzungen aus dem Französischen, welche zumeist von Schauspielern angefertigt wurden; aber Goethe und Schiller, Lessing und Kleist, Shakespeare und die Spanier konnte man doch nicht ganz ausschließen und so fand der dem Hohen und Erhabenen zustrebende Theil des Publikums Nahrung genug, um deutschen Sinn, deutsche Art, deutsche Bildung im Burgtheater zu erlangen, oder seinen Besitz daran zu stärken. Der Faden war dünn, riß aber nie ganz entzwei. Als die Zeiten kamen, wo die Barre der Censur das Landen des Schiffes, an dessen Steuer der Zeitgeist mit starker Faust lenkend stand, nicht mehr hemmen konnte, da fand sich der Faden vor, an welchem man anknüpfen konnte, und tausend unsichtbare Hände strebten aus den Wellen und griffen nach den Armen, die man ihnen entgegenstreckte, damit man sie emporziehe und bei sich aufnehme. Im „Capua der Geister" grollte Grillparzer's Stimme, wie entfernter Donner, zuckte Bauernfeldischer Blitzwitz, die Wolken durchbrechend. Bauernfeld schrieb sein „Großjährig" und Wien that den ersten Schritt zur Selbstständigkeit. Als sein „Deutscher Krieger" über die Bühne ging, war Wien schon deutsch geworden und stand auf eigenen Füßen.

Wien hatte seit langer Zeit das Glück Dramaturgen zu besitzen, welche das Burgtheater entweder hoben, oder wenigstens nicht sinken ließen. Da war Schreyvogel-West, der den Grund zu dem Zustande legte, welcher heute noch im Wiener Burgtheater vorherrscht. Shakespeare, die Klassiker einerseits, den nordischen Geist und spanisch-österreichisches, welches liebenswürdig graziöses Wesen wußte Schreyvogel vereinigt, wie man kaltes oder warmes Wasser dem Bade zulenkt, dem Burgtheater und Wien zuzuführen. Moreto's „Donna Diana" ist noch heute das Lustspiel, welches der Wiener vielleicht am liebsten sieht und noch lieber hört. Und Grillparzer und Halm, theils an die deutschen Klassiker, theils an romanisches Wesen sich anlehnend, schufen eine Reihe von Stücken, welche bestimmend waren für den Charakter des Burgtheaters. Lyrisch-romantisch, das war die Atmosphäre, in welcher Wien und seine Hauptbühne schwebten: „Sappho" hier, „Griseldis" dort, weißer Marmor und Nachtigallengesang. Aus dem einen schuf Wiens Genius seine Heldengestalten, der andere erklang auf den den Musen geweihten Stätten.

Grillparzer und Halm und ihre Epigonen fanden eine Reihe von Schauspielern wie geboren für ihre Art und Weise. Da war der Löwe Anschütz, der Apollo Fichtner, der Leopard Ludwig Löwe; da entzückte die Vortragsmeisterin Julie Rettich durch den Wohlklang des umfangreichen Organes und die vollendete Kunst ihrer geistvollen Declamation; da war die fein lächelnde Louise Neumann, der schöne Mann Lucas; Wilhelmi, eine Soldatengestalt, über deren brummigen Ernst man lachen mußte; da war Karl La Roche, der mit Vorliebe den grimmigen König Philipp spielte, eigentlich aber am besten humoristische ältere Wiener Lebemänner aus Bankierskreisen gab; da war der hohe schlanke Korn mit dem kleinen, feinen Kopfe und dem heiseren Organe. Wenn Korn spielte, strömte das Wiener Publikum in das Burgtheater, weil es von ihm lernen konnte, wie ein

wirklich seiner Cavalier sich geberdet, geht, sich setzt und den Hut zur Seite stellt. An
alle die Genannten schloß sich eine lange Reihe von Schauspielern, welche zwar nur
Episoden, diese aber meisterhaft spielten. Jeder hatte ein eigenartiges Talent und
wußte aus jeder Rolle eine Figur zu schaffen, die sich fest dem Gedächtniß einprägte.

Von den genannten Schauspielern wirkten manche bereits unter Schreyvogel
und glänzten noch unter Heinrich Laube. Laube war jung als Director und
die Schauspielergesellschaft etwas alt geworden, manierirt. Sie declamirte zu viel,
sang und hatte, wenn sie es je verstanden, vergessen, einfach und natürlich trotz des
künstlerisch erhöhten Standpunktes auf der Bühne zu wirken. Laube war ein Be-
wunderer der französischen Art, Schauspiel und Lustspiel zu geben; natürlicher
Vortrag war ihm die Hauptsache. Theilweise hatte er recht, theilweise beging er
an den großen Künstlern, die er vorfand, ein Unrecht, indem er dieselben, statt sie
seinen Zwecken nutzbar zu machen, verletzte und abstieß, und den Widerstand bewährter
und beliebter Kräfte herausforderte. Er suchte die Alten durch Junge zu ersetzen;
zog Josef Wagner und dessen Frau, den Charakterkomiker Meixner, später
Bogumil Dawison und eine Schaar mehr oder minder begabter junger Leute
beiderlei Geschlechtes an das Burgtheater und nannte das: die neue Schule. Er
setzte was er wollte theilweise durch, schuf ein Ensemble und man konnte vielfach
mit ihm gehen. Aber Künstler, wie sie das Burgtheater zur Zeit als sein Repertoire
dürftig und lückenhaft gewesen, besessen, hat Laube in der Periode, während welcher
es ihm gelang, zurückgestoßene oder vergessene Dichter in das Burgtheater zu führen,
nicht hervorzaubern können. Man spielte zu Laube's Zeiten freiere und bessere Stücke
im Burgtheater, man spielte aber nicht bedeutender als zur Zeit der Censur.

Auf Laube folgte — wir nennen hier nur Dramaturgen, die wirklich solche waren
— Dingelstedt. Hatte Laube das natürliche Theater im Auge, die natürliche Art zu
sprechen und sich zu geben, das Wort, den Text, so vernachläßigte er dagegen den Rahmen,
in welchen die Dichtung gefaßt werden soll, Ausstattung und Kostüme, so befaßte sich
Dingelstedt hauptsächlich mit dem Malerischen und Poetischen, dem Prunkhaften, dem
Pomp, der manchmal des Flitters nicht entbehrt. Laube war Theaterdirector für alle Tage
der Woche, für die Arbeitstage, Dingelstedt ein Bühnenleiter für die Sonn- und Feiertage,
für die Festtage der Bühne. Laube gab wo möglich täglich ein gutes Stück, Dingelstedt
veranstaltete Cyclen, Festspiele, Dichterfeste. Jeder für sich war die Hälfte eines Theater-
directors, wie er sein soll, das Ideal eines Bühnenleiters. Die zwei Hälften zusammen
hätten einen Mann gegeben, wie ihn als Lenker die deutsche Bühne nie gesehen.

Was heute noch im Burgtheater verdienstlich wirkt, wie z. B. Sonnenthal,
Frau Wolter, Lewinsky, Baumeister reicht bis Laube zurück, hat unter Dingelstedt
gewirkt, ist ein Abklatsch, mehr oder weniger gelungen, von Anschütz, Löwe, Fichtner
und La Roche, geht die Wege, die ihm gewiesen wurden, mehr oder minder sicher, aber
es läßt sich nicht läugnen, das neue Burgtheater bedarf der Auffrischung, der Ergänzung,
eines neuen Hauches, eines neuen Lebens. Zum Glanze des Hauses muß auch der Glanz
neuer Talente kommen. Es ist noch altes Gold, was das Burgtheater auf der Bühne

besitzt, doch die Form, die es während der letzten Jahrzehnte angenommen, ist etwas
veraltet. Deshalb aber von einem Niedergange des Burgtheaters zu reden, ist nicht am
Platze. Die Hauptsache bei einem Theater sind die Stücke, die gespielt werden, ist die
Tradition, der festhaltende Geist, und für diese sorgt der Geschmack des Publikums,
das Urtheil und der Mahnruf der unparteiischen, gewissenhaften Kritik. Schauspieler
gehen, sie sind das Wandelbare in dem Feststehenden; feststehend ist aber die In-
stitution des Burgtheaters mit Allem, was es an geistigem Leben besitzt, und darin
liegt die Gewähr, daß es wieder besser werden wird in dem geliebten Hause.

Schön ist der Raum und nicht minder interessant das Publikum, das sich
an Festabenden, bei ersten Vorstellungen, in demselben versammelt. Da findet man
wirklich die geistige Auslese Wiens beisammen. Solchen Aufführungen wohnen bei:
der kaiserliche Hof, die Männer in Hofstellung, welchen die Leitung der kaiserlichen
Institute vertraut ist, vornehme Herren und schöne Frauen des Wiener Adels,
die Minister und Würdenträger, deren Lebensaufgabe es ist über das Wohl und
Wehe der Bevölkerung zu wachen, Künstler, Schriftsteller und Gelehrte, die Kritik
mit aufwärts gezogenen Augenbranen, die jungen Schöngeister, welche, wie
Leoparden auf dem Sprunge, im zweiten Parterre aneinandergedrängt des Augenblickes harren, um irgend eine Schwäche im Spiele oder in der Dichtung zu erhaschen,
angehende Recensenten, welche des andern Morgens die Zeitungen lesen, nicht um
sich zu belehren sondern die Kritiker zu kritisieren. Hoch oben auf den weiten, großen
und tiefen Gallerien drängt sich die Schaar der kleinen Leute aus dem Bürgerstande;
nahe der Bühne, Kopf an Kopf, mit krausen Haaren, mit funkelnden, dunklen
Augen prangen die Jünglinge und Jungfrauen der Theaterschulen und des Con-
servatoriums, welche ihren Lieblingen applaudiren und immer wieder applaudiren
und dieselben zum Erscheinen nach den Acten zwingen wollen, trotzdem sie wissen,
daß im Burgtheater die Schauspieler sich nicht außerhalb des Vorhanges zeigen
dürfen. Und das hat einen tiefen Sinn, der leider nur nicht immer verstanden wird.
Das Kunstwerk, die Dichtung, das Werk des Schriftstellers und dieses allein,
soll im Burgtheater den ersten Platz einnehmen, der Schauspieler aber sich an dem
Bewußtsein Genüge sein lassen, seine Pflicht gethan, zum Gelingen des Ganzen
beigetragen zu haben. Wer wohl den Befehl gegeben: daß Darsteller im Burgtheater nicht gerufen werden dürfen? Ein Schauspieler gewiß nicht.

* * *

Theater an der Wien.

Wiener Volkstheater. — Theater an der Wien. — Carltheater. — Theater in der Josefstadt. — Fürsttheater.

Wien war eine Theaterstadt, ist eine Theaterstadt und wird immer eine Theaterstadt bleiben. Es hat bessere, es hat aber auch schlechtere Theatervorstellungen gesehen, als sie ihm heute geboten werden. Die Theater waren zahlreicher, oft aber auch weniger zahlreich besucht als heute; es wurden in Wien bedeutendere und zahlreichere Stücke einheimischer und fremder Autoren aufgeführt, als dies in dem letzten Jahrzehnte der Fall war. Das Theaterleben während der letzten zwei Jahre hat Vieles wieder gutgemacht. Wien hat bessere, es hat aber auch schlechtere Schauspieler gesehen, kurz wir wiederholen: Wien war eine Theaterstadt und wird immer eine Theaterstadt sein, die herrschende, die tonangebende Kunststadt so weit die süddeutsche Zunge reicht. Ist es übrigens der richtige Maßstab eine Stadt auf den geistigen Inhalt zu prüfen, wenn man ruft: Sage mir, welche Art Theater du hast und ich will dir sagen, wer du bist! Seit das politische Leben in Wien erwachte, seit die Redner auf der Tribune über das Wohl und Wehe der mannigfachen Interessen der Bevölkerung mit entscheiden, ist das Theater in Wien nicht mehr das Um und Auf der Bevölkerung. Das erklärt, wenn nicht Alles, doch Vieles. Es ist wahr, lange Jahre nach dem finanziellen Aufschwung, das Streben die Provinzstädte zu Häuptern zu machen und Wien zu schwächen, ungeschickte Theaterdirectoren, sich überhebende, manierirte Schauspieler, und endlich der Mangel an dichterischem Nachwuchs hatten eine Art von Ebbe in den

Wiener Theatern herbeigeführt. Aber schon rührt sich neuer Geist und er wird
bald die alten lieben Stätten neu beleben.

Ein in den letzten Jahren in Wien neuerstandenes Theater, das
„Deutsche Volkstheater", beweist, daß das Theaterleben Wiens, wenn es einen
frischen Impuls erhält, sofort die Augen aufschlägt, daß das Publikum dem Guten,
wenn es zugleich nicht übermäßig theuer, sondern einfach preiswürdig ist, zuströmt.
Das Wiener deutsche Volkstheater ist ein Kind des zugrundegegangenen Wiener
Stadttheaters, eine Art Phönix, der sich aus der Asche desselben erhob. Laube
hatte das Stadttheater gegründet, nach ihm führte es Karl von Bukovics bis
es abbrannte. Das Wiener Volkstheater von heute sieht dem ehemaligen Stadttheater ähnlich, wie ein Ei dem andern. Es hat dieselbe Richtung, wird fast genau
in der Art geführt, wie der verstorbene Bukovics das Stadttheater lenkte und
der Director des deutschen Volkstheaters ist der Bruder des Dahingeschiedenen,
Herr Emerich von Bukovics. Mit dieser Bühne hat Wien endlich wieder ein
zweites Theater für recitirendes Schauspiel gewonnen. Die Theater dieses Genres
haben eigenthümlicher Weise in Wien immer ein entsetzliches Schicksal gehabt.
Sie sind fast alle abgebrannt. Das Unglück eines Abends und die schöne Blüthe,
sie war vernichtet! Das Quai-Theater unter Karl Treumann brannte ab, das
Ringtheater unter Jauner ging zu Grunde und das Stadttheater unter Bukovics
nicht minder. „Gott beschütze dieses Haus u. s. w." hätte man an der Frontspitze
des neuen Kunsttempels an der Bellaria schreiben sollen.

Erfreulich ist das Glück, welches diese Bühne in den ersten zwei Jahren ihres
Daseins gefunden. Vom ersten Tage an stand dieses Theater unter dem Schutze
des Publikums, welches Dank den mittleren Preisen, die das Theater aufgestellt
hat, allabendlich das Haus füllt. Man gibt dort Alles für Alle. Schiller und
Grillparzer, etwas Anzengruber und wenig Raimund, zahlreiche Stücke der Leute
von heute voll Krampf und Beklemmung, Stücke, welche die Welt als Jammerthal
malen, Arbeiter, die um ein besseres Dasein ringen, zu Helden haben, wie ehedem
kein Stück interessirte als jenes, das die „guten, braven Landleute" auf den Thron
setzte. Heute gibt das Volkstheater französische Possen, morgen junge Wiener
Lustspiele; kurz man spielt Alles im Wiener Volkstheater und Vieles davon gut.
Man ist nicht ausschließlich und manchmal sogar nicht allzu wählerisch. Man
will Geld machen und, wie es schon geht: volle Häuser bewirken wieder volle.
Ein Theater das Zulauf hat, kann getrost der nächsten Zukunft entgegensehen,
wenn es nicht allzusehr auf sein Glück sündigt. Wenn die Kugel im Rollen ist,
läuft sie, bis sie endlich stille steht. Dafür, daß eine kundige Hand da ist, die für
continuirliches Rollen sorgt, muß die unsichtbare und heimliche Intendanz des
deutschen Volkstheaters in Wien sorgen. Kritik und Publikum haben bisher sich
dem Volkstheater gegenüber nachsichtig und wohlwollend verhalten.

Von nun an wird dasselbe aber den Spruch vor Augen haben müssen: Wie
die Leistung so die Wirkung! Es ist Manches zu unterlassen und noch Vieles zu

thun, bis das Theater
ganz aus der Schale
herausgekrochen und
künstlerisch flügge gewor
den sein wird. Es ist
Manches geschehen, um
die goldenen Probe, die
man in das Haus ge
rollt, zu verdienen. Man
griff zu; man war rastlos
bei der Arbeit. Es gab
da keine leeren Monate,
ja nicht einen müßigen
Tag. Man brachte Novi
täten in großer Zahl,
suchte die Frucht auf
dem Halme, im Schreib
zimmer des Dichters, cre
denzte frisch vom
Zapfen das „Ab-
zugbier" aus der
poetischen Bräuerei
der Anton Dreher
und Karl Mauth-
ner Wiens, aber
Zweck und Ziel des
Theaters waren
nicht immer zu er-
kennen. Von dem,
was man in gro-
ßen, himmelanstre
benden Reden am
Eröffnungstage
des Theaters ver
sprochen, wurde
wenig eingehalten.
Es ist wahr,
man hat einige
talentvolle, gute
Schauspieler und
Schauspielerinnen,

Im Volkstheater.

junges Volk, das künstlerisch leben will, engagirt, aber noch immer stehen poetisch
Mundtodte in hinreichender Zahl der vollen künstlerischen Entfaltung dieser Bühne
im Wege. Man wird unausgesetzt, wo sich eine taube Nuß im Besitze von Rollen
vorfindet, dieselbe durch inhaltsvolle Begabung ersetzen müssen. Das in Wien
bereits sprichwörtlich gewordene Glück des Volkstheaters hat sich auch dadurch
erwiesen, daß es in Adele Sandrock eine moderne, ja modernste Darstellerin
von großer Begabung und Anziehungskraft gewonnen hat. Das Meteor fiel zur
Erde und schlug, man könnte sagen durch das Dach auf die Bühne des Wiener
„Volkstheaters" und da war es. Fräulein Adele Sandrock hatte wochenlang
im Theater an der Wien in Dumas' „Clemenceau" gespielt. Alle Welt war
darüber einig, daß sie als wirkliches Talent festzuhalten sei. Um einige gute
Worte und um nicht allzuviel Geld wäre sie zu gewinnen gewesen. Aber niemand
bewegte die Hand. Das Volkstheater brauchte eine sternfunkelnde Schauspielerin.
Frl. Sandrock bot sich oder wurde angeboten und man nahm sie auf. Das war
eine leichte Befruchtung, wie sie etwa von einer Fliege vollzogen wird, die von
der Blüthe eines Fruchtbaumes zum andern flattert und sich saugend mit derselben
zu schaffen macht.

Fräulein Sandrock ist eine interessante, wie für heute geborne Schauspielerin.
Sie gefällt so sehr, weil sich die Schauspieler Wiens in dem letzten Jahrzehnte
zu sehr der Declamation, dem Singsang hingegeben haben, manierirt wurden und
weil Wien Alles, was Manierirtheit, Unnatur und Verschrobenheit heißt, nicht
lange verträgt. Fräulein Sandrock will auf dem Theater nichts sein als die Figur
in dem Stücke, die sie darzustellen hat. Sie spricht mit Sinn und Verstand aus
der Situation heraus, spricht wie Menschen im Affecte zu sprechen pflegen, ohne
Singsang, künstliche Pausen und Posen. Sie wirkt dadurch, daß sie das entscheidende
Wort im rechten Augenblicke wie einen Donnerkeil in die Welt, die um sie versammelt ist, schleudert, zündend und sprengend. Fräulein Sandrock ist für das
Burgtheater engagirt worden. Sie hat einen Wechsel auf lange Sicht in der Hand.
Er wird einst hoch honorirt werden. Wir freuen uns der Tage, die Fräulein
Sandrock in das Burgtheater bringen werden, aber wir wollen nicht zu früh
jubeln, sondern abwarten, was aus Fräulein Sandrock nach Ablauf der drei oder
vier Jahre, während welcher sie noch um das Burgtheater zu werben hat — wie
Jacob um die Rahel — geworden sein wird. Es wäre ein Wunder, wenn sie
der Schauspielerkrankheit, dem Größenwahn, entginge.

Was aus dem deutschen Volkstheater in Wien werden soll, wenn Frl. Sandrock dasselbe verläßt, darüber lassen sich wohl selbst die sichtbaren und unsichtbaren Leiter dieser Bühne keine grauen Haare wachsen. Der Eine von ihnen ist
bis dahin noch reicher geworden, als heute und der Andere, der fleißige Journalist,
der Paris arm verlassen hat, Herr Emerich von Bukovics wird wohl nach Ablauf
seines jetzigen Vertrages ein wohlhabender Mann geworden sein. Und das Publikum

Im Carltheater.

Wiens? — Nun auch dieses zerbricht sich heute darüber nicht den Kopf. Es hat Sorgen ganz anderer Art. Es ist ernst geworden und sagt: mit der Zeit kommt nicht nur Rath, sondern es kommen auch gute Schauspieler und Schauspielerinnen wieder.

Die andern Wiener Theater bringen mehr oder weniger neue Stücke, hie und da Gutes, aber eine bestimmte Richtung schlägt keines von ihnen ein. Man kann sie nicht fassen, ihre Art nicht charakterisiren. Sie bemühen sich, soweit die vorhandenen Mittel des Geistes und des Geldes ihrer Leiter reichen, das Theater recht und schlecht zu führen und sie bemühen sich vor Allem Geld zu machen. Das ist ihnen nicht zu verargen. Wenn man auf eigene Kosten und Gefahr ein kunstgewerbliches Institut leitet, muß man trachten, dasselbe ungefährdet zu erhalten. Man kann der edlen Richtung nicht allzugroße Opfer bringen, nicht die Rolle eines Weltverbesserers, eines Veredlers des Geschmackes und der Moral spielen, wenn das Publikum Einem nicht zugeht. So greift man denn mit beiden Händen zu, wenn sich ein Stück vorfindet, von welchem man sich Gewinn verspricht, von dem man glaubt, daß es Anziehungskraft ausüben werde. Man nimmt ein Stück Geld in die Hand und wirft es in zerstäubenden Körnern aus, um Ausstattungsflitter anzuschaffen. Man bemüht sich, einen Schauspieler, den Liebling des Publikums, mit außerordentlich hoher Gage, oder eine Soubrette, die nicht nur singt, sondern auch mit ihren Augen und den Reizen ihres Körpers spielt, zu engagiren und damit ist das Latein der Dramaturgie der Genre-Theater Wiens zu Ende. Manchmal gelingt dieser Raubbau am Parnasse, manchmal gelingt er nicht. Directoren kommen und gehen, aber die Grundsatzlosigkeit, das Bauen auf den Zufall geht nicht unter in Wien.

Das blühendste der Genre-Theater ist jenes an der Wien. Es hat seinen „Stock im Eisen", eine Art Wahrzeichen von Schauspieler, und dieser heißt Alexander Girardi. Der Mann ist heute der Genius des Theaters an der Wien. Was er thut, was er sagt, wie er singt, jede Gestalt, jeder Satz, jedes Wort, jeder Ton sind eigenartig, volksthümlich im besten Sinne. Er ist ein vortrefflicher Raimund Darsteller und ein urkomischer Grotesque-Buffo der modernen Wiener und Pariser Operette. Aber er ist das Um und Auf des Theaters an der Wien. Wenn wir Fräulein Palmay ausnehmen, eine Ungarin von Chic und großstädtischen Alluren, eine Schauspielerin wie geboren für die goldene Jugend, so ist Alles was Girardi umgibt, minderwerthig und nur da, um die leeren Stellen halbwegs anständig auszufüllen. Das halbe Jahr über wird von Operetten-Fabrikanten producirt, dann kommt die Zeit des Schnittes. Die Garben werden gebunden und in Buchform der Direction zur Aufnahme in den Speicher unterbreitet. Man sieht die Waare an, man prüft, man sieht, wenn der Ueberbringer nicht einen goldsicheren Namen hat. Waare erster Firmen wird noch auf dem Halme gekauft. Das sind die Kunstgesetze, nach denen die kleineren Theater Wiens geleitet werden.

Im Carltheater ist es der beliebte Komiker Blasel, der jetzt mit allen Mitteln zu Wasser und zu Lande, riesenkräftig um sich greifend, arbeitet, um sein kleines im Theater an der Josefstadt erarbeitetes Vermögen zu erhalten und wo möglich zu vermehren. Außer ihm besitzt die Bühne keinen Schauspieler von Anziehungskraft.

Im Theater in der Josefstadt ist der frühere Theatersecretär Giesrau Gebieter. Er arbeitet nach dem Muster Blasels, ist aber kein Schauspieler wie dieser und hat auch nicht die Elasticität des alten Jünglings, der jetzt am Donaucanale sich durch Tanzen und Schwimmen auf der Oberfläche zu erhalten sucht.

Das Fürst-Theater spielt im Grünen, im Prater. Es spielt im Sommer etwa in der Art, wie das Josefstädter Theater im Winter.

Man weiß, daß das Schick-
sal eines Theaters zuerst von
der Leitung durch den Director
abhängt. Jedes Theater erfordert einen ganzen Mann und

Invalidenhaus Theater.

ist dieser vorhanden, so
versteht er es auch, eine
Schaar begabter Schau-
spielerinnen und Schau-
spieler um sich zu ver-
einigen und sie, drillend
oder erziehend, wie es
eben geht, zum Siege zu
führen. Das Wiener
Theaterleben krankte län-
gere Zeit und krankt theilweise noch daran, daß nicht Directoren von Begabung,
Spürkraft, „guter Nase" mit glücklicher, fester Hand das Scepter führen. Sitzen
einmal fünf oder sechs derartige Männer in den Directionsfauteuils, so wird
das Wiener Theaterleben über Nacht wieder aufblühen wie der dürre Stab, den
Joseph in die Erde gesteckt. Denn die Bedingung zu einem reichen, treibenden
Theaterleben ist in Wien vorhanden. Es besteht eine breite Basis volksthümlichen
Lebens, Dichtens, Singens und Sagens, wie in keiner anderen deutschen Stadt,
in Wien. Sie wird genährt durch die sich selbst immer von Neuem erzeugende
Mundart, durch die Gestalten, die aus dem Wiener Boden wachsen, durch den
heiteren Sinn, den einschlagenden Witz, die Spielfreudigkeit und Sangeslust des
Wiener Volkes.

Das Volksleben in Wien ist nicht wie anderswo auf den Pöbel beschränkt.
Wien besitzt seine primitive künstlerische Knospe in dem Volkssängerthume, den
Improvisatoren, die des Sonntags im Freien, die des Abends in Werkstätten oder
Gasthäusern der fernen Bezirke erstehen. Es rankt sich am Mittelstande empor bis
hinauf zur Aristokratie. Wenn bei munteren Gelagen die Laune zur Lustigkeit

anschwillt, so kommt im Wiener Cavalier die Mundart des Volkes, das Lied des Volkssängers zum Durchbruche. Wie die Fürstin Pauline Metternich die „Froschmirl" gesungen, wurde das Lied von keinem Kinde aus dem Volke gesagt und gesungen.

Also ein Tiefpflug ist erforderlich, soll aus dem Wiener Boden reiches Kunstleben erstehen. Der Mann der es versteht, diesen Tiefpflug zu führen, wird eine tausendfache Ernte einheimsen. Immer nur zwei bis drei Zoll tief die entkräftete, ausgesogene Oberschichte aufwühlen, eine Art theatralisches „Beinstiern" das ist nicht das Rechte! Führt das Geschäft mit Geist, Geschmack und Kraft, dann werdet Ihr täglich Eure „Benefice-Vorstellung" haben.

❉ ❉ ❉

Theater im XIX. Bezirk.

In der Oper.

Von

Oskar Teuber.

Der familiäre Zug, der das Verhältniß der Wiener zu ihrem Burgtheater kennzeichnet, ist ihrem Zusammenleben mit dem Hofoperntheater nur langsam und allmählig aufgeprägt worden. Die „Hofoper" modernen Charakters ist ja viel jünger als die „Burg". Als sie noch im alten Kärnthnerthortheater zu Hause war, da mußte sie die Volksliebe mit der Oper im Theater an der Wien und eine Zeitlang sogar mit der Josefstadt theilen — ja, dieses heutige Heim der Wiener Volksposse hat sehr vornehme Operntage gehabt und mit Richard Wagner zu einer Zeit traulichen Umgang gepflogen, als er dem Hoftheater noch als gefährlicher Neuerer ferngehalten war. Auf der Wieden ertönte zum ersten Male „Die Zauberflöte," für die Josefstadt schrieben Conradin Kreutzer, Marschner und andere deutsche Meister, während in dem k. k. Hoftheater nächst dem Kärnthnerthore durch die „wälschen Opern" mit original-italienischen oder verwälschten Sängern und

Sängerinnen den Gourmands der Musik geschmeichelt und ein mehr oder minder
exclusives Publicum herangezogen wurde. Einen guten Theil des heutigen Opern-
Repertoires genoß man in Wien nur italienisch; länger als anderswo rang die
deutsche Oper mit ihrer älteren und bevorzugten wälschen Schwester in
Wien um die Herrschaft. Auch die Lieblinge des Ballets waren oft in den
Vorstadttheatern heimisch und die Mäcenaten der tanzenden Kunst folgten
ihnen getreulich dorthin,
wo sie ihr lustiges Reich
etablirten.

Das Orchester.

Und als endlich das
monumentale neue Haus das
altersschwache Kärnthner-
thorthcater ablöste, da schien
in den weiten, goldstrotzenden, prunkvollen Hallen kein
Platz für jene Altwienerische
Gemüthlichkeit, die dem alten
Burgtheater bis zu seinem
Untergange treu geblieben
ist. Es war zu schön, zu
großartig da drin; man sah
und erkannte sich ja gar
nicht, wenn man kein verläß-
liches Fernrohr zur Hand
hatte, und die vierte Gallerie, auf welcher sich die
eigentliche selbstlose Kunst-
begeisterung entfaltet, erreichte die Höhe des
Stefansthurms, so daß
selbst, die unübersehbare
Wilt seligen Angedenkens
zur Zwergin wurde unter
den Blicken dieser kunstbe-
geisterten Höhenbewohner.

Und diese Bequemlichkeit! Kein Drängen und Stoßen, kein Quetschen und
Stöhnen: da geht sich's so unbeschwerlich und bequem wie auf der Ringstraße.
Das war wieder nichts für die Altwiener Gemüthlichkeit! Man muß seine Hetz'
gehabt haben, ehe man der göttlichen Kunst opfert, und ein Theater ohne Hitze
und Enge ist doch wahrhaftig nur ein unvollkommenes Vergnügen. Aber man
gewöhnt sich an Alles, und heute ist das Hofoperntheater auf dem besten Wege,

mit der ihrer gemüthlichen Einfachheit entkleideten „Burg" um den Preis der Volksthümlichkeit zu eifern.

Sogar einen „Einlaß ins Opernhaus" gibt es heutzutage schon. Sie können ihn beobachten, wenn sie nachmittags die verlängerte Kärnthnerstraße passiren. Die Uhr hat noch lange nicht „vier" geschlagen; im tiefsten Nachmittagsschlafe liegt das massige Operngebäude da, und schon lagert knapp an der Seitenpforte, welche in dieses musikalisch Eden führt, eine von Minute zu Minute wachsende Gruppe von Männlein und Weiblein, des beglückenden Augenblicks harrend, da sich das Thor des Heils erschließen soll. Der Theaterzettel verkündigt „Cavalleria rusticana" und „Die Puppenfee". Sie studieren ihn aus dem Abendblättchen, das sie zum billigsten Zeitungspreise erstanden haben, und glossiren mit beredter Zunge die künstlerischen Genüße, die sie zu erwarten haben.

Da sind die Naiven, welche die „Cavalleria" — in der Betonung weichen die urwüchsen Sprachforscher von einander wesentlich ab — nur von ihrem weitverbreiteten Rufe kennen und endlich das nöthige Kleingeld aufgetrieben haben, das ihnen ihre „persönliche" Bekanntschaft vermittelt. Sie kennen noch nicht die feinen Nuancen der Doppelbesetzung, über welche sich die Eingeweihten bereits in ebenso tiefsinnige als laute Erörterungen verlieren. Ihnen sind der Turiddu-Müller und der Turiddu-Schrödter identische Begriffe; sie begreifen noch nicht, welche Bedeutung die Kolossalität unserer Schläger der Santuzza verleiht; sie lassen sich mit ungeheuchelter Bewunderung von den überlegenen Geistern und namentlich von den Zukunfts-„Schlägerinnen" mit der Musikmappe in die Geheimnisse der Mascagni'schen Musik und in die noch interessanteren Geheimnisse der Opern-Coulissenwelt einweihen. Dafür entfalten sie vor den begehrlichen Augen der „Musikalischen" die ebenso werthvollen Geheimnisse jenes Zeitungspapiers, das den vorsichtshalber mitgeschleppten Proviant enthält; denn ohne eine ausgiebige Jause sind die drei Stunden „Anstellen" ein zweifelhaftes Vergnügen. Zum Danke für die Erleuchtung, welche ihnen die Wissenden bereitet, stärken sie deren Körper, welcher allerdings bereits für das Anstellen präparirt ist und nach drei und einer halben Wartestunde gewiß noch vier und eine halbe Stunde „Tristan und Isolde" spielend vertragen kann.

Um die fünfte Stunde nehmen die Züge der „Angestellten" eine merkliche Spannung und Härte an; die Reihen wachsen, und stramm behaupten die Allererersten ihr wohl erworbenes Vorrecht in der allernächsten Nähe der Pforte. Kaum gönnen sie sich, wenn die Stunden dieser schmerzvollen Wartezeit in den Winter fallen, das Vergnügen, die erstarrten Füße tanzen zu lassen, die erfrierenden Hände zu reiben — ein „Späterer" könnte ein solches Extempore zu einem Vorstoß benützen, und um die Eroberung wäre es geschehen. Um 6 Uhr endlich nahen schwere Schritte: das ist der Pförtner des Heils. Und nun ergießt sich der Strom der Glücklichen durch die Gänge; er wälzt sich über die Treppen hinauf, immer höher bis zu jenem allerhöchsten Range, der an die Börse des

18*

Opern-Enthusiasten die bescheidensten Ansprüche stellt. Dort harrt der Lohn für Geduld und gute Sitten der „Angestellten"; dort finden die Erstankommenden Plätze, auf denen sie mit dem Stolze von Königen thronen, denn die ganze herrliche Oper mit all' ihren Schätzen, mit all' ihren Künstlerschaaren, ein Parket von „Herrschaften", liegt ausnahmslos zu ihren Füßen.

Noch hüllt mystisches Dunkel die prunkvollen Hallen ein, nur die nothwendigsten elektrischen Flammen erhellen das Haus; aber mit geduldiger Theilnahme verfolgen die Verfrühten das interessante Erwachen des Lebens in diesem Tempel der Musik. Im Orchester erscheinen die ersten Künstler; denn Künstler sind sie Alle vom Haupt herab bis zur großen Trommel. Die besonderen Lieblinge, deren Namen das musikalische Wien mit Respect nennt, kommen mit würdevoller Knappheit zugleich mit den ersten Parket-Abonnenten. Und nun durchfluthet ein Meer von Licht das ganze Haus; und staunend, beinahe geblendet ermißt es der Blick in seiner ganzen Größe und Pracht. Die Sitze klappen schier geräuschlos auf und nieder; in den weichen Sammt-Fauteuils rückt sich der Kunstfreund behaglich zurecht für den nahen Genuß. Man kennt und begrüßt sich; die „Stammsitze" haben ja ihre ständigen Besitzer, und es gibt Charakterköpfe im Hause, deren Abwesenheit das ganze Bild desselben verrücken könnte. Dort in den ersten, kostspieligsten Parket-Reihen, nahe den Orchester-Stürmen, siedelt sich der Cavalier, der getreue Mäcenas, der elegante Officier, der unternehmende Fremde an. Kann man sich die erste Reihe ohne die markante Figur des Gardecapitäns Graf Reipperg denken, der bei keinem operistischen Ereigniß, an keinem interessanteren Tage fehlt? Würde man nicht die umfangreiche Gestalt jenes Architekten-Crösus schwer vermissen, der sich in den Eckfauteuil rechter Seite zwängt? Und wie würden die Elfen vom Ballet schmollen, wenn der kleine, rundliche Oberlieutenant des angenehmsten Ruhestandes, dessen Mäcenatenthum die fashionable Wienerstadt kennt, einen Abend seinem Sitze untreu würde?

Schon wird es auch hell in den Logen; aus den Vorzimmerchen, welche der rothe Vorhang deckt, treten die Damen in Soirée-Toilette an die Brüstung, mustern die Nachbarinnen und erhaschen freudig den Tribut der Bewunderung aus den nächsten Operngläsern. Die Blicke des Fremden wenden sich forschend nach der imposanten, weiten Mittel-Loge des ersten Ranges. Dort vermuthen sie den Allerhöchsten Hof — aber nur an jenen festlichen Tagen, welche das Hofoperntheater in dem ganzen, überwältigenden Glanze eines théâtre parée zeigt, nimmt die „Hof-Festloge" die Mitglieder des Kaiserhauses auf. Dann sieht man in der ersten Reihe das Kaiserpaar mit seinen fürstlichen Gästen, die Kronprinzessin-Witwe und die dem Throne zunächst stehenden Glieder der Dynastie, in den weiteren Reihen nach dem Range Erzherzoge und Erzherzoginnen und die in der österreichischen Residenz angesiedelten Glieder souveräner Herrscherfamilien. In normalen Zeiten nehmen Hofdamen, Obersthofmeister und Dienstkämmerer der höchsten Herrschaften die prächtige Loge ein; der Hof hat sich in die vier Pro-

In der Oper.

scenium-Logen des Parterre und ersten Ranges, die „Incognito Logen", zurückgezogen. Dort, in der ersten Parterreloge rechts von der Bühne, sieht man an
besonders interessanten Abenden den geliebten Monarchen und sehr oft Kronprin-
zessin Stephanie, die enthusiastische Schätzerin der Musik: die Proscenium-Loge
des ersten Ranges auf derselben Seite haben die Brüder des Kaisers, Carl Ludwig
und Ludwig Victor und die Familie des Ersteren erwählt; in der Gegenloge
des Parterre ist Erzherzog Wilhelm einer der Getreuesten des Opernhauses,
nicht selten sieht man neben ihm das ehrwürdige Haupt des Siegers von Custozza,
Erzherzogs Albrecht, oder den martialischen Kopf des Landwehr-Obercommandanten
Erzherzogs Rainer, und niemals fehlt, so oft er von seiner mährischen Garnison
in die Residenz enteilen kann, Erzherzog Eugen, der jugendliche Coadjutor des
Hoch- und Deutschmeisters, in der Loge neben seinen Oheimen: man weiß, daß er
selbst die Gesangskunst mit Begeisterung übt und mit Andacht jede Note, jeden
Ton des Kunstwerks verfolgt, das hier seine vollendete Verkörperung findet.

Und was Wien an „Notabilitäten" zu verzeichnen hat, in diesem Hause
finden wir es wieder. Richten Sie den Gucker dort in die Parterreloge links,
so sehen sie den Charakterkopf des Grafen Kálnoky, das Monocle in dem Auge,
das so scharf alle Winkelzüge der europäischen Diplomatie erspäht und durchforscht;
im ersten Range konnte man den vieljährigen Ministerpräsidenten Grafen Taaffe,
in heiterer Conversation mit seiner liebenswürdigen Gemahlin, den jugendlichen
„Greisen"-Kopf des ehemaligen Cultusministers Gautsch sehen, — der Justizminister
Graf Schönborn begnügt sich mit einem Parketsitze. Dort in der Parterreloge
rechts, knapp an der „Incognito-Hofloge, folgt ein schlichter General mit Spannung
der Vorstellung: das ist Prinz Constantin Hohenlohe, der Oberst-Comman-
dierende sämmtlicher Leibgarden und sämmtlicher Hoftheater, und oberhalb dieser
Loge thront Baron Bezeeny, der Intendant dieser Bühnen, deren reiche Hof-
dotation bei Weitem nicht auslangt, den kolossalen Luxus zu decken, den sie
traditionell zu entfalten haben. Der hellblonde Kopf Meister Wilhelm Jahn's
taucht in einer Loge des zweiten Rangs oberhalb der Hof-Festloge auf; die Loge
hängt durch elektrische Leitungen mit Kanzlei und Bühne zusammen, und ein kurzes
Tasten, ein telephonirtes Wort des Directors genügt, der Künstlerschaar auf der
Bühne seine Gnade oder Ungnade, eine Mahnung oder einen Befehl zu vermitteln.

Wilhelm Jahn ist bekanntlich auch sein eigener, emsigster Kapellmeister. Sein
Dirigentenstock ist ein Zauberstab, der die zartesten Nuancen der musikalischen
Sprache hebt, der die Schönheiten des Werkes zu entfalten, das Farblose zu färben,
das Mattschimmernde zum hellem Glanze zu beleben weiß. Er war namentlich
Massenet's und Mascagni's genialer Interpret; heute aber sehen wir Meister
Fuchs, den Rastlosen, allezeit Arbeitsfrohen, am Pulte, und „Cavalleria rusticana"
bedarf kaum mehr seines nachhelfenden Tactirens; sie spielt sich glatt ab, der
Souffleur rastet in seinem Kasten. In den Logen benützt man die willkommene
„Muße" zu unmusikalischen Discussionen; mit athemloser Theilnahme aber lauscht

der nicht blasirte Mascagni-Schwärmer — er rast nach dem Intermezzo, das die Geigen und Harfen so wunderbar singen, und ruht nicht eher, bis der Dirigent den Stab nochmals erhebt und die unsterbliche Melodie zum gelinden Schreck der Blasirten noch einmal ertönen läßt. Und nun hat die Schläger ihren großen Schrei gethan — Turiddu ist todt. Wieder rast es auf den Gallerien, im Parket; noch ein Sturm im Orchester, die Oper ist zu Ende . . . .

In das Balletreich hinüber leitet uns ein geräumiger Zwischenact. Ein neuer Herrscher am Pulte, neue Erscheinungen im Hause. Die verwaisten Sitze in den ersten Parketbänken erhalten ihre Herren; ehrwürdige Häupter zumeist, denen die Kunst des Friseurs ewige Jugend verleiht. Und dieser bedürfen sie; denn das ewig Weibliche in der tanzenden Kunst gibt ihrer Begeisterung neuen Schwung. Sie kennen jedes „Trommelhäschen“ der ersten Quadrille genau, ebenso genau aber auch die winzigen Puppen und Püppchen der letzten. Sie begeistern sich für die elektrischen Sprünge der temperamentvollen Rathner und schwärmen für die stillere Grazie der Pagliero und Haentjens; sie entdecken schlicht-keimende Talente und bewahren den würdigen Balletgreisinnen pietätvolle Treue. Der Ballet-Mäcenas blickt mit liebevoller Zärtlichkeit zur Bühne empor: er hat Generationen kommen, blühen und verblühen gesehen; er war das Bleibende in diesem Wechsel, seine Liebe vererbte er von dem scheidenden Alter auf die emporsprießende Jugend! Und welcher Bühne wäre so viel Balletjugend erblüht, als der Wiener Oper?! Gibt es ein reizenderes Bild als diese Original-Puppeusee im prunkvollen Rahmen unserer Hofoper? Und dennoch muß das wunderbare Bild verblassen! Der Zauber bricht, der Glanz verlischt; still und todt wird es auf der Bühne, still und dunkel im weiten Hause. Im stolzen Palaste und im schlichten Bürgerhause, in der herrlichen Residenz und in dem ärmlichen Städtchen, dessen Bürger einen Gang in die Wienerstadt gethan, schwärmt und träumt man aber noch lange von diesem Abend im Opernhause!

In
Wiener Concert-Sälen.

Von

Oskar Teuber.

Bei den Philharmonikern.

Wo herrschte sie frischer, freier und fröhlicher, die herrliche
Frau Musica als in der sangreichen Kaiserstadt, in unserem Wien!
Wo würde sie mit mehr Behagen und Freude genossen als in der
Stadt Mozart's, Beethoven's, Schubert's und Strauß! Diese
Ramen allein bezeichnen noch heute den musikalischen Charakter
Wiens. Er ist nicht einseitig und beschränkt: er umfaßt alle
Regionen des musikalisch Schönen, er umfaßt alle Schichten der Bevölkerung.
Auf allen Gebieten des musikalischen Schaffens ist dieser Boden fruchtbar
gewesen, und die Empfangsfreudigkeit, das fröhliche, begeisterte Genießen des
Volkes hat nicht wenig beigetragen zur Entfaltung des göttlichen Genies, zur
Befruchtung köstlicher Talente.

Der Wiener Concertsaal — ein weiter Begriff! Er ist überall, in dem
prunkvollen Kunsttempel der inneren Stadt, in der rauchigen Heurigen-Schänke
der fernen Vorstadt, und überall hören wir, wenn wir wollen, jenes „Echt-
Wienerische", das man so gern und so unrecht mit dem Derb-Volksthümlichen

verwechselt und das doch ebenso gut in den höchsten Höhen der Kunst gedeiht. Eine weite Wanderung, die Sie mir zumuthen, wenn ich mit getreu-malender Feder das Wiener Concert schildern soll in all' seinen Gattungen und Arten und mit all' seinem Publikum, so mannigfaltig in seinem Wort und seiner geistigen Reise und doch so einmüthig in seiner Erkenntniß und Bewunderung des künstlerisch Guten! . . . .

Ein sonnenklarer Sonntag-Mittag. Festlich geputzte Menschen drängen sich auf der Corsoseite der Ringstraße; goldglänzende Uniformen und effectvolle Damenroben beleben das schier undurchdringliche Gewühl der Flanirenden, Kritisirenden, Coquettirenden. Da drängt und haftet ein Schwarm durch die wandelnde Mauer; ein Jüngling mit mächtiger Rubinsteinmähne commandirt die entsprechenden Rippenstöße und sie geben aus, namentlich wenn er, mit einem gewaltigen Notenhefte bewehrt, die Rechte dem ahnungslosen Courschneider in die grüne Seite treibt. Ein salonwidriger Fluch ringt sich über die honigtriefenden Lippen. — Hohngelächter der Hölle auf Seiten des Langmähnigen. „Glauben Sie, wir haben Zeit, bis Sie ausgeflötet haben? — viertel Eins, philharmonisches!"

Das ist genug, und vorwärts tobt die musikalische Meute. Viertel Eins! Noch eine knappe Viertelstunde, und das philharmonische Concert beginnt. Da rasseln auch schon in langer, langer Reihe die Equipagen und Fiaker über den Opern- und Kärntnerring zum Musikvereins-Gebäude, und auf dem schattigen Gehwege, den die sonnbeglänzten Corsoschaaren verschonen, drängt es in dichten musikalischen Massen zu dem Saale des Heils. Schon harren und hoffen sie, die Enthusiasten mit der Musikmappe, die Conservatoriumsjüngerinnen und ihre Collegen, denen der Liszt oder Joachim schon überwundene Standpunkte sind. Sie wissen ganz genau, was der heutige Mittag bringt, und damit sie ebenso genau überwachen können, ob „der Richter" nicht einen Tact überspringt oder schmählich streicht, damit sie den Herren Professoren auf eine Falschheit kommen, schwingen sie bereits drohend den Clavierauszug der nächsten Ouverture oder Symphonie in den kolossalen Clavierhänden. Dabei haben die Virtuosen der Zukunft noch so viel freie Zeit, um den Fräulein von der Kunst eine geniale Schmeichelei an die zerzausten Locken zu schleudern oder ein vorsichtshalber in den Rocktaschen conservirtes Frühstück in die Kehle schlüpfen zu lassen.

Im Parterre klappen die Sitze. Die Abonnenten kommen. Das ist keine kleine Würde in der Wienerstadt; denn die Philharmoniker sind ein kostbarer Artikel, und die Angestammten sitzen wie festgeklammert auf den eroberten und ererbten Sitzen. Nur ein ganz außerordentlicher Wechsel des Schicksals kann den Abonnenten von seinem Stammsitz vertreiben, und in dem Kreise der Intimen verbreitet sich dann das Gerücht von der Sedisvacanz mit besonderer Heimlichkeit, damit kein Unberufener in die erlesene Gemeinde der „Philharmonischen" eingelassen

Bei den Philharmonikern.

werde. Da arbeitet die Protection und die Intrigue, und endlich ist man doch für gutes Geld und noch höhere Worte in dem Heiligthume. Der große Musikvereinssaal ist groß, aber die Sehnsucht der Musikalischen ist noch größer. Und dann, man muß ja nicht einmal zu den Kennern gehören, man muß nur in den Geruch der Kennerschaft kommen. Da sehen Sie die liebenswürdige geistvolle Frau von X. Sie hat in ihrem länglichen philharmonischen Dasein die neunte Symphonie schon zehnmal verschlafen; wenn Sie sie aber bei der richtigen musikalischen Seite treffen, trillert sie Ihnen das schönste Lied von Seidl und Wiesberg bis auf die letzte Note correct herunter.

Und wie schön sie von den zwei- und drei-gestrichenen Herrlichkeiten spricht! Sie kennt die Programme des letzten Jahrzehnts auswendig, und von jedem der Philharmoniker, die soeben auf dem Riesenpodium die Stühle rücken, erzählt sie Ihnen die Lebensgeschichte, genau bis auf die interessantesten und pikantesten Anekdoten. Das ist Sinn für die höhere Musik; wir beugen uns in Ehrfurcht. Das bösartige Lächeln, welches diese Ehrfurcht trübt, erstirbt uns im Angesichte, wenn wir in die drohend-blitzenden Augengläser ihrer Nachbarin blicken. Das ist eine Veteranin von der Sing-Akademie, eine Säule des musikalischen Wien, welche ein halbes Jahrhundert unserer Musikgeschichte verkörpert. Sie sitzt schon fünf Minuten fest und schleudert jedem und jeder der Späterkommenden einen Blitzstrahl ihrer Brillen zu, der ihn vernichten müßte, wenn es eine musikalische Gerechtigkeit gäbe.

Die Billeteure, denen die rothen Schleifen ihrer Würde malerisch von den Achseln herabfallen, wechseln herablassende Worte mit den Stammgästen und werden unter besonderen Umständen sogar so gemüthlich, einem in das Heiligthum hineingeschneiten Fremden die Charakterköpfe des Saales zu erklären.

Der erste Blick gilt der Hofloge. In der majestätischen blonden Frau, welche dort, so frühe wie die Eifrigsten der gewöhnlichen Sterblichen, erschienen ist, erkennt der Wiener mit ehrfurchtsvoller Sympathie die Kronprinzessin-Witwe Stephanie; sie hat selbst zur Frau Musika geschworen, sie spielt die Harfe, der Instrumente Königin, sie singt und bringt den erhebendsten Werken der Kunst mehr als dilettantisches Verständniß entgegen. Sie zählt zu den Getreuesten der Musikvereinssäle und fehlt niemals, wenn der Kunst hier herrliche Opfer dargebracht werden . . . . Die blitzenden Augengläser des Freiherrn von Bezecny kennen Sie gewiß; er regiert im Reiche der Kunst und der Ziffern und seine gebietende Hand meistert die Tasten ebenso wie die Koryphäen der Bühne: was in der Wienerstadt auf künstlerischem Boden entsteht, gedeiht nicht ohne seine machtvolle Förderung. Dort in der — wir irren wohl nicht — ersten Parterrereihe klappt eben ein kleiner, rundlicher Herr mit grauem Haupte und ebensolchem Knebelbarte seinen Ecksitz nieder und zieht die Aufmerksamkeit mannigfaltiger Operngucker auf sich. Das ist Hofrath Eduard Hanslick, der gewaltige Musikrichter der „Neuen Freien Presse", dem sich das „musikalisch Schöne" in seiner ganzen Pracht enthüllt hat und dessen Geißel niedersaust auf das gesammte nach Wien wallende musikalische Europa. Ziemlich weit von ihm, ganz rechts sieht man das Löwenhaupt seines kritischen Antipoden Ludwig Speidel, der im Geiste bereits das Material für eines jener Brillantfeuerwerke sammelt, das den Schluß seiner nächsten Concert-Feuilletons des „Fremden-Blatt" verklären soll. Der Schillerkopf dort mit den blonden Locken, auf denen der Calabreser malerisch gethront hat, gehört Max Kalbeck, dem Opernübersetzer aller Zungen, dem aus Norddeutschland in die Wienerstadt übersetzten Kunst-Richter. Das sind die Häupter der kritischen Zunft; ihnen nahen mit Ehrfurcht die jüngeren Generationen, und vom Podium sendet man prüfende Blicke herab, um die Stimmung der Donnergötter zu ergründen.

Das Riesenorchester gruppirt sich; mit Würde schreiten die Violinen und Celli, die Bläser und Pauker ihren Stammsitzen zu. Eine imposante Musiker-Armee — jeder Mann ein Professor, der letzte von ihnen erfüllt von dem Bewußtsein, einem Körper anzugehören, welcher — nach einem geflügelten Worte Speidels — in seiner Gesammtheit der „größte Künstler unserer Hofoper" ist. Und an den Pult tritt ein blonder, germanischer Recke, schüttelt die Mähne und blickt siegesfroh umher in dem Kreise der Heerschaar, die mit Begeisterung seinem Marschallstabe gehorcht. Das ist Hans Richter, der Wotan aus Raab, Richard Wagner's Lieblingsschüler und Prophet auf dem Continent und jenseits des Canals La Manche, der Beherrscher der Nibelungen und Walküren, Apostel

von Bayreuth und Repräsentant des unverfälschten Wagnerthums an unserer
Oper. Was er uns ist, hat man im April des denkwürdigen Jahres 1893 erfahren,
als Hans Richter den sträflichen Entschluß faßte, seinen Wiener Regentenstab
niederzulegen, das philharmonische Reich seinem Schicksale zu überlassen und seinen
sechs Töchtern in freier und fruchtbarer Ausübung der Tonkunst eine köstliche
Mitgift aus dem Lande der Dollars zu holen. Da schrieen sie schmerzlich auf, die
philharmonischen Violinen; in Thränenströmen badeten sich die Damen mit den
Musikmappen, in heilige Wuth geriethen alle deutschen Jünglinge, und mit starken
Fesseln banden ihn seine Schätzer an die Heimath, die er als zärtlicher Vater
eines köstlichen Sextetts zu fliehen gedachte.

Ja, um ein musikalisches Wahrzeichen wäre Wien ärmer geworden, wenn es
seinen Hans Richter verloren hätte! Wenn wir ihn so ansehen, wie er dasteht, und
ohne Partitur, ohne Clavierauszug, mit seinem Zauberstab hinabbringt in die tiefsten
Tiefen und hinan die hellsten Höhen des Beethoven'schen Geistes, und wie er mit
demselben Zauberstabe diesen Geist seinem Musikerheere überliefert, daß es Ein
großes Herz und Eine schöne Seele scheint, dann glauben wir an die Begeisterung
seiner Heerschaaren für ihn. Ein Blick von ihm sagt mehr als die Capriolen des
beweglichsten Dirigenten: dieser Blick meistert die grimmigsten Professoren, und
wenn dann noch eines seiner Witzwörtlein neben den Pult fällt und einen Schuldigen trifft, der gegen das strenge Gesetz der philharmonischen Tadellosigkeit
gesündigt hat, dann ist der Fehler tausendfach gerächt.

Er klopft, und die Stille des tiefsten Respects tritt in dem Riesensaale
ein; hastig drängen die Verspäteten zur Eingangsthüre, aber die Cerberusse mit
den rothen Achselschleifen sind unerbittlich — sie sperren die Glasthüre, denn
„der Richter hat schon geklopft". Da harren sie dann, Männlein und Weiblein,
jenseits der Pforte zum musikalischen Paradiese und pressen das Ohr an die
Glastafeln und an die Thürspalte, um einen Ton wenigstens zu erhaschen von
der neuen Ouverture. Sie kennen die Schwere ihres Verbrechens; denn eine
Nummer vom Philharmonischen versäumen, das heißt, sich um eine Viertelstunde
Lebensgenuß bestehlen.

Und wie sie spielen, diese Philharmoniker! Wie diese Geigen aufjauchzen
und den Himmel zu stürmen scheinen, und wie diese Legion ihre Riesenstimme
zum wehmüthigen Seufzer, zum sanften Flüstern und Kosen zu dämpfen, dann
wieder zum Brüllen und Toben des Oreans zu erheben weiß! Ja, es gibt
nur a' Kaiserstadt, s' gibt nur a' Wien! Wenn wir es irgendwo seelenvergnügt
und ohne Widerspruch ausrufen dürfen, hier ist es erlaubt, und der Amerikaner,
der Engländer und Franzose applaudirt begeistert dazu. Und wenn wir gar nicht
auf das Programm blicken, wenn wir die Augen schließen und uns ganz hingeben
dem machtvollen Eindrucke dieser Musik oder wenn wir uns ein Instrument aus-
wählen, einen Mann, um den Antheil des Einzelnen an dem Siege des Ganzen

zu ergründen und zu bewundern — wir möchten ewig schwelgen in den Wonnen dieser Stunde. Und sie schwelgen ja auch darin, die Verständigen und die Unverständigen, die Echten und die Affectirten. Dort die Philharmoniker der Zukunft beugen sich verwegen über die Galeriebrüstung herab, als wollten sie sich im Taumel der Begeisterung unter die Meister stürzen und die Spitzen ihrer Frackschöße küssen. In seliger Verklärung blicken die Notenbeißer vom Clavierauszuge hinüber in das lebendige Orchester, oder sie unterdrücken krampfhaft einen Fluch des Ingrimms, wenn „der Richter" einen Strich gemacht hat und gesprungen ist. Muß es denn gerade nach zwei Stunden aus werden, wenn man so schön „drinnen" ist! Nur die Barbaren, welche den Violinschlüssel vom Kellerschlüssel nicht unterscheiden und sich dennoch im Schlepptau der pianistischen Gattinnen in das Allerheiligste der Kunst verirrt haben, sie empfinden unter gewaltsamen Ausbrüchen wahnsinniger Bewunderung ein menschlich Rühren in einer dem Herzen benachbarten Gegend und betrachten schüchtern das Programm, ob die letzte Nummer an demselben fatalen Satzreichthum leide wie ihre Vorgängerinnen. „Es ist ja wunderschön, aber für unendliche Melodien ist die Stunde doch etwas unvorsichtig gewählt", seufzt dieser in die Cravatte hinein und constatirt wehmüthig: Zehn Minuten über 2½. „Diese Künstler müssen von der Luft leben", calculirt er weiter, eine Ansicht, welche das vortreffliche, beinahe blühende Aussehen der Philharmoniker entschieden Lügen straft . . . .

Auch diesem Enthusiasten des Magens schlägt die erlösende Stunde. Noch einen, aber den großartigsten Genuß muß er tragen. Die Riesenorgel des großen Musikvereinssaales öffnet ihren Donnermund und verherrlicht diese weihevolle Stunde . . . . Wir haben Alles gehört; lange noch, während unten im Vestibule des Musikpalastes die „Laien" um ihre Garderobe kämpfen, widerhallen die goldstrotzenden Räume des Saales von dem Beifallsjubel der Intimen, und manchmal noch muß sich Hans Richter, mit ironischem Lächeln, vor seinen Anbetern beugen. Dann darf auch der Gebieter der Philharmoniker in sein Währinger Tusculum pilgern. Dort pflanzt er seine Bäume und hört nichts davon, wie sie von ihm schwärmen, die zartbesaiteten philharmonischen Damen in der Residenz!

Im Bösendorfer-Saal.

Wer kennt ihn nicht, den lieben, wackeren Bösendorfer? So weit die deutsche Zunge und das deutsche Piano klingt, nennt und kennt man ihn, den Schöpfer des berühmtesten Wiener Claviers! Wenn er, mit dem ewig-gelben Ueberzieher malerisch angethan, den Stößer auf dem melirten Haupte, seine Marschleistungen durch die Straßen Wiens unternimmt, da gibt es Wenige, welche seinen Gruß mit ihm tauschen oder nicht wenigstens den Nachbar „anstoßen" und ihm bedeutsam in's Ohr flüstern: „Das ist Ludwig Bösendorfer." Er ist der Gevatter des musikalischen Talentes, von der untersten Stufe des Ruhms hinauf bis zum himmelhochragenden Gipfel; er ist der Cavalier unter den Fabrikanten, der Künstler unter den Geschäftsmännern, der verschämte Wohlthäter der verschämten und unverschämten Armuth, kurz, er ist — Ludwig Bösendorfer, und dort in

dem Hofpavillon des Hauses Nr. 6 in der Herrengasse residirt er mit den köstlichsten seiner Schätze, dorthin pilgert man zu den großen und kleinen Ereignißen im Musikleben der Residenz, denen der prunkvolle Rahmen des großen Musikvereins den intimeren Charakter rauben würde.

Ein schlichter, weißer Saal — kein Schmuck, kein Luxus, aber Noblesse, ein ganzer Bösendorfer! Und doch eine seltsame Wandzier; dort an der weißen Stirnseite über dem Podium lesen wir drei einfache Inschriften: „Franz Liszt" — „Hans von Bülow" — „Anton Rubin-

Das Podium.

stein", darunter das Datum eines Tages. Das waren bedeutungsvolle Stunden in dem jungen Leben des Bösendorfer-Saales. Die drei Heroen des Claviers, dort auf dem Podium des weißen Saales sind sie gesessen, und einen echten Bösendorfer hat Jeder von ihnen eingeweiht mit den Zauberhänden zum ewigen Gedächtniß für den Herrn dieses Hauses.

Ja, wohin diese drei Titanen gezogen sind auf den Lichtbahnen ihres Ruhmes, dorthin zog ihnen fast immer ein erlesener „Bösendorfer" voran, und er

schien eigens geschaffen für
die Donnergewalt dieser
Meisterhände wie für den
süßen Sang, den sie seinen
Tasten zu entlocken wußten.

Lißt, Bülow, Rubin-
stein — diese drei Namen
deuten aber auch die höheren
Ziele des Saales an, wel-
chem Bösendorfer seinen über
die unermeßliche Clavier-
welt verbreiteten Namen
gegeben hat. Er ist die Heimstätte des Clavier-Concerts;
hier ringt die musikalische
Jungfrau mit dem ersten
Stammeln ihrer Künstler-
schaft um die Palme des
Ruhms, hier kehren aber
auch die unsterblichen Meister ein, wenn sie ohne
des Orchesters begleitende
Stürme einer andachtsvollen
Gemeinde die tiefsten Tiefen
ihrer Künstlerseele erschließen wollen. Hier verblüfft
uns das Wunderkind, hier
entzückt uns das herrlich
entfaltete Talent, hier rührt
uns aber auch das Lallen
des dilettantischen Debu-
tanten, zu dessen Füßen
mildthätigen Sinnes der er-
weiterte Familienkreis sitzt.

Dort auf dem Po-
dium, das jene drei Clavier-
Titanen getragen hat, ohne
zu wanken, flötet Alice Barbi,
die Königin des Concert-
Gesanges, ihre süßen Lieder,
dort singt die Geige Hellmes-

Im Bösendorfer-Saal.

berger's oder Rosé's, und unsere andächtigen Quartett-Gemeinden schwelgen in classischen Genüßen; dort versammelt Selma Niklas-Kempner die Bewunderinnen ihres noch immer blühenden Meistergesangs um sich, und zu ihren Füßen sieht man, auf einem Ausnahms-Fauteuil, ihre erlauchteste Schülerin, eine hoheitsvolle blonde Frau: die Kronprinzessin-Witwe Stephanie von Oesterreich. Die stürmischen Enthusiasten garniren die Wände oder sie stauen sich hinter den letzten Sitzreihen. Es ist wieder das musikalische Wien wie bei den Philharmonikern hier, aber im „intimeren Familienkreise". Man nickt sich zu, begrüßt sich; die Stammgäste im Hintergrund, denen ein ewiges Freibillet die Pforten zum „Bösendorfer" öffnet, machen ehrfurchtsvoll eine Gasse, wenn ein „Name" eintritt, einer von denen, die auch schon „da oben" zu hören waren, einer der zahllosen Meister der Töne, die auf dem fruchtbaren Boden der Kaiserstadt gedeihen.

Und an den geschlossenen Thüren drängen sich die armen Männlein und Weiblein, denen ein Freibillet zum „Bösendorfer" das unerreichte Lebensideal ist. Sie lauschen mit den „Verspäteten", die der Cerberus mit unerbittlicher Strenge vor dem Eintritt in den Salon zurückhält, an den Spalten und lächeln verzückt, wenn sie einen Ton erhaschen und erzählen können, daß sie auch dabei gewesen sind. Und dort zwischen seinen Clavieren thront der Herr dieses Musikpalastes, Meister Bösendorfer, in eigener Person. Hier suchen ihn die Intimen auf, hier interpelliren ihn die Stiefkinder der Künste. Er ist einer von denen, die das Herz immer auch in der Börse haben. Ist es ein Großer, der seinen Saal durch seine Kunst verherrlicht, dann ist es ihm eine Ehre, den Meister in seinem weißen Saale zu beherbergen, und ist es ein Kleiner, dessen Jammermiene das Spiegelbild eines erschütternden Cassenrapports ist, dann macht er einen gewaltigen Strich über die Zinspflicht und greift schließlich noch in die unergründliche Tasche, um den wehklagenden Ziffern des Rapports nachzuhelfen. Die Jagd nach dem Mammon hat er ja aufgegeben: er ist ein Mann ohne lachende Erben, er kann sich den Luxus der Menschlichkeit erlauben. An der Wand dieses Saales der Claviere, in welchem prüfend schon so mancher Beherrscher der Tasten gesessen, fesselt uns ein Gemälde: Franz Lißt, vor einem Publikum von Monarchen, Fürsten und Cavalieren spielend. Und andachtsvoll blicken die Höchsten dieser Erde zu dem merkwürdigen Manne im Cleriker-Talare, zu dem Fürsten der Kunst empor. Das ist ein erhaben Reich, und sein Herrscher ist auch „von Gottes Gnaden"....

Ebenso faßt Bösendorfer die Kunst auf, so möchte er sie immer gehalten und geübt wissen, der Mäcenas vom Bösendorfer Saale.

Im Concert Strauß.

Sie wollen eine musicalische Sonntagsjause? Die Wahl ist groß und schwer; denn wo Sie den unternehmenden Fuß hinsetzen an einem dienstfreien Sonntagnachmittage, dort grüßt Sie gewiß Geigenton oder Trompetenklang. Der Prater weit in der Runde nichts als ein großes Concert, sobald die Sonne milder denkt und wärmende Strahlen niedersendet auf die grünende Erde. Und wenn wir in winterlicher Kühle eine warme musikalische Unterkunft suchen, da locken uns von allen Straßenecken die Plakate. Unsere besten „Regimentsbanden" thun sich zu feingesitteten, künstlerisch beseelten Streichorchestern zusammen und machen classische oder populäre Musik. Wer für das „echte Weana-G'müath" auch im Concertsaale schwärmt, der geht zum „Ziehrer", der mit seinen Edelknaben von Hoch- und Deutschmeister-Infanterie Nr. 4 bei Ronacher Promenademusik macht. Da kann man die „Weana Mabl'n", den „Traum des Reservisten", den „Phonographen"-Walzer und andere urwienerische Herzensergüsse des Deutschmeister-Capellmeisters hören, der die Wiener Volksmusik in Uniform bis nach Chicago getragen hat. Einige Schritte weiter, und wir sind im Cursalon, wo die „Hesser" vom Regiment Nr. 49 unter ihrem schneidigen Capellmeister J. F. Wagner uns „Rund um den Stephansthurm" das musikalische Geleite geben.

Idealer und empfindsamer veranlagte Gemüther finden ihre Befriedigung, wenn sie in den Volksgarten pilgern, wo Karl Komzák seinem „Beethoven" Altäre baut oder Alfons Czibulka mit seinen „Franz Ferdinandern" von Nr. 19 in den zartesten Idyllen und Romanzen schwelgt oder Mozart mit echter Künstler-Begeisterung huldigt.

...... Sie wollen nicht-militärische Musik? Das heißt entweder C. W. Drescher oder Eduard Strauß. Der Erstere bringt das Wienerische, wie Specialisten und Gourmands behaupten, am „unverfälschtesten" und dabei mit einem Chic, den ihm Niemand nachmacht, und doch commandirt er höchstens ein Dutzend wohlgedrillter Leute; seine Residenz ist das Gartenbau Restaurant. Dort schwingt er seine Geige und ist mit „affenartiger" Behendigkeit hinter den neuesten der musikalischen Renigkeiten her, um sie in seinen „Schan" zu übertragen. Und dieser „Schan" (Genre) ist bis nach London in die Salons der stolzesten Peers und des Prinzen von Wales gedrungen, eine Invasion des Wiener Walzers nach England!

Drescher und Edi Strauß — ein weiter Weg ist's von dem Einen zum Andern! Wem hüpft nicht das Herz, wer schwingt sich nicht bei dem Namen Strauß, und der „schöne Edi" ist einer von jenen Sträußen, denen die Wiener

Tanzmusik ihren Weltruhm dankt. Johann Strauß senior, den Patriarchen des Straußengeschlechts und den genialen Josef deckt die kühle Erde. Johann junior hat den Königsthron im Walzerreiche bestiegen und ist ein vornehmer Mann geworden, der sich sogar in die Prunkräume der Hofoper verirrt und den Ritter Pasman erschaffen hat. Und doch ist er den Wienern am theuersten als der alte, fesche „Schani“, der Sänger der „Schönen blauen Donau“, des „Wiener Blut“, der „G'schichten aus dem Wienerwald“. Das Theater hat ihn zum reichen Mann gemacht; der „Zigeunerbaron“, die „Fledermaus“, der „Lustige Krieg“, und wie sie alle heißen, die theatralischen Kinder seiner fruchtbaren Muse, haben ihn über die Operettenbühnen der Welt getragen; bis in den fernsten Erdenwinkel aber klingt der Walzer von Strauß.

Der „schöne Edi“ ist der Bruder dieses großen Bruders, und Blut vom Strauß'schen Blute fließt in seinen Adern und durchzuckt ihn elektrisch, wenn er im großen Musikvereinssaale den Violinbogen ergreift und sein Orchester regiert. Das ewig-schwarze Haupt coquett frisirt, den Schnurbart fein gewichst, das Ordenskettlein am tadellosen Fracke, das Monocle im Auge, so steht er vor seinen Getreuen. Wohlgefällig wiegt sich das Köpfchen im Tacte, während durch das Monocle der scharfe Blick gewohnheitsmäßig zierliche Bogen der Coquetterie beschreibt; die elegant-chaussirten Füße tänzeln den holden Damen, welche bewundernd auf den kaum ausgekühlten philharmonischen Bänken sitzen, verführerisch vor, und ein wahrer Jammer ist's, daß der Saal an diesem sonntägigen Nachmittag ein gar so ehrwürdiges Concertgesicht zeigt mit seinen angewachsenen Bänken, die man gern in die Luft schleudern möchte, um frank und frei dahin zu fliegen unter den beflügelnden Weisen eines Walzers von Schani oder eines Galopps von Edi Strauß.

Aber der schöne Edi, der bei den Hofbällen den scharlachrothen Frack des Hofballmusikdirectors mit der Würde eines Staatsministers trägt, hält auf Anstand. Viel lieber noch als im feurigen Walzertact wiegt er sein Köpfchen in dem zarten Wohlgefallen an jenen „petits riens“, mit denen er sein Programm verschwenderisch schmückt. Wenn die Violinen am sanftesten säuseln, dann ist er in seinem Elemente; aber auch dann bleibt er „elektrisch“, und seine Elektricität steckt an. Der „große Schani“ steigt jährlich zweimal zu seinem Bruder Edi nieder, der heute allein noch das dirigirende Element der Familie Strauß vertritt. Dann künden die Plakate das Benefiz des Hofballmusikdirectors Eduard Strauß unter persönlicher Mitwirkung von Johann Strauß.

Und Kopf an Kopf drängt sich die unabsehbare Straußgemeinde im weiten Saale. Kein leeres Plätzchen in den Logen, im Parterre, auf den Galerien. Gewiß ziert eine Neuigkeit des berühmtesten Strauß das Programm. Und wie er nun, geleitet von den Benefizianten, eintritt und wieder zu dem Zauberstabe greift, mit dem er zuerst die Menschen zu seinen Füßen gezwungen, mit dem er über Nationen

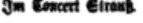

Bei Strauß.

sonnige Heiterkeit gebreitet, da durchbraust ein Orcan des Beifalls das Haus. Umjubelt von seinen Wienern, schwingt er das Scepter, und begeistert gehorchen die Geiger und Bläser, und leuchtenden Auges, mit verzückten Mienen, mit beifallsbereiten Händen lauschen die Hörer und die noch viel zahlreicheren Hörerinnen, und nun, wie der letzte Ton verklungen, durchtobt abermals ein Jubelorcan den weiten Saal, und wieder, immer wieder muß er zum Zauberstabe greifen und die „Märchen vom Orient" im Walzertact erzählen; nicht oft genug können sie ihn hören im Walzerrhythmus, den Ruf des Wiener Meisters „Seid umschlungen, Millionen!" Sie danken im Namen der Millionen und werden es Kindern und Kindeskindern erzählen, daß sie auch dabei gewesen sind, dort, wo kein Wiener fehlen wollte: im Concert Strauß!

Sommerliedertafel des Männergesangvereins.

Von

Friedrich Stern.

Der stille Friede des Vororts hat eine grausame Störung erfahren. Vor dem prächtigen Park, unter dessen ragenden Baumwipfeln sonst einsame Trinkerpaare dem Biergenuße sich ergaben, nachdenklich zu der Straße hinausblickend, auf der ab und zu in feierlichem Trabe ein Stellwagen auftauchte oder ein dünn besetzter Tramwaywaggon, da drängen sich jetzt mancherlei Gefährte, die Omnibusse mit „completen" Dachsitzen, die Tramwaywaggons in langer Zeile, jeder einzelne mit Menschen schwer beladen und zwischendurch wimmeln zu Hunderten die Fußgänger, glücklich der Fiaker- und Comfortable-Reihe entkommen, welche da unten in die nächste Gasse einschwenkt, dem zweiten Parkeingang zu, der den vornehmeren Gästen vorbehalten ist. „Beginn der Gesangsvorträge um 8 Uhr" hat es auf den Anschlagzetteln geheißen, man hat sich also beeilt, um 6 Uhr hinauszukommen — und da findet man schon den weiten Plan dicht mit Menschen besetzt, die Kellner athemlos, Tische und Sessel „genommen", den Wirth, die Bratenköchin, die Mehlspeisköchin, sämmtliche Extramädel und die „Cassafräulein" vor Allen dem Wahnsinn nahe — Liedertafel ist's, Liedertafel des Wiener Männergesangvereins.

Es sind die besten zwei Musikcapellen Wiens, welche hier schon seit Stunden die allerschönsten Sachen ihres Repertoires vom Stapel lassen — vergebenes Mühen. Man ist ganz anderer Musik wegen gekommen und nimmt zunächst den Kampf um den Platz auf, den man gegen Neuangekommene vertheidigt. Alle Bande der Liebe und der gesellschaftlichen Formen reißen hier, alle Vertragsabschlüsse mit königlich belohnten Kellnern verlieren den Boden, man sitzt, wo man kann, man ißt und trinkt, was man geraubt hat, man verleugnet den Freund, den Bruder, wenn es sich um einen Tisch, einen aus seinen legalen Bahnen abgelenkten Kalbsbraten, ein zu defraudirendes Glas Bier handelt.

Dort, in den Bogengängen hinter der großen Sängertribüne irren sie heimatlos umher, eine rothweiße Schleife an der Rockklappe, die „Hausherrn" des heutigen Abends, die Gastgeber, welche diesen Schwarm der „schönsten Leute" hieher gelockt haben in die Vorort-Gefilde, die Mitglieder des Vereins. Der Mann da mit dem scharfen Profil und den munter blitzenden Brillengläsern, aus denen er scheinbar gedankenlos in das Gewühl hineinsieht, derselbe, der gerade eine bieder-boshafte Bemerkung seinem Nachbar anthut, sieht gewiß aus, als ginge ihn die Geschichte am allerwenigsten an; und doch will ihm der Gedanke schier das Herz verbrennen, daß die ersten Bässe bei der a capella-Stelle im zweiten Chor sicher fallen werden, was dann, wenn die Begleitung einfällt, höchst blamabel an den Tag kommt. Das ist nämlich Eduard Kremser, der Vereins-Chormeister. Besagtes Fallen der ersten Bässe ist niemals seit Menschengedenken vorgekommen — Sorgen hat er aber immer. In die Ecke dicht bei der Tribüne ist ein Tisch geschoben, an dem der würdige Vorstand sitzt, den Solisten des Abends unter den Fittigen — wenn dem Mann, dem Solisten nämlich, etwas passirte, das wäre ein irreparables Unglück: bleich genug sieht er aus über der schönen weißen Cravatte. Am Eingang zur Tribüne haben die „Stimmführer" Aufstellung genommen, welche Jedem seinen Notenpack einhändigen, im Hintergrunde erprobt der Pistonzauberer seine „Embouchure", ein Componist, der heute zum ersten Male vorgeritten wird, macht einigen vom „ersten Tenor" den Hof — jetzt ertönt eine helle Fanfare einmal, zwei-, dreimal, und wie, wenn ein Seebecken von einem Strome gefüllt wird, ergießt sich die Menge der Sänger über die Tribüne und im Gartenparterre unten entsteht plötzlich ein ungestümes Drängen und Schieben, den Sängern entgegen, bis eine dichtgefügte Menschenmauer um die Tribüne aufgeführt ist — die Liedertafel hebt an.

Was nun folgt, läßt sich nicht drucken und nicht erzählen. „Herrlich!" — „Unvergleichlich!" — Beifallstürme, bei welchen die schönsten Handschuhe an noch schöneren Händchen für ewige Zeiten zu Grunde gerichtet werden — „Nein, dieser Übel!" — Der Solist ist entzückend, nicht mehr bleich, aber roth, feuerroth — Jubel, Enthusiasmus, das „Deutsche Lied", Hochrufe, Tücherschwenken; die Musikcapelle intonirt einen Marsch und eine heiter bewegte Menschenmenge rüstet zur Heimkehr, erfüllt die Straßen mit heiterem Lachen und Rufen, ganze Wagenburgen fahren auf und wieder ab und dann sinkt die Sommernacht nieder und stille wird's wieder im großen Park, nur aus dem Vorderhaus tönt ab und zu gedämpft ein Chor in das Dunkel hinaus — die Sänger halten Exkneipe.

Sängerfest.

Von

Friedrich Stern.

Wie das anderswo ist, das wissen wir längst: die weißen Mädel, Empfangs-
reden am Bahnhof, Flaggen und Teppiche und schöne Frauen an den Fenstern,
Blumenregen, Wahlsprüche, Festconcert, Commers — aber in Wien! Das Alles
multiplicirt mit Wien!

Als zum ersten Male der Gedanke ausgesprochen wurde, ein Sängerfest in
Wien zu veranstalten, da war wohl Mancher, der dazu ungläubig den Kopf geschüttelt hat. So ein Plan, die Wälder der Rax mit Wachslichtchen und Papierketten
in eine Christbaumsammlung umzugestalten, oder, der zuverlässigeren Frappirung
wegen auf dem Gipfel des Schneebergs ein Champagner-Reservoir anzulegen, das
nach Wien geleitet und dem Gabrielli-Brunnen zugeführt werden soll, das hätte sich
doch discutiren lassen, aber — ein Sängerfest! Erstens haben wir in Wien bekanntlich kein Geld — sind noch weitere Gründe nöthig?

Auch für die, so über ein Sängerfest in Wien den Kopf geschüttelt haben, ist der Tag gekommen, da sie in den stolzen Ruf ausbrachen: „Nun, haben wir's nicht gesagt!?" Was sie aber damals gesagt haben wollten, war beiläufig: Es gibt gar keine Stadt in der ganzen Welt, die sich so herrlich für ein deutsches Sängerfest eignete, wie Wien! Hier ist Alles Musik, Liebe, Enthusiasmus, hier sind die guten Menschen, wo anders sollte auch ein Sängerfest sein!

Und es war. Zuerst die Empfänge. Auf den Bahnhöfen, bei den Dampfschiff-Landungsplätzen stehen vom frühen Morgen bis in den späten Abend hinein Schaaren befrackter Herren mit breiten, farbigen Schleifen um den geschwellten Busen, Zug auf Zug rollt herein, Dampfer pfauchen heran und dann setzt es kräftige Reden und in hellen Accorden hinschmetternde Wahlsprüche. Und in langen Zügen, von der theilnehmenden Volksmenge freudig begrüßt, ziehen in geschlossenen Reihen die Ankömmlinge zwischen den Flaggenzeilen dahin, zu denen die Straßen sich gewandelt haben, in Hotels, in Massenquartiere, die Meisten von ihnen Neulinge in der großen Stadt, die nicht genug schauen können, Einzelne aber wohlerfahrene Reiseonkel, die wohl wissen, daß all' das Schöne nur der Anfang von viel, viel Schönerem ist. Wie wenn ein Platzregen von bunten Bändern niedergegangen wäre, sieht es bald in den Straßen aus. Das sind die Fest- und Sängerzeichen der Gäste, die sich zu vervielfachen scheinen, so drücken sie dem Straßenbild den eigenen Stempel auf. Ueberall Fremde, Fremde, die zugleich Jedem nah vertraut sind. Die ganze alte, große Stadt durchweht mit einem Male Festlust und sonntägliche Stimmung.

Tags darauf der Festzug, genau so, wie bei anderen Sängerfesten, aber hundertmal mehr. Vor allem die Zuschauer, die so schön mitagiren; die zahllosen Tribünen, gefüllt zum Ueberquellen und die Hunderttausende, welche die Feststraße säumen jauchzend, grüßend, die Tücher schwenkend, wie wenn Schaaren weißer Tauben über die Köpfe dieser begeisterten Menge hinflatterten; Musikklänge, Gesänge, Hochrufe; die Theilnehmer des Zuges völlig betäubt von Allem, was sie sehen, und was sie hören; die mächtigen Bauten der Ringstraße schier dämonisch belebt durch eine menschliche Staffage, die keine andere Gelegenheit in solcher Massenhaftigkeit auf solche Standpunkte bringen konnte, wie diese: die gothischen Fenster des Rathhauses, die Arkaden menschenübersäet, das Parlamentshaus mit seiner Rampe wie decorirt mit Menschen — bei Illuminationen setzen sie so in Italien die Lämpchen längs der architektonischen Linien hin — die Baumwipfel tragen lebende Frucht, die Fenster der hohen Zinspaläste rahmen bewegte, liebliche Genrebilder von beispiellosem Figurenreichthum ein, und all' das schwimmt und schwebt in einer Atmosphäre von Jubel, Rührung und Freude, hinreißend und selbst die überwältigend, welche es gar nicht für schicklich halten, sich hinreißen und überwältigen zu lassen ...

Dann der Festplatz mit seinem bunten Treiben. Vor wenigen Stunden noch hat er wüst und traurig fast gelegen im Sonnenbrand, den der Kiesboden gierig aufgesogen. Die riesige Halle, die kleinen, schmucken Buden, die in's Grün einge-

betteten Kneipen haben so still in den Tag hineingesehen — jetzt ist die Scenerie
geändert. Die Wimpel flattern, die Thore sind weit geöffnet, mehr als tausend kostbarer Fahnen nicken von der obersten Galerie nieder und über den Platz, in den weiten
Raum der Festhalle hat sich eine Fluth von Frohsinn ergossen, die über alle Ufer
treten zu wollen scheint. Im Handumdrehen scheinen sich die bunten Bänder verzehnfacht zu haben, mit denen die stolze Sängerbrust geziert ist, allüberall sieht man
die stolzen Fahnenjunker im Sammtflaus und mit wallender Straußenfeder auf dem
Schlapphut; hier besingt man den Wein, dort huldigt man durch Thaten, die kein
Heldenbuch verzeichnet, dem Bier; ein Quartett hat sich zusammengestellt und lockt
mit süßen Liedern einen Schwarm von begeisterten Hörern; ein Studenten-Gesang-
verein hat ein Hospiz im Freien arrangirt mit übermüthigen Rundgesängen, denen die
Wiener Mägdlein lauschen wie einer Offenbarung aus fernen, fremden Welten ...

Und wenn droben, auf der hohen Sängertribüne, die Tausende aus der Lieder
süßem Munde den Preis von Vaterland, Freiheit, Liebe und Wein ertönen lassen,
dann sind andere Tausende in den dunkeln, ach, so kühlen Räumen unter der Tribüne
mit anderen Aeußerungen des Lebensgenusses beschäftigt; hier werden beim braunen
Gerstensaft Freundschaften für das Leben geschlossen, Freundschaften, die ewig unge-
trübt bleiben, denn die Freunde werden einander im Leben nie mehr sehen; hier findet
ein Sangesbruder von der fernen Ostseeküste auf einem geleerten Fasse den ersten
Ruhesitz seit langen Stunden; hier haust friedliches, ungestörtes Glück, hier ziehen
vor dem inneren Auge des erschöpften Festgastes alle die herrlichen, unvergeßlichen
Eindrücke vorüber, die auf ihn eingestürmt, sind, seit er das Weichbild der verlockend
schönen Stadt betreten, eingestürmt, ohne ihn zu Athem kommen zu lassen ...

Was da noch zu sagen wäre! Wenn Wien sich noch extra schön und lieb
macht, wie es das beim Sängerfest gethan, das schlägt Einem eine Herzenswunde
für's Leben — und am tiefsten vielleicht trifft es den Wiener.

Ein Gang durch die Museen.

Von

Marie Wexr.

Kunst und Ueberfluß gehen Hand in Hand. So lange Staaten um ihre Existenz, Menschen um Brot und Obdach ringen, kehren die Tochter der Freude und ihre Priester nicht bei ihnen ein. Die felix Austria, die seit Jahrhunderten nicht mit den Ketten des Unterjochers, sondern durch Herzensbande ihre Erb- und Heiratslande an sich fesselte, schien mehr als irgend ein Reich, bestimmt zur Pflege der blauen Blume. Ein lebhaftes, leichtblütiges, warmempfindendes Volk, fruchtbare Gaue, die den Wohlstand sicherten, über Macht und Reichthümer gebietende kunstsinnige Herrscher, welch' günstigere Bedingungen zu fröhlichem Gedeihen hätten Kunst und Künstler wohl finden können? Sie haben denn auch von jeher mit österreichischem und speciell Wiener Boden gerne Fühlung gesucht und rasch gefunden. Umso befremdender ist es, daß all die hier entstandenen oder von prunkliebenden Fürsten von auswärts hergebrachten Schätze bis vor Kurzem verstreut, ungeordnet, um Herberge bettelnd auf das Nothdürftigste nur untergebracht waren, und es der stolzen Vindobona erst Ende des neunzehnten Jahrhunderts gelang, sich den herrlichen Strauß von Kunstblüthen in würdiger Fassung an den Busen zu drücken.

Mit der Vollendung des kunsthistorischen Museums ist für all die unschätzbaren Sammlungen des Kaiserhauses erst der Auferstehungstag angebrochen. Bis dahin barg das „Belvedere", das einstige Lustschloß des großen Savoyers und österreichischen Nationalhelden Prinz Eugen, in höchst unzureichendem Maße die drittgrößte Bildergallerie Europa's, fast zweitausend Gemälde größeren Umfanges. Noch schlechter ergieng es den Schätzen der Ambraser Sammlung, des Münz- und Antikencabinetes, der kaiserlichen Schatzkammer, des Arsenals. Was außerdem die kaiserlichen Lustschlösser, die abgelegenen Gemächer der Hofburg, ja selbst Boden- und Kellerräume derselben an wertvollen Gegenständen bargen, davon hatten kaum die betreffenden Aufsichtsorgane eine Ahnung und Uebersicht, geschweige denn das Publikum. Nun ist, Dank der Munificenz des Monarchen, die Vereinigung und Schaustellung in dem herrlichsten Prunkschrein, der je geschaffen wurde, erfolgt und zwar in so vollendeter Weise, daß just nur das eine, einzige, ihm naturgemäß verbotene Wort der deutschen Sprache, das „unbeschreiblich" dem Beschreiber am Platze dünken würde. Die Wiener sind denn auch, in diesem einen Punkte wenigstens, so weise wie Sokrates, der, als man ihm die Reize Theodota's als „unbeschreiblich" gepriesen hatte, sich mit seinen Schülern hinbegab, um den Begriff der Schönheit an Ort und Stelle zu definiren. Sie werden nicht müde sich an dem Prachtbau und dem was er umschließt zu freuen und pilgern immer wieder hin, sich einen Accord göttlicher Melodie in die öde Leierkastenweise des Alltagslebens herauszuholen.

Viermal wöchentlich ist das kunsthistorische Museum Jedermann, am Donnerstag Nachmittag nur gegen besondere Erlaubnis und Eintrittsgebühr, zugänglich. Die Erscheinung der Besucher an Zahl und Eigenart ist an den verschiedenen Eintrittstagen auch wesentlich verschieden. Der Donnerstag besitzt sein eigenes, kleines auserlesenes Publikum. Feierliche Stille herrscht da in den weiten Räumen. Hin und wieder nur hört man gedämpfte Worte, das Rauschen einer Schleppe, ein leichtes Aufklirren von Waffe und Sporn und bemerkt die tiefe Verneigung der Diener. Ein erzherzogliches oder fürstliches Paar ist vorübergeschritten. Das ruhige, vornehm - durchgeistigte Antlitz des Forschers und Gelehrten ist da zu sehen, Glied um Glied der Kette seiner Folgerungen einfügend, prüfend, scharf abwägend und combinirend. Der fertige Künstler, der nicht mehr des Studiums aber der Anregung bedarf, kommt gern an diesen Tagen, hier eine Linie dort ein helles Farbenspiel erhaschend, bald von dem intimen Reiz einer feingeschnittenen Gemme, eines blüthenweißen Elfenbeingebildes, aus goldgegliederten Bechern emporstrebend, festgehalten, bald an den Handzeichnungen und Skizzen der großen Meister ihr Werden verfolgend, die eigene Kraft und . . . . Schwäche ermessend. Höhere Beamte und Militärs, durch Rang oder Prätensionen ausgezeichnete Fremde, bekannte Künstlerinnen zu Costumestudienzwecken gekommen,

sieht man neben geistlichen Würdenträgern die relativ größte Ungestörtheit im
Betrachten suchen. An den übrigen Wochentagen bietet das Museum das gewohnte
Bild bunt zusammengeströmter Menge von Aus- und Inländern, von großer,
getheilter oder auch nur erheuchelter Schaubegierde. Wer aber einmal Haus und
Inhalt gut genug kennt, um sich aus dem Interesse an seinen Besuchern keinen
Vorwurf machen zu müssen; wer auf das Betrachten dieser oder jener Vitrine
hie und da verzichtet, um den Wiener, jung und alt, von der Spitze der Gesellschaft bis zur Basis in seinem Entzücken, seiner Be- und Verwunderung, seinem
naiven, gesunden, frohen Schönheitsempfinden zu beobachten, der gehe an einem
Sonntage, dem Tage des Massenbesuches hin. Er wird zwar ein bischen gedrängt
und geschoben und von dem zahlreich vorhandenen jugendlichen Nachwuchse auch auf
die Füße getreten werden. Er wird zwischen reinstem „Lerchenfelderisch" und dem
noch lange nicht reinen Deutsch der Bewohner der vornehmeren Stadttheile so
ziemlich alle Mundarten der österreichischen Monarchie vernehmen. Er wird seine
Geruchsnerven an den jähen Uebergang vom übertrieben starken Parfum der
„nobel" sein wollenden Kleinbürgersfrau zu dem kräftigen Duft frischgeschmierter
Röhrenstiefel des nebenstehenden Cavalleristen gewöhnen müssen. Er wird die
Numerirung der Säle übersehen, und zwischen den Altniederländern Teniers
und Ruysdael und den Junghochländern Defregger und Math. Schmidt umher-
irrend, vergeblich die sanften Madonnenaugen Luini's oder den . . . . Ausgang
suchen. Dafür aber hört er oft aus Kindermund ein rührendes Wort, von den
Lippen eines bescheidenen kleinen Mannes ein scharf treffendes Urtheil, Erklärungen
dann wieder, mit hohem Ernst gegeben, andachtsvoll entgegengenommen, die für
den Dritten, Verständigen, den Gipfelpunkt grotesker Ignoranz erreichen und ihn
zu schleunigem Abwenden veranlassen, um nicht hellaut aufzulachen. Er wird mit
einem Worte weniger selbst genießen, als Andere genießen sehen, und wenn wir
dieß auch nicht mit den indischen Tiefdenkern als einzigen wahren Genuß betrachten,
haben wir doch den Muth, es im Zeitalter Nietzsche's als „auch einen" zu
bezeichnen.

Schon vor der Eröffnungsstunde sammelt sich eine stattliche Schaar von
Einlaßbegehrenden vor den Pforten am Museumsplatze. Ungeduldige Jugend
zumeist, und den Tag früh zu beginnen gewohnte Landleute, die wohl schon
stundenlange Fahrt oder Fußwanderung und glücklich erledigte Geschäfte hinter
sich haben, wahrscheinlich auch ein kräftiges Frühstück, denn der Bauer geht gewiß
nicht mit leerem Magen und Beutel an's Vergnügen. Das überläßt er dem Großstädter. An seinen Kopf stellt er dafür keine solchen Forderungen. Man vertreibt
sich die Wartezeit, indem man zwischen den glatt geschorenen Rasenflächen und
gartenakademisch gestutzten und niedergehaltenen Taxuseinfassungen spaziert: „Na,
da siagst as, was des für a elendiger Bob'n is in dera Stadt" sagt der biedere
Böheimkirchner zu seinem Weibe. „Net amal 's Gras kummt uf b' Höh." Andere
umwandeln die kleinen weißen Springbrunnen, in denen drei Viertel des Jahres

Ein tiefsinniges Ehepaar im Rubensssaal.

leine Wasser plätschern, was einen phantasievollen Gymnasiasten zu der Bemerkung
veranlaßte, es könne einmal schlimme Folgen haben, wenn in einer schönen mond-
hellen Zaubernacht die ehernen Rosse vom Maria Theresienmonumente herabstiegen
und vergeblich ihren Durst an den für sie errichteten Tränken zu löschen versuchten.

Die Thüren werden aufgethan. Erste große Verwunderung der breitspurigen
Bäuerin über das Tourniquet, das sie zuerst durchaus umgehen will, bis sie
schließlich, einer handgreiflichen Aufmunterung des Ehegemahls folgend, sich dem
gefährlichen Instrumente anvertraut und jenseits mit sichtlicher Erleichterung die
aufgebauschten Röcke niederglättet. Ein magerer Kaftanträger schiebt sich nach ihr
durch die Schranken. Man merkt es seinem tadellos rituellen Aeußeren an, daß er
sicher kürzlich frisch von Galizien importirt worden sei. Er meint, das Schönste
vorläufig sei, daß man nicht zu zahlen brauche. „Derf me aba a nix furtnehme"
seufzt resignirt Einer, der für die Errichtung einer nationalen Schule im zehnten
Bezirke gestimmt hat. Neuerlicher Aufenthalt der Landbewohner vor den Garderoben,
bei welchen sie sich erst nach langem Zureden und mit anhaltendem Mißtrauen,
welches ihnen fast den ganzen Genuß stört, von ihren Regenbächern und Wander-
stäben zu trennen entschließen.

Rechts aufwärts geht es um über ein Dutzend Marmorstufen in's Hochparterre und mit einem Schritte von der Gegenwart fünfeinhalb Jahrtausende
zurück zu den Tempeln, Wohnhäusern und Gräbern der Pyramidenerbauer, zu
ihren Götter- und Menschenbildern, zu ihnen selbst, die nun zur Mumie erstarrt,
versteinert, dem Materiale gleichen, mit dem sie in Riesenzügen auf Wüstensand
der Nachwelt die Kunde ihres Daseins geschrieben. Von der vierten Dynastie an,
ungefähr 3500 Jahre vor Christi, der Zeit, die nur das Wahrzeichen von
Geschlechtern nicht Einzelnen, nur Epochendaten nicht Jahreszahlen hinterließ, zum
neuegyptischen Reiche, von dort über die fast 500 Jahre dauernde Fremdherrschaft
der Libyer und Aethiopier zur Saitischen Epoche, an die sich Alexander der Große
und die Griechenherrschaft der Ptolemäer schließen, bis zur Unterjochung des alten
Pharaonenreiches durch die römischen Legionen, welch' ein Weg! Wir legen ihn
vom ersten Saale, dessen Decke auf zwei riesigen monolithen Bündelsäulen aus
rothem Granit ruht, bis zum sechsten und letzten meist in Begleitung lernbegieriger
Jugend beiderlei Geschlechts, von Vätera, Lehrern, Gouvernanten geführt, zurück. Ein
Wispern und Zurren und Aufstichern und kurzes Schrittetrippeln auf den hallenden
Mosaikdielen, Gewirre von Frag' und Antwort; hier eine blühende Mädchenwange
neben starrem Bustuspuppengehäuse, dort die frühzeitig ernste Stirn, das träumerische
Grübeln des reiferen Knaben vor der entschleierten Isisstatue. Und die Kleineren,
die man, nur um sie nicht zu Hause lassen zu müssen, auch mitgenommen, die
noch nicht wissen ob sie sich trotz ihrer neuen hohen Würde als A B C-Schützen
nicht ein wenig vor den unheimlichen Särgen fürchten oder über das seltsame
Geschirr und komische Geräthe belustigen sollen, während die junge Mutter im
Geiste sich Haar und Gewand mit den bläulich überhauchten Scarabæen schmückt,

und über Arm und Nacken das Goldgerinnsel und die Schlangenspange egyptischer Königstöchter streift.

Vom Nil mit Siebenmeilenstiefelschritt gelangen wir zur Antike an den Ufern des Kephissos, des Tiber und den plätschernden Quellen der Hügel Etruriens. In den unzähligsten Varianten zeigt sich uns zuerst in der Vasen- und Gefäßsammlung die Aufbewahrung der Flüssigkeiten. Hier studirt der Handwerksmeister, der Gewerbeschüler die zierliche Form, den schlanken Henkelansatz, den kleeblattförmigen Ausguß der griechischen Kannen, Amphoren und Schalen; hier der Töpfer und Ornamentbildhauer die Randverzierungen, das herrliche Geflecht von Thier- und Pflanzenformen zu stylgerechter Verbindung, das die pompejanischen und etruskischen Prunkvasen bieten. Eine kleine Gesellschaft heiterer Zechgenossen hat sich ausnahmsweise statt am Stammtisch nun hier im Museum getroffen und äußert ihr helles Entzücken über die allhellenischen Trinkhörner in Form von Thierköpfen, die mit einem Zuge geleert werden mußten, da sie nicht aufrecht zu stellen waren. Weniger begeistert sind sie von den großen Krateren, den Mischkrügen, in denen die Griechen ihre feurigen Weine mit Wasser zu mengen pflegten. „Der Mensch entgeht dem Wasser nicht" meint seufzend der Eine. „Gepanscht wird immer. Damals thaten's die Gäste, jetzt der Wirt. Drinnen oder draußen, das ist der ganze Unterschied."

Und immer tiefer hinein gerathen wir in's antike Kunstleben. In edlen und gemeinen Metallen, in Thon und Stein, in Glas und Elfenbein rollen sich sprechend Geschichtstafeln vor uns auf. Wie einst der Blick der Julien und Faustinen, so weilt wohlgefällig das muntere Auge der Wienerin auf den schlanken Marmorbildern jugendlicher Götter und Heroen, dem zierlich gelockten Haupt und Barthaar, den feinen nervösen Nüstern und weichen Lippenschwung der schönen grausamen Cäsaren. Vor den Cameen, den geschnittenen Steinen, den Münzen und Medaillen verweilt dann der Sammler und vermag sich nicht loszureißen. Wo ein Sonnenstrahl hinfällt, da glüht es magisch durch die Halbedelsteine auf, hier der taubengeflügelte Mercur, dort die schaumgeborne Aphrodite scheint Leben zu gewinnen. Und endlos schier dünkt die Reihe der Schaukasten, in denen aufgespeichert, was von Urbeginn der Culturgeschichte bis heute die Menschheit an Geld und Geldeswert geprägt, an Gedenk- und Ehrenzeichen. Daran vorüber gelangt man zu der, in zwei Sälen aufgestellten Porträtsammlung aus dem 15., 16. und 17. Jahrhundert, die von Erzherzog Ferdinand von Tirol angelegt, die Bildnisse berühmter Männer, europäischer Fürsten und schöner Frauen enthält. Und so merkwürdig und interessant die feinen charakteristischen Miniaturen von oft hohem künstlerischen Werte unter Glas und Rahmen, so bemerkenswert sind fast alle die lebenden Erscheinungen die sich in diesen Sälen aufhalten. Die Mehrzahl der Besucher geht hier rasch vorüber; wer verweilt, das ist ein Sucher, ein Folgerer, Einer den's gelüstet den Zusammenhang der dunklen Thaten und Gedanken mit der hellen Stirn und den blitzenden Augensternen jenes Herrschers zu finden, den Kunst- oder Feldherrnsinn jener beiden Anderen mit ihrem dürftigen oder altersschwachen Aeußeren in Einklang zu bringen. Der Poet verweilt und liest aus den Zügen die Geschicke seiner Helden, pflückt vom lächelnden, halbgeöffneten Munde der Bildschönen seinen Liederstrauß. Der Künstler kommt und prägt sich das Antlitz dessen ein, den er darstellen soll, Zug für Zug, vergleicht es innerlich mit anderen Bildnissen des Betreffenden, oder nimmt hier ein besonders charakteristisch Merkmal, dort ein reizendes Detail sich zu Eigen. Schauspieler auch trifft man da, das Urbild ihrer Rollen, oder ein ähnliches aus der Zeit des betreffenden historischen Stückes suchend u. s. w.

Weiter geht es an den mächtigen, ganze Wände überspannenden Stammbaumtafeln des österreichischen Herrschergeschlechtes vorbei zu der Sammlung der kunst-industriellen Gegenstände. Hier hört jedes Auseinanderhalten der Besuchertypen auf. Hier geht Keiner vorüber, hier steigert sich von Raum zu Raum, von Vitrine zu Vitrine der Ausdruck der Bewunderung und des Entzückens und erreicht seinen Höhepunkt im sogenannten „Silbersaale", der die größten Kunstschätze der kaiserlichen Sammlungen enthält.

Wer hat nicht von dem Salzfasse Benvenuto Cellini's, nicht von den goldenen Bechern und Schüsseln Jamnitzer's gehört? Und diese Stücke, wenn auch einzig an Ruhm, verschwinden fast in der erdrückenden Masse herrlicher und bei nahe gleich werthvoller Gegenstände. Sinnverwirrend gleißt und blinkt die Schatzfülle uns entgegen, Wunderwerke der Goldschmiede- und Bildformkunst, von Diamanten und Rubinen umleuchtet, ein Märchentraum aus Aladin's Zauberhöhle. Der Heiligen und der Weltkinder Schmuck, die Zierde kaiserlicher Prunktafeln und Gemächer, Weihgeschenke und Hochzeitsgaben, rosenrothe, bläuliche, schwarze Perlen in abnormer Größe, geschliffener Krystall, getriebenes Silber, gehämmertes Gold, Edelsteinblüthen und Blätter darüber gerankt, singen das Hohelied des sechszehnten Jahrhunderts, den Triumph der Renaissance. Und als ob es nicht schon genug und übergenug all dieser Pracht wäre, werfen die hohen weiten Spiegelfenster, ja selbst die blankgebohnten Parquettdielen verzehnfacht das Bild zurück und drüber hin breitet sich in vornehmer Ruhe, die Saaldecke mit kräftigen ernsten großen Zügen füllend das Bild des Wirkens und Sammelns und Kunstbeförderns der Herrscher Oesterreichs und der Großen im Reiche der Kunst.

Schwer ist es nach alledem noch soviel Unbefangenheit und Aufnahmsfähigkeit zu behalten um den Sälen, die den Prunkmöbeln, den Elfenbeinschnitzereien, den Sculpturen kleineren Maßstabes in Bronze und Marmor, den Perlmutter- und Schildpattarbeiten gewidmet sind, eifrigen Antheil zu widmen. Erst mit dem

Eintritte in die großartige Waffensammlung, durch das gänzlich veränderte Bild neu, frisch angeregt, erhöht und belebt sich wieder die Empfänglichkeit. Fast däucht es uns, es habe irgend ein mittelalterlicher Jason hier Drachenzähne gesäet, ein Heer eiserner Krieger sei auferstanden und habe sich, dem Winke des Gebieters folgend, in Reih und Glied wändeentlang aufgestellt, dem Gebote harrend, sich der im Mittel der Räume befindlichen Hieb- und Stich- und Schußwaffen zu bemächtigen. Aber Jason schweigt und die stillen starren Ritter träumen von vergangenen Ruhmesthaten und über Oesterreich liegt Landfrieden. Wenn derselbe aber einmal gebrochen werden sollte, sorgen schon die braven Jungen dafür, die mit Vorliebe in diesen Räumen sich aufhalten, daß die Helme und Panzer und Streithemden der tapferen Condottieri's in Ruhe bleiben. Andere Zeiten, andere Krieger. Damals geschlossenes Visir, umschwiter Leib — heute offenes Antlitz und freie Brust. Damals der Fall eines Einzelnen die Entscheidung einer Schlacht, heute Tausende dahingerafft, um eines Schrittes nach vorwärtswillen. Und damals wie heute das Leben so süß und die Jugend so voll freudigem Drang und über Schmerz und Tod und Haß und Liebe siegend der eine Gedanke: das Vaterland. Schaut sie an wie sie dastehen mit den gutmüthigen klaren jungen Gesichtern, neben den eisernen Masken und Hellebarden, wie ihnen die Waffenfreude aus den Augen blitzt, unseren wackeren Landessöhnen, seien es nun Soldaten, Studenten oder Turner. Wie sie die einstige Kampfweise erörtern, die eigenen kräftigen strammen Gliedmaßen an den Rüstungen messen und mit Stolz constatiren, daß die alten „Raubritter" auch nicht größer waren. Die Geschichtskundigen erzählen, wer Don Juan d'Austria gewesen, vor dessen bläulichem, reich mit Gold und Silber gezierten Waffenkleide wohl Jeder anhält; und vor dem goldgetriebenen Panzer Alessandro Farnese's, dem schwarzen plumpen schmucklosen Eisenhemde Friedrich II. von Dänemark, den festen Schutzplatten streitbarer Kirchenfürsten, den Türkensäbeln und Maurendolchen, den von Seide und Tressen strotzenden Pferdegeschirren, den zierlich mit Elfenbein und Metall ausgelegten Jagdgeräthen und Pulvergefäßen staut und staunt und ergötzt sich Alles, was jemals Waffen trug oder tragen wird, während die hier sehr in der Minderzahl verweilenden Frauen mit mitleidiger Verwunderung die completen Rüstungen fünf- und achtjähriger kleiner Prinzen betrachten und das neunzehnte Jahrhundert segnen, das den weichen Filz statt der Sturmhaube auf die Locken ihrer Lieblinge drückt.

Die Waffensammlung schließt den Saalkreis im Erdgeschoße. Man tritt wieder in's Vestibule und beginnt die glatten Treppenstufen aufwärts zu schreiten. Mancher schon ist hier, auf den polirten Marmorplatten ausgleitend, hart zu Falle gekommen, das Auge aufwärts gerichtet, von wo ihm aus halber Aufstiegshöhe die Riesengruppe des Theseus von Canova und oben in den Lichtfeldern um die Fenster die Makart'schen Lunetten, von der Decke des Stiegenhauses die

Apotheose der Kunst von Munkácsy entgegengrüßt. An Sonntagen jedoch ist die Gefahr nicht groß. Man schwankt nur ein wenig und schon dämmt die lebende nachrückende Mauer die Bewegung ein. Im Kuppelraume angelangt zertheilt sich die Menge strahlenförmig, verweilt bei der Betrachtung des Gesammtbildes der herrlichen Aufgangsraumes, vertieft sich in die Einzelprüfung des plastischen Schmuckes, steigt auch wohl zur Gallerie und liest von dem breiten Hochreliefbande, welches das Kuppelrund umschließt, die Kunstgeschichte Österreichs von Rudolf dem Zweiten bis Franz Joseph dem Ersten, ein Anschauungsunterricht, wie er lebensvoller nicht gedacht werden kann. Und dann ergießt sich die Besucherfluth in die großen Säle der Gemäldesammlung, die das ganze erste Stockwerk einnimmt, und schwelgt in dem Farbenrausche Rubens'scher Göttinnen und Marktweiber und lauscht in den kleinen Seitenzimmern der lieblichen Offenbarung der noch knospenden Kunstblüthe in den frommen Schöpfungen Bellini's und Fiesole's. Und alle sind sie da zu finden, die Enterbten und die Erblasser der Gesellschaft, Keiner sorgenlos und Jeder suchend den bangen Traum der Wochenlast für einige Feiertagsstunden abzuschütteln und die traurige Wahrheit, die zänkische, runzlige, altersmürrische Ehefrau, am Busen ewig junger göttlicher Schönheit, der unsterblichen Geliebten, zu vergessen. Und die Fremden, die mehr in den rothen und braunen Büchern lesen als eigentlich sehen und rasch die Räume durcheilen, weil man doch sagen muß, daß man überall gewesen, wiewohl man in Dresden, zu Hause, ja noch mehr Bilder in der Gallerie hängen hat und die Stube schon naht, wo ein paar zufällig getroffene Landsleute ihnen Rendezvous im „Stephanskeller", „auch einer Sehenswürdigkeit von Wien, aber theuer, sehr theuer", gegeben hat! Und die Einheimischen, Schaffensvertrauten, die mit Bewußtsein der Idee und Mache an das Kunstwerk herantreten! Und dann wieder die, die sich blutwenig darum kümmern, warum hier ein Licht aufgesetzt ist, dort ein Schatten nachdunkelt, denen historische Treue, Perspective, Unter- und Übermalung rc. so viel bedeutet, wie eine Unterredung mit dem Großtürken, die ohne zu fragen und zu wissen von wem das Gemälde und aus welcher Zeit es sei, vor dem stehen bleiben, welches ihnen gefällt; die Alle zusammen geben ein Bild in der Bilderhalle, das eines großen Meisters Wiedergabe würdig wäre.

Aber die Pflege bildender Kunst in Wien beschränkt sich nicht auf die kaiserlichen Sammlungen. Die Privatgallerien Liechtenstein und Harrach, in den Palästen dieser kunstsinnigen Aristokraten, enthalten Perlen der altitalienischen und niederländischen Malerei. Die Akademie der bildenden Künste besitzt eine reichhaltige Sammlung von Nachbildungen berühmter plastischer Bildwerke der Antike und Neuzeit, das Kunstgewerbemuseum ebenfalls eine stattliche Reihe wertvoller Abgüsse und einen hochzuschätzenden Vermögensstand an kunsthistorisch bedeutenden Objecten.

Ist so der Vergangenheit im Culturleben der Reichshauptstadt ein glänzendes Recht geworden, so sorgt die Genossenschaft bildender Künstler Wien's in ähnlich würdiger Weise für Förderung und Geltendmachung moderner Production. Sie verfügt über ein stattliches, dem Stadtmittelpunkte nahegelegenes Haus, welches zahlreiche, den Ausstellungszwecken günstige Säle, die Bureaus für die Leitung der genossenschaftlichen Angelegenheiten und einige behagliche Räume zum collegialen Vereine der Mitglieder enthält. Zu keiner Zeit des Jahres ist das Künstlerhaus geschlossen. Stets beherbergt die monatlich wechselnde Ausstellung interessante Arbeiten der heimischen und freundnachbarlichen Künstler. Zwischendurch wird diese oder jene Privatsammlung eines Wiener Mäccus, ein bedeutendes Kolossal-bild der neuesten Schule dem Publikum geboten, oder die Collectivausstellung der Werke eines jüngstverstorbenen Meisters veranstaltet. Leider waren derer im letzten Jahrzehnte gar manche zu sehen. Auf Makart folgte Canon; Petten-kofen, Leopold Müller, Schindler sind dahin, und ihr Nachlaß an uns vorüber-gegangen. Schmerzliche Lücken rissen diese Verluste in unser Kunstleben. Aber noch blieb uns eine treffliche Schaar schaffenskräftiger „alter Meister" und die Jungen rücken tapfer vor, bereit Blut und Farbe im Dienste der Muse zu verspritzen.

In drei- bis vierjährigen Zwischenräumen wiederholt sich die Veranstaltung einer bedeutenden internationalen Ausstellung, die, vom In- und Auslande reich beschickt, den Münchner und Berliner großen Expositionen sich würdig an die Seite stellt.

Der eigentliche Ehren- und Freudentag der Genossenschaft ist jedoch die Er-öffnung der sogenannten „Jahresausstellung", welche zur Osterzeit, mit dem jungen Grün alljährlich wiederkehrend, das Beste bringt, was Östreichs und Deutschlands Künstler im Laufe der letzten zwölf Monate geschaffen. Fast sämmtliche Mit-glieder der Genossenschaft, sie mögen diesmal selbst Aussteller sein oder nicht, erscheinen hiezu mit ihren Familien im Festkleide. Man ladt zu Gaste was Namen und Bedeutung hat in der Gesellschaft. Der Kaiser selbst ehrt den Tag durch sein Erscheinen. Blitzende Uniformen und Ordenssterne, reiche Frauen-gewänder, wie aus den goldenen Rahmen der Historienbilder getreten, wandeln unter den Palmengruppen und kostbaren Teppichen, die die Kunstwerke farben-lösend und formenbindend umgeben. Überall Farbenpracht und Blumen, an den Wänden, in den Nischen, Blüthen in den Händen und auf den Hüten, Marmorschimmer durch's Grün und mattes Bronzeleuchten. Von draußen herein milde, sonnendurchstäubte Lenzluft, junge Wipfel und Vogelgezwitscher. Ein Hauch von Freude und Befriedigung, von Anmuth und Harmonie umweht alle Stirnen, ein Plaudern und Necken und Schmeicheln fliegt hin und herüber, man pflückt die Frucht und sieht im Geist schon neue Blüthen sprießen.

Mit dem Künstlerhause vermag natürlich, weder in geistiger noch materieller Beziehung, der „Kunstverein" zu rivalisiren. Viel länger als die Genossenschaft bestehend und vor zwei bis drei Jahrzehnten so ziemlich der einzige Ausdruck des Wiener Kunstsinnes, ist er seither fast vollständig in den Hintergrund getreten und fristet sein, nur zuweilen von Reclameschaustellungen lärmend unterbrochenes Dasein in einem düsteren gefängnisähnlichen alten Hause „unter den Tuchlauben".

Von der Genossenschaftsjury nicht acceptirte Aussteller, Eintagsfliegen unter den Kunstbeflissenen, denen die Mode eine Zeitlang gelächelt, um sie später auf Nimmerwiederkehr fallen zu lassen, abnorme Erscheinungen wie der unglückliche Diefenbach, allerlei mystische oder ultra-naturalistische wilde Schößlinge, ferner die jetzt so massenhaft wie Pilze in einem regnerischen Sommer aufschießenden Blumenstücke und Stilleben, die ganze Sträflingsfrauenarbeit ꝛc. findet im Kunstverein sein Unterkommen. Ab und zu verirrt sich ein „draußen" gut bekannter Name, der die hiesigen Verhältnisse nicht kennt, mit seinen Schöpfungen hieher. Im Allgemeinen jedoch scheint man unter den Tuchlauben von der Idee auszugehen, daß das Schaudern auch in der Kunst der Menschheit bester Theil sei, denn Hexenverbannungen, Visionen, Gespenster und Friedhofsbilder zur Mitternachtsstunde bilden fast stets den Grundstock der Ausstellungen. Aber wer will heute noch ausziehen um das Gruseln zu lernen? Das kann jetzt jedermann billiger haben . . . . auch ohne die stillebenverbrechenden Malerinnen.

Wird somit die echte Kunst in Wien auch geehrt, geliebt und gehütet, ist doch der „Markt" im Allgemeinen, der Kauf und Verkauf, kein besonders reger. Unsere Bildhauer beschränken sich seit langem darauf, nur auf Bestellung zu arbeiten, wozu ihnen glücklicherweise die Stadterweiterung und die grandiosen öffentlichen Bauten Gelegenheit gewähren. Die Maler jedoch suchen, nachdem Wien seinen Söhnen die Weihe und den idealen Segen ertheilt, das Absatzgebiet für die Waare meist draußen im Reiche. Somit ist auch das in München und Berlin so entwickelte Kunsthändlerwirken bei uns nur in sehr engem Maaße vertreten. Größere Ausstellungen veranstalten unsere Wiener Firmen fast nie, und „für den Kunsthändler arbeiten" heißt das Schreckgespenst, welches dem Künstler in schlaflosen Nächten Alpdruck versucht. Aber gar manches, in Freuden empfangene, in Sorgen und Mühen und Schmerzen geborene Werk, welches in die Fremde wanderte, kehrt von dort, bewundert und gepriesen zurück und wird, Gemeingut der ganzen Nation, dem Staatshorte des unvergänglich Schönen einverleibt. Und unsere Nachkommen werden einst in demselben Museum vor den Werken Schindler's und Robert Ruß, vor Makart und Berger, vor Hellmer, Weyr und Kundtmann stehen und im Vorwort zum Kataloge lesen: Es war eine Zeit in Neu-Wien, da

sprengte die wachsende Stadt ihre Fesseln und wurde größer und schöner als irgend eine, und die Künste blühten noch einmal auf, herrlicher denn je, bevor die grausame Realistik des elektrotechnischen Zeitalters zerstörend hinwegschritt über . . . . doch nein. Sehen wir froh der Gegenwart in's Auge und lassen wir der Zukunst ihren Schleier. Erkenntniß ist Tod. Wir aber wollen leben, fortleben.

V.

Einzelbilder aus dem Wiener Leben.

Audienzen.

„Seine kaiserliche und königliche apostolische Majestät werden am so und so vielten in Wien Audienzen zu ertheilen geruhen."

Wie Viele harren dieser in der Wiener Zeitung von Zeit zu Zeit erscheinenden Notiz, um sich zur Audienz anmelden zu können. Mit wie wechselnden Gefühlen sehen sie dem Erscheinen vor dem Kaiser entgegen! Die geheimen Räthe und Kämmerer kommen um sich vorzustellen, Staatsbeamte und Militärs aller Kategorien, um für die erhaltene Auszeichnung oder Beförderung ehrerbietigst zu danken, Deputationen aus der Ferne eilen herbei, um den Kaiser um Schutz und Gnade für ein Unternehmen zu bitten, Wiener Körperschaften haben allerhand Anliegen und Leute in Noth und Elend suchen, wenn sie sich nicht mehr zu helfen wissen, den Weg zu demjenigen, der, wie sie glauben, allein im Stande ist, ihnen zu helfen, zu dem Kaiser. Wenn er es vermag, wenn die Bittenden Anspruch auf die kaiserliche Gnade haben, läßt der Monarch sie ihnen zu Theil werden.

Solche „Arme und Elende" sieht man oft auf dem Franzensplatze stundenlang umherstehen, denn sie wissen nicht, wo aus, wo ein. Gewöhnlich werden sie von einem dort postirten Burg-Gensdarmen angesprochen, der ihnen hilfreich den rechten Weg weist. Dieser Weg führt nach dem Schweizerhofe, von dort in einen Thorweg und da stehen oberhalb eines kleinen unscheinbaren Thores die Worte: „Cabinetskanzlei Sr. Maj. des Kaisers."

Man steigt zwei Stockwerke empor und tritt dann in einen großen Raum, wo die Bittgesuche Jener, welche zur Audienz vorgelassen werden wollen, entgegengenommen, gelesen und geprüft werden. Dort stehen nun die zahlreichen Bittsteller vor dem uniformirten Beamten der Cabinetskanzlei und hängen mit brennendem Auge an dem Antlitze dieses Mannes, zitternd seinem Bescheide entgegensehend, ob sie zugelassen werden oder nicht. Noch ein Mann sitzt ungesehen hinter einer spanischen Wand in diesem Saale. Es ist dies ein Polizeicommissär. Er muß zugegen sein, weil es sich manchmal darum handelt, Anfragen zu beantworten oder Amtshandlungen vorzunehmen. Der Weg zur Cabinetskanzlei steht jedem offen, und so kann es kommen, daß auch Leute Eintritt suchen und finden, die eben nicht in diese Räume gehören. — Die Petenten werden aufgefordert, in einiger Zeit wiederzukommen, um Bescheid zu erhalten, ob sie zur Audienz vorgelassen werden oder nicht, und an welchem Tage ihnen die Gnade zu Theil werden soll, vor seiner Majestät dem Kaiser erscheinen zu dürfen.

Die Audienzsäle und die Empfangsräume Sr. Maj. des Kaisers befinden sich in dem Tracte des Franzensplatzes, nach der inneren Stadt zu, u. zw. in dem ersten Stockwerke desselben. Im mittleren Thorwege stehen Burggensdarmen. An ihnen vorbei, die Treppe empor muß man steigen, um in das Vestibule zu gelangen. Dann kommt man zwischen Reihen von Hofbediensteten hindurch in einen Wartesaal. Die Wände desselben sind mit den wunderbaren Gemälden von Peter Kraft „Der Einzug des Kaisers Franz nach der Schlacht bei Leipzig" geschmückt. Der historische Theil des Bildes ist sehr schön, noch bedeutender aber der genrehafte. Im Vordergrunde stehen Gruppen, Vertreter der Wiener Bevölkerung. Wahreres, Lebendigeres und Schöneres haben Feudi, Dannhauser und Waldmüller später nicht geschaffen.

In dem Hauptsaale sind, bevor die Audienzen beginnen, von den obersten ordengeschmückten Würdenträgern bis zu dem armen Bauer aus Galizien, der in seiner weiten Hallina und den von Bändern zusammengehaltenen Sandalen verblüfft dasitzt, alle Stände versammelt. Der Minister spricht mit dem geheimen Rathe, der Kämmerer mit dem Truchseß, der Feldherr mit dem Obersten, die Beamten der einzelnen Rangsclassen untereinander. Die Deputationen sind im schwarzen Frack, die Mitglieder derselben, welche solche besitzen, mit Orden geschmückt, erschienen. An der Längsseite des Saales, auf den schmalen Bänken sitzen schwarz gekleidete Damen, theils Wittwen und Waisen von Staatsdienern, welche die Gnade des Kaisers anzuflehen oder für erwiesene Huld und Gnade zu danken kommen, oder andere Frauen, welche ein Anliegen hieher führt, dessen Bewilligung von der Entscheidung durch den Kaiser abhängt.

Diesen Glanz und diese Pracht, starrt der arme polnische Bauer, den Furcht und Erwartung wie das Fieber schütteln, mit seinen armen Augen, die das Geschaute kaum zu fassen vermögen, stumpf an, und denkt sich . . . . ob er wohl denkt? Wir glauben kaum! Er hat so lange und soviel gedacht, daß er fast ausgedacht hat. Er wartet und erwartet. Was er sagen, was er thun wird, wenn er dem Kaiser gegenüber steht, das hat er sich oft überlegt, vorgesagt, mit Anderen berathen, förmlich Proben angestellt, ob er auch des Wortes sicher sei, und jetzt, jetzt . . . . weiß er gar nichts mehr, jetzt murmelt er nur unzusammenhängende Worte vor sich hin und gibt es Gott und dem Vater des Vaterlandes anheim, ihn aus seiner Angst und Noth zu befreien.

Vor der Audienz.

Und wie es diesem armen Bauern geht, so geht es auch sicherlich manchem Anderen, der viel höher steht, als der arme Landmann vom Fuße der Karpathen und der zum erstenmale vor dem Kaiser von Oesterreich erscheinen soll. Er hat viel von seiner Huld und Gnade gehört, und dennoch schlägt sein Herz und hört nicht auf zu pochen, selbst später nicht, wenn er aufathmend den Empfangsaal des Kaisers verlassen hat.

Der Saal ist außer der von uns angegebenen Bank an der Längswand nur noch mit einem kleinen Tische, der sich knapp an der Thüre, welche in den Salon des Kaisers führt, befindet, versehen. Diese Thür selbst ist durch eine spanische Wand fast gedeckt. Vor dem Tische steht der dienstthuende Adjutant des Kaisers, und zwischen diesem und der spanischen Wand muß derjenige, welcher zum Eintreten aufgerufen wird, durchschreiten. Der Eintritt erfolgt nach dem Range. Zuerst kommen die geheimen Räthe und die Kämmerer, dann die Militärs und Beamten je nach ihrer Rangstufe; dann werden die Deputationen vorgelassen und zum Schlusse kommen die Bittsteller aus allen Ländern des Herrn. Man weiß beiläufig, da man seinen Rang kennt, wann die Reihe an Einen kömmt, und hält sich in der Nähe des Adjutanten auf, denselben zur gehörigen Zeit seinen Namen nennend.

Ist man an der Reihe, so nickt der Adjutant, man geht an ihm vorbei, öffnet die Thüre, tritt ein und steht, ziemlich nahe, vor dem Kaiser von Oesterreich. Man hat den Eindruck, als ob man ihm unversehens gegenüber trete. Da fällt manchem sonst Muthigen, der gewöhnlich zu commandieren gewohnt ist, das Herz. Nun, der Kaiser von Oesterreich hilft Jedem über den schweren Augenblick hinweg. Er sieht aus seinen blauen Augen den vor ihm Stehenden freundlich an, lächelt gütig, und wenn er mit seiner schönen, klangvollen Stimme sagt: „Es hat mich sehr gefreut, Ihnen diese Auszeichnung verleihen zu können, u. s. w." so glaubt man niemals eine so wunderbare Stimme, die wie Glocken klingt, gehört zu haben. Und in der That, die Stimme des Kaisers Franz Joseph von Oesterreich ist etwas so ganz außerordentlich Kräftiges und doch Mildes, Gütiges und doch scharf Eindringendes, sie hat so sehr den Charakter des metallischen Singtones, daß man sich kaum erinnert, jemals eine Männerstimme von solch' kräftigem Wohllaut gehört zu haben. Und so schön diese Stimme, so unsagbar liebenswürdig ist die Art und Weise, wie der Kaiser von Oesterreich die vor ihm Erscheinenden empfängt und mit ihnen spricht. Das ist eine Thatsache und keine höfische Schmeichelei, was wir hier aussprechen. Jeder, der das Glück gehabt hat, der huldreichen Ansprache des Kaisers gewürdigt zu werden, wird ausrufen: „Ja, ja, so ist es!"

In dem Empfangsaale des Kaisers, an dem Fenster, steht ein kleiner Tisch, darauf befindet sich die Liste Derer, denen die Audienz bewilligt ist, und Se. Maj. der Kaiser weiß, wer nun eintreten wird, nachdem Derjenige gnädig entlassen wurde, der vor ihm gestanden ist. So geht und kommt die lange Reihe von Personen. Für Jeden hat der Kaiser Zeit und Geduld, Milde und Gnade, sonnige Freundlichkeit und süßen Wohllaut der guten Worte. Die Audienz gibt dem Bitt-steller, dessen Gesuch vom Kaiser entgegengenommen, und mit einem Zeichen, das den Behörden anzeigt, in welchem Grade Se. Majestät die Bitte des Überreichers für gerechtfertigt ansieht, Hoffnung und oft volle Zuversicht. Er weiß manchmal nicht, wie er aus der Thüre herausgekommen, durch die er ebenso ohne klares Bewußtsein eingetreten ist. Das dauerte manchmal eine halbe Stunde, oft aber eine, zwei Stunden und mehr. Besonders, wenn der Kaiser längere Zeit keine Audienzen ertheilt hat, sind es 100 bis 130 Personen, welche vor ihm erscheinen.

Die Reihe der Audienzen ist zu Ende. Der Kaiser hat das Werk dieses Vormittags vollbracht. Es ist keine leichte Arbeit. Selten Jemand, auf welcher Stufe des Lebens immer, wäre ihr gewachsen. Es scheint fast, daß man dazu erzogen, ja geboren werden muß, um solche Arbeit ohne Erschöpfung zu Ende zu führen. Und dabei noch bis zum letzten Augenblick die Güte und Freundlichkeit in dem Maße zu bewahren, wie der Kaiser von Oesterreich, das ist fast eine Gnade des Himmels. Sie ist Sr. Majestät dem Kaiser Franz Joseph von Oesterreich verliehen worden.

* * *

Maskirung der Parademontur.

Die Frühjahrsparade auf der Schmelz.

Von

Gustav Hancalari.

Ganz gleichgiltig läßt eine militärische Schaustellung wohl keinen Menschen; wahrscheinlich deshalb, weil es eben Menschen, und noch dazu junge, hübsche, sorgfältig gekleidete und zweckmäßig gerüstete Menschen sind, welche da, und zwar von ihrer vortheilhaftesten Seite sich zur Schau stellen.

Der militärische Denker bewundert daran die Strammheit und Gelenkigkeit der Einzelwesen als Bestandtheile der haublichen Gesammtheit; ihm ist eine Parade eine ansprechende Abstraction des Kriegswesens, wobei allerdings kein Kriegsbild, wohl aber manche kriegerische Tugend, manche militärische Eigenschaft, wie bereitwilliger Gehorsam der Niedern, Geschicklichkeit und Würde der Befehlenden zum Ausdrucke kommen.

Den civilen Denker erfreut die Planmäßigkeit des Verlaufes. Ein wirrer Menschenschwarm ist alltäglich, sinnverwirrend, unerfreulich — die Parade ist ungewöhnlich, geordnet, ästhetisch. Nirgend sonst wo sieht er 10000 Menschen in geraden Linien, in regelmäßigen Colonnen geschichtet; nirgends sonst wo wird ihm die Herrschaft Eines Willens über eine große Gemeinschaft so klar, wie bei einer Parade. Daß tausende nicht das thun, was Einer will und befiehlt, kann man überall bemerken; daß aber ein Säbelwink genügt, um tausend Hände und Füße zu bewegen, das sieht man nirgends, als bei Paraden und weil auch der Zweck solcher Schaustellungen einleuchtet und befriedigt, so befriedigt auch das ganze Schauspiel.

So weit die denkende Welt. Die fühlende Welt denkt weniger, aber sie fühlt um so wärmer. Da ist vor allen Nachbars Hansi. Ihm ist hauptsächlich nur die Hotopferbl zu thun; er träumt von ihnen zwei Nächte zuvor. „Wann gehn wir zu den Hotopferbln?" — Na also! vorwärts!

Jungfrau Johanna fühlt auch einen mächtigen Zug zu den Hotopferden; aber mehr wegen des Reiters. Ihr ist die ganze Parade nur Wenzels Rahmen und alle Generale der Welt wiegen ihr diesen einfachen Dragoner nicht auf. Für sie theilt sich die Armee in zwei scharf getrennte Gruppen: diejenigen, welche ihrem Wenzel „was thun können", also sein Corporal, sein Wachtmeister, sein Lieutenant und so weiter die unheimliche Leiter der Vorgesetzten in der 4. Escadron und im 4. Dragonerregiment — und die andern, welche ihm „nichts thun können", also der überwiegend größere Rest der allgemeinen Wehrmacht des Reiches und seiner Verbündeten. Sie leidet unter dem Umstande, daß „sie bei der 4. Escadron so viel streng sind"; der Rittmeister könnte schon ein Einsehen haben; „wenn man eh' nur alle vierzehn Täg' Ausgang hat, soll er den Wenzel nit gerad' an ihrem Ausgangtag einnageln. Hansarrest sei ohnehin das allerdümmste." — Aber heute hat sie Ausgang; ihre Herrschaft ist, Gott sei Lob und Dank, wegen eines Todesfalls in der Verwandtschaft, verreist und sie wandert auf die Schmelz, um ihren Wenzel zu bewundern.

In dichten Schwärmen ziehn sie hinaus. Der Selcher Klößl, mit Weib, Kind und Gesellen steht um sechs Uhr Morgens auf dem Platze, denn sein Schorschl ist dabei. — Dentschmeister! — 12. Compagnie! — Gefreiter!! — sind neugierig, wie er sich ausnehmen wird; — gut, natürlich! — hätt' eh' Einjähriger Freiwilliger werden sollen; ist nur dessentwegen nix drauß wur'n, weil's mit de dummen Zeugnuß nicht g'stimmt hat; — wird's schon außareißen, seine Compagnie bei der Parade, weil er Flügelmann ist."

„Na! meint der Nachbar, so ein Gefreiter reißt nix außa. Aber der unsere ist bei der Artollerie; hat ganz allani für sich ein Pferd bei der Bespannung — da kann schon einer was verderben, wenn er net aufpaßt; gleich verhaspelt sich so ein Roß und dann gehts „scheich"." —

„Ist nur gut," sagt ein andrer, „daß sie heut' nicht schießen. Denken's Ihnen, wenn mein Karl so „vorschiaßat" oder „nachschiaßat", ich „überlebat's net"!

So weit der Blick reicht, säumt sich die grüne, sanftwellige Schmelz mit einer fröhlichen, schaulustigen Menge; zuerst in lockeren Reihen, dann in Rotten und endlich in dichten Massen steht erwartungsvoll Jung und Alt, Mann, Weib und Kind. Helle Sonnenschirme, hochnickende Hutfedern zeichnen Lichter in die lebendige, dunkle Mauer und ein Stimmengewirr rollt anfangs sanft dahin, um später, wenn die steigende Sonne wärmere Strahlen versendet und das Ungeduld zu zappeln beginnt, zu brausen wie ein ferner Bergstrom. Die braven Wächter der öffentlichen Sicherheit erproben ihre berühmte, höfliche Geduld. Tausendmal glätten sie die in Wellenlinien vorbrechende Zuseherfronte; Millionen von Witzen

laſſen ſie an ihrem glänzenden Halsſchilde abprallen — und können es auch; denn
des Wieners Rede iſt zuweilen ſpitz; aber die Spitze iſt nicht vergiftet. Sachverſtändige verſchaffen ſich Gehör und Geltung; Hanſi drängt ſich neugierig vor
und ſpäht nach den Foto's; Johanna ſeufzt und ſchwitzt und ſtreckt ſehnſüchtig
den Hals vor; der Selcher wird ungeduldig — und dann gehts los.

Zuerſt allerdings nicht viel. Schon ſeit einer Viertelſtunde waren kleine
„Träubberl" Mannſchaft kreuz und quer über die Schmelz marſchirt, einzelne
Officiere waren angetrabt und ein paar grüne Federbüſche über die unabſehbare
Wieſe dahingeſprengt. „Was ſie weben, weiß kein Weber;" auch der Selcher Klöſſl
nicht; aber ſie könnens beide baldigſt erfahren, denn der Sachverſtändige erklärts.
Sie „markiren" d. h. Unterofficiere werden einzelweiſe auf den Endpunkten jener
Linien aufgeſtellt, in welchen die Truppenfronten zu ſtehn kommen ſollen. In
andern Armeen nennt man dieſe Thätigkeit „Jaloniren" und die hiebei thätigen
Leute „Jaloneurs"; ohne Fremdwörter gehts nicht. — Aber bei uns nennt man
ſie doch nicht „Marqueurs" ſondern „Markirer".

Noch wird von den verantwortlichen Generalſtabs-Officieren an ihnen herum-
gedeutet, ſo ertönt ſchon ein „Rabibum! Rabibum! Rabibum Tſchin Tſchin!" nach
dem andern, bald von dort, bald von da; zuerſt ferne, dann deutlich und wohl-
abgemeſſen aus den Vorſtädten, welche die Schmelz im Norden und Nordoſten
umfaſſen. Trompetenſtimmen dringen durch; dann die anſehnlichen, würdigen
Exploſivtöne der Bombardons und quer durch das ahnungsvolle Geſchmetter und
Gebrumme der anrückenden Regimentsmuſiken ertönen die Trompeten der von
Meidling kommenden Dragoner Escadronen. Eine gediegene kriegeriſche Erfahrung
führt dann die eintreffenden Colonnen auf richtigen Wegen in — oder beſſer
geſagt: hinter die Linien der ihnen zugehörigen Richtpunkte; ein „Halt"! — und
das Richten beginnt. Minuten lang ſieht man geſchwungene Säbel und galoppirende
Commandanten, welche die in die Hauptlinie vorgerufenen Unterofficiere als
Zwiſchen Richtungs-Punkte übereinſtimmen. „Wiſſens," erklärte ein Sachverſtändiger,
„eine Richtung iſt nur dann ganz gut, wenn man von der Front gar nichts
ſieht." — „Aha!" — Noch ein Commandowort · · und die Fußtruppen rücken
in die fertigen Linien.

Nun fahren die Batterien im vorſichtigen Schritt — der Trab würde die
blanken Riemen verſtauben — in das vierte Treffen, während ſich die unabſehbare
Linie der Cavallerie im dritten Treffen zuſammenſchließt — das Rücken und Glätten
der Fronten nimmt ein Ende. Mauerfeſt ſteht die Infanterie; mauergerade auch
die Cavallerie, aber die Pferde ſchwingen doch die Köpfe und ſchenchen die Fliegen
mit dem Wedel, wie ſie wollen — ſie kennen eben kein „Habt acht!" — Die
ſchwarzen Mündungen der Geſchütze beſehn ſich gemüthlich das Publicum und am
äußerſten linken Flügel des vierten Treffens fahren die Trainwagen ein. Eine
beſcheidene Truppe, die Traintruppe! Ihr gehts, wie einer braven Hausfrau.
Plage und Ärger das ganze Jahr und unaufhörliche Arbeit, und wer's nicht

Die Frühjahrsparade auf der Schmelz.

verſteht, der überſieht und unterſchätzt ſie. Die andern, dort vorne und da ſeitwärts
müßten im Falle kriegeriſchen Ernſtes zu Grunde gehen, wenn der Train nicht
wäre, wie er ſein ſoll.

Jetzt fahren die Zuſchauer-Kutſchen daher. Geputzte Damen ſitzen drinnen
und gewiß recht vornehme Leute. Sie bekommen den beſten Platz, von wo der
Blick ſchräg alle Aufſtellungslinien beſtreicht und wo ſie der Jungfer Johanna die
Ausſicht auf ihren Wenzel verſchließen. Sie ſeufzt; der Selcher ſchimpft. Hanſi
weint; alles drängt nach vorwärts; die öffentliche Sicherheit erſucht; die öffentliche
Sicherheit bittet dringend; ſie wird bariſch! — die verdeckte Zuſchauerlinie wandert
aus — ſie gewinnt in veränderter Aufſtellung neuen Ausblick und da ſchlägts
neun Uhr auf dem Thurme von Sechshaus. Der feierliche Augenblick iſt gekommen.

Weit oben, wo der Weg von Schönbrunn die Schmelz betritt, hat eine
Reiterſchaar den Kaiſer erwartet. — Da iſt er! — Schon ſprengt er zum erſten
Treffen, die Suite hinter ihm drein, daß die Federbüſche nur ſo auf und niederfliegen;
und nun beginnt die Beſichtigung der Treffen; eine Muſikbande nach der andern
„ſchlagt ein“, die Volkshymne ertönt und die Trommeln rollen im mächtigen Einklang.

Wer jetzt auf der Ottakringer Seite ſtünde! er ſähe alles! er ſähe vor allem
den Kaiſer, wie er die Regimenter „abreitet“ und das iſt doch die Hauptſache an
der ganzen Parade; das iſt das ſchönſte, das feierlichſte, und gerade das ſehn wir
nicht; „ich ſag’s ja!“ „habs gleich geſagt, wir ſollten uns da drüben aufſtellen;
jetzt haben wir’s! ich folg’ Euch mein Lebtag nimmer. Wer wird ſich auch eine
Parade von hinten anſchaun! Kaum daß über die Czakos des erſten Treffens die
Generalshüte „überaguden“ und die weißen Federbüſche der fremden Officiere.“
„Nur Geduld! werden ſchon näher kommen! müſſen ja auch die rückwärtigen
Treffen abreiten und dann ſehn wir’s auch!“

Und auch das geht vorüber; und Commandorufe haben die Ordnung
gebrochen und eine neue Ordnung hervorgebracht und die Defilirung geht an. —
Das iſt eine Luſt! — Voran die techniſche Akademie und die Wiener Cadeten-
ſchule. Wie viele ſtolze Mutterherzen ſchlagen dieſer jungen Schaar entgegen, wie
viel ſtolze Blicke der Väter begleiten ſie! und dann die unabſehbare Folge der
Infanterie Compagnien — die Ungarn mit ihren engen Hoſen — durchſchießen
könnte man zwiſchen den ſchreitenden und den elaſtiſch-abſtoßenden Beinen, ſo
gleichzeitig, ſo gleichmäßig, ſo mächtig ſchreiten ſie aus. Und dann die „deutſchen“
Regimenter (es ſind auch böhmiſche und polniſche darunter), und eine Abtheilung
marſchirt ſtrammer und flotter als die andere. Als nun die Wiener-Regimenter
vorüberkommen, da ziſchelt’s und kichert’s vor Vergnügen im Zuſchauerkreiſe,
denn wenn auch alle Soldaten des Doppelreichs dem Wiener gemüthlich nahe
ſtehn, dieſe da ſind ſeines Blutes, ſie ſind ſeine Augäpfel und in ihnen marſchirt
Sohn, Bruder, Schatz und „Speci“. — Nur, daß ſie nicht Tact halten, das
wurmt Klöſſl, den Selcher. Die Banda ſpiele ſoweit ganz ſchneidi, aber die Truppen
„tappen nachi“; es ſei eine wahre Schand. Ein Sachverſtändiger beruhigt ihn,

„denn man sieht halt schneller als man hört; und die Soldaten könnten nichts dafür; sondern weil wir so weit weg sind; und wenn wir nächenter kämen, so sehheten wir gerade so schnell, wie wir hören." — „Aha!" —

Dann trappelt und trippelt die Cavallerie in tadellosen Fronten vorüber. Hansi jubelt laut auf. Das ist zuviel des Glücks; tausend Foto's auf einem Flecke und noch dazu lebendige! Das ist ein Eindruck für's Leben! — Johanna erkennt unter einem Wald von Dragonern ihren defilirenden Wenzl. Stille Freude kommt über sie. — Als dann auch Batterie um Batterie glatt und gleichmäßig wie eine wohlgeölte Maschine vorbeigleitet, wird auch des Nachbars Sohn erkannt. Sein Geschütz fährt schon gar schön vorüber.

Nur Klößl ist mißmuthig. Er hat nach langem, wackeren Ausharren Durst gefühlt, ist, lange bevor Schorschl's Compagnie in Sicht gekommen, nach rückwärts ausgebrochen, um an einer wandelnden Schenke zu nippen und als dann der entscheidende Augenblick kam, hat man ihn nicht mehr vorgelassen. „Da steht man, wie ein Aff' von halber sechse bis dreiviertel auf elf, und sieht dann nix! Ich sag's ja!"

Wenige Minuten später ist die Schmelz menschenleer; leise und leiser bringt das Gewurre der sich entfernenden Musiken aus dem Getümmel. Die Menschenwellen, welche von den Zuschauerräumen wegfluthen, ergießen sich in den Alltagsschwall der Straße und die Frühjahrsparade ist zu Ende.

Wenzl kam heute nicht zum Brunnen. — Ein bei der Parade vom Rittmeister entdeckter, schlecht „gewachselter" Riemen hat ihn in neues Unglück gestürzt und Johanna weint eine Thräne in den Rahmstrudel, welchen sie ihm eingerollt, eh' sie die Botschaft vernommen.

Rückkehr von der Parade.

In der Kapuzinergruft.

Von

Ludwig Hevesi.

Grauer als grau ist der Tag. Die Luft ist feucht, als hätte die ganze Welt soeben geweint. Jedes Dach ist umwölkt, tief herab, und jede Stirne auch. Bei den Augustinern hat es erst Mittag geschlagen, aber es ist doch schon Abend. Wird nicht der Mond bald aufgehen? Die Sonne thut es ja doch nicht mehr. Novemberluft, Novemberlicht.

Offene Regenschirme schwanken triefnaß über den Neuen Markt; es ist als sproßten überall schwarze Riesenpilze aus dem Pflaster vor allgemeiner Nässe. Nur der Straßenzug von der Operngasse her ist um diese Stunde belebt, auch bei solchem Wetter. Da hastet das Mittagsleben hin und wieder zwischen Stadt und Vorstadt. Aus der Arbeit, in die Arbeit. Junge Mädchen im ewigen Regenmäntelchen, einen Zipfel des Kleides in der Hand; junge Leute in Schuhen, die sie bezahlen werden. Die abgeschliffenen Würfel des Bürgersteiges sind mit einem schwärzlichen, klebrigen Etwas bedeckt; unsicher gleitet der Fuß ab bei jedem Schritt. Den Kapuzinern entlang ist der Gehweg am schmalsten. Dort springen Ecken aus und Winkel ein, unvermuthete Stufen bedrohen die Knöchel, Schirme stoßen krachend zusammen und die erbarmungsloseste Traufe Wiens sendet ihr Gewässer herab mitten in das Gedränge.

Auf der vertretenen Thorstufe da ist Rettung. Man steht seitab, man sieht sich um. Ein offenes Pförtlein, mit einem Blick durch einen niedrigen Klostergang. Schwarze Bilder an weißen Wänden, wuchtende Gewölbe, in denen sich kurze Rippen kreuzen. Dunkle Thüren, deren Klinken man nicht unterscheidet. Vielleicht haben sie sich für immer geschlossen.

Man hat das Gefühl: nur rasch eingetreten, ehe auch diese Pforte sich für immer schließt! Fröstelnd schreitet man den Gang hinan. Einige Fenster gehen auf kleine Räume zwischen grauen Mauern. Verzwickte Zwickel von Höfen, in denen es, so glaubt man, immer regnet. Dort steigen kleine Dächer aus dem Boden, die man nicht versteht. Nun um eine Ecke, wiederum in einen langen, weißen Gang voll dicker, grauer Luft. Da plötzlich . . . .

Eine ganze Wand ist verschwunden. An ihrer Stelle steht ein hohes eisernes Gitter. Schwarze geschmiedete Stäbe, Balken sogar, schieben sich durch einander, kreuz und quer. Sie fassen und halten sich mit krummen Krallen; sie scheinen sich zu zerreißen, indem sie sich befestigen. Eine eiserne Riesenspinne mit stählernem Eingeweide hat ihr unzerreißbares Netz vor diesen Mauerriß gezogen.

Sarkophag des Kronprinzen Rudolf in der Kapuzinergruft.

Was wird man sehen, wenn man es wagt, den Blick durch dieses Netz zu senden? Man ist auf Alles gefaßt, auch auf eine Tropfsteingrotte voll blitzenden Edelgesteins, oder auf einen Gerichtssaal der heiligen Vehme. Und doch erschrickt man. Das ist ein Blick in's Jenseits. Eine Auferstehung findet statt. Ein Engel bläst die Posaune. Wir hören sie nicht, da oben im Geräusch des Lebens, aber die dort unten in der Stille des Todes, sie hören den ehernen Ruf. Und sie erheben sich vom hohen Pfühl, Sie und Er, die größte Kaiserin und der beste Gatte. Ist das Wirklichkeit oder Täuschung der Kunst? Sind sie leibhaftig emporgestiegen aus dem gewaltigen ehernen Sarkophag, oder sind auch sie nur erzenes Gebilde von Künstlerhand, sammt dem Engel und der Posaune und dem Schall der Posaune?

21*

Kapuzinergruft.

Wer weiß es? Eine ovale Kuppel bildet sich über ihnen, mit runden Fensteraugen, von denen man nicht weiß, ob sie hinausschauen in den Himmel, oder herein aus dem Himmel. Und ein seltsamer Schein schwebt durch den Rundraum, halb Morgengrauen, halb Abenddämmer. Von wie fern her mag er kommen, durch wie viele Schleier wie vieler Naturen. Man athmet kaum und wartet. Wird er nicht lichter werden, dieser räthselhafte Schimmer? Heller und heller, bis zu blendendem Sphärenglanz? Wird nicht Alles da unten sich nach und nach auf- lösen in eine große goldene Glorie, darinnen todte Größe zum Himmel fährt? . . . .

Eine Thürangel knarrt. Man fährt sich mit der Hand über die Stirne, der Verstand rüttelt sich zurecht. Wird es nicht lebendig dort hinter jener Mauerecke? Schritte schlurfen; es flüstert. Wird dort gekommen und gegangen?

Fremde. Sie wollen die Kaisergruft sehen. Ein blasser Mönch in brauner Kutte bietet Einlaß. Die Thür steht auf, steil hinab senkt sich die schmale Treppe. Sie führt in die Vergangenheit. Dort unten schläft, eingesargt, die Weltgeschichte. Lautlos steigen die kleinen Lebenden hinab zu den großen Todten. Ein kalter Hauch steigt ihnen entgegen, ihr Athem wird ihn nicht erwärmen. Gruftluft.

Ein Kreuzweg unter der Erde. Rechtsab, linksab gehen unbekannte Pfade. An der Kreuzung brennt eine Lampe, aber sie leuchtet nicht. Linkshin, nach dem Mausoleum Maria Theresias und des glücklichen Lothringers, wendet sich der Schwarm, voran ein wandelndes Licht. Aber rechtshin lockt es schier mächtiger. Dort herrscht schwarze Grabesnacht, unheimlich tief und stumm. Eine unsichtbare Gräberstraße wühlt sich unter der Erde fort, man kann nur rathen, wohin und wie weit. Ein düsteres Gewölbe hängt tief herein und verliert sich im Dunkel. Zwei Gitterwände folgen ihm und verlieren sich im Dunkel. Geflecht aus Eisenstäben; Stangen, die sich gleich Stricken knoten; Schnörkel in Schnörkel greifend. Zwischen ihnen tappt man vorwärts, man tastet sich weiter mit Hand und Fuß, von einer eisernen Masche zur anderen, von einer steinernen Fliese zur anderen. Gespensterhaft lockt und schreckt dieses Nacht. So oft das Lichtlein dort drüben aufflackert, irrt auch hier ein bleiches Zwielicht an den Dingen hin. Dann regt es sich hinter den Gittern, in plötzlichem Aufzucken, aber lautlos. Volle Arme tauchen aus der Nacht, an unsichtbaren Körpern. In runden Kinderhändchen wehen Palmen. Blumengewinde scheinen frei in der Luft zu hängen. Fahnen und Roßschweife flattern, Trophäen von Römerwaffen ragen. Hoch oben fliegen Engel- kinder ab und zu oder Doppeladler, Prachtvorhänge werfen schwere Falten, denen Anfang und Ende fehlt. Kanonenrohre gähnen, Perückenlocken ringeln sich, Kronen blitzen auf, stählerne Beinschienen und knöcherne Schienbeine kreuzen sich, Todten- schädel suchen augenlos das Licht. Wie das alles zusammenhängt, man ahnt es nur. Man sieht helles Erz blinken, auf einer spiegelnden Fläche tritt unvermuthet das Schattenbild eines Reliefs hervor, ein aufgeblätterter Rahmen füllt sich soeben mit zahllosen Wappenfeldern. Eine glatte Wand baucht und kehlt sich, ein üppig profilirtes Gesimse flieht in die Nacht hinein und verschwindet. Man merkt, daß man in einer Gasse von gewaltigen Grabmälern wandelt. Man streift mit beiden Ellbogen den Todtenprunk des barocken Jahrhunderts. Da liegt der erste Joseph. Da liegt der sechste Karl. Da liegen hohe Kaiserfrauen gereiht, Töchter und Mütter der Schönheit, Vorbilder und Erbinnen des Rubens-Typus. Man denkt an diese und jene unvergeßliche Büste, von Matthäus Donner etwa, und sieht im Geiste

majestätische Stirnen, herrschende Augen und lächelnde Lippen. Elisabeth Christine,
murmelt man, und andere schöne Doppelnamen . . . .

Man schaudert zusammen. Ein kalter Hauch streift das Gesicht. Kommt er von
außen, von oben, aus der Oberwelt, aus dem November? Oder von unten, aus der
Unterwelt, aus der zeitlosen Ewigkeit? Man entflieht, zurück zu den Menschen. Noch
immer umwandeln sie schweigend den ehernen Grabpalast Maria Theresiens und horchen
andächtig dem bleichen Mann in der braunen Kutte. Ja, das ist der kaiserlichste aller
Särge. Man denkt nicht an den Thron zurück, wenn man in einem solchen liegt.

Oder in einem solchen, wie jener andere, der Mutter zu Füßen. Das ist nur
eine einfache Todtenlade aus ehernen Brettern, aber eine Kiste voll Unsterblichkeit.
Schlafende Gebeine, deren Geist noch jetzt als ein lebendiger Sturm durch Oesterreich
weht. Auf keinem der vielen Särge haben die Lorbeeren so große Blätter wie auf diesem.
Und so wenige. Denn sie werden immer weniger, je mehr Leute da stehen bleiben.
Diese Blätter gehen mit in die Welt, als weltliche Reliquien, Josefinische Amulete.

Und wieder eine Kuppel, und noch eine. Unter jeder ruht auf hohem Sockel
ein Länderbeherrscher. Gewaltige Truhen stehen auf Löwenklauen, von Kaiser-
kronen überragt. Schwert und Scepter kreuzen sich, lateinische Wahlsprüche blinken
auf. Kaiser Franz. Kaiser Ferdinand. Sie alle herrschen weiter hier unten, wie
König Minos von Kreta, denn jeder hat seine Zeit mitgenommen, in sein Grab.
Nur Josef hat die seine den folgenden Zeiten hinterlassen als Erbtheil.

Neuer werden die Hallen, höher und heller. Pilaster paaren sich, aus dem
Oval oder Achteck gehen die Kuppelgewölbe in den wohlgemessenen Kreis über.
Durch Halbkreisfenster bricht das besonnene Licht des Alltags hernieder. Die
moderne Zeit kennt keinen malerischen Spuk. Die Romantik der Vergänglichkeit
hört auf. Man nimmt den Tod hin, als eine Erscheinung des Lebens.

Und doch! Unter diesem grauen Licht, zwischen diesen grauen Wänden, in
all' dieser Einförmigkeit, die eine kaiserliche Schlichtheit ist, ... welche Herrscher-
und Menschengeschicke! Die fahle Gleichgiltigkeit des unterirdischen Tages ist eine
Wohlthat. Sie verhüllt wie ein Schleier, was besser verhüllt wird. Dort, vor
jener letzten Wand, im Schatten des Ferdinandischen Sarkophags, liegt das tragische Paar dieser stillen Welt. Unter Blumen begraben, die nicht verdorren
können und sich nicht entfärben; unter Lorbeergewinden und Palmengefieder. Die
Zeit hat sie längst getrocknet, wie sie Thränen trocknet und Blutstropfen, aber
sie rascheln nicht, denn kein geflüstertes Wort bewegt die Luft und kein Seufzer.
Auf den Zehenspitzen schreitet man heran. Mit angehaltenem Athem liest man
die goldene Schrift auf diesem und jenem weißen Bande, das sich durch blühend-
verblühendes Dickicht schlängelt. „Kaiser Wilhelm II." — „Von deiner Elisabeth!" —
Auf den Särgen selbst sieht man kein geschriebenes Wort. Alles ist bedeckt mit den
stummen Liebeszeichen: der große, reicher geschmückte aus weißem Metall, wie der
kleinere, einfache aus braunem Erzblech . . . . Nur hier, eine einzige Zeile, halb
verhüllt von roth-weißen Schleifen, „Imperator Mexicanorum." Und von einer

zweiten, über deren Buchstaben sich immergrüne Blätter legen, bleiben einige Silben lesbar: „. . . . roica cum virt . . . . nteriit." Mit Heldentugend gestorben.

Ein weißer Kranz auf schwarzer Tafel liegt zwischen Beiden. Marmorne Blumen, von den Landsleuten an der blumigen Marmorküste Liguriens gespendet, dem Andenken ihres Kaiser- und Königssohnes.

Weiter! Weiter! Andere Hallen, andere Gänge. Die Kaisergruft wird europäisch, international. Die machtvolle Dynastie treibt unter der Erde Seitenwurzeln, wie über der Erde Seitenzweige, welche in ferne Länder hineinblühen und hineinschatten. Auch hier unten gibt es Secundogenituren. Dieser Gang ist toskanischer Boden, jene Nischen sind jede ein italienisches Herzogthum. Klangvolle Namen, die man singen könnte.

Hier eine ganze lange Reihe. Bescheiden liegen sie da, wie Namenlose. Nichts kündet Ruhm und Glanz, nur die Liebe bringt ihre Blumen, am Liebestag der Todten. Man erräth es nicht, in welcher Truhe der Großvater des Königs von Spanien liegt, oder welche Kränze den Sieger von Aspern decken.

Ein Platz in der Reihe ist leer. Ein unscheinbares Mittelplätzchen neben der edelsten Frau und der schönsten, unglücklichsten Tochter. Der Sieger von Custoza hat sich ihn vorbehalten.

Einhundert und Sechzehn ruhen da unten, in der treuen Hut der Kapuziner.

Der Einhundert und dreizehnte ist Kronprinz Rudolf.

. . . .

Nun ist Alles wieder still und stumm. Das führende Licht hat sich der Treppe zugewandt und die Besucher sind ihm gefolgt. Jeder hat ein Kreuz geschlagen, Mancher ein Vaterunser gesprochen. Einer und der Andere hat sich wohl auch eine leise Frage gestellt, eine jener Fragen, auf die es keine Antwort gibt. Es ist gut, wenn der Mensch sich zuweilen vor diese Fragen stellt, die ihn erhöhen, indem sie ihn niederbeugen.

Und nun herrscht wieder der ewige Novemberabend in dem unterirdischen Hause voll stiller Schlafzimmer. Ueber die Schläfer hin rollt die Woge des Wiener Lebens, aber ihr fernes Gemurmel stört keinen Traum. Zu müde sind, die hier ruhen, denn sie sind über die steilsten Höhen des Lebens gewandelt, wo die Luft am zehrendsten ist und das Glück schier so aufreibend wie das Unglück.

Wien in der Kirche.

Von

Hans Grasberger.

Die Frauen geben den Ausschlag, auch was den Kirchenbesuch anbelangt.
Fromme Sitte, religiöser Brauch richtet sich nach ihnen und sie verfahren auch in
diesen Stücken meist völlig ihrem liebenswürdigen Wesen gemäß, welchem eben so
viel Frohmuth und Unbefangenheit als natürliches Schicklichkeitsgefühl eigen ist.
Pietistische Gott- und Selbstgefälligkeit, schwärmerisches Gebahren kommt in Wien
nicht recht auf; die kopfhängerischen Jugend- und Standesbündnisse, die frommen
Bruderschaften und Gebetsvereine führen ein bescheidenes Sonderleben; selbst eine
größere Familie bringt es kaum über eine Betschwester, einen wunderlichen
Heiligen, und über diesen zuckt man die Achsel, läßt ihn aber unangefochten. Daß
Beichtväter in die häuslichen Geschicke eingreifen, mag vorkommen, verlautet aber
nicht zu oft; in den vornehmeren Kreisen ist der geistliche Erzieher beliebt und
das nahe, jesuitische Kalksburg nimmt hauptsächlich adelige Zöglinge auf. Der
Convertiten Eifer ist für das religiöse Verständniß des Wieners etwas Befrem-

denbes; das Liguorianerthum hat noch unter den Erinnerungen an das Jahr 48
zu leiden; für die Altkatholiken reicht noch immer die Salvatorcapelle aus; das
Ronge'sche Christenthum ist so gut wie verschollen und dem Clericalismus glücken
wohl mitunter Parteikundgebungen, doch nicht auch Volksbewegungen. Das Con-
cordat hat in Wien n i e völlig durchgegriffen; die Nonnen mußten die öffentlichen
Krankenhäuser verlassen und den fremden Schulbrüdern im Waisenhaus ward kein
sonderlich freundlicher Empfang. In Wien braucht der Weltpriester keineswegs
hinter dem Klostergeistlichen zurückzustehen; es ereignet sich nur ausnahmsweise,
daß unsere Bräute geradenwegs aus dem Kloster zum Traualtar schreiten und
mit einer clerical geschulten Tirolerin verträgt sich die unabhängige Wienerin, die
doch sonst in der ganzen Welt leicht fortkommt, schlecht.

Sollten das Anzeichen kirchlicher Lauheit und Gleichgiltigkeit sein? In der
That haben nicht auch die schönen Wienerinnen gleich den Frauen in Italien und
Spanien ihre eigene Kirchentracht; viele Festlichkeiten sind abgekommen und bei
Aufzügen gibt man lieber den Zuschauer als den Theilnehmer ab. Aber andererseits treten bei uns die Freidenker nicht so schroff auf wie in Belgien oder Frankreich und hat Wien noch nie so viele neue Kirchen gebaut als in unseren Tagen,
und übt das kirchliche Gepränge auf's empfängliche Gemüth nach wie vor seinen
Zauber aus. Wer aus Wien kommt, den können Raum, Sang und Ceremonien
der sixtinischen Capelle in Rom kaum sonderlich überraschen; unsere Gotteshäuser
haben zumeist lange vor dem mageren Nazarenerthum ihren Schmuck erhalten;
„Hier liegt vor Deiner Majestät" und „Wir werfen uns darnieder" sind die
schönsten Meßlieder und unsere Kirchenmusik, gleichgiltig ob figural, ob choral,
wie's die Neuerer wollen, gesellt zur Andacht wahrhaftigen Kunstgenuß. Die
Hauptsache ist, daß kirchlicher Sinn und Bekenntniß tief in Sitte und Gewohnheit
wurzelt und wie das häusliche und private, so mannigfach auch das öffentliche
Leben begleitet, auf Farbe und Gepräge desselben einwirkend. Der Wiener ist
nicht bigott; er ist kein Pfaffenknecht. Er ist in religiösen Dingen etwas bequem,
etwas lässig, aber meist lauter. Gegen Andere ist er duldsam und für die schärfere
Tonart ist er wohl oft schon von außen her bearbeitet worden, aber ohne nach-
haltigen Erfolg. Den vornehmsten augenfälligen Erscheinungen des religiösen Lebens
in Wien wollen wir einigermaßen näherrücken.

Schon was den T a u f brunnen anbelangt, tritt der Unterschied zwischen Arm
und Reich zu Tage. Kleiner Leute Sprößling muß sich zum Heilsbecken in die
Kirche bemühen; wenn es ihm auf diesem Wege an schützenden Kissen und Decken
gebrechen, wenn er sich „verkühlen" sollte an der noch ungewohnten Stadtluft, so
soll ihm das zu früher Witzigung dienen; denn es ist nicht gut, daß er sich allzu
viel vom Leben verspreche, in das er soeben getreten. Vermögliche Eltern und
solche, die dafür gelten wollen, laden Priester und Küster, das reinigende Naß und
die Matrikel in ihre Wohnung; die Kinderstube verwandelt sich in eine Tauf-
capelle. Nebenan wird der Taufschmaus aufgetragen und der glücklichen Wöchnerin

wird in diese weihevolle Halle, in diese gedämpfte Heiterkeit ein verschämter Blick
gestattet ... Das traurige Widerspiel dieses priesterlichen Besuches ist der Versehgang. Wie ganz anders flackern da die angezündeten Kerzen! Bang ist die
Stille; harmvolle Mienen, traurige Augen empfangen den Seelsorger, der unbe-
lauscht mit dem Kranken ein ernstes Wort zu reden hat. Gut, wenn er noch recht-
zeitig kommt; denn trifft er ein Todtenbett, muß er „weiß" umkehren, so bleibt in
den Leidtragenden ein beunruhigender Stachel zurück. In den rationalistischen
Tagen verfügte sich der Beichtiger so unscheinbar zum Kranken, „als ob er den
Herrgott gestohlen hätte." Heutzutage verbirgt der Oberrock nicht völlig die
Amtstracht; der Gang des Priesters ist ernst und eilig; seine Rechte ruht auf der
Brust, wo sie die Kapsel mit dem Brode des Lebens umfangen hält. Erfolgt der
Versehgang ausnahmsweise, zu hohen Patienten nämlich, unter dem „Himmel"
mit vorausklingendem Glöcklein, so beugen sich der vorüberziehenden „Wegzehrung"
die Kniee und die Schildwachen huldigen dem im Brode verborgenen „Herrn der
Heerschaaren" mit militärischem Gruße.

Große Stücke hält der Wiener auf eine „schöne Leich'": ihretwegen wird
er zum Verschwender; dem Weib aus dem Volke lacht das Auge unter Thränen,
wenn es erzählt, wie schön ihr Liebling aufgebahrt gewesen, wie Viele in der
Kirche geweint, wie Viele „mitgegangen". Der Trauermarsch gilt in bürgerlichen
Kreisen für unerläßlich; der Trauerportier am großen Thor muß zu erkennen
geben, daß ein Wiener Hausherr die Augen geschlossen; die Kranzspenden werden
sorgsam gezählt und nach Werth und Herkunft gewürdigt; bewundernd hebt man
hervor, daß für dieselben „ein eigener Wagen" nöthig gewesen. Eben so wichtig
ist, ob bei der Einsegnung in der Kirche an allen Altären Lichter angezündet
gewesen und wie viele, und ob bei derselben vom Chor herab ein schönes deutsches
Lied gesungen worden — um dieses willen verzichtet man nicht ungern auf eine
„verlogene" Grabrede. Eine Militärleich' ist schon des eisernen Ritters wegen
sehenswerth. Ein eigenes Grab ist selbstverständlich und vom Denkmalstein verlangt
man feines Korn, Schliff und ansehnliche Größe — den Bildhauer läßt man daran
leider nur fast ausnahmsweise zu Worte kommen. Die Bestattungsgesellschaften
erzielen glänzende Einnahmen und ihnen ist es zu danken, daß der grausame Hammer-
schlag auf die Sargnägel und das schrille Kettengerassel bei der Versenkung abgekommen ist. Vielfach herrscht noch eine eigenthümliche Scheu vor dem Central-
friedhof; lieber um theures Geld eine landschaftlich schönere Grabstätte etwa in
Hietzing oder anderswo! Allerseelen gestaltet sich auf den Friedhöfen zu einem
zartsinnigen Gartenfest.

Zwischen Wiege und Sarg liegt aber auch viel Gutes und Hoffnungsfreu-
diges; und wem stünde wohl heitere Zuversicht besser zu Gesichte als einem schönen
Brautpaare? Allerdings steigern sich die Trauungen in der Großstadt selten
zu den geräuschvollen Hochzeiten mit Musik und Tanz, wie solche in den Bergen
üblich sind und mitunter blutig enden. Das Festmahl ist oft nur ein traulicher

Imbiß, der Hochzeitsreigen unterbleibt häufig; oft naht man in Reisekleidern dem Altar und kaum „zusammengegeben" tritt das junge Paar die Hochzeitsreise an.

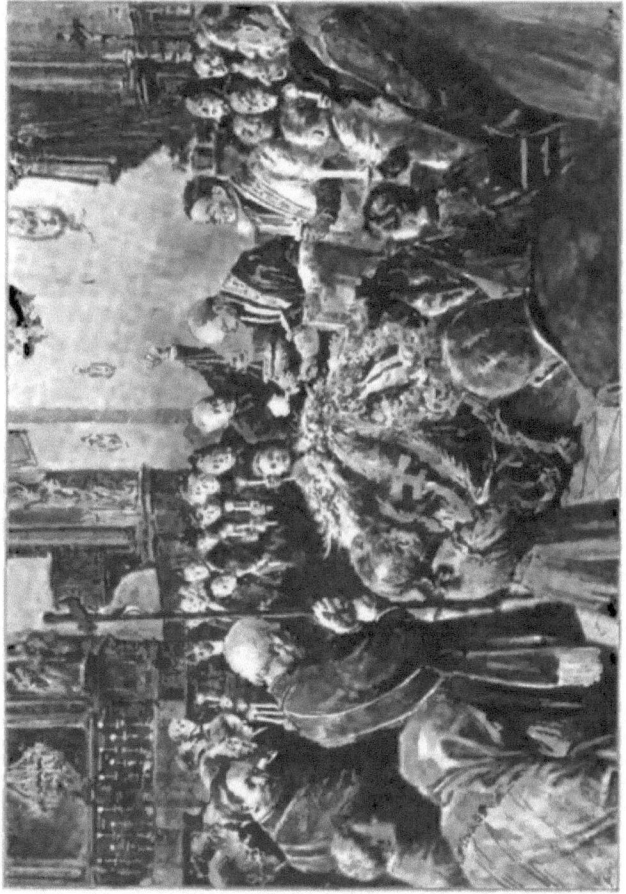

Doch ja, in bürgerlichen Kreisen hat der „Ehrentag" noch sein festes Gepräge; da ist die ganze Freundschaft geladen, da fahren viele Wägen bei der Kirche vor, da setzt man sich von der geistlichen Ansprache erbaut an die lange wohlbestellte Tafel, da kommt der Wiener Humor zu Ehren, da muß es einen Juz geben, da wechseln mühselige mit drolligen Toasten, da vermischt sich Flaschengeknatter mit Hochrufen, da kommt es spät erst zum Aufbruch und trennt man sich — angeheitert. Die Fahrt zur Kirche erschwingt selbst das ärmste Paar und auf's lustige Brant-kleid gibt es keinen Verzicht, sollte auch noch so grimm der Wind wehen. Bei den vornehmen Ehen aber geht es möglichst exclusiv zu; man vermeidet auffallendes Gepränge, man wählt eine ungewöhnliche Stunde zur Trauung, man verfügt sich statt in die Kirche in eine abgesonderte Capelle, man tritt vor einen Priester, der dem Range nach den Festgästen entspricht, und die neugierige Menge bleibt außen stehen und mag zusehen, wie sie zu ihrem Theile kommt.

Ein kurzer Fasching im neuen Kalender: das ist für Wien eine unerfreuliche Entdeckung. Man weiß sich zu helfen und verlängert sich die lustige Zeit tief, tief in die Fasten hinein; wie kämen auch sonst die Fiaker, die Wäschermadeln zu ihrem Ball? Gewiß will man diesen den Spaß nicht verderben; anderseits sieht aber doch die ordentliche Hausfrau dieses Nachtollens nicht gern und manche Schöne verhält sich in der That spröde, nachdem sie am frostschaurigen Morgen nach der Faschnacht ihre schmale Stirn unter die niederstäubende Asche gesenkt. Ein Hirtenbrief leitet die Fasten ein und diese werden in der Regel mild bemessen. Ob auch befolgt? Zum Theil wenigstens. Der Hausvater läßt sich den mageren Tisch stillschweigend gefallen; die Jugend freigeistert um denselben, greift aber schließlich herzhaft zu und die Mutter lächelt, daß sie ihren frommen Willen durchgesetzt. Etwas müssen denn doch auch die Fastenprediger ausrichten Es erstehen deren jedes Jahr einige, die einen großen Zulauf gewinnen. Die feine Gesellschaft lauscht mit Vorliebe einem französischen Kanzelgast, die italienische Colonie ver-schreibt sich gleichfalls einen solchen aus ihrer schönen Heimat und die heimische Gemeinde hat die reichste Auswahl: sie schaart sich am liebsten um denjenigen Kanzel-redner, der ihr das Herz warm und die Hölle heiß zu machen versteht. Solche Fastenprediger waren beispielsweise die beiden K l i n g k o w s t r ö m und der mildere S c h m u d e, insgesammt Jesuiten. Aber auch Dr. W i e s i n g e r, der nicht Pater genannt sein will, hatte seine Zuhörerschaft, und bald ist es wieder ein Dominikaner oder ein Kapuziner, der den meisten Anklang erzielt. Alte Leute haben noch Zacharias W e r n e r, jüngere den nicht minder vielseitigen Joh. Em. V e i t h in Erinnerung, und wie dieser ist der jetzige Fürsterzbischof G r u s c h a lange Jahre Domprediger von St. Stephan gewesen, während bei den Schotten ein Bruder Franz S c h u b e r t's die Herzen rührte; und in H o f b a u e r ist ein Wiener Prediger sogar selig oder heilig gesprochen worden. So gern man auch die Predigt „schwänzt", ein guter Kanzelredner findet gleichwohl Zuspruch und der eifervolle Fastenprediger insbesondere.

Und so sind unsere Kirchen keineswegs verwaist, obwohl man darin in der Regel mehr Altäre als Beichtstühle trifft. In den italienischen Kirchen sind keine

Fastenpredigt.

festen Bänke für die Beter; leichte Strohstühle wandern von einem Altar vor den
anderen. Die vielen Bankreihen rechts und links geben bei uns dem Kircheninneren
ein geordueteres Aussehen. Im Uebrigen aber bewegt sich der Wiener fast ebenso
natürlich und unbefangen im Gotteshaus wie der Italiener. Die Kirchendiener
wandern nicht wie in deutschen Domen mit Amtsstäben umher, um während des
Gottesdienstes jedem Platzwechsel der Versammelten, jedem Versuch, die Merkwürdig-
keiten des Raumes in Augenschein zu nehmen, jedem lauteren Auftreten zu wehren.
Die Stephanskirche wird schier auch als Durchhaus benützt und man weiß, was das
in Wien besagen will. Lassen sich auf dem Musikchor schöne Stimmen hören, so
wenden sich wohl gar bewundernde Blicke vom Altar ab den glücklichen Kehlen zu,
und die Musikenthusiasten hier unten und die Solistinnen droben gehören mitunter
nicht einmal der — Kirche an. Was verschlägts? Der Andächtige läßt sich nicht
so leicht stören und besser einige Ungezwungenheit als verdächtige Duckmäuserei!
Die Hypokrisie ist durchschnittlich auch — zu ihrer Ehre sei's gesagt — unseren,
Geistlichen fremd. Manchem sieht man unschwer eine gewisse Behaglichkeit oder
ein leidliches Auskommen wie mit dem lieben Gott, so auch mit der argen Welt
an. Gilt's einen festlichen Aufzug, so kann man den kirchlichen Würdenträger mit
den stolzen Abzeichen weltlicher Ehren auf der Brust seine Kirche betreten sehen.
Dafür braucht der Kirchendiener nicht g'rade ein Adonis zu sein oder einem trink-
geldheischenden Custode zu gleichen. Hat doch selbst der Klingelbeutelmann seine
Zudringlichkeit zum Theil eingebüßt; die Schelle mahnt leiser, der Opferpfennig
fällt nicht mehr schrill auf und der Beutel „scheppert" nicht.

Die Charwoche.

Von

Hans Grasberger.

Es ist eine kindliche Vorstellung, daß unsere Glocken in der stillen Woche nach Rom fliegen müssen. Eben, daß sie fort sind, macht die Woche so still; denn in einer vorwiegend katholischen Stadt macht sich das Verstummen der Glocken immerhin fühlbar. In Rom aber bimmelts und läutets in der That, als hätten sich alle Glocken der Welt hier ein Stelldichein gegeben; es ist kein Convent, kein Kirchlein so klein, daß es nicht den Ehrgeiz haben sollte, sein bischen Andacht urbi et orbi kundzuthun. Aber in der stillen Woche schweigt das Glockengeläute ja auch in Rom; wo hält also denn der schallende Congreß? Wahrscheinlich über der ewigen Stadt so hoch in den Lüften, daß kein Klang, kein Hall hernieder bringen kann.

Uebrigens tritt der stille Ernst erst am Gründonnerstagsmorgen ein und bis zur Auferstehung müssen die Glocken schon wieder zurück sein! Was half uns über diese klanglose Zeit einigermaßen hinweg? Die „Ratschenbuben", welche Gassen auf und ab, aus einem Hof in den andern zogen, ihre Drehklappern in Bewegung setzten und dazu mit grellen Knabenstimmen sangen: „Wir ratschen, wir ratschen den englischen Gruaß u. s. w." Doch die Zeit schreitet vor, sie „gibt nichts mehr aufs Alte" und die wandernden Ratschenbuben sind vor Kurzem „abgeschafft" worden.

Aber wo kämen wir mit unserer Charwoche hin, wenn's auch die Fußwaschung nicht mehr gäbe? Die in den Marmorsälen der Hofburg ist die berühmteste; sie hat in der ganzen Welt nicht ihresgleichen. Es ist der Kaiser, welcher an zwölf in einer Reihe sitzenden, in blanke Pilgermäntel gehüllten Greisen

die chriſtliche Selbſtdemüthigung vornimmt, ſie des gaſtfreundlichen Liebesdienſtes
würdigt, ſie hierauf höchſtperſönlich bewirthet; und es iſt die K a i ſ e r i n, die

besgleichen an zwölf
Greiſinnen thut. Und
die glücklichen Alten
nehmen auch noch ein
tüchtiges „Beſcheid-
Eſſen“ mit nach
Hauſe; denn darauf
laſſen die reinlichen,
flachbordigen Holz-
gefäße ſchließen, de-
ren Jeder eins zur
Seite hat.

Und wer darf
dieſer rührenden, hei-
ligen Handlung mit
beiwohnen? Die Ver-
treter der auswär-
tigen Staaten ſind
da, und ſo viele
der Angemeldeten,
der Geladenen, als
der Saal ſchicklicher
Weiſe zu faſſen ver-
mag.

Heiligenkreuz in der Kirche Maria am Geſtade.

In die Sinne fallender Prachtentfaltung wehrt die stille Woche; der ehrwürdigen Uebung ist etwas Patriarchalisches eigen und darnach richtet sich auch die Stimmung der Versammelten.

Der Stab des Obersthofmeisters berührt dreimal pochend den Boden: Erzherzoge schreiten voraus, der Kaiser betritt den Saal. Er lüftet sein Haupt, er schnallt das Wehrgehänge ab; das schimmernde Wasserbecken, das weiße Trockentuch ist zur Hand. Er bindet sich eine Linnenschürze vor und ist daran, sich vor dem ältesten Greise auf's Knie niederzulassen.

In diesem Augenblick · wir erzählen einen wirklichen Vorfall — erschallt vom Balkon des Saales ein glockenheller kindlicher Frageruf: „Aber Papà, was machst Du denn?" Es war des Kronprinzen Rudolf Stimme, dem der kaiserliche Vater mit einem glücklichen Lächeln Schweigen winkt .... Wehmuth ergreift uns, wenn wir daran zurückdenken.

Ohne tieferes Gedenken macht wohl auch kein Wiener den Gräberbesuch mit; wir sagen Wiener, denn den schönen Wienerinnen trauen wir auch ein klein bischen Eitelkeit zu — wir werden bald sehen, warum. Wohl jede Kirche hat ein hl. Grab aufgerichtet. Dasselbe befindet sich gewöhnlich in der einsamsten Capelle, im dunkelsten Winkel. Aber Licht, gedämpftes, helles, mehrfarbiges Licht umfluthet den im Felsengrabe aufgebahrten Leichnam des Heilands und vom Lichtzauber vielleicht mehr noch als von der sinnigen Anordnung hängt die Anziehungskraft des Ganzen ab. Man steht dicht gedrängt davor: der Menschenknäuel löst und erneut sich; mit wahren Kinderaugen schauen mitunter unsere Frauen darein. Und sie wissen hier ein schönes und dort ein noch schöneres Grab, ziehen daher hin und wider, tragen dabei ihre Frühlingstoiletten, ihre Saisonfarben zu Schau und begrüßen, beglückwünschen einander, daß sie den Winter

so rosig überstanden. Ist's ihnen zu verdenken? Es gilt ja nur eine kleine Vor-
freude, denn bald läuten die Auferstehungsglocken. Die Kirche zieht unter
wehenden Fahnen, unter Sang und Klang und Paukenschlag mit ihrem Todes-
überwinder heraus in's Freie — der erste öffentliche Aufzug im Jahre! Die Feier
fällt in die späteren Nachmittagsstunden des Charsamstags und beginnt hier früher,
dort etwas später. Jeder Theilnehmer wählt sich in seinem Bereiche das reichere,
freiere Bild aus. Bei den Schotten beispielsweise ziehen nicht nur Schulkinder,
sondern auch die Studenten, Cleriker und Klostergeistliche mit. Man hat der
Auferstehung beigewohnt und damit seine Schuldigkeit gethan, wenn man sich
auch nicht selbst mitangeschlossen.

Und nun sind die Fasten zu Ende, nun darf zum Abendimbiß der bebänderte
und beblumte Schinken auf den Tisch kommen, ohne dem eigentlichen Osterbraten
Eintrag zu thun.

Die liebe Jugend ist aber längst schon im Besitze der Ostereier und das
„Becken" kann angehen: „Spitz auf Spitz" — wir wollen sehen, wer so mit seinem
des Andern rothes Ei „einbutscht". Der unterliegende hat sein armes Ei dem
Sieger auszuliefern. Pecheier (Eier, in deren Spitze Pech eingelassen worden)
sind wider den Comment. Echt wird dieser Sport freilich nur auf den entfernteren
„Gründen" getrieben.

Das „Eierbecken".

Die Firmwoche.

Von

Hans Grasberger.

Pfingsten, das liebliche Fest, gehört zumeist den Firmlingen, den „Goden"
und „Göden" und um dieser willen, mit diesen wird es zu einem bunten, rührigen
Volksfest, welches den alten, dunklen Stephansdom zum Mittelpunkt hat und
weithin von ihm ausstrahlt. Was der Feier, was der ganzen Pfingstwoche Licht

und Glanz verleiht, das
ist die Jugend, wel-
cher die Hauptrolle zu-
fällt, welche sich fühlen
darf und der sich die
allgemeine Aufmerksam-
keit zuwendet. Das mag
die jungen Augen nicht
wenig verwirren, die be-
fangenen Herzen nicht
wenig berauschen; es ist
ein Glückstraum, darein
sie sich verflochten sehen.
Man trifft denn auch
in Wien nie so viele
naive, staunende, über-
raschte Gesichter als um
diese Zeit. Die meisten
Ankömmlinge sehen die
Großstadt zum ersten
Mal, und dies unend-
liche Gethu' und Getriebe
bekümmert sich um sie,
die bangen, schüchternen
Gäste! Nie ist Wien mehr

„Frau Godl".

„Bauslweiber."

R. Manzelä

die Hauptstadt Nieder
österreichs, nie findet
man bei der Hand
nach seinen vier Vier-
teln, nach Typen und
Trachten echter und
reicher vertreten als um
Pfingsten. Man wird
sich nicht vergebens nach annähernden Haydn- und Hamerling-, oder nach Grillparzer-,
Raimund- und Schubert-Gesichtern umsehen, welch' letztere ja auch auf nahe ländliche Typen zurückgehen.

Es ist die Firmung, welche diese jugendliche, ländliche Einwanderung veranlaßt, die Firmung, welche an Kindern und halbwüchsigen Christenmenschen ja
nicht auch vom Pfarrer oder Dechant, sondern nur vom Bischof oder seinem der
Würde nach gleichen Vertreter vorgenommen werden kann; die bischöfliche Kirche
aber ist der Stephansdom und kommt der Bischof nicht zum Firmling, so muß
Letzterer zum Bischof kommen. Und die Welt stirbt nicht aus, Niederösterreich
verödet nicht: diese tröstliche Zuversicht gewinnt man, wenn man erwägt, daß in
Wien das Firmen eine Woche lang, die Vor- wie die Nachmittage hindurch dauert
und diese ganze Zeit über mindestens vier bischöfliche Hände in Anspruch nimmt.

In langer, langer Doppelreihe werden die Firmlinge sowohl im Mittel- als
auch im nördlichen Seitenschiffe des Münsters aufgestellt; jedem Kleinen hat sich
die Godel oder der Göd beigestellt, der gewöhnlich etwas zurücksteht, im gegebenen
Augenblick aber dem Schützling die Rechte an die Schulter legt; die minder betheiligten

Andächtigen füllen die Betstühle. Der Bischof naht mit seinem Stabe; vor ihm
zieht ein Geistlicher einher, der die Paare von Firmling und Pathen ordnet und
den dem ersteren zu ertheilenden Namen abfragt. Der Bischof aber salbt dem
jungen Menschen die Stirn mit dem Chrisma, spricht die sacramentale Segensformel
über ihn und entläßt ihn mit dem „Pax tecum" in Gestalt eines gelinden Backen-
streichs. Die Hand des Pathen knüpft um die gesalbte Stirn ein weißes Seidenband und für den Firmling ist die bedeutsame Handlung zu Ende. Der Anblick
derselben in ihrer weiten Ausdehnung ist der eines schönen, heiteren Jugendfestes,
vorausgesetzt, daß man den Begriff Jugend nicht zu eng faßt; denn mitunter holen
Dienstmädchen, Arbeiter, ausgediente Soldaten die versäumte Firmung nach und es
ist beispielsweise ergötzlich anzusehen, wie sich ein städtisches Schulmädchen streckt
und auf die Zehen stellt, um als Godel der Köchin vor ihr die Hand aufzulegen.
Im Hauptschiff firmt der Erzbischof, in der Abseite der Weih- oder der Feld-
bischof; auf den Donnerstag in der Firmwoche haben es zumal die vornehmeren,
die städtischen Parteien abgesehen.

Aber was wäre Pfingsten, wenn sich der Göd oder die Godel „schmutzig"
erwiese? Der Firmling will geehrt, bewirthet, beschenkt sein; er kommt „angefahren"
und sieht's nicht gern, wenn sein Gönner den sich herandrängenden Bandverkäuferinnen
ein schmales, fadenscheiniges Fähnlein abnimmt. Der Lebzelterstand vor dem Münster
befriedigt nur den ärmsten und bescheidensten Helden des Tages. Eine Uhr als
Pathengeschenk oder ein Anzug, „auf's Wachsen eingerichtet", macht sein Herz
schon höher schlagen. Aber er will sich auch Wien ansehen und ein volles Genüge
gewährt ihm erst eine Praterfahrt, ein Ausflug zur Rohrer- oder Bieglerhütte, eine
Jause beim Dommayer, eine Besichtigung der Schönbrunner Menagerie u. dgl. Gewiß
ist aber, daß selbst das verlassenste Menschenkind in Wien seinen Göd oder seine Godel
findet und daß die Firmwoche in der Geschäftswelt in berechtigtem Ansehen steht.

Firmlinge.

Die Mariazeller.

Von

Hans Grasberger.

Wien hat mehr als Einen Wahlfahrtsort in nächster Nähe und wie man an
den Kirchenthüren aus den Einladungen der Vorbeter und Processionsführer ersieht,
werden auch die umliegenden Heiligthümer nicht vernachlässigt. Aber eine Fahrt
nach Mariazell gilt gleichwohl weitaus mehr. Der steirische Gnadenort zählt auf
die Wiener so gut wie auf die Grazer und der Jahreszeit nach haben die Ersteren
den Vortritt; sie kommen im Juli an und überbieten meist auch den August-
schwarm der Letzteren.

Die nüchternen Schienenwege beeinträchtigen die Wallfahrtsstätten und in
Guttenstein und Neuberg, in Schrambach und Gaming ist die Eisenbahn den
Mariazellern schon bedenklich nahe gerückt; es steht dahin, ob sie noch so viele
fromme Gäste zählen wie ehedem — nach Hunderttausenden! Aber vielleicht mehren
sich um das die Schaaren, um was sie die Schwärme lichteten, und findet sich
für die ausbleibenden Pilger an den Touristen ein Ersatz. Noch scheinen die
Mariazeller nicht nothleidend zu sein und zu gewissen Zeiten wenigstens verwandelt
sich bei ihnen jedes Dach in ein Wirthshaus; die Bazarsbuden um die Gnaden-
kirche bürsten sich auch noch nicht vermindert haben.

Aber wenn nicht der gute Wille für's Werk gilt, mag die Verdienstlichkeit,
der religiöse Gewinn der Wallfahrt einige Einbuße erlitten haben; denn das heutige

Rast der Mariazeller.

Geschlecht macht sich's bequemer; es entschließt sich nicht wohl mehr, den ganzen, weiten Weg bußfertig und andächtig zu Fuß zurückzulegen wie voreinst, da höchstens für die Wandermüden und Erkrankten ein paar Wägen hinterher zogen. Ueber Guttenstein und St. Egyd gieng damals zumeist, und auf dem Rückweg wurden auch noch die Andachtsstätten auf dem Josefs-, auf dem Annaberg besucht, eh man gegen Lilienfeld niederstieg. Das nahm eine Woche und drüber in Anspruch und die Herbergen unterwegs hatten auch Etwas vom frommen Wanderzug. Heutzutage kann man in zwei oder drei Tagen hin und her sein und sich im merkwürdigen Ort, in welchem die Lindenholz Madonna ihren Gnadenthron aufgeschlagen, doch sattsam umgesehen haben.

So eilfertig verfahren unsere heutigen Mariazeller zwar nicht und einige Anstrengungen legen sie sich immerhin noch auf. Aber die ganze Pilgerfahrt ist doch merklich schon aus dem Stil gefallen. Das zeigt sich besonders darin, daß man's nicht so leicht mehr zu einem gemeinschaftlichen Heim- und Einzug in Wien bringt. Wenn es ehemals hieß: „Die Mariazeller kommen!", so wußte man sie draußen bei der Spinnerin am Kreuz angelangt und man strömte zur Matzleins-dorfer Linie hinaus, ihnen entgegen.

Gegenwärtig versteht man sich wohl noch zu einem gemeinschaftlichen Aus-zuge, aber die feierliche Heimkunft ist nicht mehr schon durch die Fahrt gegeben, sondern das Ergebniß einer ausdrücklichen Verabredung.

Der Eine kehrt nämlich auf diesem, der Andere auf jenem Weg nach Wien zurück, er ist bereits incognito daheim; um aber denn doch geschaart einziehen zu können, gibt man sich vor der Trennung auf Tag und Stunde noch ein Stelldichein vor der Linie. Gleichwohl ist dieser Einzug der Mariazeller in die Stephanskirche für die Theilnahme und Schaulust der Wiener nach wie vor die Hauptsache.

Man hat sich geordnet. Der Kreuzträger tritt an die Spitze des Zuges; der Vorbeter erhebt seine Stimme, welche vernehmlich und ausdauernd sein muß, so ausgesabfen und rostig sie auch klingen möge. Diese führenden Gestalten sind wohl noch vom alten Schlag, wenn ihre Wichtigkeit und ihr Pathos durch die ver-änderten Umstände auch mannigfach verkürzt worden ist. Auch sonst unterscheidet man unschwer diejenigen, welche die Pilgerfahrt durchwegs ernst genommen und vollbracht haben, von solchen, die sich's leicht gemacht. Erstere ziehen wegmüder, aber auch herber, stolzer und gleichgiltiger einher und wissen, was sie an dem Rosenkranz, an dem Buch oder an dem Bild, an dem „Breverl" haben, das sie an einem Band auf der Brust tragen. Es gibt zudem Pilgerfahrtsveteranen wie Pilgerschaftsinvaliden, und wenn recht „zwidere" Gesichter aufstanden, so können diese wohl kaum Anderen als echten Büßerinnen angehören. Ihnen gegenüber nehmen sich manche Neulinge der Fahrt wie Rosen unter Dornen aus. Und „ein-geholt" werden die Mariazeller noch immer gern; sie werden beneidet, begrüßt und mitunter auch belächelt. Wenn ein Genremaler zur Stelle ist, so thut er seine Augen auf und segnet die Stunde. Zwar nicht miteingezogen, aber doch auch in Mariazell gewesen ist ein so kunstbegnadetes und kunstverhätscheltes Weltkind wie die Gallmayer — denn die Mystik des Menschenherzens ist unergründlich.

Die „Zwidere".

Wien in der Schule.

I.

In der Volksschule.

Von

C. Fleischner.

So oft in politisch bewegten Zeiten aus den Reihen der Parlamente die
Kunde dringt, daß Schulfragen in Verhandlung stehen, dann tönt, einem Kampf-
rufe gleich, begeisternd und begeistert, das hohe Lied von der freien Schule im
freien Staate durch die Lande. Allwärts regen sich die Geister, die besten Männer
treten auf den Plan, um einzustehen für Fortschritt, Wahrheit und Licht. Zumal
die Volksschule ist es, der das gewaltige Ringen und Kämpfen der Edelsten gilt,
sie ist es, deren Pflege und Ausgestaltung Allen am Herzen liegt, weil sie den Einzelnen wie die Gesammtheit wehrhaft macht im tosenden Streit der Zeiten und Ideen.

So ist es nicht zu verwundern, daß auch der Wiener, zwar mehr bildungs-
freundlich als bildungsbeflissen, wie er nun einmal ist, mit achtungsvoller Liebe
an seiner Volksschule hängt und ihr vertrauensvoll sein Kind übergibt, wohl wissend,
daß „die junge, grüne Saat" unter sorgsamer Wartung und Pflege keimen und
gedeihen, daß der „Bua" nach Absolvirung seiner Studien zum mindesten ebenso weise
und gelehrt sein werde, als es der Herr Vater — war, als er die Schule verließ.

Im vollen Bewußtsein seiner erhabenen Mission, die da lautet: der Banner-
träger der Bildung im elterlichen Hause zu werden und dessen Insassen in die
Geheimnisse der Bildung und des Ein-mal-eins einzuweihen, tritt der zukünftige
Staatsbürger seinen Gang zur Schule an. Ausgerüstet mit den Insignien seiner
Würde, der Schultasche mit der Schiefertafel und dem Schwamme und der
Frühstücksemmel, geht er, unterwegs etlichen Collegen sich anschließend, der Bildungs-
stätte zu, die er nur mit scheuer Ehrfurcht betritt. Doch diese heilige Scheu, durch
den Gedanken an eine Begegnung mit dem Herrn Lehrer verursacht, schwindet,
sobald unser junger Held die Thüre seines Classenzimmers hinter sich hat. Hier
wird er von den schon Anwesenden je nach dem Grade seiner Beliebtheit, bei
dessen Bemessung weniger seine geistige Fähigkeit als vielmehr seine körperliche
Gewandtheit maßgebend ist, mit einem lauten Halloh oder stillschweigend empfangen,
was aber unseren jungen Musensohn nicht hindert, sich durch ein laut vernehmbares
„Servas" bemerkbar zu machen. Es fehlen noch einige Minuten zum Beginne
des Unterrichts; indeß füllt sich nach und nach das Zimmer. Da sitzt in der ersten
Bank der feiste Sprößling eines feisten Vaters vom „Grund", der daselbst das
ehrsame Gewerbe eines Fleischselchers betreibt; der junge Riese brütet in stiller
Welt- und Menschenverachtung vor sich hin und nur von Zeit zu Zeit wirft er
einen verständnißvollen Blick auf die mit wohlgelungenen Abbildungen der Ein-
und Vielhufer gezierten Wandtafeln, deren Anblick ihm seinen zukünftigen Beruf
in vollem Glanze vorzaubert: dabei aber scheint er es gar nicht zu bemerken,
daß sein Nachbar, ein bleicher, ärmlich gekleideter Knabe, sehnsüchtig nach seiner
Tasche schielt, aus der ganz unverschämt eine riesige Schinkensemmel hervorlugt.
Der arme Kleine! Wie oft muß er, ohne etwas Warmes genossen zu haben, den
weiten Weg zur Schule machen! Der Vater ist schon lange todt und die Mutter
geht früh Morgens in's „Verdienen", die Sorge und Wartung der jüngeren
Geschwister der älteren, selbst kaum den Kinderschuhen entwachsenen Schwester
überlassend. Und was harrt des Kleinen, wenn er nach Hause kommt? Ein karges
Mittagmahl und zahlreiche Aufträge, die er nun zwischen dem Vor- und Nachmittags-
unterrichte für die Mutter zu besorgen hat. Will er am Abend seine Aufgaben
für die Schule fertig stellen, so mangelt's in dem kleinen Zimmer, das allen als
gemeinsames Wohn- und Schlafzimmer dient, an Raum und Ruhe und nicht selten
muß der Lehrer die Entschuldigungen annehmen, daß die Aufgabe aus diesem
Grunde nicht gebracht werden konnte. Da helfen alle rühmlichen, von edelgesinnten
Männern in's Werk gesetzten Wohlthätigkeitsacte nichts, denn hier ist das Gebiet
wo sich Schule und sociale Frage berühren, mächtig ineinander greifend, stürmisch
Lösung fordernd. Jetzt sitzt der emsige Kleine über sein Buch gebeugt, um womöglich
die „Hausarbeit" noch in der Schule fertig zu stellen. In derselben Reihe befinden
sich noch einige schwächtige und schwerhörige Schüler, während in den anderen
Bänken die Kinder zumeist nach der Größe rangirt sind, so daß die Größten rückwärts zu sitzen kommen.

Endlich ertönt das Glockenzeichen — in den meisten Wiener Schulen in neuester Zeit auf elektrischem Wege — und bald darauf erscheint der Lehrer. Er hat zunächst die Abwesenden einzutragen und die Entschuldigungen wegen der Schulversäumnisse entgegen zu nehmen; hiebei hat er Gelegenheit nebst der Naivität mancher Eltern, die für die Abwesenheit ihrer Kinder von der Schule die merkwürdigsten Gründe in's Feld führen, auch deren mangelnde Vertrautheit mit den Regeln der Orthographie und des Satzbaues zu bewundern. Erst jüngst hat ein namhafter Gelehrter und ernster Schulmann eine Sammlung derartiger Stylblüthen aus dem immer grünenden Garten der Schulpoesie zu einem duftenden Strauße gebunden, den sich die Verfechter der „guten, alten" Schule wohl nicht hinter den Spiegel stecken werden; ein Beispiel für viele: eine besorgte Mutter schreibt: „Entschuldigen Sie, Herr Lehrer, daß meine Tochter nicht in die Schule kommen kann, weil sie Ungeheuer gespieben hat." — Endlich beginnt der Unterricht. Daß sich während desselben nicht die gesammte Classe der gespanntesten Aufmerksamkeit befleißt, braucht wohl nicht erwähnt zu werden und oft wird es dem Lehrer schwer gemacht, Erfolge zu erzielen, deren Ausbleiben sicherlich Niemand schmerzlicher vermißt, als er selbst. Wieder sind es häufig nur äußerliche Umstände, die dem Wiener Schulleben nicht eben sonderlich förderlich sind. Der Knabe, der zu Hause, vielleicht noch vor Schulbeginn, schwere Arbeiten verrichten mußte, kann sich, nun er zum ruhigen Sitzen verurtheilt ist, der Müdigkeit und des Schlafes nicht leicht erwehren; nur wenn ein allzu laut gesprochenes Wort des Lehrers an sein Ohr tönt, oder wenn ein aufmerksamer Kamerad ihm in Anbetracht eines vorahnenden Ungewitters einen wohlgemeinten Rippenstoß versetzt, wacht er auf, um gleichgiltig am Unterrichte theilzunehmen.

Aber es gibt auch professionsmäßige Störer der Ruhe und Ordnung in der Schule. Da sitzt einer, der immerwährend die Hand in der Höhe hält und durch sein beständiges „Bitt' Herr Lehrer" den so Angerufenen in helle Verzweiflung versetzt; ein anderer wieder fühlt den unabweisbaren Drang in sich, zu beweisen, daß auch der Beste nicht in Frieden leben kann, wenn es ihm, dem bösen Nachbar, nicht gefällt; wieder ein anderer versucht es, der Bank, der Feder oder irgend einem tongebenden Objecte Töne zu entlocken, die der ganzen Classe Anlaß zu heller Lache geben. Natürlich gibt es daneben auch Schüler, die mit leuchtenden Augen, voll Lernbegier und Eifer dasitzen und dem Lehrer jedes Wort vom Munde abzulesen scheinen; das sind jene, die ihm über manche Kümmernisse seines verantwortungsvollen Berufes hinüber helfen, die den Lehrer und Erzieher mit neuem Muthe beleben.

Nach einer zweistündigen Unterrichtsdauer tritt eine viertelstündige Erholungspause ein. Nun ist unser dicker Fleischselcher-Schani Herr der Situation; nebst der Schinkensemmel fördern die weiten Taschen seines Rockes noch Victualien aller Art an's Tageslicht. Mit souveräner Verachtung aller Etiquette reißt Schani mit seinen festen Zähnen Stücke von der Semmel herab, um die Umstehenden, zumeist

Kampfgenossen in manchem harten Strauß, den er mit ihrer Hilfe am Linienwall schon ausgefochten, damit zu betheilen; sein strategischer Scharfblick weiß aber durch die Vertheilung seiner leckeren Waaren stets neue „Mannen" unter sein sieg gewohntes Banner zu schaaren. Trauernd steht sein armer, kleiner Nachbar abseits; er hat nichts, um seinen Hunger zu stillen, als den Gedanken an den „Bon", der ihm, dem „hungernden Schulkinde" vom Lehrer für das heutige Mittagessen in der Volksküche ausgefolgt wurde. Doch auch in Schani's Brust schlägt bereits das goldene Wiener Herz; väterlich winkt er den Kleinen zu sich und reicht ihm unter dem Beifallsgemurmel der „Mannen" das größte Stück seiner Semmel dar.

Der Unterricht nach der Erholungspause gleicht dem Bergesaufstieg, bei dem das Ziel hellglänzend schon von Ferne winkt: nach ein- oder zweistündigem Unterricht ist's nämlich „aus". Rascher als man denken sollte, hat jeder sein Ränzlein gepackt und nun stellt sich die junge Garde in der Nähe der Thüre auf — bis auf jene, die oft etwas später entlassen werden, oder, wie der Wiener terminus scholasticus lautet: die „hierbleiben" müssen. Das ist eine Strafart, die nur zu häufig in den Wiener Lehranstalten in Anwendung kommt; wir kennen thatsächlich Schulen, in denen ein bestimmter Tag für die „Hierbleiber" festgesetzt ist, an dem sie en masse in ein eigenes Lehrzimmer geführt werden, woselbst sie, jedoch stets unter der Aufsicht eines Lehrers, je nach der Art ihres Vergehens eine gewisse Zeit verbleiben müssen. Leider wird durch übermäßige Anwendung dieser Strafe sehr häufig eine derartige Abgestumpftheit in dem Schüler groß gezogen, daß man nur mit aufrichtigem Bedauern und mit Wehmuth an die Zukunft eines solchen Kindes denken kann, welches, ohne jegliches Gefühl der Scham oder des Ehrgeizes, oft lächelnd seine Strafe antritt, ja nicht selten sich derselben gegen seine Kameraden rühmt.

Auch an ergötzlichen Scenen fehlt es bei den Arrestanten nicht; da werden alle möglichen Ausflüchte und Gründe vorgebracht, um zu beweisen, daß man heute nicht „hierbleiben" könne; der eine meint mit ernster Miene, daß er es unmöglich verantworten könne, seine Angehörigen so lange mit dem Mittagessen auf ihn warten zu lassen, der andere wieder hat über Auftrag der Mutter einen wichtigen Gang nach der Schule zu besorgen und erlangt in Folge dessen für heute Dispens von der Strafe; wieder einem andern wird's plötzlich „schlecht", während ein vierter weint und heult, daß es Stein erweichen und Menschen rasend machen könnte und nie wieder etwas Ungebührliches zu thun verspricht.

Nachdem endlich solcherart an der Thüre die Böcke von den Schafen gesondert wurden, wirft der umsichtige Lehrer noch rasch einen prüfenden Blick auf die vor ihm Stehenden, einen Blick, der zu sagen scheint, daß sie seiner und seiner guten Lehren auch außerhalb der Schule gedenken mögen; dann führt er die liebe Schaar über die Treppen bis zum Thore des Schulhauses, um die Jungen dort paarweise an sich vorbeidefiliren zu lassen. Die Herren Buben, die auf dem Wege vom Schul zimmer bis zum Hausthore sich ziemlich anständig betragen hatten, spüren nun plötzlich, daß sie der beengenden Fesseln der Aufsicht frei und ledig sind; kaum ist der Lehrer außer Sehweite, als auch schon — bei der nächsten Straßenbiegung — die in der traulichen Stille der Rechenstunde geplanten, vor Beginn des Turnunterrichtes vom militärischen Standpunkte aus besprochenen Kämpfe und Schlachten beginnen, bei denen der lang verhaltene Ingrimm über zugefügte Verbal-Injurien, über verweigerte Hilfeleistung beim Anfertigen von Aufgaben oder über verweigertes „Einsagen" in schwerer Prüfungsstunde zum Ausbruche kommt. Wie diese Schlachten geschlagen werden, das wurde in dem Capitel „Die liebe Jugend" treffend geschildert.

Die Volksschule für Mädchen zeigt schon in ihrem Aeußeren ein anderes Gepräge, als jene für Knaben; Stiegen und Gänge sind reiner und besser gehalten und auch in der Classe herrscht nicht jener tosende, ohrenbetäubende Lärm vor dem Unterrichte, wie ihn eben nur kräftige Knabenlungen hervorbringen können; dafür gibt es aber hier ein beständiges Zischeln und Wispeln und Lispeln und Tuscheln, ein Blinzeln und Kichern, das den männlichen Lehrer gar sonderbar anmuthet; zumeist aber ist in den Wiener Mädchen Volksschulen das „Fräulein" - - auch die verheirateten Lehrerinnen werden von ihren Schülerinnen mit diesem Sammelnamen belegt - - die Herrscherin: mit männlich starker Hand weiß sie die Zügel der Regierung zu führen und man muß anerkennen, daß sie in den meisten Fällen ihrer Aufgabe vollkommen gewachsen ist. Ihre Fürsorge für die ihr anvertrauten jungen Wesen geht in manchen Fällen weiter als die eines Lehrers; nichts entgeht ihrem Scharfblicke: jede unpassende Geberde oder Aeußerung, jedes schlecht sitzende Kleidungsstück, jedes Fältchen und Bändchen, jede Schleife und Masche fällt ihr auf und es wird, wenn nöthig, deren Entfernung begehrt. So knüpft sich zwischen Schülerin und „Fräulein" ein ungleich festeres Band der Liebe und Verehrung als zwischen dem Lehrer und dem ungeberdigen Knaben, der meist erst im reiferen Alter seine Schulsünden bereut und in seinem Inneren dem armen Schulmeister Abbitte leistet für all' die Mühe und Plage, die er ihm bereitet, für all' die bösen Gedanken die er gegen ihn gehegt und lächelnd gedenkt er dann der Zeit, als er noch saß „in der Volksschule".

„'s Fräuln."

2. Student

2.

Der Gymnasiast.

Von

C. Fleischner.

Mit dem Eintritte in das Gymnasium beginnt für den absolvirten Volks-schüler eine völlig neue Welt; mächtiger Stolz schwillt seine junge Brust, wenn er, nach glücklich bestandener Aufnahmsprüfung zum ersten Male das Zimmer betritt, über dem sich die Inschrift „I. Classe A" befindet: er, der bis vor Kurzem noch „Schüler" gewesen, soll nun nach dem weisen Rathschlusse seiner Eltern, als „Student" acht Jahre seines jungen Lebens in diesem Hause zubringen, um dann, mit dem Zeugnisse der Reise ausgestattet, als „Hörer" die Hochschule zu beziehen, die Spenderin des Wissens und der akademischen Freiheit, den Urquell von Forschung und Lehre und feuchtfröhlicher Burschenherrlichkeit. — Aber an den Uebertritt aus der Volksschule in das Gymnasium knüpft sich eine besondere, die Phantasie des Kindes beschäftigende Erscheinung. Schon bei der Aufnahmsprüfung hatte nämlich der zehnjährige Knabe ein Wesen kennen gelernt, das ihm bereits Wochen vorher in nächtlichen Träumen erschienen war, als Wesen zwar von Fleisch und Blut, doch mit ehernem Antlitze, auf dessen hoher Stirne drohende Falten sich lagerten. Auf-schreien hätte er mögen, wenn in hellen Sommernächten sich diese Gestalt zwischen seine seligen Ferialgedanken von süßem Nichtsthun drängte, wenn sie vor ihm sich aufrichtete, als wollte sie sagen: Bald bist Du mir verfallen! — Und eine Gestalt wie diese stand jetzt leibhaftig vor ihm: es war der Herr Professor, der ihn strengen Blickes über die geheimnißvollen Regeln der Schreibung der „S"-Laute befragt. Eigentlich sah der Gefürchtete doch nicht gar so grausam aus und namentlich ein Umstand versöhnte den Knaben bald mit dem vor ihm auf- und abgehenden Speicher von Gelehrsamkeit: er, der während seiner bisherigen Studienlaufbahn stets nur das trauliche „Du" gehört hatte, wird hier nur mit „Sie" angesprochen, was natürlich den jungen Herrn veranlaßt, sich nunmehr auch im elterlichen Hause unter Berufung auf seine neue Stellung diese Anrede zu erzwingen.

Das Hauptinteresse des frischgebackenen Primaners concentrirt sich wie natürlich auf die lateinische Sprache. Mit wahrem Feuereifer wirft er sich auf das Studium dieses Idioms und wo er nur immer an öffentlichen Gebäuden oder in Zeitungen einer lateinischen Inschrift oder eines Citats habhaft werden kann, da fällt er gierig darüber her, um mittelst Wörterbuch und Grammatik dem Sinne auf die Spur zu kommen; selten genug kommt es leider vor, daß die Inschrift ein Wort enthält, das in der Schule schon „genommen" wurde.

Die Jahre fliehen pfeilgeschwind; vom „Hauler" reißt sich stolz der Knabe, wenn er zu des Cornelius Nepos Leben oder zu Cäsars gallischem Kriege fortschreitet, wobei er aber auch noch in die Sprache des alten Homeros eingeführt wird, was ihn jedoch im Allgemeinen weniger anmuthet. — So rückt der Knabe allmälig auf der Stufenleiter der Schulhierarchie bis zum Quintaner vor, und von da ab beginnt nun gewöhnlich ein neuer Abschnitt in seinem Leben. Zwar hat das stolze Mutterherz ihn schon lange vorher mit langen Hosen versehen, sowie auch vom Anbeginn der Gymnasiallaufbahn schon die Schultasche aus der Volksschule in einer stillen Ecke schlummert, weil sie von dem Bücherriemen ersetzt wurde; aber auch in der äußeren Erscheinung des Studenten zeigen sich Veränderungen: er ist 15 Jahre alt geworden, er beginnt sich zu „fühlen". Hinweg, hinweg ihr Jugendspiele, tönt's in seinem Innern, schafft Raum den Idealen des Jünglings!

Der Knabe wird ernster, verschlossener gegen seine Umgebung und unmerklich entwickelt sich in ihm nach und nach der eigentliche Gymnasiasten Typus, dessen Werdeproceß etwa bis zur Sexta dauert. Langes Haar und zu kurze Hose, Zwicker, „Bierzipf" und an abgelegenen Orten eine Cigarre und ein Couleurstock: das sind zumeist die Attribute des angehenden Abiturienten, dessen Wortschatz sich außerdem um einige neue Ausdrücke als: ullig, schneidig, riesig, ochsen, keilen u. a., die in den verschiedensten Verbindungen gebraucht werden, vermehrt hat. Mächtig fühlt er sich insbesondere zu jenen Commilitonen hingezogen, die bereits einen Bart oder was sie euphonistisch so nennen, besitzen; ist er einmal selbst so weit, daß er einen Theil seines Taschengeldes zum Rasiur tragen kann, dann findet er sich oft nicht mehr recht in den Rahmen des Gymnasiums hinein; nach Höherem strebt sein Sinn und mit bewundernswerther Geschicklichkeit weiß er auf seinem Gange zur Schule Bücher und Hefte in den Taschen seiner Kleider zu verstecken, um nicht mehr als Schüler angesehen zu werden.

Dafür gibt es aber noch einen anderen Grund. Während nämlich der junge Mann zu Hause, emsig über seine Bücher gebeugt, scheinbar in den classischen

Beste Liebe.

Gebilden des Alterthums sich ergeht, weilen seine Gedanken drüben in jenem Garten, in dessen schattigen Gängen sie lustwandelnd sich ergeht, sie, die Herrlichste von Allen, die ihm's mit ihren dunklen Augen und rosigen Lippen angethan hat; und so oft er auch den Blick von ihr abwendet: ihre zierliche Gestalt tanzt immer wieder auf dem Buche, das aufgeschlagen vor ihm liegt, herum, blickt ihm lächelnd aus jedem ernsten αὐτός entgegen und scheint zwischen den vielen im des Textes neckisch durchzuschlüpfen.

In der Tanzschule hatte er sie kennen gelernt, die schöne Greislerstochter aus dem Nachbarhause, der ihr Vater eine große Mappe gekauft hatte,
auf der in goldenen Lettern „Musik" stand. Und mit dieser großen Mappe
ging die schöne Greislerstochter täglich in dem Garten auf und nieder, der zu
ihres Vaters Haus gehörte. Oft sah er sie auch auf einer Bank im Volksgarten
sitzen, nachlässig die Mappe in den Händen haltend, doch immer so, daß das Wort
„Musik" für jeden Vorübergehenden sichtbar war. Was Wunder, daß sich zwischen
den beiden jungen Leuten bald ein Verhältniß entspann, wie es zarter und sinniger
nicht gedacht werden konnte? Er, der Gymnasiast, schwärmte für die Wolter und
Barsescu, für Krastl und Hartmann, und sie, die Musik-Mappen-Besitzerin, ist
hochbeglückt, wenn sie von der Höhe der vierten Gallerie herab Wagner's Meister-
werken lauschen kann. Doch häufig genug greift diese unschuldige Liebe auch
ernsthaft in das Studienleben des Gymnasiasten ein. Vor der lichtumflossenen
Gestalt seiner „Greislerischen" verschwinden Troja's und des gesammten Alterthums
Helden wie nächtlicher Spuk vor der Morgenröthe; was ist ihm Hekuba, was
Agamemnon und Achill, was Sinus und was Cosinus, wenn er in Wald und
Flur, zu Hause und in der Schule vergebens nach einem Reime sucht, der nicht
„Herz — Schmerz" lauten soll? Das ist die wilde Zeit der Gymnasiasten-Liebe,
in der das Studium nur nebenbei betrieben wird, die vielbesungene, vielverlästerte
Zeit, in der es manch einen ruhigen jungen Mann mit sich fort reißt in wildem
Wahne, dem er fruchtlos zahme Verse zu verleihen sich abmüht. Aber die
Schule stellt alle geistigen Kräfte des Zöglings in ihren Dienst; der Träumer und
Schwärmer muß sich aufraffen, er muß die Liebelei an den Nagel hängen; ist doch
das Abiturienten-Examen in Sicht, für das er in der Schule nach und nach
eingedrillt wird.

Neben dieser Gattung schwärmerischer, frühzeitig verliebter Studenten gibt
es aber an unseren Gymnasien auch noch andere Naturen, die, dem Zuge der Zeit
folgend, realistisch veranlagt sind; nur im Tone tiefster Verachtung sprechen sie
von den jungen Mädchen, „Besen" zubenannt, und verlachen den Kameraden, dessen
übervolles Herz sich ihnen erschloß. Dafür ist der Sinn eines solchen Jünglings
der Kneipe mehr zugeneigt, die allwöchentlich, den Schulvorschriften zum Trotze, in
irgend einer versteckten Schenke gefeiert wird; da „steigen" Studentenlieder, Salamander werden gerieben und manch' einem wenig beliebten Lehrer werden etliche
Pereat gebracht — kurz, man bemüht sich, die wirklichen Studenten nachzuahmen,
eine „Gesinnung" zu haben und auch zur Schau zu tragen, wie dies eben die
Studenten durch Bänder und Blumen thun; man sucht auch frühzeitig Bekanntschaften mit Hochschülern anzuknüpfen, wozu in der achten Classe die Vermittlung
einer Persönlichkeit in Anspruch genommen wird, der überhaupt im internen
Schulleben eine wichtige Rolle zugewiesen ist: des Repetenten.

Nicht leicht wird wohl der Alterspräsident in irgend einer gesetzgebenden
Körperschaft von der Versammlung so hoch geschätzt als der Repetent in einer

Classe, zumal wenn er auch außerdem, wie dies ja häufig der Fall ist, durch Alter und Größe hervorragt; er ist es, der bereits die Schwächen aller Lehrer kennt, er weiß, an welcher Stelle und bei welchem Anlasse dieser oder jener Witz vom Katheder in die wie auf Commando laut auflachende Schülerzahl geschleudert wird, er weiß, was im vergangenen Jahre „genommen" wurde und was bloß „durchzulesen" war; außerdem steht er mit den Schülern der nächsthöheren Classe auf bestem Fuße, was zur Festigung seines Ansehens nicht wenig beiträgt, welcher Umstand aber oft ihn selbst das Beschämende des Repetirens vergessen läßt.

In der achten Classe hat nun der Repetent den Verkehr zwischen seinen ehemaligen Mitschülern — jetzigen Hochschülern — und dermaligen Kameraden zu vermitteln; dieses Auftrages entledigt er sich stets zur allgemeinen Zufriedenheit. Ein besonders feierlicher Moment ist es aber, wenn es ihm gelingt, einen Germanen oder Teutonen zu bewegen, mit Band und Bummler vor das Gymnasium zu kommen. Mit scheuer Ehrfurcht sehen die kleinen Primaner und Secundaner den jungen Mann an, dessen Gesicht schon vielfach Spuren überstandener Mensuren aufweist; die Größeren wagen sich näher heran und ereifern sich lebhaft darüber, welcher Burschenschaft er wohl angehören mag; nur jene, welche die Anwartschaft haben, in kurzer Zeit dieselben Farben tragen zu dürfen, beginnen vor den Pforten des Gymnasiums mit dem Ankömmling ein Gespräch, das sich vornehmlich über überstandene oder noch bevorstehende Mensuren und „Abfuhren" dreht, wobei die Octavaner wieder Gelegenheit haben, ihren Wortschatz mit den neuesten am Paukboden entstandenen Kunst- und Fechtausdrücken zu bereichern. Er macht in der That Schule, der junge Fuchs mit Band und Bummler, er wirbt förmlich Genossen an, wobei er von dem Repetenten in wirksamster Weise unterstützt wird, indem ihm dieser alle jene namhaft macht, die sich durch besondere Strammheit und „Patentheit" oder sonstige unentbehrliche akademische Eigenschaften auszeichnen und die daher würdig sind, das dreifärbige Band zu tragen. Gewöhnlich vor Schluß des Schuljahres sieht man die „Werber" häufige Promenaden vor den Schulthüren machen, um die Herauskommenden zu mustern.

Doch die Schrecken der Maturitäts-Prüfung rücken immer näher; nur wenige Wochen noch und vom grünen Tische soll das Urtheil über die Reife gesprochen werden, ein Urtheil, das sehr oft für das weitere Lebensschicksal des jungen Mannes bestimmend ist. Die letzten Kräfte werden angespannt, ein letzter Anlauf wird genommen, um rühmlich zu bestehen. Gilt es doch, den besorgten Eltern, die acht bange Jahre dieses Prüfungstages harrten, eine Freude zu bereiten, gilt es doch auch „ihr" zu beweisen, daß man „reif" befunden wurde, reif für das Leben, reif für die Freiheit, die so lang entbehrte, heißersehnte. Und mit diesem Befähigungsnachweis der Reife hält einige Monate später der gewesene Gymnasiast siegestrunken seinen Einzug an die Universitas litterarum, um sich daselbst wieder einige Jahre hindurch für den eigentlichen praktischen Lebensberuf vorzubereiten; dann aber

23*

heißt's: Hinaus in das Leben, hinaus in das Philisterium! Der bunte Traum
der Jugend verfliegt; wehmuthsvoll reiht das „alte Haus" die goldigen Perlen
thaufrischer Erinnerung aneinander und feuchten Auges gedenkt er, im Kreise der
Seinen, der schönen Zeit der „alten Burschenherrlichkeit".....

Die erste Cigarre.

Studenten-Leben.

Von

J. J. David.

Von einem eigentlich studentischen Leben in etwa dem Sinne, wie es auf den mittleren und kleinen Universitäten Deutschlands zur vollsten Blüthe gediehen, kann in der Großstadt Wien der Natur der Dinge nach füglich nicht die Rede sein. Zur Zeit schon gar nicht, nun die Studentenschaft in sich uneins und auch jener großen Vereine beraubt ist, in denen sich vordem als auf neutralem Boden die Gegensätze politischer Natur trafen, um in harten, mit vieler Leidenschaft und Begabung geführten Kämpfen mit einander zu ringen. Wer sie mitgestritten und mitgelebt, der vergißt ihrer nimmer.

Was aber für die Studentenschaft Wiens in erster Reihe mit bezeichnend ist, das ist die unverhältnißmäßig große Zahl Armer in ihr. Was den Drang nach höherer Bildung in sich fühlt, ohne über die Mittel dazu zu verfügen, das strömt hieher, wo die Gelegenheit zu einem eigenen Erwerbe mannigfaltiger und reicher scheint, als anderwärts. Und dennoch ist gerade hier der Fremde dem Einheimischen gegenüber ungeheuer im Nachtheil; diesem sind die Gelegenheiten und der Ort vertraut und vom Gymnasium her oder durch Angehörige besitzt er allerhand fördersame Verbindungen; jener aber kennt nicht Weg noch Steg und muß sich das erst mühselig erwerben, was sein glücklicher Genosse vor ihm voraus hat. Das ist eine harte Arbeit und Diejenigen sind nicht zu zählen, die ihr nicht gewachsen sind, die am Wege zusammenbrechen, die verderben und in der Welt oder gar in sich verkommen und nach fruchtlosem Mühen um stolzere Ziele endlich nach dem nächsten Stückchen Brod greifen, das sich ihnen irgend darbietet, woferne es nur halbwegs sicher erscheint. Es ist ein sehr dunkler Untergrund, von dem sich das abhebt, was im Studentenleben hell und farbig glänzt; trübselige Noth

herrscht nur zu oft dort, wo eigentlich noch nicht einmal die ernste Sorge zu Hause
sein dürfte . . .

Aber auch ein großer Ernst ist unter den Hörern der Wiener Hochschulen
zu finden. Es wird viel und angestrengt gearbeitet: Niemand kann sich darüber
täuschen, der jemals ein Colleg besucht, die jungen Menschen bespäht hat, die über
ihre Hefte gebeugt den Worten des Lehrers folgen, wer etwa in der Universitäts-
Bibliothek sich die jungen Gesichter mit den oft ach! so alten und müden Augen
genauer angesehen hat. Es wird wenig gebummelt in Wien; verbummeln aber
trotzdem so Viele, dann ist der eigentliche und Hauptgrund davon schon angegeben
worden. Manche hat auch der ganz jähe und unvermittelte Sprung von der
strengen Zucht der Mittelschule zur unbeschränkten akademischen Freiheit des Lehrens
und Lernens auf dem Gewissen; am meisten gebunden sind noch die Techniker —
aber die werden dafür auch nicht so ganz als vollberechtigt betrachtet.

Das „Quartier latin“ von Wien nun ist der Alsergrund. Eine Zeitlang
machte ihm die Landstraße, wo Philosophen und Juristen ihre Zelte hatten, den
Rang streitig. Seither hat die Universität ihr neues, schönes Heim am Ring
bezogen; in die angrenzenden Bezirke, den VIII. und den IX., folgte ihr die
Mehrzahl der Studirenden. Immerhin aber geben hier die Mediciner den Ton
an; ein dreistes, lebenslustiges und lebenslustiges Geschlecht, dem noch die meisten
Wohlhabenden angehören. Ein freier, lauter Ton ist ihnen Allen eigen; vor
Krankenbetten und in der Anatomie, die nun endlich auch würdig behaust ist,
nachdem sie sehr lange in der sogenannten alten Gewehrfabrik in dumpfen und
unzugänglichen Räumlichkeiten untergebracht gewesen, verliert sich bald jede Weh-
leidigkeit, erwirbt sich rasch ein gewisser Cynismus. Sie zumeist bringen es zu
theilweise unglaublich hohen Semestern; es gibt grauhaarige Studenten, die sich
dann nicht selten mit einem Rucke in die Arbeit stürzen, wenn man sie eigentlich
schon völlig verloren geben möchte. Einen gewissen Halt gibt ihnen der alte Ruhm
gerade ihrer Facultät, der, allerdings verblassend, immer noch nachwirkt. Es weiß
sich Jeder etwas zu Gute darauf; und die exotischen Collegen, die sich auch jetzt
noch aus aller Herren Ländern herfinden, erhöhen dieses gewiß nicht unlöbliche
Selbstbewußtsein. Aber viel eigene Art, viel Farbe hat auch ihr Leben im Allgemeinen nicht. Nur die Conleur-Studenten, die Mitglieder der Farben — also
Band und Mütze — tragenden Verbindungen heben sich dem Aeußeren nach von
der großen Masse der Anderen wie der Berufsmenschen ab.

Wer die Herren vom Corps, der Landsmannschaft oder der Burschenschaft
kennen lernen will, der hat die beste Gelegenheit dazu am Samstag einer jeden
Woche. Samstag ist „der Bummel“, der früher unter freiem Himmel, auf dem
Platze vor der alten Universität abgehalten wurde, nun aber im von Säulen
getragenen, spiegelnden und hellen Vorhof des Meisterbaues Heinrich von Ferstels,
der zu früh für die Wiener Architektur starb, stattfindet. In hellen Schaaren
kommen sie dann angezogen; die Bummler leuchten, über der Brust eines Jeden

liegt das Band — hier in den deutschen Farben, im alten, heiligen Schwarz-Roth-Gold, dort in denen der jeweiligen Verbindung. Alle haben sie ihre bestimmten erbgesessenen — wenn man hier von sitzen sprechen kann, — Plätze; zwischen den einzelnen Gruppen aber herrscht ein lebendiger Verkehr — es werden Stellungsmensuren ausgemacht, auch Forderungen fallen.

Besonders hübsch ist allerdings höchstens eine „Auffahrt", wie sie eigentlich nur bei festlichen Anlässen gefeiert wird. Dann legt man „Wichs" an: in Fiakern fahren Bursche und Füchse an der Universität vor. Mancher „alte Herr" ist darunter. Es ist eine hübsche Tracht die hier von den „Chargirten" zur Schau

„Die Chargirten."

getragen wird; schön sogar, wenn ihr Träger darnach ist, wenn unter dem Barett mit der wehenden Straußenfeder ein jugendliches, frisches Gesicht vorlugt, das immerhin etwas dreist und selbst verwogen dreinschauen darf, wenn der knappe, reichverschnürte Sammet-Flaus, die engen, weißen Lederhosen, die hohen Kanonenstiefel eine jugendlichkraftvolle Gestalt umschließen. Es sieht abenteuerlich, aber gut aus; wie eine Erinnerung an verklungene Zeiten, da das Leben noch farbiger und fröhlicher war. Und, man mag gegen die Couleurs noch so viele Anklagen erheben, mag den „Conservativen" vorwerfen, sie beförderten die Rauflust, den „Progressisten" leere Vereinsmeierei zur Schuld geben — es ist nicht so arg damit. Es hat seinen

Werth, wenn man einmal dem Gegner mit der blanken Waffe gegenüber gestanden hat und sich sagte, daß jedes Zucken mit dem Kopfe, jedes Schwanken als Feigheit ausgelegt und unbarmherzig geahndet wird; es hat der Gedanke, mit Bundesbrüdern vereinigt zu sein, seinen Nutzen. Es stählt doch den Charakter; und es ist kein Zufall, daß mehr als ein hochbedeutender Mann — wer dächte nicht zunächst an Bismarck, der in gewissem Sinne den Corps-Studenten und den Losgeher bis heute nicht los geworden ist? — aus diesen Kreisen hervorging. Auch wir haben schon mehr als einen tüchtigen Menschen, der mit dabei war, wenn man den „Landesvater" stach, der seinen blanken Hieber festlich in breiten Bande zur Schau trug, dann wieder scharfgeschliffen zur Wehre schwang; und es ist zu berücksichtigen, wie jung, wie wenig eingebürgert bei uns eigentlich das ganze Wesen noch ist. Es ist ein Sport — meinetwegen; aber es ist ein deutscher Sport, er ist männlich und hat auch nirgends Boden fassen können, als in Deutschland. Es wäre schade, würde er verkürzt und verkümmerte: das wird wohl kaum geschehen.

Während aber sonst arm und reich auch unter den Studenten nach Führung und Gewohnheit des Lebens — nicht etwa gesellschaftlich, denn ein herzlicher Verkehr ist, wie unter Gleichstrebenden eigentlich selbstverständlich, ziemlich allgemein — so geschieden sind, wie nur möglich, während die Einen Stunden gebend ihr kümmerlich Brod gewinnen, die Anderen nach Kräften genießen, vereinigt sie Alle Eines: die Kneipe. Wer kann es sagen, worin ihr Reiz liegt? Aber entziehen kann sich ihm so leicht Keiner, der jemals den Schläger auf den Tisch rasseln, die alten Lieder mit viel Gefühl und sehr wenig Schulung singen gehört — eigentlich singen können nur die vom akademischen Gesangverein — der jemals am Biertische gesessen und um seine Bierehrlichkeit gekämpft oder gar seine Tüchtigkeit im Trinken in einer Biermensur bewährt hat. Und wie denn eine gedämpfte Freudigkeit dem Deutschen eigen ist, so sind es auch schwermüthige, klagende Weisen, die zumeist angestimmt werden, und ohne innere Bewegung wird Niemand „Auf den Bergen die Burgen" vernehmen, der etwa der Zukunft und des Geschickes so Manches von denen gedenkt, die zur Zeit von nichts als sonnigen Tagen träumen, und denen vielleicht auch das: „Verdorben, Gestorben" beschieden ist . . .

Und noch ein Bindemittel gibt es: die Wohlthätigkeits-Vereine, die wirklich musterhaft geleitet sind. Da ist der Studenten Kranken-Verein, der heute über ein sehr ansehnliches Vermögen verfügt, sein eigenes Spital baute und dem Fremden, Heimlosen die schwärzeste Sorge abwehrt: die vor einem hilflosen Krankenlager in einer großen Stadt. Da sind die Hilfsvereine an den Facultäten, die nach Kräften und in jeder Weise — auch durch Zuweisung von Erwerb — ihre bedürftigen Mitglieder unterstützen; da ist der Asylverein, der Einigen mindestens ein Obdach bietet. Es geschieht viel: aber mehr wäre noch nöthig, sollte das uralte und so traurige Capitel vom Studentenelend einmal endlich abgeschlossen sein, sollten mindestens die allertrübseligsten Fälle aufhören, sollte nicht Mancher auf dem Wege zusammenbrechen, Mancher wieder von der Mühsal der Wanderung aufgerieben, kaum daß er sein Ziel erreicht hat. Es hört sich gut an das „Gaudeamus". Aber wie Vielen diese allwöchentliche Mahnung zur Freude noththut, sollen sie nicht ganz verzagen, wie schwer es ihnen wird, solch einer Aufforderung Folge zu leisten und wie eigentlich doch der glückliche Leichtsinn der Jugend das Beste dabei thun muß · das ahnen die Wenigsten . .

In der Hofbibliothek.

Wiener Bibliotheken.

Von

J. J. David.

Wer immer vor dem Denkmale
Kaiser Joseph II. gestanden hat, dem muß
das edel schöne Gebäude aufgefallen sein,
das sich, die eine Langseite des Platzes
abschließend, dahinter erhebt. Vornehm-
schmucklos, wirkt es wesentlich durch das
Ebenmaß seiner Verhältnisse. Es ist ein
Werk Fischer von Erlachs und beherbergt
die größte öffentliche Büchersammlung
Wiens: die Hofbibliothek.

Allerdings, die fetten Zeiten auch
für diese Sammlung sind dahin und zwar
aller Voraussicht nach für immer. Mit
ihrer lächerlich geringfügigen Bestiftung
kann sie sich in einen Wettbewerb mit dem
British Museum, mit Paris oder Berlin
unmöglich mehr einlassen. Und wenn sie
heute noch reiche und fast staunenswürdige
Schätze verwahrt, dann stammen die aus
Zeiten, die denn doch schon ziemlich lange
hinter uns liegen, als noch eigene Agenten
in Ungarn, dem Balkan-Gebiete nach
Seltenheiten suchten, und mit reicher

Beute heimkehrten: oder als man um ein ansehnliches Vermögen und eine
beträchtliche Jahres-Rente die Bibliothek des Prinzen Eugen von seinen Erben
erstand. Damals mochte sie die Erste unter allen ihren Nebenbuhlerinnen sein. Das
nun ist vorbei.

Wer aber beabsichtigt, einen Ueberblick, vielleicht nur eine Ahnung dessen zu
gewinnen, was hier an Kostbarkeiten aufgespeichert liegt, der ersteige die schöne,
widerhallende Freitreppe, die in's erste Stockwerk führt. Römersteine sind in die
Wände eingelassen und bilden einen deutsamen Schmuck. Aber er verweile sich
nicht an ihnen; auch nicht im großen Lesesaal, den man sich keineswegs gar zu
umfänglich vorstellen darf, und in dem eine tiefe Stille, recht für den Ort und
seine Bestimmung angemessen, herrscht, kaum unterbrochen durch das stille Geräusch
umgewendeter Blätter, durch die fast hörlosen Tritte Bücher tragender Diener;
noch auch im Handschriften-Cabinet, wo Schüler und Meister oft an einem Tische
arbeiten — Beide bemüht, durch gewissenhafteste Erforschung der Quellen der Wissenschaft zu dienen, der sie sich zu Eigen gegeben. Manche sonderbare Gestalt mag
ihm hier unter den Copisten, Handlangern der Philologie, die nicht gar selten zu
Bauherren werden, in's Auge stechen; er aber wende sich der größten Sehenswürdigkeit dieses Hauses zu: dem Keimelien-Saale.

Keimelion heißt ein Kleinod, und Kleinodien für Jeden, der Verständniß für
derlei hat, werden hier verwahrt. Durch zwei Stockwerke geht der Saal selbst;
reich geschwungen, mit Malerei und mit Bilderwerken geschmückt. Gallerien, deren
Gitterwerk vergoldet ist, laufen rundum; allenthalben sind Bücher aufgestellt, so
daß ihre Rücken mit dem kaiserlichen Adler, der ihnen eingeprägt ist, eine ganz
eigenartige Tapete bilden. Gleitet ein Sonnenstrahl darüber, dann leuchten
das ernste Braun des Leders, das heiterere Gold in sattem, wie warmem
Farbentone.

Auf langen Tischen aber steht ein überglaster Schrein neben dem anderen; in
ihnen verschlossen ist das, was dem Raume den Namen lieh: Handschriften aus allen
Jahrhunderten, so gereiht, daß sie fast eine Geschichte der Schrift bis etwa zur
Zeit der Erfindung des Buchdruckes ergeben. Zierlich mit Bildchen von oft hohem
Kunstwerth geschmückt sind die Einen; Andere wirken nur durch die mühselige Sauber-
keit, mit der sie geschrieben, sind; Alle aber sind verehrungswürdig durch hohes Alter,
durch Seltenheit und somit auch durch Kostbarkeit, wie denn jede davon recht
eigentlich unersetzlich ist. Ihnen anzuschließen wäre füglich der große Bestand der Hofbibliothek an Incunabeln, an Wiegendrucken, die in der ersten Zeit des Buchdruckes — bis 1500 — entstanden sind: von Seltenheiten ist die größte
des Servetus arg verpöntes Buch: De trinitate dei, für das sein Verfasser
auf Calvin's Betreiben zu Genf den Flammentod starb, während sein Werk also
verfolgt ward, daß nur noch zwei Exemplare, Eines davon hier, in guter Erhaltung
vorhanden sind.

Man sieht — es gibt hier wirklich Schätze, und wenn also die Hofbibliothek
nicht gerade im Rufe besonderen Entgegenkommens steht, wie denn ihr Besuch
nicht sehr lebhaft ist, so ist das nur geeignet, die Richtigkeit jener Vorstellung
zu erweisen, die man auch sonst nach Sage und Leben von Schatzhütern hat.
Die gelten gar nie und nirgends für liebenswürdig . . .

Während aber in der Hofbibliothek alle Stände, alle Berufsarten, alle
Alter sich begegnen, während auch Künstler sich in ihr bewegen, um hier an Kupfer-
stichen und alten Holzschnitten ihre Studien zu machen, gehört die nächstgrößte
Bücherei, die der Universität, vorwiegend der Jugend und der gelehrten Forschung.
Im Gebäude der Hochschule selbst ist sie untergebracht; recht still und entlegen von
dem lebendigen Treiben, das sich im stolzen, säulengetragenen Flur von Ferstels
Meisterbau zu entfalten pflegt. Hinter dem Arcaden-Hofe, wo Büsten jener Männer,
die dereinstmal Zierden der Universität waren, dem Nachwuchse zur Mahnung
und als bleibende Erinnerung daran aufgestellt sind, daß die Wissenschaft in einer
Kette sich von Geschlecht zu Geschlecht fortschlingt, führt eine eigene Treppe zu
ihr. Aber auch sonst, über alle Gänge des weitläufigen Gebäudes kann man zu
ihr gelangen, so daß die Zusammengehörigkeit beider Anstalten auch architektonisch
glücklich wie nachdrucksvoll betont ist.

Der Lesesaal selbst ist sehr geräumig und von schöner Einfachheit. Völlig in
Weiß gehalten und eigentlich ganz schmucklos: rings an den Wänden stehen Bücher-
schränke und zwischen ihnen bewegen sich mit leisem Schnurren die kleinen Aufzüge,
welche die begehrten Werke aus den verschiedenen Stockwerken und wieder an ihren
Standort zurück bringen. Ein helles, doch mildes Oberlicht durchfluthet bei Tage
den Raum, in dem eine beständige Bewegung, ein unablässiges Kommen und Gehen
herrscht. Streng nach Facultäten geschieden, lernen hier die angehenden Leuchten
der Wissenschaft mit dem schweren Rüstzeug jenes Faches hantiren, das sie sich
erwählt haben. Das ist ein ernstes Bemühen und man merkt es. Andere wieder
kommen nur, um eine leere Stunde zwischen zwei Vorlesungen zu füllen; Andere,
um sich nach Hause zu holen, dessen sie für ihre Studien bedürfen. Denn,
während die Hofbibliothek nur Mitgliedern der Akademie der Wissenschaften aus
ihrem Ueberflusse leiht, ist man hier liberal, fast zu liberal. Bei Nacht aber
leuchten elektrische Lampen; sie ist ein moderner Bau, die Universitäts-Bibliothek,
und ihr Meister hatte sich vorher auch anderwärts umgesehen, wie man so
etwas macht.

Da ist denn ein Gang in die Räume nicht ohne Interesse, in denen die
Bücher selbst stehen. Nirgends ein eigentlicher Fußboden; das ganze setzt sich aus
eisernen Rosten zusammen, und zwischen ihren Stäben hindurch blickt man in dunkle
Tiefen. Auf Eisen-Sparrenwerk ruhen die Bücher; die ganze Einrichtung aber hat
zweierlei Zwecke: einmal die Verminderung der Feuersgefahr, dann aber soll sie
verhüten, daß sich einer der gefährlichsten Feinde ähnlicher Sammlungen hier

einniste: der Staub. Ihm ganz den Eintritt zu wehren, das ist natürlich unmöglich; aber er läßt sich so leichter und wirksamer bekämpfen, wie sich denn diese Anlage recht wohl zu bewähren scheint. Aber es ist eine eigene Empfindung, so unter seinen Füßen Abgründe zu sehen und zu ahnen.

Die letzte jener Bibliotheken endlich, die hier in Betracht kommen, ist die der Stadt Wien, wenn man nicht noch die des österreichischen Museums einbeziehen will, die allerdings zumal des Abends ihr eigenes Gesicht hat. Denn in dieser Sammlung suchen in den kunstgewerblichen Vorlagen Viele Anregung,

In der Universitätsbibliothek.

die längst im thätigen Leben stehen, und das helle, künstliche Licht hebt manches müde, verhärmte Gesicht das sich über Stiche und Musterzeichnungen beugt, scharf in allen seinen Linien vor. Vielleicht ist gerade ein frischer Geselle nebenan; dann wirkt der Gegensatz und man begreift, wie hart der Kampf um's Brod sein muß, der selbst nach Feierabend zur Arbeit und zum Studium zwingt; aber auch der ungeheure Fortschritt unseres Kunstgewerbes — lohnte er nur denen besser, die ihm dienen! — wird so klar und begreiflich . . .

Die Stadtbibliothek also ist im Rathhause untergebracht und ein redender Beweis dafür, was ein tüchtiger Fachmann, wie ihr Leiter Dr. Gloßy, auch mit recht beschränkten Mitteln zu leisten fähig ist.

Sie ist die Jüngste unter Allen und hat doch heute schon große und werthvolle Sammlungen auf dem Gebiete, das zu pflegen sie naturgemäß in erster Reihe berufen ist: an Viennensis, an Büchern, Plänen, Zeichnungen und Flugschriften, die sich auf die Geschichte Wiens beziehen: an Handschriften jener Großen, die hier gelebt und gewirkt haben. Ein Schatz ist insonderlich hier verwahrt, dem sich Niemand leicht ohne ehrfürchtige Empfindung nahen wird. Ein hoher Wandschrank beherbergt ihn; von seiner Decke herab blickt ein klug, doch traurig schauender Kopf hernieder: Franz Grillparzer's Büste schmückt ihn und die Urschriften aller Werke des größten Genius, den Oesterreich jemals gezeugt, sind darinnen gesammelt. Mächtige Mappen bergen sie mit allen Aenderungen und Ergänzungen, an denen sich ja dieser Gewaltige niemals genügen konnte, seitdem ihm der erste Schuß der Begeisterung untreu geworden, der „Die Ahnfrau" und „Sappho" entstehen ließ: aber neben ihnen finden sich genugsam Belege dafür und greifen rührend ins Herz, wie mühselig er mit dem Leben und seiner Nothdurft zu ringen hatte. Bald wird dieser Hort Gesellschaft und Ergänzung an Bauernfelds Manuscripten finden; mag sein, so folgt Anzengruber. Das wäre dann freilich schon ein neidenswerther Reichthum.

Man begehrt neuerdings und dringend die Schaffung einer Reichsbibliothek. Ein Bedürfniß wäre sie: aber ihre Errichtung wäre schwer und könnte keineswegs etwa aus einer Vereinigung der Hofbibliothek und der Universitäts Bibliothek hervorgehen, da sich reichlich⁷⁄₁₀ des Bestandes der Einen schon in der Andern finden dürften. Die Hofbibliothek müßte allerdings den Stock bilden; in einem neuen, würdigen Gebäude untergebracht, mit reichlicheren Mitteln versehen, bequemer zugänglich und nicht so vornehm ausschließend geleitet, müßte sie dem Ideal einer solchen nahekommen. Wenn aber jemand finden sollte, das seien Wünsche, die sich mit dem Begriffe der Hofbibliothek durchaus nicht vereinigen lassen, wie er uns nun einmal festsieht — es denkt ja auch Niemand, sie könnten so über Nacht in Erfüllung gehen!

Zeither — denn dieser Aufsatz ist nun einige Jahre alt — ist doch unter der Leitung des trefflichen Philologen, Hofrath Hartel, ein neuerer, ein frischerer

Geist eingezogen in die Hofbibliothek. Man darf heute ruhig behaupten, dass einem jeden ernsten Streben nach Thunlichkeit entgegengekommen wird. Das Menschenmögliche geschah — aber was frommt Alles, insolange nicht reichere Mittel zur Verfügung stehen, die gestatten, ohne alle Aengstlichkeit in den Erwerbungen vorzugehen. Dafür muss gesorgt und gekämpft werden. Es würde schon lohnen!

Im Volksbildungsverein.

Von

Adam Müller-Guttenbrunn.

In einem Buche, welches sich die Aufgabe gestellt hat das Wiener Volks-
leben zu schildern, dürfen die innigen Beziehungen dieses Volkslebens zu den
Bildungsbestrebungen unserer Zeit nicht übergangen werden, denn sie haben, wie
Alles, was in Wien Macht gewinnt, ein ganz eigenes Gepräge angenommen.

Es sah vor einigen Jahren noch recht kümmerlich aus um das öffentliche
Volksbildungswesen in Wien. Das gute Wiener Herz, das im Wohlthun so groß
ist, das viele hundert Vereine und Anstalten, die sich die Aufgabe gestellt haben,
für das leibliche Wohl der Armen zu sorgen, mit seinen Gaben bedenkt, dieses
gute Wiener Herz hatte kein rechtes Verständniß für die Bestrebungen jener
Männer, welche sich die Hebung des geistigen Wohles der Enterbten zum Ziele
gesetzt hatten. Jahrzehnte lang verhallten die Rufe dieser Weltverbesserer ungehört
in Wien und sie kamen mit ihren Bestrebungen über schüchterne Anfänge nicht
hinaus. Dem jüngeren Geschlecht blieb es vorbehalten, dem Gedanken der Volksbildung mächtige Freunde und Gönner zu gewinnen, ihm das Herz des Wiener
Volkes zu erschließen. Heute schlingt sich im weiten Bogen ein Kranz von öffentlichen
Volksbibliotheken, Freibüchereien und Freilesehallen durch das Bild von

Groß-Wien, und das unentgeltliche, volksthümliche Vortragswesen hat hier einen
Aufschwung genommen wie in keiner Stadt der Welt.

Die neun Wiener Freilesehallen, die demnächst noch weiteren Zuwachs
erhalten werden, befinden sich nicht in jenen Theilen von Wien, wo die Besitzenden
und „Gebildeten" wohnen, sie liegen, bis auf zwei, sämmtlich außerhalb der Linie
in den Vororten. Gerade dort, wo bis jetzt der mit dem Prämienschwindel
verbundene Colportagehandel mit den anscheinend so billigen Verbrecherromanen
in hellster Blüthe stand, gerade dort, wo bisher keine Leihbibliotheken bestehen
konnten, weil das Lesebedürfniß ein zu geringes war, gerade dort wurden vom
Volksbildungvereine die geistigen Asylhäuser errichtet.

Und der Erfolg ist ein überraschender. So wie der erstbeste Gassenladen,
dem Schüchternen und Bequemsten so leicht erreichbar wie die Branntweinschänke,
liegt die Freilesehalle da. Dieselbe ist Abends von 6 bis 9 Uhr geöffnet und für
Jedermann unentgeltlich zugänglich und benützbar. — Treten wir also ein.

Im ersten Zimmer finden wir die Bücherei, im zweiten die Lesehalle. Ein Lehrer
oder sonst ein geeigneter gebildeter Mann ist der Bücherwart. Wir finden denselben —
er hat seinen Sitz im ersten Zimmer aufgeschlagen — unaufhörlich beschäftigt, oft
hat er sogar eine Hilfskraft nöthig, denn wie die Wiener Theaterenthusiasten sich
durch vorheriges „Anstellen" den Eintritt in das Burgtheater erzwingen, so stellen
sich heute die bildungsbedürftigen Elemente der Vororte bei den Freibüchereien
an, um nur ja das Buch zu erhalten, auf das sie es besonders abgesehen haben.
Wer sich ein Stündchen an die Seite des Bibliothekars setzt, kann hier die
rührendsten Dinge erleben. Der Lehrling und die Dame im Federhut, der Student
und der Unterofficier, der einfache Soldat und die „gebildete Köchin", der Arbeiter,
der eben aus seiner Fabrik heimkehrt, sie alle treten hier ein und tragen dem
Manne, der die Bücherschätze zu verwalten hat, ihre Wünsche vor. Und dieser
Mann muß nicht nur nur ein guter Bücherkenner sein, er muß auch eine gewisse
Kenntniß der Volksseele besitzen, er muß leutselig sein und klug, um den Vormund
der Gesammtheit spielen zu können. Jeder Eintretende hat seinen Namen, Stand
und Wohnort in ein großes Buch einzuzeichnen, damit der Bibliothekar genau
weiß, mit wem er verkehrt und damit der statistische Ausweis am Ende eines
jeden Monats gemacht werden kann. Im Allgemeinen ist es natürlich Jedermann
freigestellt, zu verlangen, was ihm beliebt. Aber es kommen Hunderte, die nie
einen Bücherkatalog in Händen gehabt haben und die nun in Verlegenheit gerathen,
wenn man ihnen einen solchen in die Hand gibt. „Ich möcht' halt was Schönes
lesen", ist die stehende Antwort auf die Frage des Bibliothekars und dieser hat
sich nach einer kurzen Wechselrede gar bald ein beiläufiges Urtheil gebildet über
den Bildungsgrad und die Fassungskraft seines Gastes. Eine Schrift für die
reifere Jugend mit einer Moral am Schlusse, ist oft die erste Gabe, die ein

Besucher empfängt; wenn er dieses Buch zurückbringt, wird sein Urtheil über dasselbe, um welches der Bibliothekar ihn befrägt, maßgebend sein für seine weitere Betheilung. Die größte Freude des Bücherwarts ist es, sein Publicum allmälig classikerreif zu erziehen. Für die Romane, das große Lesefutter der besseren Stände, sind sie gar bald alle reif, aber sie werden auch verdorben dadurch und wollen schon nach kurzer Zeit nichts Höheres mehr lesen. Da muß der Bibliothekar mit sanfter Gewalt vorgehen und die Anwesenheit der geliebten Marlitt oder Flygare-Carlén leugnen, um einer Rähmamsell auch einmal einen Band Schiller aufzunöthigen. Wenn der Bibliothekar sein Amt nur halbwegs zu würdigen versteht, wird er auf solche Art unendlich viel Gutes stiften können. Im Jahre 1889 wurden in den damals bestandenen vier Freibüchereien des Volksbildungsvereins 69.931 Bücher ausgeliehen. Davon entfallen über 40.000, also 58 Procent, unter die Bezeichnung: Romane, Novellen, Erzählungen; aber an Classikern wurden nur 4291 Bände, also bloß 6 Procent verlangt. Diese Ziffer, die übrigens schon höher ist, als die des Jahres 1888, beweist sehr viel. Für die Lectüre unserer edelsten Schriftsteller, die bei den „Gebildeten" schon wieder aus der Mode kommen, ist die Menge noch nicht reif, aber sie ringt sich bereits dazu empor. Die vier Freibüchereien des Wiener Volksbildungsvereins wurde im Jahre 1889 in 80.621 Fällen vom Volke benützt, denn zu den 69.931 Entlehnungen, die für den häuslichen Gebrauch gemacht wurden, sind noch 10.690 Besucher der Lesehallen zu zählen.

Auch hat durch die seitherige Vermehrung der Freibüchereien eine Steigerung des Gebrauches stattgefunden, die sich im nächsten Jahresbericht vielleicht in mehr als 120.000 Fällen wird ausdrücken lassen. Und nicht weniger als 28 Procent der Gesammtzahl der Besucher entfallen auf den Stand der Arbeiter und Gehilfen und 23 Procent auf deren Frauen und Töchter. Die Arbeiterclasse stellt erfreulicher Weise nahezu die Hälfte des Publicums sämmtlicher Wiener Freibibliotheken. Ein unermeßlicher Strom des Schönen und geistig Erhebenden, des Nützlichen und Vernünftigen ergießt sich also gerade in jene Kreise der Bevölkerung, die vor der Errichtung dieser Büchereien solcher Wohlthaten gänzlich entbehren mußten.

So mancher Mann aus dem Volke kommt mit der naiven Freude eines wahrhaft beglückten Menschen zum Bibliothekar und möchte von ihm die Adresse eines Dichters erfahren, der längst gestorben ist, manches Großmütterchen, deren Enkelkind eine gute Jugendschrift erhalten, kommt fragen, wo man dieses Büchlein kaufen könnte, denn sie will es einem andern, fern von ihr lebenden Enkelkinde auf den Weihnachtstisch legen lassen. Und doppelt groß ist die Freude des Bücherwarts, wenn ein Gewerbetreibender kommt, der etwas haben möchte, das ihn in seinem Beruf, seinem Handwerk fördern könnte. Den weist er in das Lesezimmer nebenan.

Hier findet Jeder das Seine: Alle politischen Tageblätter, die beliebtesten Wochen- und Monatschriften, ebenso die Fachblätter für die Gewerbetreibenden. Der Raum, in dessen Mitte eine lange Tafel steht, ist rings an den Wänden mit Zeitungshältern behängt. Hier gibt es keinen „Jean", der die Ordnung aufrecht erhält, der die Zeitungen sucht und bringt, wie im Café, jeder Besucher ist sein eigener Diener und derjenige der Gesammtheit, denn er hat in eigenem Interesse selbst auf peinliche Ordnung zu sehen. Jede einzelne Zeitung hat ihren eigenen Nagel mit einem Täfelchen als Aufschrift, und wer sie dort wegnimmt, der hat sie auch wieder dorthin zu hängen. Dreißig bis fünfzig Personen sind manchmal in diesem Lesezimmer zu finden, und man hört keinen Laut. Hier wird nicht geraucht, nicht gegessen und getrunken, nicht tarokiert und nicht geklatscht. Diese Leute sitzen in einem lichten, wohlig erwärmten Zimmer und lesen. Sie blättern so geräuschlos in ihren Zeitungen und Büchern, als ob sie in einer Kirche wären. In dem Gefühle der Wohlthat, die jeder genießt, nimmt Einer Rücksicht auf den Andern und auch auf das Eigenthum des Vereins. Es geht von 100.000 Büchern kaum eines verloren. So hoch weiß das Volk das Vertrauen zu schätzen, das man ihm entgegen bringt.

Man darf aus den oben angeführten Ziffern nicht schließen, daß nur Unterhaltendes in den Wiener Freibüchereien verlangt wird. Die Männer, die hier jene Stunden verbringen, die sie ehedem vielleicht im Wirthshaus zugebracht haben, und namentlich die heranreifenden Söhne der Arbeiterbevölkerung, sie lesen auch ernstere Bücher. Geschichtliche und biographische Werke wurden im Jahre 1889 nicht weniger als 3264 gelesen, naturwissenschaftliche 2467, an Büchern über Länder- und Völkerkunde wurden ebenfalls 2094 ausgeliehen; sogar Literaturgeschichte und Sprachenkunde sind mit 333 Werken unter den gelesenen Büchern vertreten. Es ist also ein Bildungsdrang von allgemeinstem Charakter in den Massen des Volkes vorhanden, den zu befriedigen und noch weiter zu steigern eine gar herrliche Aufgabe für die Wiener Volksbildungsfreunde geworden ist.

Der „Gemeinnützige Verein" im neunten und der „Bürgerverein" im dritten Wiener Bezirk erhalten ebenfalls je eine Freilesehalle, sie sind eigentlich die Vorläufer des Volksbildungsvereins und ihrer muß man daher auch gedenken. —

Geräuschvoller als in den Freilesehallen bethätigt sich dieser Bildungsdrang in jenen Sonntagsvorlesungen, die sich im Laufe von drei Wintersemestern zu einer ganz einzigen Erscheinung in Wien herausgebildet haben. Diese Vorlesungen finden stets am Sonntag Nachmittags um 5 Uhr statt und es gibt heute keinen Mann der Wissenschaft, der Literatur und der Kunst in Wien, der sich einem Ruf des Volksbildungsvereins entziehen würde, so volksthümlich ist die Sache geworden. Im Winter 1889—90 haben in sämmtlichen Bezirken und Vororten Wiens nicht weniger als 164 solche Sonntagsvorträge über alle Gebiete des Wissens statt-

24*

gefunden, und dieselben vertheilen sich auf 136 Vortragende. Und diese Einrichtung
hat im Winter von 1890—91 eine noch weitere Entwicklung erfahren. An mehr
als zweihundert regelmäßige Sonntagsvorträge reihten sich ganze Volksbildungs-
Curse über einzelne Gegenstände. Ueber Gesetzeskunde, über Volkswirthschaft, über
Gesundheitspflege, über österreichische Geschichte, über Wiener Kunstgeschichte, über
Chemie und andere Gegenstände fanden ganze Cyklen von Vorträgen für das
Volk statt. Es sind also nicht mehr einzelne Weltverbesserer, die in Wien für
Volksbildung schwärmen, eine kleine Armee von Volkserziehern ist am Werke.
Und das Volk fühlt die Bedeutung der Sache. Groß-Wien entsandte im vorigen
Winter mehr als 40.000 Zuhörer in diese Vorlesungen und nur der Mangel an
Raum in den vierzehn verschiedenen Vortragsälen ist schuld daran, daß wir es
hier nicht mit Ziffern zu thun haben, die um das fünffache höher sind.

Der Wiener ist für Alles zu haben, wenn es nur halbwegs mit Schick und
mit einem gewissen Verständniß für seine Eigenart angefaßt wird. So war es
einer der glücklichsten Gedanken, die hervorragendsten Schauspieler des Hofburg-
theaters in dieses Unternehmen mitzuverflechten. Was weiß das Volk von Wien
von diesen Künstlern? Ihre Namen klingen ihm das ganze Jahr in den Ohren,
ihr Ruhm wird auch von ihm gesungen, obwohl es ihn nur vom Hörensagen
kennt. Und nun steigen diese Sterne herab zu dem Volke der fernsten Vororte
von Wien und erhellen auch seine Sonntage durch den Schimmer und Glanz der
Dicht- und Redekunst. Man muß es gesehen haben, wie ganze Bezirke in Aufregung gerathen, wenn ein solcher Sonntag herannaht. Die Feuerwehren rücken
aus und schaffen Ordnung vor dem Gemeindehaus, wo Tausende Menschen sich
drängen, um den wenigstens zu sehen, den sie nicht hören können, denn der Saal,
der nur für 200 Personen Raum haben soll, ist ja schon mit 5—600 gefüllt,
es wird kaum noch dem Vortragenden selbst möglich sein, hineinzudringen. Und
wenn er endlich erscheint, in Begleitung eines Vorstandsmitgliedes vom Volksbildungsverein, wird er mit Hochrufen empfangen, wie ein Triumphator hält er
seinen Einzug und es dauert eine geraume Weile, bis die Aufregung sich gelegt
hat und der Vortragende das Wort ergreifen kann. Rührend ist die Andacht und
Empfänglichkeit dieses Publicums, das zum größeren Theile nie ein Schauspielhaus betreten hat. Sie hängen wie die Kinder am Munde des Sprechers und
er hat es in seiner Gewalt sie lachen und weinen zu machen, sie zu erschüttern
und zu erheben. Die einfachsten Mittel seiner Kunst reichen dazu aus und er
fühlt sich selbst wohl gegenüber solcher Schlichtheit und Empfänglichkeit. Hier
bedarf er keiner kleinen Mätzchen und Virtuosenkunststückchen, sie könnten ihn nur
schädigen in den Augen dieser Zuhörer, welchen die einfachste Wahrheit am nächsten
liegt. Die Begeisterung, die unsere Künstler in diesem Publicum entfachen, wirkt
verjüngend auf sie selbst zurück und sie verlassen stets beglückt den Saal, in dem
sie so viele zu beglücken vermochten. Hochrufe, Händedrücke, nicht selten Händeküsse
sind die Dankesbezeigungen, die sie dabei empfangen.

Unter solchen Erscheinungen las Joseph Lewinsky in Donaufeld bei Floridsdorf „Enoch Arden" von Tennyson, las Ludwig Gabillon Fritz Reuter in Favoriten, las Hugo Thimig allerlei heitere volksthümliche Dichtungen in Währing, las Ernst Hartmann in Döbling, Bernhard Baumeister in Favoriten, las Ludwig Martinelli Dichtungen von Anzengruber in Simmering. Man sieht: nicht in die Bezirke Wiens, von denen aus das Burgtheater leicht zu erreichen ist, entsendet der Volksbildungsverein seine Apostel, sondern dort hinaus, wo diejenigen wohnen, die nichts wissen von den edelsten Genüssen des Daseins. Und doppelt und dreifach werden gerade solche Bezirke bedacht, wo fremde Elemente hausen, die für das Allgemeine gewonnen werden sollen.

Aber diese Kunstgenüsse, zu denen sich noch Aufführungen ernster Musik-compositionen, edle Concerte mit Liedervorträgen gesellen, bilden nicht den Kern der Sonntagsvorlesungen, die dem Volke von Wien jeden Winter vom November bis April dargeboten werden, sie sind blos die Krönung des Gesammtbaues, der Lohn für das tapfere Ausharren der Bevölkerung bei mehr als hundert ernst-haften, belehrsamen Vorträgen, die, wie schon früher bemerkt wurde, oft in ganzen Cyklen auftreten und mit einer Zuhörerschaft rechnen, die regelmäßig kommt, die sich freiwillig zu einem ganzen Cursus über diesen oder jenen Gegenstand zusammenfindet. Kleine Gewerbsleute und Arbeiter, oft graubärtige Männer sieht man mit Papier und Bleistift bei Vorlesungen über die einfachsten Elemente der Buchhaltung oder andere Gegenstände dasitzen und sie legen Gewicht darauf, daß sie sogar geprüft werden, wenn der kleine Cursus zu Ende ist. Wie ihre Knaben während der Woche in der Schule, so sitzen sie in den Sonntagsvorlesungen des Volksbildungsvereines, der ihnen im Winter 1889—90 36 Vorträge über allgemeine Erziehungs- und Culturfragen, 28 Vorträge über Volkswirthschaft, Buchhaltung und Haushaltungskunde, 26 über Musterlectüre und Kunst, 24 über naturwissenschaftliche Fragen bot, der ihr Wissen über Gesundheitspflege in 21, über Geschichte und Länderkunde in 18, über Staats- und Rechtswissenschaft in 11 Vorträgen zu erweitern suchte.

Das Publicum dieser Vorlesungen ist für den Stift des Zeichners eine gleich dankbare Aufgabe wie für den des Volks- und Sittenschilderers von Wien. Die halbreife Jugend, der Lehrling, der noch immer wissensdurstige Greis, der beschäftigungslose Geselle, dem es vielleicht nur an dem nöthigen Gelde für den Besuch eines Kaffeehauses fehlt, das Großmütterchen mit ihren verwaisten Enkel-kindern, das Dienstmädchen und die Dame im Pelz, welch' letztere vielleicht nur um des Vortragenden willen gekommen, die Spitzen des Bezirkes und die Aermsten desselben — sie finden sich alle hier zusammen. Die Lesehalle und die Freibücherei erziehen die Einzelnen, die sich auf alle Schichten der Bevölkerung vertheilen, für die Vorlesungen, und diese wieder lassen in Vielen die Sehnsucht nach guten Büchern erwachen. So schlingen sich die geistigen Fäden von einer Einrichtung zur andern hinüber und das Ganze wird zu einem mächtigen Hebel, der jahraus, jahrein an der sittlichen Läuterung des großstädtischen Proletariats thätig ist. Und so weite Kreise hat die Volksbildungsbewegung in Wien bereits gezogen, daß man heute das Leben der fröhlichen Kaiserstadt an der Donau nicht mehr vollständig schildern kann, ohne das Volk in den Freilesehallen und bei den Sonntagsvorträgen gesehen zu haben.

Die Rektoren des Volksbildungsvereines.

Affentirung.

Wiener Soldaten-Leben.

Von

Gustav Goucaleri.

„Des Dienstes ewig gleich gestellte Uhr" — — man muß nicht glauben, daß sie ohneweiters von selber gehe. Was man so gewöhnlich das „Räderwerk der großen Armee-Maschine" nennt, es besteht denn doch ganz und gar nicht aus Rädern, sondern aus Menschen, aus höchst verschiedenen, ungleichwerthigen Menschen und alle Vergleiche der Armeetheile mit Gegenständen der Uhrmacherkunst, der Mechanik und Maschinenlehre drücken daher eher Wünsche aus als Wesenheiten.

Wie kommt nun diese allgemeine Betrachtung in einen Aufsatz, welcher das Wiener Soldatenleben schildern soll? — Sehr einfach! Wien hat die stärkste Besatzung des Reiches und beherbergt Truppen verschiedener nationaler Herkunft, weil die „territorialen" Regimenter hiefür nicht ausreichen würden. Wer also mit Kennerblicken die bunt gemischten Bestandtheile der Wiener Besatzung mustert, lernt dreierlei kennen: erstens die Mannigfaltigkeit des „Materials", dann die Verschiedenheit der erziehenden und unterrichtenden Einwirkung auf dasselbe und endlich die erstaunliche Gleichheit des Erfolges. In Wien kann einer am schnellsten, am bequemsten und am genauesten eine Vorstellung gewinnen von der schweren Aufgabe, welche das Officierscorps dieser Armee zu lösen hat und wie tüchtig sie gelöst wird. In dieser Beziehung ist Wien einer der merkwürdigsten Militärorte der Welt.

Ein paar Spaziergänge genügen, um solche Einsicht zu gewinnen: anfangs October, wenn die exotischen Rekruten kommen, in die Nähe der Bahnhöfe, dann in der Zeit der ersten Ausbildung an jene Orte, wo die Anfangsgründe der Kriegskunst mit lautschallendem Diensteifer überliefert werden. Man kann so das Rohmateriale und die vorläufige „Appretur" kennen lernen.

Unterofficiers-Patrouille.

Ein Blick auf die „Schmelz", oder auf die knallenden Schießstände im Verlaufe des Sommers, ein Gang zu dem einen oder anderen „Manöver" im Herbste lehren dann, daß das Zauberwerk gelungen, der große Ausgleich durchgeführt ist, daß nämlich alle — alles gleich gut machen, daß im Auftreten, in der Wirksamkeit, ja selbst im äußeren Ansehen aller Truppen kein Unterschied — oder doch nur hie und da ein sehr geringer Unterschied, der etwa in der Persönlichkeit des einen oder andern Commandanten seine Erklärung findet, zu bemerken ist; daß also ursprünglich sehr verschieden abgestufte, ungleiche Kräfte zu e i n e m Zwecke in der That erzogen und vereint worden sind.

Wenn ich nun schildern soll, wie sie das machen, wie sie es gerade in Wien machen, ich käme in Verlegenheit. So, wie überall. Wien und Tarnopol, Wien und Josefstadt, Wien und Debreczin — im W e s e n, in der H a u p t s a c h e vollzieht sich das Soldatenleben dort wie hier. Die Commißbank ist auch in Wien nicht polirt; der Strohsack birgt ebenso wenig, wie anderswo, Eiderdunen, und wenn einer dort wie hier Commißtabak rauchte, während er seinem Schatz in der Küche heimlichen Besuch macht, so würde später dort die Frau von Broszkowska oder Nowak oder Vörösmártony gerade so, wie hier die Frau von Zenilbauer sagen: „Pfui Teufel, da stinkts." Drum thuts auch keiner. — Auch der Drill bedient sich dort wie hier derselben Kunstgriffe und im Falle aufsiedender Ungeduld ähnlicher oder gleicher Redeweisen, welche ebenso sorgsam die Paragraphe des Strafgesetzes als die feinen Wendungen eines „Briefstellers für Liebende" zu meiden suchen. Nur e i n Unterschied herrscht. In Wien drillt man, wo die Kasernhöfe nicht genügenden Raum bieten, sehr viel vor den Augen der Volksmenge, besonders auf dem freien Platze vor der Franz Josef-Kaserne und im Prater. Das ist allerdings nicht angenehm und bedeutet eine Verschärfung der Auszeichnung, Recrut zu sein — aber es ist kaum ganz vermeidlich. Wenn einer in einem vierstöckigen, dichtbevölkerten Zinshause Trompetenblasen lernt, so geht wohl kein Gichser daneben; und wenn eine Truppe, eingepfercht in eine Million-Stadt, drillen will, so kann man es nicht verhindern, daß ein Theil der Million zusieht.

Das „Glückhermädl" in der Kaserne.

Haben sie es aber, Fräulein Kunigunde, einmal überlegt, welche Qual Sie Ihrem Eduard bereiten, wenn Sie ihm von der Ringstraßen-Barrière aus beim „Rechts um!" und „Links um!" zusehn? Er fühlt ja ohnehin die ganze Jämmerlichkeit des Anfängers in allen Gliedern. Er weiß es ja schaudernd, daß ein unerklärlicher Zug, eine hypnotische Suggestion ihn von Zeit zu Zeit zwingt, links um zu machen, wenn der Korporal rechts um commandirt und wie lächerlich verdutzt er dann dem richtig gewendeten Nebenmanne in's Antlitz starrt

— nun fürchtet er noch Ihr halb mitleidiges, halb übermüthiges Kichern und Ihre Nähe, welche ihn nach fünf Uhr Abends beseligen und begeistern würde, macht ihn bei der Drillung nur noch beklommener. — Der Menschheit ganzer Jammer faßt ihn an, wenn er hinblickt auf den Schwarm freier Zuseher, welche stehn und gehn mögen, wie sie wollen, denen kein strenger Korporal zuruft: „Bauch hinein! Brust heraus! ein Strohsack ist der reine Apollo von der Belvederlinie gegen Ihnen!"

Jene Ausbildungspein unter tausend Blicken Unberufener ist ein Uebel in der Wiener Garnison und wird, wie alle Uebel auf der Welt, eines Tages wenigstens theilweise beseitigt werden, nämlich durch die längstgeplante und gehoffte Verlegung gewisser Kasernen aus den mittleren Theilen der Stadt in deren äußeren Umkreis.

Wenn der Rekrut flügge, wenn er ein wenig gelenkig und beweglich geworden, dann thun sich ihm allmälig die Freuden der Großstadt auf. Der erste Spaziergang! Der Deutschmeister, oder der „Hesser", dieser freilich weiß Bescheid. Er ergießt sein Herz in mitfühlende Herzen, er trägt alljaustäglich das „Wäschbinkerl" seiner Liserl zur „Wasch" zu und versucht gar bald, im ungewohnten Kleide gewohnte Lustbarkeiten aufzusuchen; oder er hat eine wohlwollende „Mamur", er hat gar vielleicht „seine Alten" in erreichbaren Umkreise der Stadt und weiß sich dort für die Entbehrungen der Kaserne schadlos zu halten. „Der Soldat muß im Volke wurzeln" denkt er und ist des Abends mit vollen Backen die Knödel oder die sonstigen Leckerbissen, welche ihm mütterliche Sorgfalt aufgewärmt hat. Kauend trägt er zwischen den einzelnen Bissen die ausführliche Naturgeschichte seines Korporals, seines Feldwebels vor; und daß ihm Abends die „Irxn" (die Achsel) vom Gewehrtragen so weh' thäte; daß ihm das Gesicht brenne, wie das höllische Feuer, besonders am Knochen unter den Augen, weil auf der Schießstätte am Gäusehaufen ein „so viel kühler Wind g'waht hat" und daß sein „Schlaf", der Hainzinger Alois, so stark schnarchen thut; und daß ihm halt das Zugszimmer, und die Menage – – und das „Krawall" so viel „ant'thäten" und daß er sich schon wieder freue auf den Tag, an dem er wieder los käme. So wird's halb neun. Er läuft schreckerfüllt nach Hause, d. i. in seine Kaserne; denn die Retraite blasen sie nur einmal und für den Wurzinger Pepi nicht extra noch einmal. Käme er, auch nur ein Eichtl zu spät, sie wären so gut und sperrten ihn ein. So gehts halt bei „die Kaiserlichen"! — – –

Wie mag es nun aber dem ruthenischen Soldatennovizen ergehn, dem Sohne des entlegenen, straßenarmen, dünnbesiedelten Karpathen-Waldes, wenn er sich nach Heilung der ersten Rekrutenstarre endlich einmal in die Wogen des Verkehrs wagen darf?! — Das erste Mal gelangt er nur bis an die nächste Straßenecke. Dann kehrt er wieder um und setzt sich still verdutzt auf das Fußende seines Bettes. Das ist zu arg. Wenn er mit der Rekruten-Abtheilung ausmarschirt ist, da hat er's nicht so sehr bemerkt, nicht so peinlich gefühlt: aber eine solche Menschenmenge gibt's in Jawortow nicht einmal bei einer Feuersbrunst oder bei

Uebende Festungs Artilleristen.

der Wasserweihe! an fünf vornehme Herren nach einander ist er angerannt und
der eine hat ihm auch etwas nachgerufen, etwa wie „Raubásbü" oder dergleichen; er hat es ja nicht verstanden, denn er spreche ja nicht österreichisch, oder
wie diese Sprache heißt. Die Frauenzimmer seien alle, bis auf einige alte, sehr
schön; sie seien sehr prächtig gekleidet, noch prächtiger als die Frau Propinator
Feiglstock in Jaworkow. Mehrere der vornehmsten Damen tragen Körbe, fast so
wie die Dienstboten in Jaworkow, aber weit schönere. Er getraue sich nicht mehr
auf die Gasse. Die Wagen rumpeln und lärmen und man kenne sich nicht aus.
In Jaworkow wär's besser; er möchte heim nach Jaworkow; in Wien möchte er
nicht bleiben! — — Nun, der Dienst macht ihn bald heimisch in der unheimlichen
Großstadt. Die Märsche zu den Uebungen führen ihn sicher zwischen den Blöcken
des rollenden Verkehrs, den Wagen der Straßenbahn, der Frächter, der Fiaker,
und im Strome der Fußgänger auf die Schmelz, in den Prater, zur Schießstätte,
nach Simmering, bald auch durch endlose Vororte, wo allmälig aus Wien —
Jaworkow wird und endlich aus der Stadt das liebe, grüne herrliche Land. Dort
draußen fühlt sich unser Ruthene wieder heimisch und wohl; er ahnt, daß Dorf
und Stadt nur durch die Ausdehnung, nicht im Wesen verschieden seien; er gewöhnt
das Maß langer Straßen, weiter Plätze und hoher Häuser — schließlich gefällt
ihm die muntere glänzende Stadt mit ihren Reichthümern in den Schaukästen,
mit ihren hastenden, lebhaften und — er fühlt es heraus — gutmüthigen, warm-
herzigen Bewohnern. Eines Sonntags, nach dem „Befehle", führt ihn ein Lands-
mann aus Jaworkow, ein gereister Krieger des zweiten Präsenzjahres, zu Steinbock,
Bär und Wolf des Schönbrunnergartens. Die anderen Thiere waren wegen der
bitteren Winterszeit nicht sichtbar. Nach einem halben Jahre weiß er Bescheid,

trägt als „Ordonnanz in der Regiments-Adjutantur" Schriftstücke in die verwickeltsten Straßen der Stadt; er findet mit dem Scharfsinne des Naturwüchsigen sogar die Orte, Stellen, Behörden und Commanden, wo er seine Dienstbriefe abzugeben hat. Damen, welche Körbe tragen, findet er nicht mehr vornehm und wenn er mit ihnen sprechen könnte — er kann ja noch immer nicht „österreichisch!" — wer weiß, wozu er fähig wäre.

Polen, Ruthenen, Rumänen und Südslaven, wenn solche in der Garnison enthalten sind, pflegen im näheren Umkreise der Kaserne ihr Abendvergnügen zu suchen; der Böhme besucht seine Landsleute in den Fabriksbezirken; die Deutschen, besonders die einheimischen Soldaten, ergießen sich einzelweise über das ganze Weichbild; der Ungar aber bevorzugt die sommerlichen Praterschenken. Dort tanzt er allsonntäglich Csardas im Arme einer Landsmännin, ob ihm auch die Nachmittagssonne noch so heiß auf den Scheitel brennt. Damit er nicht mit dem Czako auf dem Kopfe tanzen muß, was komisch aussähe, steckt er beim Ausgange aus der Kaserne heimlich die Feldkappe zu sich.

Im Allgemeinen ist vom Soldaten in Wien nicht eben viel zu bemerken. Die 18.000—20.000 Mann verlieren sich unter der Million bürgerlicher Bewohner fast spurlos und wenn man nicht die Soldaten aufsucht, wohin sie der Dienst führt oder wo er sie festhält, man könnte vergessen, daß man sich im militärischen Centrum des Reiches befindet. Auch die Officiere bilden — ein zwar allseits hochgeachtetes, freundlich aufgenommenes, aber nicht allzusehr merkbares Element im Getriebe der Großstadt. Sie haben zu viel zu thun, als daß sie außer Dienst gar so sehr und bei vielen Gelegenheiten hervortreten und im Strome von „ganz Wien" obenauf schwimmen könnten. Ihre wissenschaftlichen Bestrebungen und ihre geselligen Freuden fördern und pflegen sie hauptsächlich in der Familie des Truppenkörpers und dann in ihrem „Casino", welches der Gesammtfamilie der Garnison gewidmet ist.

So wenig nun auch dem fremden Beobachter die militärische Seite des Wiener Lebens auffallen mag, so gibt es dennoch gewisse militärische Vorgänge, welche eigenartig und anziehend sind, ja einer hat sogar in allerlei Reisehandbüchern Erwähnung gefunden, nämlich die Ablösung der Hofburgwache.

Das kaiserliche Hoflager, die Hofburg mit ihren endlosen und verwickelten Gängen, Stiegen, Gemächern und Vorgemächern, Amts- und Wohnräumen ist gleichzeitig von Leibgarden und von Soldaten der Garnison bewacht. Nur ganz „gut conduisirte" Leute werden zu diesem Dienste bestimmt, nur solche, die durch eine längere Dienstzeit — also mindestens ein Jahr — eine gewisse Findigkeit bewiesen haben — man wagt es kaum, auszudenken, was alles ein ungeschickter Mann im Innern der Hofburg anrichten könnte — und die Stelle des jeweiligen Wachcommandanten ist keine ganz sorgenlose, auch wenn er seiner Leute noch so sicher wäre. Ohne die „avisirenden" meldenden, anleitenden Gardisten wäre übrigens der Dienst kaum zu leisten. Der Gefreite, welcher Posten aufführt, kennt ja den

Die Burgmusik.

Hausbrauch nicht und selbst der, jede Nacht mehrmals „visitirende" Wachofficier braucht einen Wegweiser, soll er sich nicht verirren.

Die Aufgabe des „Schnarrpostens", das heißt, des vor dem Schranken der Hofburgwache stehenden Soldaten, ist außerordentlich schwer — ja mit der geringen Erfahrung, mit der unentwickelten Geistesgegenwart und Umsicht eines Infanteristen oder Jägers fast unvereinbar. Die Stufenleiter der Ehrenbezeigungen und die Kennzeichen der zu Ehrenden sind fast ebenso verwickelt, wie die Stufenleiter der militärischen und staatlichen Würden. Die hochgestellten Anlässe zu Versehen, Mißgriffen und Versäumnissen fahren zumeist plötzlich und im schärfsten Trab, bald von links, bald von rechts daher und besonders jene, welche vom äußeren Burgplatze hereindröhnen, würden ebensoviele verhängnißvolle Ueberfälle darstellen — wenn nicht ein „Avisoposten" vor dem Thore und eine äußere Officiers-wache rechtzeitige Warnungszeichen gäben. Darum auch steht neben dem Schnarr-posten als Merker und Warner ein erfahrener Unterofficier und am gespanntesten merkt, am eifrigsten warnt der befehligende Hauptmann und sein Lieutenant.

Unser Kaiser und Herr kann unbewacht sein Haupt in jedem Palaste und in jeder Hütte seines weiten Reiches sicher zur Ruhe legen; sein ganzes Volk bildet seine Wache. Darum denkt auch die Hofburgwache wohl nur mit Neben-gedanken an abzuwehrende F e i n d e und all' ihre spähende und aufpassende Thätigkeit ist hauptsächlich darauf gerichtet, daß ihr mit den F r e u n d e n kein Malheur passirt.

Die Ablösung dieser Wache bildet nun seit undenklichen Zeiten eine Art Volks-fest. Schon draußen, in der Vorstadt, wo die Hauptwache in irgend einer Kaserne zusammengestellt wird, sammelt sich ein Schwarm neugieriger Zuschauer. Einst-weilen starren sie mit gespannter Aufmerksamkeit das geschlossene Thor an. Die Flügel thun sich endlich auf und das Fest beginnt. Mit klingendem Spiele marschirt die Wache gegen die Stadt. Wie eine Lawine wächst auch das begleitende Volk. Man kann nicht gerade behaupten, daß sich besonders Hofräthe oder Großgrund-besitzer an diesem Aufzuge betheiligten; auch nicht ausschließlich oder vorherrschend solche Menschen, welche der Arbeit nachjagen, daß sie adelt und erhebt. Vielmehr findet sich da zusammen, erstlich alles, was freiwillig „vazirt" — brodlose Kellner, entlassene Commis, überzählige Handwerksgehilfen — dann aber, und zwar in überwiegender Zahl „Strobter," „Strizzi" und „Pülcher," der echte „Wiener Piz" und nur ganz selten schwingt hie und da ein harmloser „Schusterbub" auf musikalischem Umwege seine auszutragenden Stiefel oder Schuhe. Es ist eine schwere Menge — leichter Gewissen und eine trübselige Summe von dunklen, wenn auch kurzen Vergangenheiten, welche da in Gestalt nicht gerade schlecht, aber mit einer gewissen, volksthümlichen Verwegenheit gekleideter junger Männer vorüber-zieht. Fröhlichen Gesichts, strammer Haltung marschiren sie und solange die leichtfertigen Weisen der Regimentsmusik ertönen — man sieht's, so lange fühlen sich diese armen, schlimmen Leute auch als „wer"; sie vergessen ihres Harms und genießen wenigstens einen Schein von Freude, da die echte Freude doch nur für brave Thätigkeit käuflich ist. Ein Lümplein mag lustig sein; die Freude ist ihm fremd.

Der gemischte Aufzug: die festlich gekleidete Truppe und ihr seltsamer Troß trifft auf dem Franzensplatze der Hofburg ein. Nun beginnt geheimnißvolles Thun. Die Ablösung geht vor sich. Nach allen Thoren und Thüren der Burg marschiren Gefreite mit den Ablösern und während sie im Innern verweilen und bis sie wiederkehren, spielt die Musik einige Tonstücke. Fremde mischen sich neugierig in das Gedränge. — Nach einer halben Stunde rückt die alte Wache nach Hause und der Volkshaufe gibt ihr bis in ihre Kaserne das Geleite. Dies ist der Verlauf der berühmten „Burgmusik".

Paraden sieht der Wiener für sein Leben gerne. Wir haben daher eine der schönsten, wichtigsten und sehenswürdigsten, bei welcher der Kaiser seine Truppen im wunderschönen Mai besichtigt, an andrer Stelle geschildert. Diese Parade theilt das Jahr. Den ganzen Winter hindurch beherrscht der Gedanke an sie alle Gemüther, alle Thätigkeit, alle Uebungen. Gleich nachdem die Recruten freigesprochen worden, also vom 1. December an, wird jeder schneefreie Tag benützt und die Schmelz gerablinig und stramm durchschritten, so oft es nur die Umstände erlauben. Erst nach jenem Hauptstücke der Thätigkeit beginnt im Umkreise von Wien und besonders im „Bruckerlager", wohin abwechselnd die Brigaden verlegt werden, die eigentliche, kriegerische Schule.

So arbeitet die militärische Maschine jahraus, jahrein; die höheren Commanden heizen sie; das Reichskriegs-Ministerium liefert den Brennstoff, dann die Maschinisten und es besorgt alljährlich die Answechslung des Rohstoffs und wo man auch immer die Theile dieser Maschine betrachtet, sind sie interessant, mag man die Artillerie auf ihrer Simmeringerhaide, die Pionniere in Klosterneuburg, die technischen Uebungen bei Breitensee, die Werkstätten im Arsenale, die Kriegsschule, das Militär-Comité, das Reitlehrer-Institut, das Militär-Geographische Institut, mag man endlich die Centralstellen des Heeres und der Landwehr in's Auge fassen und vor Allem das Reichskriegs-Ministerium selbst, dessen zahlreiche Arbeits- und Hilfskräfte jeden Morgen mit ernsten, sorgenvollen Gesichtern dem „Kriegsgebäude" zuwandeln, um es zwischen 3 und 4 Uhr Nachmittag wieder ernst und sorgenvoll zu verlassen.

Der Tod macht den Schlußpunkt. Einmal muß der Mensch sterben und wenn er als activer Soldat im Frieden oder als Officier des Ruhestandes stirbt, so bekommt er einen „Conduct". Wer etwa vor dem Schottenthore oder an der Simmeringer-Linie wohnt, kann — fast möchte ich sagen, täglich militärische Begräbnisse, bei welchen jedesmal die Stärke der begleitenden Truppen, nach der Stellung des Verstorbenen bemessen ist, beobachten. Vom nahen Garnisonsspitale gehen sie aus. Vor der Votivkirche, oder in Simmering wird den Officieren und den vor dem Feinde gedienten Soldaten „in's Grab geschossen", der Leichenwagen mit Kreuzträger und „Spalier" zieht dann allein dem Friedhofe zu; der „Conduct" aber marschirt mit lustigen Märschen der Regimentsmusik nach Hause: eine uralte Sitte voller Pietät und ohne nachwirkende Gefühlsduselei. Wer den Tod nicht scheuen darf, für den wären weinerliche Todtengebräuche nicht geeignet. Dem todten Kameraden ernst und herzlich die letzte Ehre erwiesen und dann wieder hinein in das frisch pulsirende Soldatenleben!

Anschlag - Uebungen.

Der „Liebe" und der Contremine Wesen.

Von der Börse.

Isidor Fuchs.

Der stolze Chef der Schrankenfirma und der Galopin, welcher dem allseitig ehrfurchtsvoll Begrüßten den Schlag der wappengeschmückten Equipage öffnet; der einflußreiche Disponent des großen Credit-Institutes und der kleine Subagent, welcher von dem Antlitz des „Eingeweihten" abzulesen sucht, ob etwas und was „in der Luft liegt"; der im Gefühle seiner amtlichen Autorität würdig einherschreitende beeidete Sensal und der ewig nervöse Großspeculant mit der Devise „Fix oder nix" — sie Alle sind Leute von der Börse.

Nach einer weit verbreiteten Anschauung führen alle diese Menschen das schönste Leben, haben den lieben langen Tag nichts zu thun, als im Sommer drei, im Winter vier Stunden in einem schönen Saale an den griechischen Säulen zu lehnen und die großen grauen Goldsäcke weit offen zu halten, damit von dem ewigen Ducatenregen nichts daneben falle.

Solche Vorstellungen durch eine sachgemäße Erörterung der Verhältnisse des Wiener Geldmarktes zu berichtigen, kann nicht der Zweck dieser bescheidenen Skizze

sein. Uns genügt ein orientirender Blick von der Galerie auf die meiningerisch
bewegten Massen zu beiden Seiten des „Schrankens".

Mit dem vierten Theile der Lungenkraft, welche hier aufgewendet wird, um
25 Stück „Alpine" an den Mann zu bringen, würde ein Athem-Oekonom für die
große Rede des Demetrius vor dem polnischen Reichstag leicht das Auslangen
finden. Reicheres Stimmaterial braucht kein Darsteller des Marc Anton, um die
„Mitbürger, Freunde, Römer" nach seinem Sinne umzustimmen, als jener kleine
Mann dort besitzt, vor dessen Machtgebot „Egyptier" und „Lombarden" sich neigen,
der die wilden Stämme der „Buschti B" im Zaume hält, der jetzt die Salgo-
Tarjaner erhebt, im nächsten Augenblicke die Rima Muranyer erniedrigt; ja sein
Machtgebiet reicht von der wild bewegten Valuta bis zu dem Amazonenstrom der
freien Speculantinnen, welche in der Nähe des Börsenpalastes fieberhaft erregt
den „letzten Cours" erwarten.

Mit all' seinem Einfluß kann aber jener kleine Mann und große Speculant
dem Treiben Tippo-Tip's nicht Einhalt gebieten. Wer ist Tippo-Tip? An
welcher Stelle des Saales hält er sich gewöhnlich auf? Ueberall und nirgends.
Man hat mit einem Geschäftsfreunde eine recht dringende Angelegenheit zu
besprechen, plötzlich fühlt man sich an der Schulter berührt oder hinter dem Ohre
gekitzelt. Man wendet sich rasch um — Niemand ist zu sehen, gleichzeitig gehen
X., Y. und Z. an dem „Getippten" vorüber. Tippo-Tip ist verschwunden. Man
begreift, daß Tippo-Tip nicht eine Person ist, sondern die gewöhnlichste Form
des „Börsenwitzes", dessen edlere Blüthen sogar literaturfähig geworden sind.

Zur Zeit, als in den Wiener Journalen das Genre der Wochenplaudereien
noch beliebt war, schloß fast jede dieser leichten Causerien mit einem frisch geprägten
Bitzwort von der Börse. Jedes markante Ereigniß in der großen Welt oder in
der Localgeschichte wird am Schottenring mit einer mehr minder prägnanten sati-
rischen Note versehen. Je kühner der Kalauer, desto willkommener. Nur an der
Börse können „Bitze" entstehen gleich dem am Tage von Bismarck's Rücktritt
entstandenen: „Bismarck litt Schiffbruch am Cap—rivi."

Mit dem Kaufen und Verkaufen von Werthpapieren, dem Colportiren
„schlechter Bitze" und ungedruckter Tagesneuigkeiten ist aber die Thätigkeit des
Wiener Börsenbesuchers noch lange nicht erschöpft. Kaum ein Tag vergeht, ohne
daß ein neuerfundener Zauberapparat, sei es ein „magischer Spritzring" oder ein
„Zündholzbehälter mit Zitherklängen" die allgemeine Aufmerksamkeit von dem
Ernst des Geschäftes ablenkt. Eine halbe Stunde, nachdem die „Neuheit" aufgetaucht
ist, befinden sich hunderte von Exemplaren bereits in festen Händen. Das „Cri-Cri",
das „Pst-Pst" und ähnliche Erzeugnisse einer verfeinerten Cultur — vom Schottenring aus nahmen sie ihren Siegeszug durch die Bezirke Wiens.

Um gerecht zu sein, dürfen wir auch nicht unerwähnt lassen, daß es nicht
immer „leichte Reizungen" sind, bei welchen die Börse den Ton angibt. So
manche segensreiche Agitation für wohlthätige Zwecke hat von den Stufen des

„Fest auf Berlin."

Börsenpalastes ihren Ausgang genommen. Auf diesen Stufen und in den Hallen wird jahraus jahrein gesammelt. Die Wiener Börse hat eine sprichwörtlich leichte Hand — das wissen Alle, welche in die Lage kommen, zu Gunsten einer nothleidenden Familie oder einer vom Schicksal hart getroffenen Classe von Mitbürgern die öffentliche Mildherzigkeit anzurufen.

In bewegter Zeit sind die in aller Stille veranstalteten Collecten zum Zwecke der Verhinderung des „Ausbleibens" rücksichtswürdiger Börsenbesucher an der Tagesordnung. Vor der „schwarzen Tafel", vor dem „Ausgeläutetwerden" ist durch collegiale Hilfe im rechten Augenblicke schon so Mancher bewahrt worden, welcher heute als „bombenfeste Bankfirma" Ehr' und Ansehen genießt. Um seinen Verpflichtungen nachzukommen, verkauft der Börsenmann Uhr und Kette, Ring und Nadel, das letzte Bracelet seiner Frau. Alles sei verloren, nur das Vertrauen nicht — das ist seine Devise. Die Fälle des „Ausbleibens auf Speculation" sind ganz vereinzelt.

Durch den Umstand, daß alle Börsengeschäfte „auf's Büchel" abgeschlossen werden, fällt dem Vertrauen hier eine weit bedeutsamere Rolle zu als bei irgend einem anderen Zweige des modernen Geschäftsverkehres. Vertrauen hat aber genaue Kenntniß der Person und der Lebensverhältnisse des Anderen zur Voraussetzung. Man darf sich also nicht darüber wundern, daß an der Wiener Börse der X vom

25*

Y) und der Y) vom Z „Alles weiß"; ob der „Anglo A." gestern in der Oper war und warum, ob der „Staatsbahn-F." diesen Sommer nach Vöslau geht und warum nicht nach Ischl, ob die Poker-Partie beim „Tabak-L." sich in Frieden aufgelöst hat oder in Groll zerstob — das Alles und noch viel, viel mehr weiß die „Welt". Was wäre auch) das Kaffeehausgeschäft ohne pikante Bonmots vom lieben Nebenmenschen! Und verlohnte es sich wohl die Mühe, bis in die späte Nachtstunde auf „Frankfurt" oder „Paris (Boulevard-Verkehr)" zu warten, wenn man nicht über die Länge der Stunden durch eine Art Decamerone der „Coulisse" hinweggetäuscht würde.

Es gibt freilich auch Tage, an denen die Spaßmacher und Geschichten-erzähler zum Schweigen verurtheilt sind, z. B. die Tage der Verkündigung der Creditactien Dividende. Gegen sechs Uhr Abends, da die Spannung ihren höchsten Grad erreicht hat, muß in der Regel Sicherheitswache aufgeboten werden, um vor den Börsen-Cafés Passagestörungen zu verhindern. Endlich kommt der „schweißbedeckte Courier" vom „Hof", welcher nur noch die Kraft besitzt, die Dividendenziffer zu nennen und dann trostlos in den Semmelkorb bei der „Cassa" stürzt. Eine kleine Melange wirkt Wunder und der wieder in den Vollbesitz seiner Elasticität gelangte Galopin stürzt auf's Telegraphenamt, um der Menschheit von Stockerau bis Hammerfest, von Meidling bis Sydney die große Kunde mitzutheilen.

Die armen Galopins! Seitdem es an der Börse ein Telephonbureau gibt, in welchem ebenso gewandte als liebenswürdige Vorsprecherinnen und Verbinderinnen ihres Amtes walten, ist die „gute Zeit" für die Läufer vorüber. In wenigen Secunden erreicht die Botschaft vom Schottenring die Höhe des Semmering-Hotels, im Nu wird von dort aus die Kauf- oder Verkaufordre gegeben — und dazu hört man die Nachtigall tirilliren, und badet die Brust in würziger Waldesluft. Davon hatten sie freilich keine Ahnung die hundert Geldmakler, welche zur Zeit der Arnstein und Eskeles in dem bescheidenen Gelasse eines Hauses der Renngasse von sich sagten: Die Wiener Börse — das sind wir!

Noch sei mit einem Worte der Börse für landwirthschaftliche Producte (Frucht- und Mehlbörse) gedacht, welche ihren Sitz in einem von Prof. König gebauten, 1890 vollendeten Prachtbau in der Taborstraße hat. Die Leopoldstadt vermißte die jovialen Herren Kornonkel, welche ehedem im Café Stierböck an der Ferdinandsbrücke ihr Rendezvous hatten, die Jahre her recht schmerzlich. Nun sieht man jeden Samstag wieder in den Straßen des zweiten Bezirkes die Pro-ducenten und Fruchthändler aus den benachbarten Bezirken Ungarns und Mährens. Unter der „Halina" (slovakisches Kleidungsstück) birgt so mancher recht unscheinbar aussehende „Provinzhussar" eine „Ziehharmonika" (Brieftasche), welche allerliebste Stückchen spielt und ein allezeit „dankbares Publikum" findet. Einmal im Jahre interessiren sich auch weitere Kreise für die ansässigen und die zugereisten Korn-

Onkel. Das ist in den letzten Augusttagen zur Zeit des internationalen Saaten-
marktes. Die Mehrzahl der Gäste bleibt nach Abschluß der Geschäfte noch einige
Tage in unserem lieben Wien, welches trotz aller Schimpferei gewisser, mit ihrer
Grobheit kokettirender Localpatrioten den Fremden noch immer besser gefällt, als
jede andere deutsche Stadt. Mit den Schwalben verlassen uns auch die Korn-
Onkel. So oft sie wiederkehren, sollen sie uns willkommen sein.

„Ein guter Witz.“

Wie die Zeitung gemacht wird.

Von

L. v. Thaler.

Es schlägt vier Uhr Nachmittags. Die Fenster in der Redaction stehen weit offen, um Dampf und Dunst hinauszulassen. Das Abendblatt ist erschienen und feierliche Stille herrscht in allen Räumen. Im Vorzimmer sitzt ein Diener und schlummert sanft in dem Bewußtsein, daß ihm die wichtige Aufgabe zugefallen, die Scheeren, Tintenzeuge und Arbeitsröcke zu bewachen. Der Schläfer wird jedoch plötzlich grausam gestört; in stürmischer Eile, die Thüre weit aufreißend und donnernd hinter sich zuschlagend, stürzt ein Localreporter herein. Er ist der Erste im Bureau, denn er hat Viel zu thun. Mittags ist ein Mord, ein Unglück geschehen. Soeben war er bei der Polizei, um möglichst genaue Einzelheiten zu erfahren. Nun schreibt er sie in fliegender Haft nieder, weil er in einer Stunde wieder fortrennen muß, um einen Augenschein vorzunehmen. Seine Feder jagt über das Papier, ohne sich viel um Styl zu kümmern, und wenn ihm die Sprache Hindernisse bereitet, setzt er wie ein Rennpferd darüber weg. Während er darauf los arbeitet, tritt der Redacteur der Tagesneuigkeiten ein, sieht ihm über die Schulter und ruft: „Genug, genug! Wir können doch nicht eine ganze Spalte mit Ihrem Bericht füllen. Fahren Sie lieber gleich hinaus nach Meidling — dort brennt es!" Im nächsten Augenblick stürmt der Reporter davon und wirft im Vorzimmer einen Collegen fast über den Haufen.

Der schreitet lang-
sam, mit ernster Miene
an seinen Schreibtisch
und beginnt sehr be-
bächtig zu schreiben. Er
ist der Börsenbericht-
erstatter und muß jedes
Wort überlegen. Seine
Artikelchen haben viel-
leicht die wenigsten Leser,
aber diese werden nicht
gezählt sondern gewogen.
Er hat mannigfache Rück-
sichten zu nehmen, und
die Variationen, welche
er über die Themata
des Courszettels liefern

Der Metteur en pages.

muß, wollen trotz ihrer Kürze sorgfältig verfaßt sein. Trotzdem wird er stets
früher fertig wie alle Genossen, und wenn diese kommen, wäscht er sich bereits die
Hände in Unschuld und geht nach Hause oder in ein Theater, denn seine Abende
sind allzeit frei.

Während die Offenbarungen der Börse in die Druckerei geschickt werden,
beleben sich die Redactionsräume. Aus dem Landesgerichte und dem Rathhause
eilen die Berichterstatter herbei. Der Eine hat heute einer endlosen Verhandlung
wider eine Hochstaplerin beigewohnt und kaum Zeit zu einem Mittagessen mit
Eilzugsgeschwindigkeit gefunden. Nun verlangt er einen breiten Platz für „seinen"
Proceß und zankt mit dem Leiter des localen Theiles über hundert Zeilen mehr
oder weniger. Der Andere, der eben mit einigen Gemeinderäthen seine Gedanken
ausgetauscht hat, bemüht sich eine communale Angelegenheit zu beleuchten, bringt
einige Witze an und seufzt dabei ahnungsvoll: „Die werden mir wieder gestrichen
werden!"

Unterdessen ist es sechs oder sieben Uhr geworden. Die Abenddepeschen liegen
bereits vor, die politischen Redacteure erscheinen Einer nach dem Andern. Sie
gehen nicht gleich an die Arbeit, denn erst muß ein wenig gestritten werden. Das
belebt, frischt auf, entschädigt für die Eintönigkeit der Beschäftigung. Auch bei
dem gleichen Blatte hat Jeder über jede Frage seine eigene subjective Ansicht und
macht sie mit kräftiger Stimme geltend. Es ist eine Eigenthümlichkeit der Journalisten, daß sie leidenschaftlich gern debattiren und dabei nicht Einer nach dem
Andern, sondern Alle zugleich sprechen, richtiger schreien. Sie denken frei nach
Napoleon dem Ersten: Gott ist immer auf Seite der starken — Lungen. Ein
Fremder, der unversehens eintritt, dürfte leicht in den Irrthum verfallen, daß er

einen Zusammenstoß erbitterter Gegner schlichten müsse, und er würde sich nicht wenig wundern, wenn er fünf Minuten später sehen könnte, wie die Streitenden von früher jetzt still und fleißig an ihren Tischen sitzen, Correspondenzen und Telegramme redigiren, kurz eifrig bestrebt sind, die Spalten des Blattes zu füllen. Das geht nicht immer so leicht, denn die Zeitung ist ein gefräßiges Ungeheuer, welches viel Futter braucht, und der Metteur-en-pages, der die Manuscripte einsammelt, erscheint fortwährend, um neuen Stoff zu holen. Er gleicht dem Heizer einer Dampfmaschine, der beständig Kohlen nachschüren muß; die Kohlen aber müssen die armen, geplagten Journalisten auch dann liefern, wenn der Tag arm an Neuigkeiten ist.

Zwischen sieben und neun Uhr Abends, wenn andere Menschen ihrem Vergnügen nachgehen oder mindestens das natürliche Bedürfniß der Erholung befriedigen, herrscht in der Redaction die schärfste Thätigkeit. Sowohl das „Inland" wie das „Ausland" bemühen sich, die eingelaufenen Nachrichten zu ordnen, zu erläutern, das Bemerkenswerthe herauszuheben, diese Meldung mit Genugthuung zu verzeichnen, gegen jene zu polemisiren. Langsam wächst der politische Theil des Blattes empor; ein Manuscript nach dem andern, manches auf die Hälfte verkürzt, wandert in den Setzersaal, um dort in kleine Streifen zerschnitten und vertheilt zu werden. In einem Winkel, wo er sich vor Störungen — oft vergebens — gesichert wähnt, sitzt ein würdiger Herr und schreibt einen Leitartikel. Wohl ihm, wenn er mit dem Stoff, den er behandeln muß, vertraut ist. Dann fördert er die Arbeit rasch und hat manchmal das Bewußtsein, aufklären und nützlich sein zu können. Aber zuweilen geht es ihm wie dem Doctor Faust: Er muß Andere lehren, was er selbst nicht weiß. Das wurmt und hindert ihn. Nur wenn er leichtsinnig ist, tröstet er sich mit dem Gedanken: Die meisten Leser merken es doch nicht. Sonst martert er sein Gehirn und wühlt in der Redactionsbibliothek, um sich über die Angelegenheit, welche ihm der electrische Draht vor einer Viertelstunde an den Kopf geworfen, näher zu unterrichten. Ein merkwürdiger Zufall fügt es jedoch fast regelmäßig, daß das Buch, welches er just braucht, nicht zu finden ist, — und über die verlorene Zeit jammernd, kehrt er an seinen Schreibtisch zurück. Am andern Morgen wundert er sich oft selbst, daß er so viel von seinem Gegenstande wußte.

Da haben es die Collegen vom volkswirthschaftlichen Theile besser. Sie rechnen nur mit bekannten Größen. In ihrer Welt, in der Welt der Directoren und Verwaltungsräthe, sind sie die angesehensten, wohl auch gefürchtetsten Mitglieder des Journalistenstandes. Wohl und Wehe finanzieller Unternehmungen hängen von ihren Federn ab, und wenn sie die Sonne ihrer Gnade auf eine Actie scheinen lassen, kann diese die schönsten Hausseblüthen treiben. Sie stehen in beständigem Verkehr mit Finanzmännern und in den Abendstunden, in denen die Redaction von sonstigen Besuchern verschont wird, empfangen sie hie und da Mittheilungen von großer Wichtigkeit, welche einflußreiche Herren persönlich überbringen. Das Zimmer, in welchem sie arbeiten, ist von einem geheimnißvollen Zauber erfüllt, den ein lautes Wort zerstören würde. Sie flüstern oft leise miteinander und verstummen, sobald ein nicht in ihrer Rubrik beschäftigtes Mitglied der Redaction in ihre Nähe kommt, oder sie beginnen ein Gespräch über Kunst und Literatur.

Gegen zehn Uhr beginnt sich das Bureau zu leeren. Nur wenn der Reichsrath versammelt ist, muß der Redacteur des „Inland" bis Mitternacht und selbst länger anwesend sein, um den stenographischen Sitzungsbericht druckfertig zu machen.

Rotations-Maschine der „Neuen freien Presse".

Er bedarf eines starken Pflichtgefühls, um nicht einzunicken. Während er die Parlamentsreden zur Verzweiflung der Abgeordneten kürzt, kommen die Kritiker aus den Theatern und werfen, hungrig und durstig wie sie sind, also meist in grimmiger Stimmung, die Notizen über erste Vorstellungen, Debuts und Neubesetzungen des Abends hin. Ihr Protagonist, der Burgtheater-Recensent, ist gewöhnlich zugleich Feuilletonredacteur, beinahe immer ein Mann von literarischer Stellung, dessen Namen man kennt. Er nimmt die Sonnenseite des journalistischen Berufs ein, hat weniger Plage und längeren Urlaub als die Collegen, wird viel umschmeichelt und wenn er darauf besteht, von jungen Schauspielerinnen auch geliebt. Er weiß, wenn er sich nach einer Première auf den Richterstuhl setzt, daß der Verfasser wie die Darsteller seinem strengen Spruch mit Zittern entgegensehen, und die zehn oder fünfzehn Zeilen, die er zwischen Theater und Nachtmahl verfaßt, übergibt er dem Setzer mit der Miene eines Mannes, der eine Staatsschrift beendigt hat.

Sobald auch die Kritiker gegangen, bleibt meist nur noch ein einziger Mann in der Redaction, der allerdings auch als letzter erschienen ist: der Chefredacteur. Er muß auch dann verweilen, wenn er nicht selbst den Leitartikel schreibt, denn er hat die Oberaufsicht über das ganze Blatt. Er liest den politischen Theil und das Feuilleton im Bürstenabzug und ändert, was ihm nicht gefällt. Manchmal ändert er aus keinem anderen Grunde als dem, weil es den Menschen freut, seine Macht auszuüben. Der Metteur-en-pages bringt ihm den „Spiegel" (das Inhaltsverzeichniß mit Angabe der Zeilenzahl bei jedem Aufsatz), und da fast immer mehr gesetzt wird, als eine Nummer fassen kann, so entscheidet der Chefredacteur, was zu „kommen", was für den nächsten Tag zu warten habe. Darüber wird es Mitternacht. Die letzten Telegramme laufen ein; der Chef prüft, ob sie nicht mit einem Artikel in Widerspruch stehen. Ist das der Fall, und der elektrische Draht bereitet den Journalisten häufig solche unerwünschte Ueberraschungen, dann gilt es, in aller Schnelligkeit die Uebereinstimmung zwischen dem Artikel und der Depesche herzustellen. Manchmal ist das einfach nicht möglich; dann sieht sich der Chefredacteur gezwungen, zu dem letzten heroischen Mittel zu greifen: der Artikel bleibt wie er ist und das widerborstige Telegramm erhält die Ueberschrift: „Nach Schluß des Blattes". Früher ist es wohl vorgekommen, daß noch in später Nachtstunde ein Artikel geschrieben ward, aber die Setzer haben dieser Selbstqual allzu eifriger Herausgeber ein Ziel gesetzt durch den Beschluß, in gewöhnlichen Zeitläuften nach Mitternacht nicht mehr zu arbeiten; — und den Setzern mußten sich die Gewaltigen der Presse beugen.

Mit dem Chefredacteur theilen noch einige Unglückliche den Genuß der nächtlichen Thätigkeit. Sie haben sich mit schwerem Herzen von dem letzten Glas Bier getrennt, um in einem oft unmittelbar an die Druckerei stoßenden, seltsam duftenden Zimmer ihrer Pflicht zu genügen. Da sitzen sie in verdrießlichem Schweigen, den Rothstift in der Hand, die Herren Correctoren, um die Irrthümer zu verbessern, welche die fehlgreifenden Finger des Setzers begangen. Der Corrector ist manchmal ein gescheiterter Journalist und in solchem Fall überzeugt, daß er den Aufsatz, den er von Druckfehlern reinigen soll, selbst viel besser geschrieben hätte. In diese Vorstellung vertieft, übersieht er die schönsten Druckfehler, über die des anderen Morgens das Publicum lacht und der Verfasser wüthet. Zwar wird der Abzug noch von anderen Augen kritisch geprüft, denn auch der verantwortliche Redacteur muß ihn lesen. Aber er hat nicht die Aufgabe, nach Druckfehlern zu fahnden, sondern die schwierigere, jeden Artikel vom Standpunkte des Preßgesetzes zu begutachten und aufzumerken, ob der oft sehr nöthige Eiertanz zwischen

dessen Paragraphen ohne Anstoß ausgeführt sei. Obwohl unter Tags vielleicht
der beste Mensch, wird er im Dunkel der Nacht zum Mörder; er erwürgt neu-
geborene Gedanken. Unsichtbar hebt sich hinter ihm die Gestalt des Staatsanwalts,
um ihn anzuspornen, und oft dünkt es ihm selbst, als führte ihm eine andere
Hand die Feder, wenn er ein kühnes Wort in einem dicken Strich erstickt.

Ist seine Arbeit gethan und hat er sich beruhigt zu Bett gelegt, dann
beginnen die Stereotypeure die ihre. Ein durchdringender Gestank wie von
brennendem, schwefelbelegten ranzigen Speck erfüllt das Haus und bald folgt das
Rollen und Stampfen der Pressen: das Morgenblatt ist im Werden. Bogen um
Bogen fliegt aus den Maschinen, Berge von bedrucktem Papier häufen sich an:
die erste fertige Nummer wird sofort an die Behörde geschickt. Unterdessen ist das
ewig Weibliche massenhaft in die Druckerei eingerückt. Zuerst die Falzerinnen,
welche dort, wo die Maschine das nicht durch eigene Vorrichtung selbst besorgt,
die einzelnen Exemplare zusammenlegen. Dann wimmeln die Austrägerinnen heran,
welche den Abonnenten die Zeitung in die Wohnung zu bringen haben. Schön
sind sie nicht, jung sind sie in der Regel auch nicht, in den Wintermonaten sehen
sie aus, als wollten sie sich einer Nordpolexpedition anschließen. Arme Geschöpfe!
Lang vor Tagesanbruch haben sie ihre weit entlegene Wohnung verlassen, in Regen
und Sturm, Kälte und Roth stapfen sie daher und harren nun in schneidender
Morgenluft des Augenblickes, in dem ihnen ihr Zeitungspack auf den Arm gelegt
wird und sie damit fortlaufen können, kreuz und quer durch die Gassen, Treppen
auf, Treppen ab.

Aber nicht immer ist es den Troßweibern des Journalistenheeres beschieden,
die Zeitung ihrer Bestimmung zuzuführen. Es gibt eine Romantik in ihrem
Dasein, es gibt dramatische Zwischenfälle im Zwielicht. Mit der Staatsanwaltschaft
dunkeln Mächten ist kein ewiger Bund zu flechten. So eifrig der verantwortliche
und der Chefredacteur Alles beseitigt haben, was ihnen etwa bedenklich erschien,
die Preßbehörde entdeckt manchmal doch eine mißliebige Aeußerung und das
Unglück ist fertig. Lustig werfen noch die Maschinen Nummer auf Nummer aus,
da zeigt sich die Gestalt eines Polizeibeamten, am Thore pflanzt sich ein Sicherheits-
wachmann auf; die Katastrophe bricht herein. In hastiger Eile wird im Namen
des Gesetzes das Eigenthum der Abonnenten zusammengerafft, ballenweise auf den
vor dem Thor bereitstehenden Wagen geladen und der Vernichtung entgegen-
gefahren. Die Austrägerinnen zerstieben; Eine oder die Andere, geübt und erfahren
in solchen Abenteuern, weiß ein paar Dutzend Exemplare zu retten und so der
Behörde ein Schnippchen zu schlagen. Die Hauptmasse der Auflage aber ist unwieder-
bringlich verloren; geistige Arbeit, Mühe und Kosten — Alles dahin.

Der Chefredacteur, der eben in süßen Träumen ruht, wird durch einen
Boten aus dem Schlafe geweckt. Man pocht heftig an seiner Thür, er fährt
empor und ruft: „Was gibts?" — „Die Zeitung ist confiscirt worden," tönt

die Antwort zurück. Confiscirt! So lautet häufig genug die lakonische Grabschrift einer Journalnummer. Der Staatsanwalt weiß zwar selten, wie die Zeitung gemacht wird, aber desto besser, wie man sie umbringt. Zuweilen wird die Beschlagnahme vom Landesgerichte aufgehoben. Was nützt's? Kann man den Lesern einen vierzehn Tage alten Artikel vorsetzen? Er wäre ungefähr ebenso schmackhaft wie ein gleich alter Braten.

Zeitungsausträgerinnen.

Der 18. August im Prater.

Von

Ferd. Groß.

Ein Festtag ist's — nicht roth im Kalender, aber mit der Farbe der Freude angezeichnet im Gedenken jedes Oesterreichers! An einem 18. August — im Jahre 1830 — wurde Franz Josef I. geboren, derjenige Monarch, der heute in Europa wohl der populärste genannt werden darf. An jedem 18. August jubilirt Wien und sagt jauchzend dem Landesvater, wie tief es ihn in's Herz geschlossen. Der lebensfreudigen Art des Wieners gemäß, bekundet die Feststimmung sich weniger in Rührung, weniger in prätentiös ernsthafter Kundgebung, als in froher Laune, in der Laune des Glückes und wunschloser Zufriedenheit. Der Wiener hegt ein angeborenes Bedürfniß, seiner natürlichen Frohsinne Heiterkeit zu leihen; aber die gute alte Zeit seiner weltberühmten, sprichwörtlich gewordenen Lustigkeit ist vorüber — er hat lernen müssen, harte Arbeit über den leichten Genuß zu stellen, und nicht mehr ist's jeden Tag Sonntag, und nicht mehr dreht immer am Herde sich der Spieß . . . Aber hie und da macht seine innerste Beschaffenheit sich doch Luft, es muß heraus, was in ihm wohnt an verhaltenem Jauchzen, an gedämpfter Jubelseligkeit. Eine der wenigen Gelegenheiten zu solcher Emanation liefert ihm der 18. August, unseres Kaisers Geburtstag! Da mag er sich endlich wieder einmal gehen lassen, da legt er sich keinen Zügel an, und wenn er sonst unaufhörlich über seine Vaterstadt raisonnirt, am 18. August erscheint sie ihm in rosigem Lichte, er möchte Jeden und Jede umarmen; auf einen Bruderkuß mehr oder weniger kommt es ihm nicht an.

Der 18. August, das ist ein Datum, vor welchem die Unterschiede der Gesellschaft schweigen, die Abstände zwischen Jung und Alt, zwischen Reich und Arm, zwischen Mann und Weib. Bei den Schulkindern fängt das Glück an, und noch der zitternde Greis, der schon mit einem Fuße in der Grube steht, lenkt in den Morgenstunden des 18. August seine ersten Gedanken auf den ritterlichen Kaiser, unter dem er gekämpft und das Tapferkeitszeichen sich errungen. Der Aermste segnet den Monarchen, der mit unerschöpflicher Freigebigkeit Wohlthaten

ausstreut, der Reiche fühlt doppelt eindringlich, was er dem gekrönten Beschützer
der öffentlichen Ordnung zu danken hat. Mann und Frau lassen beim traulichen
Familientische die Gläser erklingen, und wenn auch sonst manche kleine Meinungs-
differenz unter ihnen herrscht, sie sind in dem Rufe einig: „Hoch der Kaiser!"

Allüberall, wo das großstädtische Treiben zu Tage tritt, macht die besondere
Physiognomie des 18. August sich geltend. Nicht nur auf dem Exercierfelde, wo
ein glänzendes militärisches Schauspiel sich abwickelt, nicht nur in den Kirchen,
wo die Würdenträger in Galauniform, aber auch fromme Beter im schlichtesten
Kleide, zusammenströmen, um Heil auf das Haupt des geliebten Kaisers herab-
zuflehen — nein, auch dort, wo der Frohsinn seine hohen Wellen schlägt, verlangt
der 18. August sein Recht. Ganz Wien ist voll Heiterkeit, das Traurige liegt
weitab vom Wege — dem Wanderer, der die Straßen durchschlendert, ist, als
höre er aus den Häusern die Stöpsel der Champagnerflaschen knallen, als zöge
durch die Lüfte in breitem Strom der liebgewohnte Klang: „Gott erhalte, Gott
beschütze unsern Kaiser, unser Land" . . .

Wer so recht erfahren will, wie innig die alte Kaiserstadt den Geburtstag
des Herrschers begeht, der wende seine Schritte nach dem Prater. Welche
äußeren und inneren Wandlungen Wien auch durchgemacht hat, der Prater ist
der Gradmesser unserer guten Stimmung geblieben. Mag der Zeitgeschmack ihn —
im Vergleiche mit früheren Tagen — ein wenig in den Hintergrund gedrängt
haben, er spielt noch immer eine bedeutsame Rolle. Ist Wien traurig, so gewahrt
man das unzweideutig an der Physiognomie des Praters; ist es lustig, so spiegelt
er auch diese Verfassung der Hauptstadt wieder.

Am 18. August ist er übergossen von fröhlicher Begeisterung!

In all' seinen Theilen: Haupt- und Feuerwerksallee und Wurstelprater
wimmeln von den ersten Vormittagsstunden an die Leute durcheinander. Man
geht und fährt und reitet, die Gast- und Kaffeehäuser sind überfüllt, und während
das Publicum schon jedes Plätzchen, jede Bank, jeden Stuhl in Beschlag genommen
hat, wird an die Ausstattung des Praters die letzte Hand angelegt. Fahnen und
Schilde, Blumen und Lampions, bunte Bänder und Transparente mit Inschriften,
alle erdenklichen Mittel der Decorationskunst helfen mit. Wer da unten ein Gasthaus, ein Vergnügungslocal, eine Schaubude besitzt, will sich nicht spotten lassen.
Das Panorama und die „Seejungfrau", das Carroussel (wienerisch: „Ringelspiel")
und die Taucher, Amanda, die Seherin, und die Riesen und die Zwerge, die
Schießstätte und das Marionettentheater, die Acrobaten und die Damencapelle,
der Wahrsager und der Taschenspieler, der Zeichner ohne Arm und die russische
Rutschbahn — was im Prater merkwürdig ist oder musicirt oder singt oder
zaubert oder mit Centnergewichtern spielt oder sonst irgendwie die Zeitgenossen
verblüffen oder unterhalten will, es tritt am 18. August feiertäglich auf, findet
Mittel und Wege, dem kaiserlichen Geburtstagskinde eine Ovation darzubringen

Mit jeder Stunde mehrt sich die Masse, ein Meer von Menschen ergießt sich in den Prater. Auf Schritt und Tritt drängt sich die fliegende Gelegenheits=industrie an uns heran, sie benützt den Anlaß, um ihre Waare auf den Kaiser

zu taufen. Verbindet der Wiener immer mit dem Worte „Kaiſer" den Begriff
des Beſten — das ſchmackhafteſte, weltberühmte Gebäck nennt er bekanntlich
Kaiſerſemmel — ſo erfindet er für dieſen Tag: Kaiſerbier, Kaiſerwein, Kaiſer-
bretzel; der Hauſirer, der nicht fehlen darf, bietet Kaiſercravatten und Kaiſer-
Manſchettenknöpfe feil, die Meiereien ſchenken Kaiſerkaffee aus, das heiße Kaiſer-
würſtel mit Kaiſerkrenn dampft uns entgegen, Kaiſerchocolade mit Kaiſergugelhupf
winken der ſüßmäuligen Jugend . . . Selbſtverſtändlich bleibt bei einem Wiener
Feſte die holde Tonkunſt nicht aus. Wo ein Ort iſt zur Verſammlung fideler
Gäſte, hat eine Militärcapelle oder ein Civilorcheſter ſeinen Poſten, oder wenigſtens
ein Terzett ſpielt „harbe Tanz" auf; eine „Raunzen" (Violine), ein „pichſüßes
Hölzel" (Clarinett) und eine Harmonika — hie und da, als Viertes zum Quartett-
Bunde das „Poſthörndl", das ſo übermüthig und auch ſo traurig zu klingen
weiß . . . die unterſchiedlichen Weiſen fluthen durcheinander, die Luft im Prater
zittert von Muſik, und ſo oft da und dort die Volkshymne erklingt, erheben die
Leute ſich von den Sitzen, entblößen die Häupter und ſingen es mit, das alte
Lied öſterreichiſcher Vaterlandsliebe und Kaiſertreue: „Gott erhalte, Gott
beſchütze" . . . Nachmittags gegen vier Uhr verſammeln ſich beim Praterſtern
die Militärcapellen, ſtimmen uniſono die Volkshymne an, dann ziehen ſie an ihre
Beſtimmungsorte, ungeduldig erwartet von den muſikfreudigen Wienern.

　　In Wien gibt es keinen Platz für beſtimmte Stände. Excluſivität iſt unſerem
Weſen fremd! Im Prater ſpeciell kann man beobachten, wie die Vornehmſten und
die Geringſten ſich Schulter an Schulter bewegen. Am 18. Auguſt ganz beſonders
entfaltet ſich da unten die bunteſt gemengte Muſterkarte der Bevölkerung Wiens.
Die oberſten Fünfhundert und die unterſten Hunderttauſend wandern brüderlich
nebeneinander. Ehedem war es ſo am 1. Mai. Dieſer hat viel von ſeinem ein-
ſtigen Glanze verloren. Der 18. Auguſt aber behauptet ſich in gewohnter Herrlichkeit; er unterliegt keinem Wechſel der Mode, er iſt das Bleibende im Ver-
änderlichen, und er wird auch ferner beharren — hoffentlich noch lange,
lange . . .

　　Wenn der Abend einbricht, und die Wunder der Illumination weithin ihren
Zauber ausgießen, dann ſteigt die Feiertagsſtimmung zu voller Höhe empor.
Jedes patriotiſche Muſikſtück findet enthuſiaſtiſchen Beifall. Der „Radetzky-Marſch"
wird mit ſtürmiſchem Applaus aufgenommen. Wie oft er am 18. Auguſt im
Prater geſpielt wird, das ſpottet jeder Beſchreibung. Und was im Uebrigen im
Programme der Muſikproductionen recht volksthümlich iſt, erfährt frenetiſche
Zuſtimmung. Strauß' „An der ſchönen blauen Donau" kann kaum zum Worte
gelangen. Gleich die erſten Tacte werden von Beifallsraſerei unterbrochen — die
Capellmeiſter haben ihre liebe Mühe, die Spielenden in Ordnung zu erhalten . . .
Das dauert ſo bis gegen Mitternacht. Dann erſt zieht das Gros der Beſucher
heim. Dichte Gruppen treten, verſehen mit farbig leuchtenden Papierlaternen, den

Rückweg an; sie machen sich das Vergnügen, militärisch zu marschiren, sie singen im Chore, Allem voran natürlich die Volkshymne, und immer von Neuem schwenkt Einer den Hut und ruft es heraus, was Allen im Busen lebt: „Hoch der Kaiser!", und die Anderen fallen ein in diesen Ruf.

Spät, sehr spät erst ist der Prater geleert. Manchmal kündigt sich schon der 19. August an, wenn die Feier des 18. August noch ihre letzten Aeußerungen thut.

„Gott erhalte!"

Stadtumgang: Der Hof und die Garden.

Frohnleichnamsfest.

Von

Hans Grasberger.

Frohnleichnam ist, Frohnleichnamstag!
Da schmückt sich, was sich zu schmücken vermag;
Da geht ein Birkenwäldchen drauf,
Es pflanzt sich an Thüren und Fenstern auf.

Frohnleichnam ist ein blühender Strauß;
Die Kirche zieht in's Freie heraus,
Die Wege werden ihr grün bestreut,
Denn sie verträgt nichts Kahles heut!

Altäre, vier, sind aufgestellt
Mit Ausblick nach den vier Winden der Welt,
An Farben reich und flackerndem Schein —
Das Mohnroth aber ist allen gemein.

Bald Glockengeläut und Fahnenpracht!
Es schmettert der „Marsch", der Böller kracht,
Der Weihrauch kräuselt zum „Himmel" empor,
„Sanctissimum" blinkt darunter hervor.

Und nach den Ornaten die weiße Schaar,
Sie trägt uns die Muttergottes dar;
Jungfräulich ist ihr Ehrengeleit,
So will sie's, die hochgebenedeit . . .

Frohnleichnam ist ein Freuden-, ein Triumphfest der Kirche und das liebste, schönste Volksfest der Wiener — der inneren Stadt. In der That, Stadt und Vorstädte begehen dieses Fest gesondert, als ob die alten Stadtmauern noch stünden, die Erstere am richtigen Kalendertag, die Letzteren am Sonntag darnach. Der Stadtfrohnleichnam ist ein ausgesprochen reichshauptstädtisches, ein kaiserliches Fest, während eben dasselbe in den Vorstädten ein mehr ländliches Gepräge annimmt. Der Jahreszeit nach ist Frohnleichnam in Italien eine Ernte-, bei uns ein Frühlingsfest. Dem Kern und Wesen nach feiert der herrliche Umzug die Transsubstantiation, d. h. die leibhaftige Anwesenheit Christi im Altarsacramente in Brodsgestalt, in der consecrirten Hostie, und die größtmögliche Pracht- und Glanzentfaltung, das Hervorkehren kirchlicher Macht und Sieghaftigkeit ist dem Feste von Haus aus eigen. So wurde das Frohnleichnamsgepränge zum „großen Anlaß," als welcher die Feier namentlich im kaiserlichen Wien und im weiland churfürstlichen München hoch bestaunt worden ist und ungewöhnlichen Ruhm erlangt hat. Es war dies zur Zeit, da noch der barocke Prachtüberschwang über derlei Veranstaltungen ausgegossen war. Raphael's Frescopinsel hat den Frohnleichnam in der „Messe von Bolsena" an der Fensterwand der Stanza d'Eliodoro im Vatican verherrlicht: Ein Priester zweifelt an der Anwesenheit des Leibes des Herrn in der Hostie, die er celebrirend in den Händen hält, und siehe da, die Hostie fängt zu bluten an; der kniende Papst, seine schweizerischen Sesselträger, das versammelte Volk schaut das Wunder und beschämt durch gläubige Zuversicht den Grübler.

Was nun die Frohnleichnamsfeier in Wien anbelangt, so ist der Stadtumgang von den Processionen in den Vorstädten zu unterscheiden. Ersterer zeichnet sich dadurch aus, daß ihn der Kaiser, die Kaiserin, der gesammte Hof, die höchsten Würdenträger, die deutsche wie die ungarische Garde mitmacht. Welche Gemüthsbewegung, welches Aufschauen, welche Augenweide, wenn die Hofwagen zum Vorschein kommen und wenn es heißt: „Der Kaiser kommt!" Er zieht, der Erste hinter dem Himmel, freilich nicht mit Krone und Scepter einher, sondern geht barhaupt im schlichten Soldatenkleid, das er auch in trüben Tagen nicht verleugnet hat, und so auch die kaiserlichen Prinzen, aber sein Gefolge, die Minister, die Geheimräthe, die Garden entfalten in Gold und Farbe erlesene Pracht, und dieser edle, strotzender Ueberfülle abgeneigte Geschmack erstreckt sich auch auf die Hofwagen; manch' eine hocharistokratische Equipage ist mehr „ausgedonnert". Die Auffahrt des Hofes ist gleichwohl ein Hauptaugenmerk des versammelten Volkes, das dicht gedrängt die Tribünen einnimmt, welche den Processionsweg säumen, Fenster und Thüren besetzt hält, längs der Häuserzeilen sich geduldig drängen und drücken läßt und mitunter von waghalsiger, luftigster Höhe herniederblickt. Ein „Graben"-Fenster steigt in diesen Stunden hoch im Werthe; vom heiteren Wesen des Wieners, von der Schönheit, dem Geschmack in Kleidung und Auftreten, von der liebenswürdigen Natürlichkeit der Wienerinnen gewinnt man bei

26*

dieser Gelegenheit den vortheilhaftesten Eindruck und in den Volksgruppen spiegelt sich oft südliche Beweglichkeit und Tactgefühl. Kleine, heitere Zwischenfälle abseits vom kirchlichen Gepränge entfesseln wohl auch den schlagfertigen Wiener Witz; Pracht und Freude ist der Sammlung eben nicht zuträglich.

Da die Innsonne früh emporsteigt und empfindlich heiß werden kann, da ferner Hochamt und Umgang und Auffahrt mehrere Stunden in Anspruch nehmen, muß mit der Feier bei Zeiten begonnen werden. Daher wird schon beim Morgengrauen der alte, breite Processionsweg vom Stephansdom aus und über den Neuen Markt, Kohlmarkt und Graben zu ihm zurück mit frischem Gras bestreut und fängt man gleichzeitig mit dem Aufrüsten der vier ziemlich gleichweit von einander entfernten, von altersher gewissen, günstig eingebuchteten Stadthäusern zustehenden Freialtäre an, von denen mit der reichschimmernden Monstranze nach kurzem Verweilen auf dem Triumphzuge dem Volke der Segen ertheilt wird. Manche artige Altarschmückerin ist da zu belauschen, wie sie schimmerndes Linnen über den Altartisch breitet, Blumen ordnet und Leuchter aufstellt.

Der essentielle Mittelpunkt der Procession ist die Monstranze, das „Sanctissimum", „das hochwürdigste Gut" unter dem „Himmel", getragen vom Fürsterzbischof, von hoher Clerisei, von Weihrauch-Spendern und Glöcknerjungen umgeben, umrauscht von Kirchenfahnen, einherschwebend unter Trompetenschall und Paukenschlag oder unter dem Huldigungsgesange „Lauda, Sion etc." [*]

Wer Hof-, wer Geistlichen- und Mönchsphysiognomien sich einprägen will, dem entfaltet der große Anlaß die reichste Auswahl . . .

Die Vorstadtprocession entbehrt dieses außerordentlichen Glanzes; sie zeichnet sich aber durch größere unmittelbare Betheiligung des Volkes aus und gewinnt dadurch einen gemüthlicheren Anstrich. Sie ähnelt der ländlichen Frohnleichnamsfeier und entspricht mehr als das geschilderte glänzende Stadtbild den vorangestellten Versen. Hier geht in der That ein Birkenwäldchen drauf, denn dem Umzug wird nicht nur grün der Weg bestreut, sondern es bewegt sich auch zwischen frischem Laubgrün, das sich die Häuserzeilen entlang zieht. Als Honoratioren thun die Gemeindevertretung bis zum weiland „Grundwächter" herab, Veteranen, die Feuerwehr u. dgl. mit. Die Musik, der „Marsch" hat viel Blech und in unvordenklichen Zeiten soll's vorgekommen sein, daß das gewählte Musikstück auf die Melodie ging: „Was wir vor zwanzig Jahren für Hallodri waren." Das Böller-

[*] Lauda, Sion, Salvatorem,
Lauda Ducem et pastorem
In Hymnis et canticis;
Quantum potes, tantum aude,
Quia major omni laude,
Nec laudare sufficis.

schießen ist nur weit draußen auf dem Land üblich und gestattet; aber die Glocken haben, wie in der Stadt, auch in den Vorstädten viel zu läuten. Und hier zieht hinter der Monstranze auch die Madonna mit, von Jungfrauen getragen, denen sich die putzigste Schaar weißgekleideter Mädchen anschließt. O, diese reiche Kinder-schau ist vielleicht das Herzerquickendste vom ganzen Aufzug. Wien darf fort und fort auf schöne Menschenblüten rechnen.

Vorstadtprocession. Die weißgekleideten Mädchen.

Von der Straße.

Von

Edward Pötzl.

Obgleich im Laufe der Zeit ganze Kategorien von merkwürdigen Figuren aus dem Bilde von Wien verschwunden sind, kann man doch ohne Uebertreibung behaupten, daß keine andere Großstadt eine solche Fülle typischer Erscheinungen in ihrem Straßenleben aufzuweisen hat, als Wien. Unser eigener Blick ist schon abgestumpft dagegen, aber der Fremde verfolgt mit oft heiterem Interesse diese Figuren, welche ihm unter der großen Menge, die sich ja überall gleicht, das Wienerthum in auffälliger Weise verkörpern. Freilich genügt es nicht, die vornehme innere Stadt zu durchwandern, sondern man muß sich ein bißchen an der Peripherie der Stadt, in den Vororten oder am Donaustrom umthun, wenn man die urwüchsigsten Gestalten kennen lernen will. Eine solche ist gleich der Strobler, der Stromarbeiter, Ablader oder Schiffszieher an den Donauländen. Das ist eine gar verwegene Gilde mit Händen und Herzen von Stahl. Sogar in seinem Sonntagsgewande steckt der eigene Wiener Styl, welchen die Kleidung der unteren Volksclassen trotz aller billigen, in die Tausende von Stücken arbeitenden Verkaufsmagazine noch heute aufweist. Man wird den Strobler selten ohne das Fürtuch, die gewisse Kappe, welche „Golatschenhaub'n" zubenannt ist, und ohne seine Abschraußepfeife sehen. In Teutschland ist die Grobheit der Flößer sprichwörtlich geworden. In Wien stehen in dieser Beziehung die Stromer und Strobler als unerreichte Muster da. Offenbar bringt dies das Handwerk mit sich. Wenn sie des Sonntags oder nach vollbrachtem Tagwerk eines der kleinen Schindelhäuser an den Abhängen des Nußberges aufsuchen, wo „unser Herrgott die Hand heraussteckt" (wo nämlich ein Strohwisch an langer Stange den Ausschank von Heurigem verkündet), da kann man saftige Dinge zu hören kriegen. Indeß, ein paar Liter zur rechten Zeit gespendet thun gewöhnlich ihre Schuldigkeit und es ist alsdann nicht ohne Reiz, diese wilden Gesellen in einer nur dem eingeborenen Wiener verständlichen Mundart über Dies und Jenes aus dem Stromleben ein wenig auszuholen.

Für den ersten Anblick sehr ähnlich dem Strobler und doch grundverschieden von ihm ist der Pilger, wohl eine der eigenthümlichsten Wiener Straßenfiguren. Der „Pülcher", wie er im Volksmund ausgesprochen wird, führt seinen Namen von der Wanderlust, die ihn antreibt, einzeln oder in kleinen Trupps die Stadt immerfort kreuz und quer zu durchmessen. Seine typische Erscheinung: weicher, schmieriger, schmalrandiger Filz ohne Hutband, unter dem die zu „Sechsern" vorgekämmten Schläfenhaare herausfordernd ihre gekrümmten Spitzen sehen lassen; kurze, mehr oder minder fadenscheinige Jacke; Beinkleider, eng an den Knien, glockenweit an den Füßen; eiliger Gang mit großen Schritten bei vorgebeugtem Oberkörper und beide Hände in die Hosentaschen versenkt: — diese Gestalt stößt uns allenthalben in Wien auf. Sie ist unzertrennlich von der Burgmusik, von jeder „schönen Leich", von einem Straßenauflauf, vom Wurstelprater und den angrenzenden Wiesen, vom Dornbacher Walde und von den Linienwällen. Keine marschirende Militärcapelle ohne die obligate Pilgerbegleitung. Ein Wiener Maler, welcher einst die Burgmusik zum Vorwurf wählte, erreichte es nach vieler Mühe, einige der etwas scheuen Pilger so weit zu bringen, daß sie ihm Modell standen. Er lernte bei dieser Gelegenheit auch die Spitznamen der Bursche kennen, welche sonderbar genug lauteten. So hieß einer wegen seines schleppenden Ganges „Töriwab'l" (von törisch = taub), ein Anderer „der Weißlackirte", ein Dritter „der g'selchte Wastel", ein Vierter der „Krokodilwastel" und eine in dieser sauberen Gesellschaft befindliche Dirne „die Sackelpickermariel", offenbar aus dem Grunde, weil sie schon wiederholt im Werkhause gesteckt hatte, wo die Zwänglinge zur Anfertigung von Papiersäcken angehalten werden. Aus diesem Volk der Pilger recrutirt sich zumeist die Gilde der „Schränkverser" (Einbrecher) und sonstigen Gaudiebe der Residenz.

Was für ein harmloses Menschenkind ist dagegen der Krawat, der in seiner slavischen Nationaltracht als ehrlicher Kerl lautlos auf seinen Opanken durch die Straßen schleicht, um einen bescheidenen Hausirhandel mit Gläsern oder mit hölzerner „Spielerei" zu betreiben. Sein armes Heimatland kann ihn nicht ernähren, und so sucht er sein kärglich Auskommen in der Residenzstadt, die Platz für Alle haben muß. Freilich, bei all' seiner Harmlosigkeit ist dem Krawaten doch ein gewisser verschmitzter Gesichtsausdruck eigen, als ob ihm ab und zu ein wenig Politik zu Ohren käme und er daher recht gut wüßte, wie vortheilhaft es eines Tages in unserem Vaterlande sein kann, wenn „der Mensch ein Krawat" ist. Nicht minder harmlos ist der Wagenthürlaufmacher, ein Mitbürger, der gleich den hervorragendsten Opernsängern ausschließlich von seiner

Fiaker.

Stimme lebt. Er steht ungerufen des Nachts vor allen Vergnügungslocalen und schreit mit vorgehaltenen Händen, die wie ein Trompetenrohr wirken, und mit einem wahrhaft entseßlichen Organ die Nummern der Wagen aus, deren Passagiere das Local verlassen. Dann öffnet er devot vor „Sr. Gnad'n" den Wagenschlag, hält in der einen Hand den Hut, während er die andere begehrlich hohl macht und sagt: „Küß b'Hand gnä'Herr, wünsch' guate Nacht!" Für das Alles kriegt er ein Sechserl — doch nicht zu viel für so viel Stimme und so viel Höflichkeit. Von den bekannteren Straßenfiguren wollen wir nun der Respectsperson, des Sicherheitswachmannes, welcher auf einem Kreuzungspunkte die Stetigkeit und Ordnung des Wagenverkehrs zu überwachen hat, gedenken. Das Falkenauge des stattlichen Mannes übersieht auch nicht das kleinste „Traberl" eines passirenden Fiakers, der sich anstellt, als zöge er mit übermenschlicher Gewalt die Zügel an, um seine „Backhendl" am „Fürischiaß'n" zu verhindern, während er in Wirklichkeit stolz darauf ist, auch auf der Kreuzungsstelle nicht ganz aus dem Trab zu kommen. Der Wachmann und der Fiaker, sie sind Erbfeinde, und ist der Fiaker mit heiler Haut, das heißt, unaufgeschrieben an dem Wächter des Gesetzes vorbeigekommen, so läßt er frohlockend die Zügel los, schnalzt mit der Zunge und fährt nun auf Leben und Tod einem anderen Fiaker vor. Keinen Blick verwendet er von den Pferden bis er den Vordermann erreicht und ihn nach verzweifelter Gegenwehr überholt hat. Dann aber zieht er das herabhängende Zügelende unter dem linken Bein durch, wendet den Kopf halb verächtlich, halb ingrimmig nach dem geschlagenen Feinde zurück und ruft demselben zu: „L . . . bua," womit er ihn eigentlich nicht beschimpfen, sondern blos warnen will, sich jemals noch in einen Wettstreit mit Pferden einzulassen, „die ein solches Herz haben" — eine poetische Umschreibung für Gäule, die tüchtig laufen können.

Bei dieser Gelegenheit können wir gleich den Passagier ein wenig in's Auge fassen, der dem Wiener Fiaker stets willkommen ist, da er ihn, wenn auch nicht aus innerem Drange, so doch aus Eitelkeit über die Taxe bezahlt. Es ist das der Ringstraßen-Flaneur, auch Gigerl genannt, eine ganz drollige Art von Modegeden. Ihr oberster Grundsatz besteht darin, daß alle Kleidungsstücke zu kurz, die Stiefel jedoch zu lang und zugespitzt sein müssen. Den richtigen Ringstraßenbummler sieht man nicht anders als mit vorgebengtem Oberkörper, wie es

Reitern zur Gewohnheit wird, über die Ringstraße segeln. Im Fiaker fährt er gern zu
Dritt, aber so, daß alle Drei im Fond des Rentitscheiners sitzen, der mittlere blos
auf der Kante seiner Posteriorität, also schrecklich unbequem. Aber es ist „chic"
so zu fahren und es ist auch „chic", mitten im Winter ohne Oberrock zu flaniren.
Glückliche Leut' — hab'n an so was a Freud'! würde Nestroy sagen.

Da ist der Teutschmeister-Edelknabe, der Infanterist vom Regimente
Hoch- und Teutschmeister Nr. 4, schon aus anderem Holze geschnitzt. Auch er
geht mit Vorliebe blank, um die hübsche Extrauniform leuchten zu lassen vor den
Mädchen seiner Vorstadt. Aber welche Natürlichkeit und männliche Anmuth liegt
in seiner Haltung, wenn er des Sonntags eintritt bei seinen Eltern, wo gerade
die Verwandschaft zum Jausenkaffee versammelt ist. Sein erster Gruß gilt den
versammelten „mudlsauberen" Kindern vom Grund: „Serwas Madeln!" Die
„Herren Eltern" kommen dann erst an die Reihe. Oder welcher Kerl liegt in
der Obstlerin vom Naschmarkt, einer von jenen Damen, vor deren
feuriger Zunge der Teufel nicht sicher ist! Oder wer hätte den Muth mit dem
Wäschermädel, der „Nettl vom Thury" anzubinden, einer Jungfrau, welche
in einer Minute mehr Ehrenbeleidigungen gegen einen Widersacher zu schleudern
vermag, als ein Gerichtshof während einer ganzen Session zu bestrafen vermöchte.
Nein, schließen wir lieber dieses Capitel, welches ja überhaupt auf Vollständigkeit
keinen Anspruch erhebt, mit einer weiblichen Figur, von deren Mundwerk wir
trotz ihrer durchdringenden Stimme nichts zu fürchten haben: mit dem Lavendel-
weibe. „Kaufts an Lavendel, zwa Kreuzer a Büschel Lavendel! An Lavendel
kaufts!" hallt es an schönen Sommertagen in einer eigenthümlich rhythmischen,
seit einem Jahrhundert unveränderten Melodie von Straße und Hof herauf. Eine
liebliche Musik; denn sie verkündet die Ferien! . . .

„An Lavendel kaufts!"

In der Dienstvermittlungsanstalt.

Von

Dr. F. v. Radler.

Ein Kranz von schönen Damen ist's zwar nicht immer, der vom Morgen bis zum Abend die innere Ausschmückung vieler Wiener Dienstvermittlungsbureaux bildet, allein ein nicht gar zu anspruchsvoller Beobachter dürfte unter den kleinen, großen, zarten und drallen Gestalten sehr häufig Einige finden, deren Gesichtchen über die Dienstboten-Normallarve hinausragt. Nicht allen jener sogenannten „weißen Sclaven" wurde es an der Wiege gesungen, daß ihr ganzer Daseinszweck dereinst darin bestehen wird, für Herd und Waschküche zu sorgen oder ihren vom Glücke begünstigteren Geschlechtsgenossinnen neidlos die Schuhbänder zu knüpfen, die Schminktiegel zu präpariren und das Mieder bis zur Athemlosigkeit zusammenzuschnüren, — damit das „Fräulein", dank seiner natürlichen, sowie seiner im Zwangswege hinzuaddirten Schönheit, in der Gesellschaft jene Werthschätzung erfahre, welche es, allerdings oft nur äußerlich, thurmhoch über jene nichtsbedeutenden Evatöchter mit der Zofenschürze erhebt. Viele, viele sind besseren Verhältnissen entsprossen, die Noth aber, der Muß, dieser herzlose Mann von Stein, hat sie hinabgedrängt vom Hochparterre in's Souterrain irdischer Glückseligkeit. Diese sind am meisten in jenen Dienstvermittlungsanstalten anzutreffen, welche in der City ihren Sitz haben und von da aus die Bonnen, Gouvernanten, Gesellschaftsdamen, Hauslehrer und Hofmeister für die diversen Engel und Rangen der Haute-Volée und Haute-Finance liefern. Gleich stillen Dulderinnen, mit dem Ausdruck tiefer Elegie im Antlitz, sitzen diese vom Geschick zur Magd degradirten Geschöpfe da und harren mit Resignation der Stunde, die ihnen das ersehnte und doch so verhaßte Sclavenjoch auferlegt. — Was trägt der Mensch nicht alles — des lieben Brodes willen! — Weit anheimelnder, ursprünglicher und bunter präsentirt sich die Bewegung in einem

„Bureau" niederen Ranges oder in dem eines der Bezirke Wiens. Hier, wo die eigentlichen „Küchendragoner", während der Vacanz von einem in den anderen Dienstplatz, ihr Tagesasyl aufgeschlagen haben, hier findet sich wohl höchst selten jenes melancholische Mißbehagen, welches geistig höher Stehende in das socialistische Lager führt, sobald sie eine Vergleichslinie ziehen zwischen ihrem Elende und dem Wohlbefinden besser sitnirter Individuen, die „doch auch nur Menschen sind, von Fleisch und Bein — wie sie". — Auch die „weißen Sclavinnen" vom „Waschtrog" und von der „Rumpel", deren Ahnfrau zumeist die streitbare Tschechin Libussa ist, halten unter den Augen der bezwickerten, erfahrenen Frau Vermittlerin Cercle. Ihr Gesprächsthema stammt aus der reichen Vorrathskammer der Medisance und die Objecte ihrer unverhüllten Antipathien sind ihre vergangenen „Herrschaften". Wehe diesen armen Despotinnen, welche nun Revue passiren müssen, wenn all' die in solchem Kreise gefallenen Schmähworte zu Keulen würden und auf ihre Häupter herniederfielen. Hat eine Novize im „Bureau" ihre Einschreibgebühr erlegt, — dann dictirt sie ihre Bedingungen. Die Eine legt das Schwergewicht auf die Höhe des Lohnes, welcher sich aus dem fixen und dem variabeln, als: „Nachtmahl-, Wasch- und Körblgeld" zusammensetzt. Die Andere wünscht in erster Linie eine feine Behandlung, einen separaten Wohnungsschlüssel und möglichst viel freie Zeit, wozu sich am Besten das Placement bei einem alleinstehenden, soliden, alten Herrn eignet. Eine dritte will viel, gut und fett essen, da ihr ihr Herzallerliebster, mit dem sie schon vier Monate „geht", die Diagnose stellte, daß sie, sowie er blutarm seien und sein Ausspruch erscheint in medicinischer Richtung über jeden Zweifel erhaben, — denn er ist Korporal bei der „Sanität". Die Vierte, eine exacte Plaudertasche, verlangt einen Platz, wo größere Kinder sind, während eine Fünfte sich als die abgesagteste Feindin der kleinen „Raunzer und Leutsekirer" ausspielt. Eine Sechste will um Alles in der Welt nichts vom „Zimmerwischen, Wäschewaschen und Kleiderreinigen" hören, während eine Andere nur einen Posten in einem Hause annimmt, in dem mindestens Clavier gespielt, kleine Abendunterhaltungen gegeben werden und viele trinkgeldspendende Gäste aus und eingehen. Ist endlich ein geeigneter „Platz" gefunden, wird von dem dienstbaren Geiste vor Allem die Wohnung der neuen Herrschaft in Augenschein genommen. Genügt diese den Voraussetzungen der bescheidenen Maid, dann werden mit der „Gnädigen" die Bedingungen stipulirt, es gelangt die „Liebhaberfrage" zur Erledigung und — erscheinen die fixirten Modalitäten eines Versuches werth — wird endlich das Dienstbuch abgegeben. In diesem Falle muß das Vermittlungsbureau auf die Gegenwart der soeben Eingetretenen für einige Monate verzichten. Dieses Intervall währt oft nur kurze Zeit; selten ein Jahr und noch seltener darüber. — Eine mit dem Dienstbotenwesen in Wien innig verbundene Person, der nicht vergessen werden darf, ist die „Frau Tant'". Diese, meistens die creditgewährende Quartiergeberin, begleitet häufig ihren Schützling, mit dem sie wohl keinen Blutstropfen gemeinsam hat, zur neuen Herrschaft, um hier als strenge und für das Wohl der Dienstgeberin eifrig besorgte „Frau Tant'" dem Mädl eine kräftige Lehre zu ertheilen, die in folgende Worte auszuklingen pflegt: „Also sei g'scheit, mein Kind! Du hast jetzt das Glück bei rechtschaffenen, noblichen Herrnleuten einzustehn. Verscherz dir dei Glück nit und zeig dadurch, daß d' ein ornd'lichs Mädl bist, daß du dich brav, sittsam, ehrlich und arbeitsam aufführst." Daraufhin entfernt sich die „wackere" alte Frau, nicht ohne sichtbare Zeichen der Rührung, welche um „die paar Sechserln", die sie nachher von der „Nichte" als Spielhonorar dafür erhält, nicht wahrheitsgetreuer dargestellt werden kann. Daß wieder die Frau Tant' den Rettungsengel spielt, der später mit irgend einer Hiobspost erscheint, um der „Retti, Kathi, Resi oder Marie" den Austritt aus dem etwa „unangenehmen" Dienst zu erleichtern, ist selbstverständlich. So weiß sich diese Sorte weißer Sclaven das ihr zugefallene Los leichter zu machen und sehr häufig hat es den Anschein, als ob die „weißen Sclaven" nicht die Dienstboten, sondern die „Herrenleute" wären.

Sie berechnet „ihr" Körbelgeld.

In der Pfandleihanstalt.

Dr. F. v. Rabler.

Das „Versetzen" d. i. auf eine Werthsache, allgemeinhin „Pfand" genannt,
ein Darlehen nehmen, ist so alt, als die gesellschaftliche Civilisation überhaupt.

Das antike römische Recht weiß in seinen Pandekten gar viel davon zu
erzählen und führt uns eine stattliche Reihe von Pfandrechten und Pfandklagen
vor. Die Satzungen unserer germanischen Vorfahren entbehren vielfacher Bestimmungen über Geben und Nehmen von Pfändern ebenfalls nicht und in einer
uns näher liegenden Zeit, im Jahre 1707, sagt der römisch-deutsche Kaiser Josef I.
in einem Patente, mit welchem die Gründung des Wiener kaiserlichen Versatzamtes
(damals Versatz- und Frag-Ambt geheißen) angeordnet wurde, ausdrücklich, daß
ein solches Mittel vor die Hand zu nehmen seye, wodurch denen jenigen
betrangten Partheyen, welche auff eine kurtze Zeit eines Geldes bedürfftig
wären, jedoch aber umb sich auß ihren äußersten Nothstand zu retten
(wann sie anderst ein Geld zu leihen haben wolten) gegen Versatz einiger
Pfänder, geholffen werden möchte." Man sieht also — das „Versetzen" ist eine

ehrwürdige, alte, seit undenklichen Zeiten in Schwung gewesene Gepflogenheit und
Niemand soll sich daher vermessen, die getreuen Anhänger und Nacheiferer dieser tradi-
tionellen Uebung mit Steinen zu bewerfen. Das k. k. Versatzamt, durch seine humanen
Bestimmungen und außerordentlich geringen Leihgebühren ein wahrer Segen für
die „bedrangten Parthehen" wird doch nicht von a l l e n jenen, die „anderst ein
Geld zu leihen haben wollen", aufgesucht, einestheils weil für viele Bedürftige,
die in einem der von der inneren Stadt
entfernten Bezirke wohnen, die Lage eine
ungünstige ist, anderentheils weil die
Manipulation in dem Staatsinstitute weit
mehr Zeit in Anspruch nimmt, als in der
Verkehrsbank oder gar in einer behördlich
autorisirten Privatpfandleihanstalt, und
endlich weil so mancher Verschämte eher
der Gefahr entrinnt, von einem Bekannten
gesehen zu werden, sobald er in einen unansehnlichen Gassenladen schlüpft, als wenn
er in der Dorotheergasse seine Schritte
dem bekannten, militärisch bewachten, großen
Hause zulenkt. Außerdem fällt für die
Privatpfandinstitute noch d e r Umstand
günstig in die Wagschale, daß sie ihre
Pforten auch in den Nachmittags- und
Abendstunden offen halten. —

Das letzte Kleinod.

    Fast immer ist die Veranlassung zu
dem zweifellos peinlichen Geschäfte des Ver-
setzens eine recht triste. Der Eintritt des
Winters, zu welcher Zeit die warmen
Kleider ausgelöst werden sollen, die vier
Zinstermine, unvorhergesehene oder doch solche Familienereignisse, die nicht
im Jahresbudget als regelmäßig wiederkehrende Post figuriren, nun aber unab-
wendbar geworden sind, — rufen stets eine recht lebhafte Frequenz in den verschiedenen concessionirten Pfandanstalten der Residenz hervor und lassen manchen
bekümmerten Familienvater, manche mit den widrigsten Lebensverhältnissen schwer
ringende Mutter als regelmäßige Gäste dieser Hilfsstationen erscheinen.
    Der kleine Gewerbsmann, dessen Kunden mit den Monatsraten im
Rückstande blieben oder der sonst unerwartete Verluste zu erleiden hatte, der
Subalternbeamte, dem der voreilige Storch eine süße Last in's Haus gebracht
oder dem der rücksichtslose Sensenmann ein theueres Familienglied entrissen,
— der leichtlebige Künstler, weiblichen und männlichen Geschlechtes, der die
Errungenschaften besserer Tage gegen gangbare Münze umsetzt oder sich damit

„fortkrettet", daß er „ein Loch zustopst, um ein anderes aufzureißen", — der luftige Bruder Studio, der, um einen Commers nicht schwänzen zu müssen, noch schnell am Abend seinen silbernen Stundenmesser zum „studiren" trägt, während er unterwegs mit galgenhumoristischer Melodie das elegische Liedchen summt:

„Es ist bestimmt in Gottes Rath
Daß man vom Liebsten, was man hat,
Muß scheiden — muß scheiden!"

— und schließlich der leichtsinnige Gewohnheitschuldenmacher, der mit dem lieben Herrgott habert, wenn der Winter warm und der Sommer kalt ausgefallen, weil man „rein nicht weiß, ob man das Sommer- oder das Wintergewand versetzen soll", — sie alle sind die Stammgäste jener großen Schmuck- und Effecten-magazine, die die gleißenden Schätze, die überflüssigen, nothwendigen, mitunter auch die unentbehrlichen Gebrauchsgegenstände ihrer Mitmenschen mit theil-nehmender Sorgfalt und gegen angemessene Provision in ihre schirmende Obhut nehmen. — Eine geradezu fieberhafte Thätigkeit jedoch herrscht während der Carnevalszeit in den Leihanstalten. Da muß oft der letzte Ring, das von der Großmutter herstammende Silberbesteck, da müssen selbst mehr oder minder nothwendige Fragmente des Bettzeuges aushelfen, um die heiraths-bedürftigen, weiblichen Sprößlinge standesgemäß auf den Ball führen zu können oder um einem lockeren Bonvivant eine tolle Carnevalnacht in sein gelangweiltes Alltagsleben zu zaubern. „Versetzt" — freilich ist schnell — aber wieder „aus-gelöst", — — damit hat es seine Wege! — Tritt endlich das hoffnungs-vernichtende Wörtchen „verfallen", welches aus den wieder und wieder um-gesetzten Scheinen teuflisch herausgrinst, in seine Rechte, da nun findet es bei seinem Besuche entweder ein dumpf-resignirtes Achselzucken, ein leichtes selbstironisirendes Lächeln oder auch wohl eine zitternde Thräne, die dem letzten Werthstück im Hause nachrollen mußte. —

„Hol's der Teufel! Wer weiß, leb' ich morgen!"

Executive Feilbietung.

Von

Dr. F. v. Radler.

„Zum ersten, zum zweiten und zum —   — 60 Kreuzer für ein ganzes
Frauenkleid! 60 Kreuzer! gibt Niemand mehr? 60 Kreuzer zum — dritten Mal!"
Also ruft mit heiserer Stimme der beeidete Schätzmeister in die Menge und
schlägt zum Zeichen der Perfection des Kaufes die Hand auf den Tisch. Der
ungeduldige Trödler wirft die ergatterte Beute in einen Winkel des getünchten
Zimmers zu den anderen erbärmlichen Habseligkeiten, die er heute schon, wett-
eifernd mit seinen Collegen von der Species der Habichte, im Licitationswege an
sich gebracht. Die Herren „Tandler" sind kluge, praktische Leute. Jeden Morgen
studiren sie das Amtsblatt der k. k. Wiener Zeitung, dessen Edicte, Aufrufe und
sonstige behördliche Mittheilungen ihnen die Wegweiser in die Behausungen jener
armen Teufel abgeben, bei denen das Gespenst der Noth seinen Einzug gehalten.
Sodann erscheinen sie auf dem Kampfplatze und bilden hier mit seltener Harmonie

gegen fremde Eindringlinge einen eng geschlossenen Kreis — allerdings nicht zum
Vortheile der Exequirten. — — — Neben dem Fenster in der Ecke steht ein
abgehärmtes Weib im zerrissenen Anzuge und blickt, während ihm dicke Thränen
über die blassen Wangen rieseln, mit Wehmuth seinem s ch ö n st e n Kleide nach,
mit dem es jeden Sonntag Staat zu machen pflegte. Um 60 Kreuzer! Der Stoff
allein hatte der armen Frau v i e r b a a r e G u l d e n gekostet!

Und wie lange, wie empfindlich mußte sie sich diesen Betrag vom Munde
absparen! Und dann — „die Zugehör" und zuletzt — nach den Beschwerden
mehrfachen Anprobirens, die Bezahlung der Kleidermacherin, die diese Arbeit nur
aus besonderer Freundschaft u n t e r dem Normalarbeitslohn besorgte. Und jetzt
u m 60 K r e u z e r ! — —

Mit welcher liebevollen Zartheit wurde dieser Schatz jedesmal aus dem morschen
Schrank geholt, gebürstet und geglättet, — und nun! - - — mit wie derbem
Griff erfaßt der neue Eigenthümer das s ch ö n e, warme Kleidungsstück, das er
um 60 Kreuzer erobert und schleudert es auf den s ch m u z i g e n Boden hin!
Die unverständigen, neben der Mutter kauernden Kinder, welche die babylonische
Unordnung der der Zwangsversteigerung verfallenen Möbel, Wäsche und Kleider
anfänglich Spaß gemacht, blicken jetzt, da sie die Thränen der Mutter gesehen,
auch recht trübselig d'rein. Mit tiefem, aus dem Herzen kommenden Schluchzen
gibt das kleinste sein Abschiedsschmerz von der großen Puppe, von dem im
Goldkleide strotzenden „Wurstel" — beides pomphafte Geschenke der reichen
„Taufgodl" — beredten Ausdruck, da auch d i e s e Objecte die Opfer der
executiven Feilbietung geworden. Der „Mann" ist fortgeeilt, als er die
Pfändungscommission, bestehend aus dem ernsten, kaltblickenden Delegirten des
Notars, als Vertreter des Gerichtes, und dem stimmbegabten Schätzmeister respective
Ausrufer, eintreten sah, um entweder für die allernächste Zukunft der Seinen einen
Ausweg zu finden oder, über Zureden seiner „Alten", weil er, ohne sich etwa
von der Verzweiflung zu einem unüberlegten Schritt hinreißen zu lassen, es nicht
mitansehen könnte, wie sein Bißchen schwer erworbenes Eigenthum rücksichtslos
unter den Hammer geschlagen wird. Selbstredend fehlt bei derlei kleinen Schicksals-
Dramen das Publikum nicht, denn „so was kann man nicht alle Tage sehen".
Nachbarn und vorzüglich Nachbarinnen sind es, die einen freien Moment
benützen, um rasch ein „Sprüngerl" hinüber zu machen zu den „wirklich armen
Teufeln" oder zu der „lumpigen Bagag', die an ihr'm Unglück nur selber
Schuld is".

D a s ungefähr ist die Scenerie einer executiven Feilbietung à la cammera.
Turbulenter und bei den kauflustigen Trödlern weit beliebter sind die gerichtlichen
Ausbietungen ganzer Geschäftsbetriebe, wie Gasthauseinrichtungen, Schnitt-,
Specereiwaarengeschäfte u. s. w.

Glücklich der, an dessen Ohr niemals der Schwanengesang der Errungenschaften seines langjährigen Fleißes, seiner Mühen und Plagen klingt, der Schwanengesang, der in diesem Fall zum widrigen Gekrächze wird und ausтönt in das
Grabgeläute bürgerlicher Existenzmöglichkeit: „zum ersten, zum zweiten —
und zum dritten Mal!

Auf der Schleife.

Wien auf dem Eise.

Von

Ludwig Hevesi.

Haben Sie schon einmal einen Balken aus Wasser gesehen? Anderthalb
Meter lang und dreißig Centimeter dick. Aus wirklichem Wasser. Da unten,
gerade unter meinem Fenster, sehe ich einen tragen. Der Mann hat ihn quer auf
der Schulter liegen, auf einer wasserdichten Unterlage, um nicht naß zu werden.
Er trägt ihn in einen eleganten Champagner-Pavillon hinein, und vor der Thüre
steht ein hellgrüngraulicher, hermetisch geschlossener Wagen, der noch eine Menge
solcher Balken aus Wasser enthält. Natürlich ist das Wasser gefroren. Künstliches
Eis aus einer Eisfabrik. Gefroren nach dem Lineal, nach dem Kubikinhalt, auf
Commando. Ist das nicht ein Greuel für jeden unbescholtenen Eismenschen? Ein
solcher Eisbalken hat entschieden etwas Unnatürliches in seiner ausgemessenen
Vierkantigkeit. Ein durchsichtiger, hellgrünlicher Balken, mit einer durchziehenden
Seele aus schneeweißen Miniaturkrystallen, die als weiße Pünktchen im Eise um-
herstieben. Das sieht aus wie ein Kunststück unter Null und erinnert an künstliche
Fischzucht. Auf solchem Kunsteise muß eine Kunstforelle liegen, dann bleibt sie
gewiß frisch, denn es ist ihr natürliches Element . . . Da lob' ich mir die alt-
väterlichen, zwar unbeholfenen, aber ausgiebigen Eisfuhren von der lebendigen
Donau her. Das ist gefrorenes Altwien, wie es schon Ranftl und Straß-
gschwandtner gemalt haben. Den zwei Riesenrossen, die einen solchen Riesenwagen

27*

voll Kälte zu schleppen haben, wird ordentlich warm davon. Sie dampfen wie zwei Locomotiven, bei zehn Grad unter Null. Keine nasse Spur bleibt hinter dem gewaltigen Eiswagen zurück, denn felsenfest sind die hoch aufgeschichteten Eistafeln. Man möchte sie mit Schwerspath verwechseln, und der tropft nicht ab. Jenem neumodischen Champagnerhause gegenüber ist ein altmodisches Bierhaus. Hart über dem Pflaster des Bürgersteigs öffnet sich die schwarze Luke seines Eiskellers, mit einer bretternen Maske umkleidet. Denn dieses Eis ist härter als der Mauerputz und würde Breschen hineinreißen beim Hinabwerfen. Auch entwickelt sich da sofort eine Art heroisches Genrebild. Ein ganzer Eisberg, aus schuhdicken Platten gefügt, soll in handliche Blöcke zerklopft werden. Als imposante Verkehrs-störung rollt er auf das Trottoir hin, und etliche Muskelmänner hämmern alsbald mit langen hölzernen Schlägeln auf ihn los. Ein Kraftaufwand, mit dem sich Eisen schmieden ließe. Weithin über die Straße sprühen, funkengleich, die blinkenden Eisstücke; wen sie treffen, der fühlt sich eben getroffen. Es ist so recht ein Anblick für realistische Maler, welche unumwundene Kraftäußerungen nachstenographiren wollen. Aber keiner setzt sich mit dem Malkasten hin, um zu skizziren, denn ein Kugelregen von Eispillen dieser Größe hat selbst für einen geborenen Schlachten-maler sein Bedenkliches. Nur ein Engländer steht ruhig dabei und läßt sich erklären, wozu dieses Eis soll. Er staunt, daß man in Wien kalt trinkt. Eisbier, gekühlten Champagner, vielleicht sogar Glühwein in Eis. Aber er nimmt sich fest vor, nach Wien zu übersiedeln, sobald ihm das Leben ohne Magenkatarrh unleid-lich wird. Nach Wien oder nach New-York.

Denn Wien ist eine der größten Eisstädte der Welt. Ein weicher Winter ist für den Wiener eine „Calamität". Und nicht wegen des Krachs denkt er mit Grauen an das Jahr 1873 zurück, sondern weil seit Menschengedenken dieses Jahr den mildesten Winter hatte. Alles in allem drei „Schleiftage", deren erster höchst verspätet auf den 31. Januar fiel! Und seltsam, das andere Krachjahr, 1882, war das zweitschlechteste Eisjahr, an das man sich erinnert. Weder die Schlitt-schuhläufer, noch die Börsianer kennen die physikalischen Gründe dieses Zusammen-hanges, aber thatsächlich hat eine Wiener Eislaufsaison durchschnittlich 52 Eistage und ein besonders anständiger Winter, etwa wie der von 1879 auf 1880, bringt es sogar auf 73. Darum rechnen auch die Wiener schon längst nicht mehr nach dem Kalender Karl's des Großen, der bekanntlich nur e i n e n „Eismonat" kannte, mit höchstens 31 Tagen.

Wien aber braucht sein Eis, wie einen Bissen Brod. Schon der Wiener Gassenjunge kann ohne seine Schleifbahn im Wienflusse nicht leben; lieber entsagt er überhaupt dem Vergnügen, auf die Nase zu fallen. In der schwedischen Armee gibt es bekanntlich etliche Schneeschuh-Regimenter, Wien aber hat ein ganzes Schlittschuh-Regiment aufzuweisen, und zwar mit einem ansehnlichen Amazonen-Bataillon verstärkt. Diese Truppe ist eine der ältesten der Monarchie; schon aus jener graumelirten Vorzeit, als noch Wiener Porcellan fabricirt wurde, sind uns

reizende Figürchen erhalten, welche auf Stahlschuhen einherschweben und mit
Schwanen verbrämte „Cassawentas" tragen. Die Schlittschuhe hatten damals
noch die classische Form der Klopstock-Goethezeit, mit anmuthig aufwärtsgebo-
genem Schnabel, eine Entlehnung von ihrem Vorbilde, dem Schlitten, der seiner-
seits sich im stilgemäßen Schwanenhalse gefiel. Ein moderner „Halifax" verschmäht
allen derartigen Firlefanz, der ihn schwerer machen kann, und kennt blos den
technischen Zweck. Damals „schliff" man noch mit Vorliebe auf den gefrorenen
Bassins der großen Wiener Gärten und der Eisspiegel im oberen Belvedere war
die classische Stätte des kalten Sports. Jetzt wird dieses edle Eis in eisarmen

Am Eisplatz.

Wintern einfach aufgehackt und „geführt". Nur Fürst Schwarzenberg hat noch
eine Familien-Eisbahn in seinem Parke und manches fesche Promenaden-Concert
für geladene Gäste hat noch in neuerer Zeit auf Schwarzenberg'schem Eise stattgefunden. Anno dazumal feierte auch der Wiener Bürger Privatfeste auf seinem
eigenen Eise. Der verstorbene Maler Gustav Gaul hat mir einst ein solches aus
den Vierzigerjahren gar hübsch geschildert. Das Haus eines reichen Fabrikanten
in der Josefstadt war der Schauplatz. Oder vielmehr der Garten, denn in's Haus
ging man nur, um sich zu laben, zu wärmen oder auszuruhen. Der Garten war
auf schwach abschüssigem Boden angelegt und hatte an den Seiten lange gerade
Alleen, in der Mitte aber geschlängelte Fußwege. Das Alles war mit gefrorenem

Schnee bedeckt und durch Aufgießen von Waſſer glatt übereiſt. Rechts und links
ſtanden Bäume und Büſche dick bereift und ſenkten ihre ſchneeweißen Korallen-
arme auf die mannigfach gewundenen Gleitepfade nieder. Es war ein Feengarten
mit ſpiegelnden Wegen und kryſtallblitzenden Ziergewächſen. Und in dieſem Zauber-
haine, deſſen Flora die Göttin der Eisblumen war, tummelte ſich ein bunt
coſtümirtes Völkchen, jugendfriſch und lachluſtig. Die Pärchen faßten ſich an den
Händen und ſchoſſen pfeilſchnell die leicht geneigten Gartenpfade hinab, bückten
ſich anmuthig, um den Reifguirlanden des Zweigwerks auszuweichen, ſchwenkten
da und dort in flotten Halbbögen querfeldein, um ſich in den Irrgängen zu
trennen und wiederzufinden und dann, die Schönen im Schlepptau der Starken,
wieder zur Höhe des Gartens hinanzuſchweben. Das jähe Niederwärtsfahren,
zum Theile in hockender Stellung unter den Zweigen hin, war natürlich die
tollſte Luſt; fiel Einer, ſo kollerte gleich Alles durcheinander und das Wiener
Lebensbild war fertig.

Solche Poeſie kommt heute nicht mehr vor. Jener Feengarten iſt jetzt ein
vierſtödiges Zinshaus, und zwar mit Mezzanin, und trägt ſieben Procent. Jetzt
zieht man allgemein das öffentliche Eis vor, mit ſeiner abwechslungsreicheren
Umrahmung und Belebung. Die Bahn des Eislaufsvereins, der Hernalſer Eis-
club, der Fünfhauſer Eisplatz, das „ſiebente Bezirks-Eis" in der Neuſtiftgaſſe,
der Stadtparkteich (bei dem aber ſechs Zoll Eisdicke obligat ſind) und wie die
kleinen und großen Eisſpiegel alle heißen mögen, ſind die Tummelplätze des
Wiener Eislaufes. Schön iſt das ja dort überall, beſonders auf dem Vereins-
Eiſe, des Nachmittags zumal, und dann Abends. In welcher Beleuchtung ohne-
gleichen liegt der Eisplan nach Sonnenuntergang da. Schillers Räuber thun ſich
bekanntlich ſchon darauf nicht wenig zugute, daß der Mond ihre Sonne iſt; was
würden die Herren Räuber erſt ſingen, wenn ſie Mitglieder des Wiener Eislaufsvereins wären und an ihrem Abendhimmel gleichzeitig mehrere elektriſche Sonnen,
einen wirklichen Vollmond und die transparente Uhr der nahen Central-Markt-
halle ſtrahlen ſähen? Eine Verſchwendung von Lichteffecten, wie im Schlußtableau
eines Ballets.

Ei freilich, das Ballet! Seltſam iſt es, daß die Künſtlerwelt ſich ſeit Jahren
faſt gänzlich vom Eiſe zurückzieht. Wo iſt die Zeit, als noch die erſte Naive des
Burgtheaters, die mit den gewiſſen Augen, auf dem Eisſpiegel des Stadtparkes
ihr europäiſches Gleichgewicht auf Stahlſchuhen ſpazieren führte und ohne Souffleur
ſo geläufig lief? Heute wagt ſich nicht einmal mehr die Heldin der ſchlüpfrigſten
Pariſer Poſſe auf das wirklich gefrorne Waſſer und ſogar die keckſten Mitglieder
des längſt regenerirten Ballets laufen höchſtens im „Propheten" oder „Czar und
Zimmermann" Schlittſchuh. Auch unſer Malervölkchen, das ſich ja ſeit etlichen
Jahren ſo löblicher Coſtümfreude ergeben hat, meidet den (um Wagneriſch zu
alliteriren) „glitſchrig glatt, glattgleiſigen Glimmer" des Eiſes, das ihnen nur

„zum Ausrutschen" auf der Welt zu sein scheint. Rubens war ein ausgezeichneter
Eisläufer, aber in dem Einen hat ihn Canon nicht nachgeahmt. Früher wohl gab
es hie und da einen Wiener Maler, der auf dem Eise berühmt wurde, den alten
Ranftl z. B.; später kam höchstens einmal der Landschaftsmaler Ribarz aus
Paris zu Gaste. Dagegen huldigt die Aristokratie in ausgedehntem Maße dem
Eissport. Ueber vierhundert Familien des österreichisch-ungarischen Adels stehen
auf den Listen des Eislaufvereins und viele sind tägliche Besucher der Eisbahn.
Die Familien der Erzherzoge Albrecht und Karl Ludwig, die Coburg'schen und
Nassau'schen Herrschaften bewegten sich lange Jahre an der Spitze dieser Elite-
schaar. In Sealskin oder amerikanischen Biber gehüllt, die Hände in den wohl-
verwahrten, luft- und frostfesten Taschen, verliert eine jugendliche Prinzessin nichts
an ihrer Anmuth und Würde, und auch der schwerste Millionär Mitteleuropas
schädigt seinen Credit nicht, wenn er in Pelzmütze, hohen Gamaschen und kurzer,
weiter Knickerbocker-Hose mit seiner überaus eisfähigen Dame einen neuen Walzer-
schritt probirt.

Denn es wird viel „Höheres" versucht auf dem Wiener Eise. Von den
vorgeschriebenen Figuren der „Wiener Schule" abgesehen, werden immer neue
schwierige Figuren von den Virtuosen eingebürgert und dann von Nachstrebenden
nachgearbeitet, z. B. „verkehrte Herzen", „Q-Figuren" (sprich: „Kuhfiguren"),
Achter (8) auf einem Fuß ohne Zwischenabstoß bis zu zwölfmal fortgesetzt, die
verwickeltsten „Reben" u. dgl. m. Sogar „Uebersetzer zu Zweien" gibt es, aber
nicht von den Herren X. und Y. gelaufen, die schon so viele französische Theater-
stücke an die Wien und an den Donaucanal verpflanzt haben. Andere dagegen
sind Flachläufer, Weitläufer, Dauerläufer, Schnellläufer, sogar Hindernißläufer.
Ich habe einmal einen der Matadore, der im Sommer ein großer Dolomiten-
gänger ist, bei ziemlich windigem Wetter den 331 Meter 60 Centimeter weiten
Umkreis der Bahn fünfzehnmal in 14 Minuten 37 Secunden laufen und seinen
Match gewinnen sehen. Auch heben die Wiener Läufer den internationalen Wett-
läufen nicht wenig Ehre auf. Zuweilen geben sich eine Menge Eisländer, wie
Norwegen, Rußland, Holland, England, Nordamerika, Oberbaiern, in Wien ein
Stelldichein und laufen um hiesige Palmen. Mancher interessante „Professional"
und berühmte Champion erscheint dann in Wien und sucht die Spuren des Groß-
meisters Jackson Haines, die aber längst zerschmolzen sind. Der neueste ist wohl
der junge Kanadier Donoghue, der bereits den ganzen hohen Norden geschlagen
hat und irgend einmal auch auf dem Wiener Horizont auftauchen wird. Einmal
kam sogar Einer aus Christiania, der war taubstumm, aber zu seinem Glück nicht
an den Beinen. Ein Anderer, Callie Curtis aus Chicago, interessirte schon als
Gatte jener Miß Niagara, die durch ihre Kunststücke unter Wasser weltbekannt
wurde; der Eismann und die Wasserfrau, das ist gewiß eine passende Ehe. Aber
das Wiener Figurenlaufen bewundern sie doch Alle, denn sie sind meistens Dauerläufer, richtige Wettrenner, nur daß ihre Hufeisen nicht hufeisenförmig sind.

Und selbstverständlich gibt es auch prächtige Costümfeste auf dem Wiener
Eise. Wer könnte den „Oesterreichischen Völkercongreß" je vergessen, auf dem alle
Trachten der Monarchie so einträchtig durcheinanderglitten, sogar die nicht
existirenden? Oder das berühmte „Niederländische Fest", das einen Teniers verdient hätte, um es zu malen? Groß ist auch die Trauer, wenn das Fest einmal
zu Wasser wird, was ja vor ganz kurzer Zeit erst geschehen sein soll. Da hatte
sich eben das Wasser plötzlich erinnert, daß es in den österreichischen Schulen
allgemein als tropfbar-flüssiger Körper vorgetragen wird und .... der Rest
war Achselzucken.

Uebrigens ergeben sich die Wiener Eisleute durchaus nicht gleich, wenn es
in der Stadt zu thauen beginnt. Draußen auf dem flachen Lande zählt Reaumur
um ein paar Grad weniger, d. h. mehr, da es sich in diesem Falle um Kälte-
grade handelt. Wer dabei war, erinnert sich gewiß noch mit Vergnügen an die
munteren „Gouters auf dem Eise", welche seinerzeit Fürstin Metternich auf dem
Laxenburger Teiche gab. Zwischen Franzensburg und Marianneninsel goutirte
und lief es sich gar hübsch; man glaubte wieder mitten im achtzehnten Jahrhundert zu sein .... Und draußen auf dem fernen Neusiedlersee haben die
Wiener sogar ein Eisboot mit Segel, das, auf Kufen stehend, von Windeskraft
getrieben wird. Dieses amerikanische Fahrzeug, ein Amphibium, das auf Wasser
und Eis zu Hause ist und in willkommener Weise die Tücken des Schlittens mit
den Unannehmlichkeiten des Segelbots vereinigt, ist auf den großen Seen und
Schneefeldern Canadas einheimisch, wurde jedoch in Tegernsee vom Schiffbauer
Pöttinger gebaut. „Windsbraut" heißt das zweideutige Ding; es ärgert sich genug,
daß der Neusiedlersee, dieweil schon im hitzigen Ungarn gelegen, nicht jedes Jahr
gehörig zufrieren will.*) Da sind die österreichischen Alpenseen willfähriger, denn
ihre Rigen laufen im Winter selber Schlittschuh. Welche Freude, wenn aus dem
Salzkammergut herein telegraphirt wird, der Gmundener See sei zugefroren!
Dann ist in Eiskreisen Alles möglich, sogar ein Gmundener Eisfest, dessen
Gedächtniß nachher durch eine Marmortafel an einer Wand des Traunsteins
verewigt wird. Glücklicherweise ist die Westbahn so zonenmäßig wohlfeil, daß der
heutige Wiener dem Traunsee, Grundelsee und Alt-Ausseer See beiweitem näher
steht als sonst. In manchem Jahre ist der Grundelsee geradezu in Mode. Und
mit vollem Recht, denn er ist im Sommer reizend, im Winter aber prächtig. Bis
herab schneeweiß drapirt, stehen in weitem Oval die Berge da, welche seinen
Rahmen bilden. Ein wolkenloser Himmel vom klarsten Blau, ganz von Sonnen-
licht durchtränkt, wölbt sich über der Landschaft. Und in der Mitte ruht, weithin
ausgegossen, der erstarrte See, wie mit einer ungeheuren Glastafel bedeckt, welche
auch nicht den kleinsten Fleck zeigt. Man schwebt wie über ein unsichtbares Parket

---

*) Ach, ich sah es voriges Jahr als dürres Gerippe eines Wracks im Sande des See-
strandes liegen.   L H.

dahin, unter dem die grüne, blaue, schwarze Tiefe gähnt, unergründlich, undurch-
dringlich. Und hart unter der Eistafel schwimmen die vollwüchsigen, fetten
Saiblinge in Schwärmen umher, mit neugierigen Augen nach den lustigen Menschenkindern heraufflugend, wie kleine zahme Haifische, denen der Schlittschuhläufer
im jähen Schuß auf den schwänzelnden Schweif zu treten vermeint. Das sind
schöne Sonntage! An Wochentagen ist es dort weit weniger lustig. Dann fahren
die Holzbauern mit schweren Schlitten oder langen Baumstämmen übers Eis, das
diese Last wacker aushält, gleichsam als Belastungsprobe zu Nutz und Frommen
der Wiener . . . .

Eisruß.

Mehlmarkt.

Wien im Schnee.

Von

Ludwig Qrach.

Ist Wien eine Winterstadt? Ohne jeden Zweifel, wenn auch nicht gerade jedes Jahr. Allerdings habe ich im Stadtpark noch nie einen gefrorenen Niagarafall gefunden, wie sie zum Beispiel in Amerika so häufig sein sollen, in Nordamerika natürlich. Auch elektrisch beleuchtete Eispaläste, wie in Sanct Petersburg, gibt es auf der Ringstraße nicht, obgleich es dort an frostigen Architekturen, namentlich aus der ersten Zeit der Stadterweiterung, keineswegs fehlt. Und dennoch ist Wien, wenn nur auch Meister Celsius einverstanden ist, eine reizende Winterstadt. Keine solche wie Paris, wo nach jedem halbwegs anständigen Schneefall alle illustrirten Zeitungen voll sind mit Darstellungen von „Schneeeffecten" und „Frosteffecten", weil man ja solche Naturerscheinungen dort nur in ganz besonders verschnupften Jahren einmal beobachten kann. In Wien kommt das, nach der Versicherung der A. Oe. T.-G. (lies: Allgemeinen Oesterreichischen Transport-Gesellschaft), welche den Schnee wegzuschaffen hat, weit öfter vor, so daß ernstere Geschichtschreiber, wenn sie eine Jahreszahl ganz genau angeben wollen, jetzt in der Regel nicht mehr die Bezeichnung „Anno Schnee" gebrauchen.

Und wie schön ist der Wiener Schnee! Wie malerisch! Er ist so weiß, so hyperweiß, daß seine lichten Stellen schon in's Rosenrothe spielen und seine beschatteten in's Himmelblaue. Man frage nur Ludwig Hans Fischer, den

berühmten Aquarellmaler, der sich auf den afrikanischen Wüstensand und den
Wiener Schnee gleich gut versteht. Das ist auch kein Wunder, denn die Effecte
sind eigentlich dieselben; ein Stück Sahara sieht auf dem Bilde aus wie eine
sandgelbe Schneelandschaft, wogegen der Albrechtsplatz im Schnee aussieht, wie
eine altegyptische Stadt, die halb in schneeweißem Sande begraben ist. Fischer hat
einmal diesen Platz voll sonderbarer Schneewunder auf einem seiner besten Blätter
dargestellt. Ein eigenthümlich tintiger Himmel liegt obenauf und das viele Winter-
weiß sticht so recht blank davon ab. Alle Simse, Giebel, Bänder, Pilaster und
Bossen an den Häusern werfen gleichsam einen schneeweißen Schatten, und zwar
nach oben, während sie unten schwarz unterstrichen erscheinen. Die Steinfiguren
am Albrechtsbrunnen stehen und sitzen da, mit weißen Bademänteln drapirt, in
den drolligsten Faltenwürfen. Manche, die vom Winde schärfer gestreift wird,
hat aber auch nur den Kopf mit einem weißen Tuche verbunden, oder ein Bein
im Gypsverbande stecken. Auf dem Dache des großen Zinspalastes nebenan geht
es auch nicht übel her. Der steinerne Apollo trägt eine weiße Rococo-Perücke
und arg zersetzte weiße Wäsche; hier fehlt ihm ein halbes Hemde, dort ein ganzer
Strumpf und so fort. Seine Rosse prangen mit gewaltigen weißen Mähnen und
haben sich überhaupt seit gestern aus Grauschimmeln in Schecken verwandelt.
Auch der Wagen, auf dem der Göttliche steht, sieht mehr wie ein Schneepflug
aus ... Und solche Verkleidungs-Phänomene erfüllen die ganze Stadt. Die
Pferde der Reiterdenkmäler scheinen den sonderbarsten Mischracen zu entstammen;
Kreuzung von Araberstute und Eisbär u. dgl. Die marmornen Dichter sehen aus,
als kämen sie geradenwegs von den Gletschern des Parnaß, der irgendwo in
Sibirien liegen muß. Das Donauweibchen erscheint ganz correct gesulzt, so gut
wie die marmornen Karpfen, die es bei sich hat ... Aber selbst das Großartige
stellt sich in den bizarrsten Einkleidungen dar. Der Stephansthurm ist auf einer
Seite dick bemoost, wie eine Föhre im Bergwald, aber das Moos ist weiß. Die
durchbrochene spätgothische Thurmhaube von Maria-Stiegen ist offenbar soeben
aus der Hand eines Zuckerbäckers hervorgegangen. Die Kuppel der Karlskirche
hat ihre Viertel, wie der Mond: erstes Viertel, Halbmond u. s. f., je nachdem sie
in breiteren oder schmäleren Kegelschnitten (die Mathematiker mögen mir dieses
Wort verzeihen) angeschneit ist. Und nun vollends die gewaltige Fronte irgend
eines Prinz Eugenius-Palastes, mit allen ihren zopfigen und kropfigen Schmuck-
sachen aus Stein. Das ist jetzt Alles mit echten Brillanten besetzt, welche die
Form von Eiszapfen haben. Die verschnörkelten Vasen, die auf den Balkonen
und dem Dachgesimse stehen, sind sämmtlich hochauf mit Crême gefüllt. Die
allegorischen Figuren stolziren über und über mit Schwanen verbrämt und sogar
Frau Venus trägt augenscheinlich ein mit Hermelin besetztes Tricot. Alle diese
steinernen Herrschaften scheinen da oben akrobatische Allotria zu treiben, so ver-
schoben sehen ihre Gleichgewichte unter den Schneemassen aus, und da ist es denn
gar beruhigend zu sehen, daß in der Höhe des ersten Stockwerks Sicherheitsnetze

über alle Straßen gespannt sind, aus baumendicken weißen Schnüren, welche kreuz
und quer laufen und sich mannigfach verschränken, . . . lauter dickbereifte
Telephondrähte.

O, der Schnee ist ein großer Zauberer. Man sehe sich nur um im weiten
Bereiche der Wiener Kunst, der g r o ß e n Kunst natürlich, und man wird erfreut
wahrnehmen, wie das stille, weiße Etwas, das da geradenwegs vom Himmel
fällt, den Kunsttrieb der ganzen Bevölkerung fieberisch aufregt. Namenlose Leute,
die glücklicherweise wenigstens numerirt sind (meistens einspännige Rosselenker),
entdecken mit einer Plötzlichkeit, die gerade bei einem so rasch schmelzenden Stoffe
wie Schnee sehr werthvoll ist, ihr Bau- oder Hautalent und bauen Schneehäuser
oder hauen Schneemänner aus, die sich gewaschen haben, oder doch gleich nach
Eintritt des Thauwetters waschen werden. Auf diesem und jenem geeigneten
Platze, „Standplatze" natürlich, erhebt sich dann mit einer Raschheit, wie man
sie selbst den communalen Wiener Bauten nicht nachrühmen kann, eine Heurigen-
schenke mit Dach und Fach, mit Thür und Fenster, mit Stuhl und Tisch, und
sogar mit echtem Heurigen auf diesem Tisch. Oder es entsteht über Nacht im
Schatten des Stephansdomes ein „Asyl für hitzige Schwiegermütter", in echt
gothischem Renaissancestil aus der spätesten Frühperiode des romanischen Zopfes.
Nicht wie so viele Wiener Bauten aus allerlei Surrogatquark gebaut, sondern
durchweg aus echtem Materiale, aus echtem Schnee. Die Griechen und Römer
waren gewiß große Baukünstler, aber aus Schnee haben sie niemals gebaut, selbst
in ihrer Blüthezeit nicht, und dies ist wohl das größte Lob, das sich dem ange-
borenen Baugenie des Wiener Volkes zollen läßt. Leider wird dieses Genie von
den zustäubigen Behörden keineswegs gefördert. Keine Stipendien belohnen seine
erstaunlichen Werke, welche ungeschädigt von jeder Baulicenz, unbeengt von allen
Regulirungslinien, frisch und frei in die Erscheinung treten; kein Gleichenfest erhebt das schlichte Künstlergemüth und keine festliche Eröffnung findet statt, wie
selbst bei einem einfachen Rathhause oder Burgtheater. Im Gegentheil, nur zu
bald tritt ein baufeindliches Organ der öffentlichen Sicherheit an sie heran und
läßt sie schonungslos abtragen, während die größten Parlamentshäuser, deren
etwaiger Einsturz selbst für unser politisches Leben verhängnißvoll wäre, und die
bestenfalls doch unleugbar den Verkehr auf dem ehemaligen Glacis arg behindern,
unangefochten stehen bleiben dürfen . . . Etwas besser steht es in Wien um die
Schneeplastik, die sich doch einer gewissen amtlichen Duldung erfreut. Monumentale Aufträge bekommen die großen Wiener Schneeplastiker zwar noch immer
nicht, aber wenigstens werden ihre Werke nicht von Amtswegen, sondern durch
die steigende Temperatur eingeschmolzen. Immerhin muß es für die betreffenden
Künstler ein nagendes Gefühl sein, daß selbst ihre lebensvollsten Schneemänner
noch bei keiner Volkszählung mitgezählt worden sind.

Uebrigens glaube ich wirklich, daß früher in Wien mehr Schnee gefallen
ist, als gegenwärtig. Wahre Denkmäler dieses Schnees sind ja die Prachtschlitten

Im Schnee.

des vorigen Jahrhunderts, die man noch in den Hofstallungen bewundert. Das sind Märchen auf Kufen, wie sie in Tausend und eine Nacht nicht vorkommen. Und die volksthümlichen Schlitteurennen auf der Schmelz, die sind auch nicht

diesen Winter erfunden worden, sondern zu einer Zeit, als noch fleißiger
„Schlittage" gefahren wurde. Doch ist es immerhin möglich, daß nur die A. De.
T.-G. es ist, die den Wiener seines Schlittens entwöhnt hat. Denn man glaubt
es gar nicht, mit welcher Verbissenheit sie diesen Zweck verfolgt. Zwanzigtausend
Gulden sind ihr nicht zu viel, wenn sie nur das Schlittenfahren auf der Ringstraße verhindern kann. Kaum liegt der weiße Teppich hingebreitet, so läßt sie
ihn hinwegschaufeln, hinwegfegen, ja zum Theil sogar hinwegfahren, nur um die
Schlittenbesitzer um ihr Vergnügen zu bringen. Sie wirft drei- bis viertausend
Schneeschaufler in den ersten Bezirk, die müssen jede Flocke womöglich noch in
der Luft wegschnappen. Die Schneeschaufler sind aber auch sehr gewandte Leute,
meistens ausgediente Weltmänner, die jetzt davon leben, daß sie einst bessere Tage
gesehen haben. Wenigstens erscheinen nach jedem größeren Schneefall in den
Zeitungen hübsche kleine Berichte über die Schicksale dieses oder jenes Schnee-
schauflers, der einst Bankdirector oder adeliger Millionärssohn gewesen, seit dem
Krach aber seine sachkundigen Bemühungen hauptsächlich der Bekämpfung der jüngst
niedergegangenen ungewöhnlichen Schneemassen widme. Selbstverständlich sieht
man jenen armen Leuten das Alles auch deutlich an, denn sie sehen so herunter-
gekommen aus, wie man es gar nicht sein kann, wenn man nicht einstmals „oben"
gewesen ist. Nachts, wenn der Staatsbürger schläft, wird die weiße Arbeit erst
recht munter. In langen Reihen fahren die Karren voll Schnee durch die Straßen;
nur der erste hat seinen Fuhrmann, die anderen folgen im Gänsemarsch, dank
der Erfahrenheit der langjährigen Pferde, mit denen sie bespannt sind. Es geht
eine romantische Sage, daß diese Kärrner Italiener sind, die aus der dem Menschen
tief eingeborenen Sehnsucht nach Frostbeulen ihr stets geheiztes Südland verlassen
haben; denn selbst wo die Natur ihm Alles schenkt, muß der Mensch eine Sehnsucht im Busen nähren. Philosophen nennen dies das „Ideal" .... Jedenfalls
können sie diesem Ideal auf der winterlichen Ringstraße weit näher kommen, als
daheim. Zwei Tage nach einem großen Schneefall gleicht sie jenen plastischen
Landkarten, welche die Gebirgszüge unseres Planeten in Papiermaché erhaben
ausgedrückt darstellen. Nur ist sie freilich noch viel großartiger angelegt und
darum auch instructiver. Wandle ich selbst denn nicht mit immer neuem Vergnügen
zwischen diesen gewaltigen Schneebergen und Naxalpen, deren Uebergänge oft erst
im März gangbar werden? Ein Regen und darauf wieder ein Frost — und die
schönsten Pasterzengletscher sind fertig. Niedliche Alpenketten ziehen sich dicht an
den Trottoirs hin, über romantische Pyrenäenzüge führen schmale Fußsteige. Es
gibt echte Karpathen, welche lange nicht so viel Schnee aufweisen, wie die falschen,
denen man hier begegnet. Schade nur, daß die Thierwelt dieser Höhenwelt etwas
ärmlich ist. Die Jagd auf Steinböcke wird bei der fortschreitenden Civilisation
immer weniger ergiebig, auch die Gemse hat sich nach und nach auf den Wild-
pretmarkt zurückgezogen, nur der sogenannte Luxushund, offenbar ein naher
Verwandter des Polarhundes, sucht, namentlich in jüngeren Jahren, die zu-

gänglicheren Gipfel gerne auf, um Löcher in den Schnee zu graben . . . Merkwürdig ist es übrigens, daß auf mehr runden Plätzen auch die Schneeberge nur
in vereinzelten, hohen, runden Kegelformen auftreten; es ist dies der einzige in
der Geologie bekannte Fall, daß sich die Gebirgsbildungen den Erfordernissen des
Wagenverkehrs anbequemen.

Doch verlassen wir die Regionen, in denen uns alle Schrecken des höchsten
Hochgebirges umgeben. Steigen wir hinab in die Idylle des schneebedeckten Tief-
landes, etwa in die ausgedehnten Ebenen „am Hof" oder des Naschmarktes.
Dort ergehen wir uns unter den niedlichen blauen Wundern des berühmten
Wiener „Christkindlmarktes", der allerdings auch den „Nicolo" umfaßt. Es sind
dies, wie der Leser merkt, wienerische Ausdrücke, aber für gewisse Dinge sind diese
eben die denkbar besten. Oder sollte sich wohl ein deutscher Meister der Ueber-
setzungskunst unterfangen wollen, den „Zwetschkenkrampus" in's Neuhochdeutsche
übersetzen zu wollen? Etwa in „Pflaumenpopanz"? Nein, ich möchte es ihm
wahrhaftig nicht rathen . . . Ja wohl, er ist noch immer schön, der Weihnachts-
markt, in seiner kindlichen Großartigkeit. Hier wird das Alltägliche märchenhaft
und die ältesten Eltern reden sich bereitwillig Dinge ein, an welche eigentlich
selbst ihre Kinder nicht mehr so ohne weiters glauben. Es ist eben eine gar so
schöne Sache, die selbst dem gereisten Geiste des Steuerzahlers noch interessante
Gesichtspunkte bietet. Was würde es z. B. für eine drastische Wirkung machen,
wenn Jemand im Gemeinderathe den Antrag einbrächte, die Aufforstung des
Judenplatzes zu unternehmen! Aber siehe da, zwei Tage vor Weihnachten ist ein
Theil des Judenplatzes thatsächlich ein Tannenwald, und jede Tanne steht auf
einem hölzernen Gestell und für die Nacht wird der ganze Wald mit einem ringsum gezogenen Seil zusammengebunden, damit kein Baum gestohlen werde . . .
Oder was würde die Wiener anthropologische Gesellschaft sagen, wenn plötzlich
das wirkliche Mitglied Dr. Derundder aufstünde und nachwiese, daß der Naschmarkt mit einer Art von weiblichen Eskimos bevölkert sei, welche blaue Hände,
rothe Nasen und violette Backen haben, im Uebrigen aber sichtlich ausgestopfter
Natur sind und die Thäler zwischen den Bergen von Pomeranzen und anderen süßen
Sachen bewohnen? . . . „Am Hof" ist es freilich am schönsten. Dort ist die
Hauptstadt der Kinderwelt, eine Buden- und Zeltstadt, welche auf einmal da ist
und nach so und so vielen Tagen auf einmal nicht mehr da ist. Es sieht aus
wie in Japan; lauter hölzerne Häuschen voll bunter Waaren und handbreiter
Geschäftsschilder; lauter enge Gäßchen, mit Leinwand überdacht, voll farbiger
Lämpchen und Volksgewühl. Die Anlage der Stadt ist ganz regelmäßig. Sie
bildet ein längliches Viereck, rings mit unverkennbaren Stadterweiterungsgründen
umgeben. Der Länge nach ist sie von mehreren Hauptstraßen durchschnitten, von
denen wir nur die St. Niclas-Straße, den Lebkuchen-Boulevard, die hundert-
jährige Kalenderzeile und die vergoldete Nußallee hervorheben. Diese sind durch
Quergäßchen in rechtem, niemals in unrechtem Winkel geschnitten; darunter die

Bosnische Gasse, wo die gedörrten Pflaumen zusammenströmen, die Bischofsgasse, wo die Nicolo-Bischöfe im Schmucke ihrer langen baumwollenen Bärte thronen, das wachsduftige Kerzelgäßchen u. s. f. Unter den Plätzen ist der belebteste der Krampusplatz (das Wort „Krampus" soll von Crambes, dem Namen eines altrömischen Platzcommandanten Vindobonas, herstammen). Unter den öffentlichen Gebäuden sind hervorragend: die Reitercaserne, welche nur von lebzeltenen Cavalleristen bewohnt wird, das sogenannte Katarrhzeltelspital und die Provinzialbank, beileibe nicht mit „v", sondern mit „m". So habe ich nämlich diese Gebäude nennen hören, ich muß also dem Volksmunde nachschreiben. Unstreitig ist dieser Stadttheil einer der urwüchsigsten in Wien und hoffentlich wird er niemals „modernisirt" oder, wie hierzulande der technische Ausdruck lautet, „regulirt" werden. Ein regulirter Christkindlmarkt . . . nein, das geht nicht! Da müßten auch die Christbäume schon elektrisch beleuchtet werden, und die weißen Baumwollpudel müßten Maulkörbe und Hundemarken tragen, ja die wilderen sogar an der Leine geführt werden, und die Krampusse hätten gar den Befähigungsnachweis zu erbringen. Kurz, der Christkindlmarkt wäre kein Christkindlmarkt mehr, so wie der Wiener Schnee nachgerade anfängt, kein Wiener Schnee mehr zu sein.

Im Belvedere.

Ecke der Kärntnerstraße.

VI.

Die Stadt und ihre Umgebung.

Ein Gang über die Ringstraße.

Von

Ludwig Hevesi.

Darwin hat wieder einmal Recht. Wenigstens läßt sich nach seinen Ver-
erbungsgesetzen das Vorhandensein der Ringstraße mühelos erklären. Das
peripherische Spazierengehen liegt seit so vielen Jahrhunderten im Blute des
Wieners. Schon seine Urväter, die auf den Basteien lustwandelten, konnten dies
unmöglich radial, diagonal oder transversal thun. Heute bewerkstelligen die Ur-
enkel das nämliche auf der Ringstraße, in welche Wall und Graben seither
verwandelt worden sind. Allerdings sind dabei offenbar noch andere Naturgesetze
im Spiele, welche die Forscher der Wiener Lokalphysik noch keineswegs erklärt
haben. Kein Schopenhauer kennt „die vierfache Wurzel des ausreichenden Grundes"
jener unleugbaren Naturerscheinung, daß die Stadtseite des Ringes zehnmal so
stark begangen wird, wie die Vorstadtseite, die doch der Mehrzahl der Bevölkerung
näher liegt. Und ebenso wenig kennt Einer den ausreichenden Grund der vierfachen
Wurzel jener anderen Thatsache, daß in diesem ganzen fünf Kilometer weiten
Umkreise ein Abschnitt von etwa tausend Schritt derjenige ist, welchem jeder

spazierengehende Fuß unwillkürlich zustrebt. Es sieht wie eine im Dunkeln
schleichende Verschwörung aus, wenn auf der kurzen Strecke zwischen Kärntner-
thor und Schwarzenbergplatz, aber nur auf der Stadtseite, jeden Abend ein unheil-
volles Gedränge stattfindet, ein cityhaftes Menschengewühl, das sich auf seine
eigenen Füße tritt und Arm in Arm mit sich selber auf und nieder wogt. Warum
gerade hier und nicht anderswo? Die Häuser sind weniger schön als z. B. am
Schottenring, die Läden bieten auch nichts Besonderes und fehlen in manchem
Hause ganz, selbst die Beleuchtung ist infolge dessen eine ziemlich egyptische. In
winterlicher Mittagsstunde freilich funkelt die elegante Menge im hellsten Sonnenglanz. Ganze Prozessionen von zweibeinigen Bibern und Zobeln drücken sich an
einander vorbei. An der bekannten Straßenecke, wo Alles wie auf Commando
Kehrt macht, stauen sich die Gruppen von Rittern des Chic, der Monokel-Adel,
die Bügelfaltokratie. Das Gigerlthum, wie es seit einigen Jahren heißt, entfaltet
alle Reize seiner durchtriebenen Einfalt; es hat das neueste Spazierstöckchen unter
dem Arme, den nächstmodernen Zukunftshut auf dem Kopfe, den Schuh der vierten
Dimension am Fuße, die Nadel der Kleopatra in der Cravatte, die Knöpfe der
Unmöglichkeit an den Manschetten, und Kleider, welche gleichzeitig zu kurz und
zu lang sind, am Leibe. Das Gigerl von dieser Ecke ist ein Staat im Staate, es
hat eine quadrillierte Religion, eine längsgestreifte Amtssprache, eine quergestreifte
Verfassung und hält nicht viel von Goethe, weil dieser Provinzpoet statt eines
Gigerlkönigs nur einen Erlkönig gedichtet hat.

Diese Strecke des Ringes ist der Nobelring, wie es einen Nobelprater gibt;
der Wiener Boulevard des Italiens, ohne Tortoni und ohne Café Riche, ohne
irgend etwas Sichtbares, was ihn zu dem macht, was er ist. Aber eben darum
scheint er das zu sein und kein Mensch gibt sich Rechenschaft darüber, warum er
gerade an der Ecke der Schwarzenberg- oder Kärntnerstraße ohne alles Besinnen
wieder umkehrt und den nämlichen Weg zurücktrottet. Das Unwillkürliche darin
stützt sich wohl unbewußt auf die Thatsache, daß, um in der eingeschlagenen
Richtung weiterzugehen, beiderseits eine breite Querstraße übersetzt werden muß,
auf der man nur überfahren zu werden braucht, um seine kühne Neuerung sofort
lebhaft zu bereuen. Doch wer kann die geheimen Gesetze formuliren, nach denen
der Straßenverkehr sich gestaltet? In Wien gab es einst ein altes Haus, so alt
und versunken, daß man in die Buchhandlung, die sich im Erdgeschoß befand, vom
Gehsteig aus eine Stufe tief hinabstieg. Das Haus wurde niedergerissen und an
seiner Stelle ein glänzender Neubau aufgeführt. Der Buchhändler zahlte die
doppelte Miethe, um nur den nämlichen, bereits geschichtlich gewordenen Laden
an der nämlichen Ecke wieder zu erhalten. Es war ein herrlicher Laden, zu dessen
Pforte man drei Stufen hoch hinaufstieg. Aber . . . man stieg ja nicht hinan.
Während jenes halb unterirdische Lokal ein förmliches literarisches Casino gewesen
war, wo Minister und Akademiker, Witzbolde und Tragiker im Vorbeigehen ein
halbes Stündchen verplauderten und verblätterten, blieb die neue, halb oberirdische

Lokalität jahrelang leer und das
Geschäft ging um ein Drittel
zurück. Publikus läßt sich eben
gerne eine Stufe tief hinab,
steigt aber höchst ungern drei
Stufen hoch empor; man nennt
dies das Gesetz der Trägheit.

Nun, schön sind sie freilich,
jene zehn Spannen Weges auf
dem Kärntnerring. Besonders

Opernring.

im Frühling, vor der Opernstunde, wenn ein goldener Westhimmel über
den Kuppeln der Hofmuseen dampft, die Vergoldungen des Heinrichshofes
gleich lebendigem Feuer an der langen Fronte umherzüngeln, aus den Fenster-
reihen gegenüber dem Kaisergarten lauter bengalische Purpurflammen schlagen und
der kleine Pegasus auf dem First des Opernhauses unverkennbar Miene macht,
sich in den olympischen Glanzdunst emporzuschwingen. Das ist die aristokratische
Stunde des Kärntnerrings. Weniger schön ist die demokratische, welche einen
ganzen Sonntag-Nachmittag ausfüllt. In eine schwere Staubwolke gehüllt liegt
die breite Straße da und eine schwärzliche Raupenprozession, eine Art menschlicher
„Heerwurm", wälzt sich langsam den geschlossenen Läden entlang und über die
Füße der Hausmeisterfamilien hinweg, welche auf Stühlen vor ihren Hausthoren
sitzend ihre faulen Sonntagsrechte ausüben. Auf Kärntens edlem Ringe haben
Leopoldstadt und Roßau sich ein Stelldichein gegeben, Ottakring und Gumpendorf
streiten sich um den Schatten, den die (immer) soeben neugepflanzten Ahorn- und
Lindenbäume schon nach zehn Jahren werfen dürften. Nun werden die neuesten
Damenmoden von Brigittens schöner Au den kritischen Blicken der eleganten
Hernalserinnen preisgegeben und die letzte Umwälzung im Kopfbedeckungswesen
des rüstig aufstrebenden Währing fordert die Bewohner der ersten Stockwerke zur
Prüfung aus nächster Nähe heraus. Mütter führen ihr selbsterzieltes Volks-
zählungsmaterial in breiten Reihen, in förmlichen Quadrillecolonnen, an den
heiratsfähigen, wenn auch noch etwas subalternen Augen vorüber, die mit der
Zeit schon „im Gehalt steigen werden". Die goldene Jugend von mehr oder
weniger „enteren" Gründen sucht mit Doppelsohlen, wie man sie nur im gediegenen
Fünfhaus arbeitet, in Fußstapfen zu treten, welche von zierlichen, auch an den
Sohlen geschwärzten Schnabelschuhen des ersten Bezirks herrühren. Eines aber
hat dieses Sonntagspublikum, was die Eleganten der siebentägigen Sonntagsruhe
nicht haben: Courage! Es fürchtet kein Ueberfahrenwerden, denn es fühlt sich
stark genug, im Nothfall einen vordringlichen Tramwaywaggon umzulegen. Mächtig fluthet es über die engherzigen Vorurtheile des Corso hinweg und erobert
sich auch den Kolowrat- und Parkring; erst die Ecke an der Wollzeile, wo die
breiten Steine aufhören, wird ihm zum Wendekreis des Krebses.

28*

Uebrigens bietet das Leben auf dem Ringe noch so manches eigenartige Moment. Pessimisten, denen die Natur schwarze Krystalllinsen in die Augäpfel gesteckt hat, behaupten zwar, die Ringstraße habe überhaupt kein Leben. Ach, im Gegentheil; jeder Ring hat seine besondere Art von Leben, und zwar zu bestimmten Stunden. Wer jemals in den Samstagsbummel der Studenten vor der Universität gerathen ist, wird sein Wort als Richtconteurmensch darauf geben. Und wer einmal um die richtige Stunde vor dem altgriechischen Tempel der heiligen Moneta, gewöhnlich Börse genannt, von einem losgelassenen Galopin ohne Hemmschuhe an den Füßen angerannt worden, wird geradezu darauf schwören. Und der Kinderwagen-Corso an einem sonnigen Aprilvormittag, mit seinem pausbackigen, hüftengewaltigen Vorspann hannakischer Zucht bleibt auch nicht ohne Eindruck auf die Schildwachen vor dem prächtigen Palast am Stubenring. Und wenn vor dem „Hotel Austria" (jetzt Polizeidirektion) jener wohlverschlossene gelbe Hotel-wagen hält, dessen amtliche Bezeichnung Zellenwagen ist und der den Fremden-verkehr der Häftlinge vermittelt, da verwandelt sich mancher unorthographische Spaziergänger flugs in einen Sensations-Novellisten, glücklicherweise nur in einen mündlichen. Und wenn an einem schönen Sommermorgen jene langen grauen Kautschukschlangen sich umherzuschlängeln beginnen, die dann aus messingenem Munde die mächtigen Wasserstrahlen weithin über das Pflaster sprühen, so liegen die zerbrochenen Regenbogen nur so auf dem Fahrdamme umher, jeder Landschafts-maler kann sie ohneweiters zusammenscharren. Und wenn in den Hundstagen sich die Mittagssonne der Länge nach in den weiten und breiten Schottenring hinein-legt, so daß er höchstens drei Passanten, die man auf der ganzen Straße zählt, gewiß die Herren Réaumur, Celsius und Fahrenheit sind, so ist dies ohne Zweifel auch eine imposante Scene negativen Volkslebens. Alle diese Schauspiele sind in ihrer Art schön und zum Theil auch gemüthlich; Rudolf und Jakob Alt, die Meister der Wiener Vedute, haben sie oft genug in flüssigsten Wasserfarben dargestellt, Rudolf mehr in röthlich-braunen, Jakob mehr in gelblich-grünen Tincturen.

Großartig aber, großstädtisch, großwienerisch wird die Ringstraße erst bei festlichen Anlässen. Wer erinnert sich nicht sein Lebelang an jenen glorreichen 24. April des Heilsjahres 1879, als dieser Ring ohne Gleichen jenen Festzug sah, der seither von sovielen Festzügen in allen Welttheilen nachgeahmt, doch nie und nirgends erreicht worden? Der Ring war zum phantastischen Zauberkreise Hans Makarts geworden; ein Ring, statt mit Edelsteinen, mit einer Million warmer Herzen besetzt, die dem höchsten Ehepaare des Reiches an seinem silbernen Ehrentage in Liebe entgegenpochten. Unvergeßliche Scenen, wie sie bei einem Albrecht Dürer nur auf dem Papiere geblieben. Frühere Kupferstecher wußten wohl, warum sie ihre Straßenansichten mit solchen Aufzügen belebten. Und das prächtige Barok-Wien Karls VI. hatte doch noch keine Ringstraße. Wie herrlich würde sich spanisch-österreichisches Hofleben auf einem solchen Schauplatze abgespielt haben. Unsere Zeit kann sich das nur nach einzelnen Episoden vorstellen, deren schönste bisher der Einzug der jugendlichen Kronprinzenbraut war. Heute muß sich meistens die buntscheckige Allgemeinheit ihre Ringstraßenfeste machen. Die großen Praterfahrten und Wettrennen

Parlamentshaus.

spinnen einzelne ihrer blitzenden Fäden auch zwischen diesen steinernen Spalieren hin.

Zuweilen entspringt einer warmen und dabei schneidigen Frauenphantasie ein poetischer Gedanke, wie der Blumencorso, und verwandelt auch das nöthige Stück Ring in Göttin Floras Heerstraße, mit farbigen Zeltpalästen und mit Blumenkörben, die als Balkone dienen. Und auch ihre großen Nächte hat die Ringstraße. Wir haben sie ja beleuchtet gesehen, an jenem denkwürdigen Frühlingsabend. Aus allen Fenstern funkelte es nieder in zahllosen Flämmchen, allen Gesimsen entlang liefen Lichtpünktchen, auf allen Firsten strahlten Sonnen und Sterne, Wappen und Sprüche, irdische Sternbilder gleichsam, die in jedem Lufthauch wogend zu athmen schienen; und quer über diese Milchstraße spannten sich gewaltige Triumphbogen aus farbigem Glanz, Säulenpfeiler aus Feuer mit Brückenspannungen aus Licht, ausgeführt in einem blendenden Mosaik von Gluthtröpfchen und Flammenzungen. Und ein andermal wieder . . . es war Mitternacht, halbes Gas, bewölkter Himmel. Da kam über die Aspernbrücke her durch düstere Nacht ein schwarzer Zug gezogen. Gewaltige Pechpfannen, aus den Fäusten von schwarzen Reitern aufragend, flackerten voran, qualmten nebenher. Schwarze Gespensterkutschen, mit Pferden in Trauerdecken, schwankten langsam vorbei. Die größte, ein rollender Katafalk, haushoch emporgethürmt, schwarz in schwarz. Ein gekrönter Todter war es, der so im nächtlichen Trauergepränge einzog, fernher zur ewigen Rast bei den Kapuzinern. Wie ein Anzug von Schatten im Schattenreich wälzte sich die düstere Phantasmagorie langsam durch die Nacht dahin, . . . der Hufschlag auf dem Pflaster schien das einzige Körperhafte daran, auch das nur ein Schall.

. . . .

Heute hat fast jede große Stadt in Mitteleuropa, die sich rasch erneuern muß oder möchte — von Budapest über Würzburg bis Köln — ihre Ringstraße.

Aber Wien war die Erfinderin, auf dem Wiener Ring wurden die Niederlagen erlitten und die Siege gewonnen, deren Frucht der moderne Privatbau ist. Eine

Holoper.

ganze Gruppe von Wiener Baugenies hat diesen Krieg um den Ringstraßenstyl geführt. Wie Moltke, marschirten sie getrennt und schlugen vereint. Teophilos Hansen rückte von Griechenland aus heran, Friedrich Schmidt aus Gothenland, Heinrich Ferstel aus Frankreich über Italien, Karl Hasenauer aus Italien über Frankreich (vielleicht auch umgekehrt). Auf der Ringstraße wurde der fünfundzwanzigjährige Krieg ausgefochten.

Thatsächlich wußten anfangs weder Bauherren, noch Baukünstler, was sie wollten. Die Aufgabe war, massenhaft vorhandene Millionen nutzbringend zu verbauen, Kapital in Miethhäuser zu verwandeln. Einen Baustyl gab es nicht ein Kunsthandwerk ebenso wenig, Aufträge aber desto mehr. Nach dem berühmten Gerüsteinsturz in der Maximilianstraße (noch in der mythischen Zeit der Stadterweiterung) stellte es sich heraus, daß der unglückliche Architekt Titz gleichzeitig siebenundzwanzig Zinshäuser im Bau hatte. Und all das wollte „sofortissime" gemacht sein, denn das Publikum des volkswirtschaftlichen Aufschwunges verlangte nach modernen Wohnungen und die spekulirende Welt nach steuerfreien und dabei belehnbaren „Immobilien", die man überdies auch . . . „auf den Namen der Frau schreiben" konnte. Vor dem Kärntnerthore und am Quai begann das große Bauen. Fünf Stockwerke hoch gipfelten sich die Zinskasernen in's Blaue und immer Blauere empor.

Das naive Volk sah staunend zu und riß Witze über diesen und jenen Versuch, originell zu sein. Sogar Spitznamen wurden einzelnen Bauten gegeben; ein gewisses Haus mit einem gewissen mehrstöckigen Eckbalkon z. B. hieß die „Judenkanzel".

Im Allgemeinen aber herrschten im Privatbau zwei sehr einfache Recepte. Wollte man praktisch bauen, so lautete das Problem: „Jede verbaute Cubikklafter soll x Gulden tragen, folglich darf das Haus y Gulden kosten". Hatte man aber künstlerischen Ehrgeiz, so stellte sich der Satz folgendermaßen: „Das Haus darf y Gulden kosten, folglich muß die verbaute Quadratklafter x Gulden tragen." Beide Formeln liefen schließlich auf eine Aesthetik der Verzinsung hinaus.

Zu jener Zeit sind gewisse schreckliche Kasten, ja schreckliche Gassen entstanden. Dabei redeten sich die Leute noch ein, daß sie im Renaissancestyl bauten. Dreieckige Giebel über den Fenstern u. dgl. m., das muß ja Renaissance sein. Und das wurde so leicht und massenhaft hinlinirt, alle Bautheile waren fertig zu beziehen, in billigen Surrogatstoffen wie Terrakotta oder Zink, die aber bald durch noch billigere Surrogat-Surrogate, wie Gyps oder Blech, ersetzt wurden; der Anstreicher verwandelte ja zuletzt doch das Alles in Granitquadern und Marmelstein.

Da kam Hansen und stellte den Heinrichshof hin, gerade noch zu rechter Zeit, um einen der wichtigsten Theile des Ringes zu retten. Nun wußte man plötzlich, wie es zu machen war. Kräftig gegliedert mußten die ungeheuren Schub-ladkasten werden, die vielen kleinen Geschosse in wenige große zusammengefaßt, farbige Flächen gegen die farblosen Theile gesetzt, die Riesendächer aus einem langweiligen Rendezvousplatz für Schornsteine zu einem abwechslungsreichen System von Pavillons entwickelt, in das Einzelwerk daran aber Geist geflößt, des Meisters Theophilos hellenischer Geist, der Alles anmuthiger, empfundener gestaltete, kurz: Neu-Wien hatte einen entwicklungsfähigen Privatbaustyl erhalten, der sich auch bald über die ganze gebildete Welt verbreitete. Das war der erste echte Ring-straßenstyl, der den Städtern, mit Unterbrechungen wohl, vom Stubenring bis zum Burgring umarmt. Indeß, er blieb nicht der einzige. Unsere Zeit wechselt ihre Baustyle, wie ihre Kleidermoden. Das nächste Jahrzehnt wollte deutscher und wienerischer wohnen. Die Gothik des heranwachsenden Rathhauses wurde für eines der schönsten Viertel maßgebend, im Privatbau natürlich als deutsche Renaissance mit steigenden Giebeln und sonstigem Zubehör. Das ist ja die eigent-liche bürgerliche Gothik einer behaglichen Neuzeit. Am Schottenring aber zeigten sich die ersten Versuche, auf das gemüthlich wohllebige Wiener Barok zurückzu-greifen, dieses üppige Aschenbrödel der letzten hundert Jahre, das seither richtig wieder zur anerkannten Prinzessin geworden.

Selbstverständlich haben viele dieser Häuser auch eine innere Geschichte, besonders die Geldpaläste. Wie hoch stand einst die Sonne über dem Palais E., das ganz und gar von Hansen persönlich entworfen war, bis zu den Mustern der in Lyon gewebten Seidentapeten und den Borten der Möbel. Jetzt herrscht dort die Nacht, allerdings nicht ohne Beleuchtung, denn das Haus gehört der Gasgesellschaft. Oder man betrachte jenes andere Palais Sch., später R., in dessen zweiten Stockwerke der zweite Besitzer für sich sogar eine Schwimmschule angelegt hatte. Oder jenes Haus am Opernring, hat es nicht einst dem Zauberer von Wien gehört? Dort oben saß Professor Hermann und wühlte in seinem Museum von Alterthümern und zog die vielen alten Uhren des siebzehnten Jahrhunderts auf. Es ist viel Krach vor sich gegangen auf dem Ring. Allerdings gibt es auch Häuser, die sich tröstlicher ansehen. Auch das gediegene und kunstfreundliche Bürger-thum behauptet daselbst seine gewissen vornehmen Plätzchen. So manchesmal, wenn ich Abends mit einem Fremden an der Ecke des Dumba'schen Hauses vorüberging, hielt ich ihn an der richtigen Stelle plötzlich an und ließ ihn einen

Blick hinausthun in das beleuchtete Eckzimmer des ersten Stockwerkes. „Ha!" rief
dann der Fremdling jedesmal, „was ist das?" Er sah nämlich aus dem Straßen-
dunkel unvermuthet direkt in die flammende Farbenwelt des Makart'schen
Abundantiazimmers empor. Das durfte seinem Sehnerv wohl einen Riß geben.

Und das Alles ist erst der glatte Reif des Ringes. Die Edelsteine, mit
denen er ringsum besetzt ist, blitzen noch ganz anders. Hier und dort ein erz-
herzoglicher Palast, ein Museum, ein Sühnhaus, eine Oper, eine Börse . . . und
dann in einer einzigen zusammenhängenden Flucht: Burgbau, Hofmuseen, vier
gewaltige Denkmäler, zwei Parks, Reichsrath, Justizpalast, Rathhaus, Burgtheater,
Universität und Votivkirche. Eine solche Straßenflucht gibt es nirgends auf der
Welt. Hier ist, um mich modern auszudrücken, ein ganzes Kriegsbudget verbaut.
Um jedes einzelne Gebäude hätte man ein neues Infanteriegewehr einführen
können. Wenn alle ihre Fenster, statt viereckig, oval wären, und jedes wäre eine
Null, und zu je sechs zusammengestellt gäben sie je eine Million, so hätte man
etwa den finanziellen Ausdruck für dieses Baupanorama beisammen. Unter den
Wundern der Ringstraße soll, nach der Versicherung von wohlhabenden Fach-
männern, gerade dieses volkswirthschaftliche das größte sein. Nun, um solchen
Preis kann man sich sogar das Geld gefallen lassen. Man hat mitunter zu
beklagen versucht, daß diese Bauten eine bunte Sammlung von Baustylen darstellen.
Aber das Uebel ist nicht so schlimm. Das Ganze ist schließlich doch nicht viel
anders, als ein Stadtbild, an dem eine Reihe von Jahrhunderten gebaut hat:
das eine seinen gothischen Dom, das andere sein noch gothisirendes Rathhaus,
die übrigen ihre frühen und späten Renaissancepaläste. Sie sind eben zu einer
Zeit entstanden, wo ein Jahrhundert nur zehn Jahre lang ist. Und dann haben
sie doch einen gemeinsamen Zug: jeder Bau weiß augenscheinlich von seinen
Nachbarn, reibt sich an ihnen, schleift sich an ihnen ab. Selbst der in sich abgeschlossene Tempel spinnt sich zu einer breiten Ringstraßenfronte aus, selbst die
thurmrechte Gothik strebt nach allen Seiten in bequeme Wiener Breite hinaus.
Jedes Gebilde sammelt sich in Massen, die über eine gewaltige Straßenbreite
hinweg wirken können. Jedes streckt auch irgend einen Arm in die Höhe, um sich
über die Köpfe der anderen hinweg, weithin anzumelden. Keines will erschrecken,
jedes gefallen, denn sie haben es mit Wienern zu thun. In der Leutseligkeit sind
alle diese Style gleich. Und so hat sich aus Ueberfluß an Raum und Geld, aus
Schmiegsamkeit des Geschmacks einer mannigfaltig zusammengesetzten und durch
gemeinsames Wohlleben bis zur Ortswüchsigkeit verschmolzenen Bevölkerung, aus
südöstlichem Sinn für das Sinnliche in Form und Farbe, endlich aus groß-
städtischer Ueberlieferung einer uralten Residenz, die stets eine der prächtigsten
Hofhaltungen beherbergte, ein Styl entwickelt, den das Ausland bereits den
Wiener Styl zu nennen beginnt. Und auf der Ringstraße ist er mühselig geboren,
rasch gereift und schließlich zu Glanz und Macht gediehen.

Die Ringstraße ist die Herzader Groß-Wiens. Sie hat Raum für Freud'
und Leid der Zukunft, so weit und breit auch die Stadt noch wachsen mag.
Heute ist sie ausgebaut, glänzender als man in manchem trüben Zeitpunkte zu
hoffen gewagt. Schon greift sie auch hinein in den Stadtkern und hinaus in die
Vorstädte, sendet überall hin neues Blut, macht Mode und erzieht den Geschmack.
Heute noch Umkreis, wird sie einst Kern sein, das Wien Wiens.

Sommerwogen.

Volksgarten und Stadtpark.

Von

Marie Wege.

Der Volksgarten und der Stadtpark sind die zwei innerstädtischen Gärten Wiens. Sie liegen mitten in der Häuserkrone der Stadt. Die grünen Edelsteine dieser Krone, welche durch die Streifen der Ringstraßen-Bäume verbunden sind, Volksgarten und Stadtpark haben Vieles gemeinsam, unterscheiden sich aber wieder in wesentlichen Punkten. Der eine gehört dem kaiserlichen Hofe, der andere der Stadt, und beide sind dem Publikum geöffnet oder, wie Kaiser Joseph gesagt hatte: „Dem Schutze des Publikums empfohlen". Der Volksgarten liegt knapp an der Kaiserburg. Von ihm aus kann man fast in die Prachträume des kaiserlichen Hauses, dem Kaiser in die Fenster schauen. Der Stadtpark liegt jenseits des Kerns von Wien; er wird von der lieblichen Wien durchflossen und durch dieselbe in zwei Theile getheilt. Schöne Alleen, schattige Gänge, duftende Blumen, anmuthende Gebüsche, Rasenflächen, in deren Teppichgrund bunte Blumenguirlanden gezeichnet sind; die Amsel, die hier und dort zur Maienzeit Liebeslieder singt, wenn sie nicht mit ihrem gelben Schnabel als Gärtnerin die Anlagen reinigt, Denkmale, Werke der plastischen Kunst, das Alles ist Beiden gemeinsam. Der Unterschied zwischen Volksgarten und Stadtpark besteht im Wesentlichen darin, daß im Volksgarten fast täglich in den Abendstunden Musik ertönt und im Stadtparke nicht. Auf die Frage, warum im Stadtparke keine Musik klingt, ist heute noch von höherer Gemeinderathsstelle keine einigermaßen einleuchtende Antwort ertheilt worden. Dagegen ladet die Stadt Wien auf den staubigen, baumlosen Platz vor dem Rathhause einige Male in der Woche die geehrten Steuerzahler zur fröhlichen Zusammenkunft ein.

Auch das Publikum des Volksgartens und des Stadtparkes bietet unterscheidende Merkmale dar. Der Mittelstand liefert das größte Contingent, jener

Mittelstand, der während der Sommer
monate in Wien treu die Fahnenwacht
hält. Beamte aller Art, Officiere, Kauf
leute, Elegants, so viele in Wien zurück
geblieben sind, kurz Alles, was durch
Beruf in Wien festgehalten oder nicht
reich genug ist, um der Mode, den Sommer über fern von Wien zu verweilen,
huldigen zu dürfen. So bliebe denn als wesentlicher Unterschied zwischen den Gästen
im Volksgarten und jenen im Stadtpark nur, daß man im Stadtpark sehen und
gesehen werden will; im Volksgarten auch, aber mit musikalischer Begleitung.

Der Volksgarten war ehedem ein gar feiner, vornehmer Ort. Man empfand
eine Art von Scheu, wenn man ihn betreten sollte. Gehörte er doch fast zur

Burg und man lustwandelte in seinen Alleen wie unter den Augen des Kaisers.
Man fühlte die gnädige Erlaubniß, die durch humanen Sinn der Bevölkerung
Wiens ertheilt worden war und gesagt hatte: „Hier ist der Eintritt gestattet!"
Der Garten ist nicht allzugroß, aber er war doch in früherer Zeit die Oase in
der heißen, staubigen Festung Wien. Wenn man erschöpft, verschmachtend in den
späteren Nachmittagsstunden das Haus verließ, war es nur e i n grünes Ziel,
welchem man zustreben konnte: dem grünen lustigen Volksgarten. Dort konnte
man sich erholen, dort erholte man sich auch und zwar Hoch und Niedrig, Jung
und Alt.

Der Volksgarten bildete während des holden Lenzes den Zusammenkunftsort
der Aristokratie, der Diplomatie, der Generalität und, wie man zu sagen pflegt,
der „Spitzen der Behörden". Es gab dort einen ziemlich ausgedehnten Aristokraten-
winkel, wo Alles, was zu jener Welt gehörte, auf herbeigetragenen Sesseln weilte,
plauderte und nebenbei der aus ziemlicher Entfernung heranwallenden Musik
lauschte. Der Volksgarten hat alle bedeutenden Männer, welche Wien besuchten,
gesehen, oder vielmehr sie ihn. Dort wandelte der große B i s m a r c k mit dem
kleinen R e c h b e r g und der österreichische Minister zeigte dem nordischen Coloß
das Wien, welches lacht, plaudert und der Wiener Musik lauscht. Es
war dies eine Art Revue, welche Bismarck über die Wiener Gesellschaft abhielt.
Vielleicht finden wir einmal, wenn Fürst Bismarck seine Memoiren veröffentlicht,
was er damals bei seiner Wiener Promenade über Wien und den Grafen Rechberg
gedacht hat.

Das Mittelglied der Wiener Bevölkerung, der ehrsame, breite, edle und
gute Mittelstand suabo-bajuvarischer Abstammung, war auch im Volksgarten
hie und da zugegen, mit Frau, erwachsener Tochter und den kleinen Kindern
dazu. Denn wie in den Wiener Theatern wurde auch im Volksgarten jenes
ebenso gedankenlose als leichtsinnige Sichgehenlassen offenbar, welchem zufolge
man kleine Kinder, heranwachsende Mädchen und Jünglinge überall mitnimmt,
wohin man geht. In den Theatern hört und sieht die heranwachsende Jugend
allerhand Dinge, die sie nicht hören und sehen soll; im Volksgarten sah sie auffallend geputzte, manchmal auch auffallend schöne Mädchen mit oder ohne Begleitung
einer älteren Dame, und wenn sie auch nicht hörte, was hie und da von älteren
oder jüngeren Herren den Damen zugeflüstert wurde, so sah sie doch Blicke, die
sie nicht hätte sehen sollen.

Der Volksgarten war ehedem das Forum der „Hübschen". Das ist heute
wesentlich anders geworden. Man findet in demselben schöne Frauen und Mädchen,
aber keine „Hübschen" mehr. Wie das gekommen ist, ist schwer zu sagen. Man
führt sehr viele Gründe an, aber das zu untersuchen ist hier nicht der Platz. Die
Vornehmheit des Volksgartens bestand ehedem darin, daß man nur Kaffee, Thee
und Eis, oder, wie man in Wien sagt, „Gefrornes", bekam. Der kaiserliche Hof
hat vor langer Zeit der Familie S z a b ó das Privilegium ertheilt, im Volks-

Bürgermädchen zur Sommermorgenzeit.

garten einen Pavillon erbauen und daselbst Erfrischungen reichen zu dürfen. Die
Musik, welche in dem vor dem Pavillon erbauten Chiosk vorgetragen wurde,
bildete die Hauptanziehungskraft. Und wie gute Musik hörte man ehedem im
Volksgarten! Den alten Strauß sah man dort und seine zwei nicht minder
begabten Söhne, Johann den „Walzerkönig" und Josef den „Fürst der Polka".
Beide findet man nicht mehr dort. Der Eine, der schwermüthige Mann mit den
langen, schwarzen Haaren und den braunen Augen, ist vor längerer Zeit gestorben
und Johann dirigirt nicht mehr Ball- und Concertmusik. Er ist vornehm
geworden, seit er sich zum ersten Male verheiratet hat; er hat sich von dem
Tanzgeschäfte zurückgezogen, das ihn reich gemacht und berühmt dazu. Doch
komponirt er noch große Operetten und kleine Opern. Den großen Brüdern folgte

der kleine Eduard, der heute noch seinen Taktirstab und sich selbst dazu ohne Unterlaß schwingt. Wenn er — was oft monatelang der Fall ist — fern von Wien weilt, um auch andere Städte zu beglücken, so treten Militärcapellen auf und befriedigen mehr oder minder das Publikum. Heute ist Komzák der berühmteste Capellmeister in Wien. Und in der That bildet die Art, wie dieser feinfühlige Musiker sein Streich-Orchester dirigirt, den Musik-Sommerreiz Wiens. Die Mitglieder seines Orchesters sind die militärischen Philharmoniker der Residenz.

Wie jene, die geigen und blasen, so haben sich auch die, welche hören und plaudern, wesentlich geändert. Der Garten selbst ist viel schöner geworden, ist besser gehalten und blumenreicher. Man sieht überall die Hände des Kunst-gärtners, während alle Anlagen im alten Wien fast, wie der liebe Gott sie geschaffen, dastanden. Jene, die in den Anlagen einherwandeln, sind nicht die Kinder und Enkel derer, die vor ihnen dort gewesen. Aristokraten und Diplomaten findet man im Frühjahre nicht mehr in der inneren Stadt und ihnen ist fast Alles gefolgt, was vornehm ist, oder dazu zu gehören sich gerne den Anschein geben möchte. Das haben zumeist die Wettrennen verursacht. Da unten im Prater, ganz im Freien, gut gehalten und Alles bietend, was die Sinne, besonders die Zunge erfreut, hat Eduard Sacher einen aristokratischen, heimlich stillen Pavillon-Sommersitz in den Sachergarten umgewandelt, wo nach dem Rennen sich die ganze hochadelige Gesellschaft zu Schmaus und Tanz vereinigt. Dort ist man so recht unter sich, von Anderen ungesehen, dort speist man vortrefflich, tanzt nach dem Essen bis in die frühen Morgenstunden und zwar nach den Klängen einer der beliebten echt wienerischen Capellen, die den Jauchzerton den Instrumenten zu entlocken verstehen, resch und schneidig spielen und den Walzer wieder fast zu den Anfängen der Wiener Winzermusik zurückgeführt haben. Das Volksthümliche ist seit Jahrzehnten wieder Mode in Wien. Man spricht, singt und tanzt wie das Volk, ja, man gibt sich einer Art von Genuß, wie das Volk ihn beim „Heurigen" empfindet, im Sachergarten hin. Nur daß an die Stelle des jungen Alsegger Weines Champagner, Pommery sec und statt des „Geselchten" die junge Ente von Mans tritt.

So ist dem Unternehmer der Volksgarten-Promenade-Concerte nichts übrig geblieben als ebenfalls volksthümlich zu werden. Als aus den Aristokratenlogen in der grünen Laubwand das Gros des eleganten Wiener Publikums verschwand, stellten sich schlimme Zeiten ein. Der Mann sann und fand endlich, daß das Etablissement auf eine breitere Basis gestellt werden müsse, beschloß volksthümlich zu werden, erkühnte sich Bier zu serviren. Später war dem mit einem Strick-netze, wie ein Wildpark, eingeschlossenem Gartenabschnitte, dem Parquette des Volksgartens, ein zweites Parterre angefügt. Und siehe da, die neuen Räume sind, so oft die Musik ertönt, sehr gut besucht. Es entfällt, um in denselben an Tischen Platz nehmen zu dürfen, jeder Eintrittspreis. Speise und Trank müssen die Kosten der Musik tragen helfen. Die Idee hat sich „rentirt", wie man sagt, und mit dem zweiten Parterre ist neues Leben in den Volksgarten eingezogen. Dort findet man noch Enthusiasten der Kunst. Die gute alte Ouverture zur

Die Schwaneninsel im Stadtpark.

„Norma", das Duett Raoul's und Valentinen's aus den „Hugenotten" stoßen dort auf empfängliche Gemüther, die ihr Entzücken durch Applaus und so kräf-

tige Zurufe zu erkennen geben, daß fast jede Nummer wiederholt werden muß,
das heißt, man verlangt sie zur Wiederholung, aber die Capellmeister-Eitelkeit
bringt statt den Norma- und den Hugenotten-Stücken selbstcomponirte Märsche
und Polka's zu Gehör, die anfänglich etwas enttäuschen, nichtsdestoweniger aber
zum Schlusse mit Beifall begleitet werden. Cerevisium et circenses!

Der Volksgarten hat in neuester Zeit auch anderweitig gewonnen. Das
Grillparzer-Denkmal steht dort leuchtend in weißer Marmorschöne und lehrt
die stets massenhaft dasselbe Umgebenden Grillparzer und seine Werke kennen.
Indessen mußte der steinerne Theseus Canovas seine langjährige Wohnung, die
ihm plötzlich gekündigt wurde, verlassen, um die Vorhalle des neuen kunsthistorischen Museums zu schmücken. Dort muß der rastlose Keulenschwinger,
welcher einmal das plastische Um und Auf der Haupt- und Residenzstadt Wien
war, nun aufgesucht werden.

Wir haben gesagt, daß das Publikum im Volksgarten und jenes im Stadtparke sich nicht wesentlich von einander unterscheiden. Aber es gibt denn doch
einzelne Merkmale, wenn man genauer zuschaut. Im Stadtparke bildet die
Medisance, die Coquetterie, die große Parade der Frauenschaaren, welche rings um
den Pavillon stundenlang, den ganzen Nachmittag und auch den Abend hindurch
vor einer Schale Kaffee, vor einem Schälchen Eis sitzen, den physiognomischen
Hauptzug. Hier findet eine Art Heerschau statt. Man mustert die Vorübergehenden
und wird gemustert. Die Schönheit erfreut, die Häßlichkeit bewirkt Herunterziehen
der Mundwinkel und Abwenden des Kopfes. Die Männer blicken nach den Frauen,
die Frauen nach den Kleidern der vorübergehenden Damen und vielleicht auch
manchmal nach den Männern. Das ist ein Wispern und Zischeln, Flüstern und

Sprechen, Kichern und Lachen, ein Blicke-her-, Blicke-hinwerfen, kurz der Stadtpark bringt die Geschlechter aneinander näher und dort werden, wenn auch nicht immer Heiraten, so doch zahlreiche Bekanntschaften geschlossen. Das macht es erklärlich, daß man im Stadtparke, wie schwer es auch dem Wiener wird, auf Musik verzichtet. Wer keinen Sinn für derlei Anknüpfen von zarten und unzarten Fäden hat, der wandelt lieber nach dem Volksgarten, um mehr oder minder gute Musik zu hören.

Kindergruppe beim Theseustempel.

Auch der Stadtpark hat sein zweites Parterre. Es ist dies jener, jenseits der Wien gelegene Raum, welcher Kinderpark heißt und in dessen Namen seine Art und Bestimmung liegen. Dort trinkt man dünne Milch und spielt „Ringel-ringel-reija!" jenen ewigen Kreislauf, der ein unschuldsvolles Abbild des großen Cotillions der Aelteren ist, die nur sitzen, statt zu hüpfen.

Auch im Stadtparke sind einzelne Plätzchen der Kunst geweiht. Dort thront der Wiener Liederfürst Schubert auf breitem Stuhle, breit und wuchtig von Gestalt, großkopfig mit dem reichen Haarschmuck und dem kleinen Backenbärtchen.

Und so sehr hat sich der Wiener Orpheus in das Herz Aller hineingesungen, daß man sein Bild mit Andacht betrachtet und nicht fragt: „Dieser behäbige, beleibte Schullehrer soll also der Tondichter des „Erlkönig" gewesen sein?" Auch ein Wiener Bürgermeister, Dr. Zelinka hat ein kleines Monument auf einem freien Platze des Stadtparkes erhalten, das noch aus der Kinderzeit der Plastik in Wien stammt. Und ganz verborgen im lauschigen Grün hat Hans Gassers „Donauweibchen" seine Zuflucht und eine entsprechende Kinder- und Mägdeschaar gefunden, die sich täglich um das sonnige Standbild schwätzend versammelt.

Das sind die beiden Stadtgärten von Wien. Der Wiener ist von ihnen vielfach entzückt; manches tadelt er, aber schließlich ist er froh, daß er beide Erholungsanstalten besitzt: den kaiserlichen Volksgarten und den communalen Wiener Stadtpark.

Auf dem Trockenen!

Bei den „Schrammeln" in Nußdorf.*)

Von

Ed. Pötzl.

Hier sand wiel Singer, logenlpil . .
Schmelzel's „Lobspruch".

Ja, so haben wir ihn oft gesehen, diesen Heurigengarten in Nußdorf. Er
ist nicht der einzige Garten, in welchem zur Sommerszeit die „Schrammeln"
spielen, aber — weiß der Himmel warum — er ist der gemüthlichste. Eine lange
Wagenreihe (Fiaker aus der Stadt und flotte Kutschirzeugel aus den Vorstädten)
verräth stets in Nußdorf das jeweilige Concertlocale der „Schrammeln". Man
braucht Niemanden darnach zu fragen, sondern schaut nur ein bißchen die Straßen
hinauf und hinunter. Wo die Wagen stehen, dort sind die Schrammeln; denn wie
kämen sonst so viele Fahrzeuge vor einen Heurigengarten? Der Aufgang ist
gewiß nicht einladend. Ein niedriges Thor, das in einen schmalen, langgestreckten
Hof führt. Hühner scharren und gackern, und es riecht nach Stall. Freilich athmet
das schon mancher Wiener recht tief und behaglich ein; für ihn, den im großen
glühenden Steinhaufen der Stadt Lebenden, ist der Stallduft der erste Gruß der
Sommerfrische. Am Ende des Hofes, durch ein kunstloses Holzgitter vor den
nimmersatten Hühnern geschützt, steigt der Garten sanft an einer Hügellehne aufwärts. Ein paar alte Nußbäume mit mächtiger Krone stehen da noch aus der
Zeit, da der Garten zum Weingebirge gehörte und in seinem nun festgestampften
Grund anstatt der ausgedorrten und niedergetretenen Büschelgräser köstliche Reben

*) Geschrieben vor dem Tode Johann Schrammels.

29*

Eingang in den „Heurigengarten".

trug. Einige halbwüch-
sige Obstbäume zeigen
ungefähr das Alter des
Gartens in seiner jetzi-
gen Gestalt an. Durch
ihr dünnes kindliches
Laubwerk dringt die
Sonne noch mit breiten
Lachen; aber durch die
dunklen Wipfel der alten
Herren irren nur ein-
zelne Strahlen hindurch
und zittern auf den ro-
hen, vielzerschnittenen
Holztischen, die in den
Schatten gerückt sind.
Ist der Sommernach-
mittag noch so schwül,
so streicht doch ab und
zu ein wasserkühles Lüft-
chen aus dem nahen
Donauthal herüber. Man
weiß den Kahlenberg so
nahe — gleich über der
Hecke drüben ist er mit
seinem grünen Mantel
von Laubholz zu er-

blicken. Und oft ist es, als ob erquickender Waldgeruch von ihm herabkäme
und sich vermählte mit dem Geschmack des jungen Weines zu einem verspäteten
Maitrank.

Hier, losgerissen von aller Sorge und nur dem freundlichen Augenblick sich
weihend, sitzen die Wiener beim Glase Heurigen und entzücken sich an den Weisen
der Schrammeln. Wenn etwas geeignet ist, die sogenannte Ueppigkeit der Wiener
Lügen zu strafen, so ist es ihre Vorliebe für den Heurigen und die dazu gehörige
Musik der Schrammeln. Eine Stunde außerhalb der Stadt erlaben sie sich an
dem billigen Wein, der auf der heimatlichen Scholle wächst. Kaltes Fleisch bringen
die Frauen aus der eigenen Wirthschaft mit, Salami und Käse liefert der „Sala-
mucci", das Brod und die Brezen der „Schani". Gewiß ein Mahl, das Zeugniß
gibt von einfachen Sitten. Und die Tafelmusik sind zwei Geigen, eine Guitarre
und die Clarinette. Allerdings werden die Geigen von den Brüdern Schrammel
gespielt, die „Klampfen" behandelt ein Künstler wie Strohmeyer, und auf dem

„pickfüßen Holz“ weiß Herr Dänzer ganz wunderſame Dinge zu leiſten. Kein Orcheſter der Welt vermöchte mit dieſen vier einfachen Muſikanten um die Wette zu ſpielen. Sie haben des Wieners innerſte Natur erlauſcht und ſpielen die ſüßen und ſchneidigen Lieder, die aus dem muſikaliſchen Born des Wiener Volkes quellen, juſt ſo, wie der Vollblutwiener dieſelben denkt, aber mit künſtleriſcher Vollendung. Sie componiren das vielleicht etwas rohe Lied zum zweiten Male, bringen es in eine feinere, gefällige und doch ſo natürlich erſcheinende Form, feilen den Rhythmus und geben dem Ganzen Wohllaut — kurz ſie haben inmitten des eigenthümlichen Wiener Genres ein verdichtetes eigenes Genre geſchaffen: die Schrammel'ſche Muſik. Ganz Wien, vom einfachſten Arbeitsmanne bis zu den Hohen des Reiches hinauf, begeiſtert ſich an dem unſagbaren Reiz dieſer das wieneriſche Weſen wie nichts Anderes verſinnlichenden Tongaben.

Die Muſiker nicken ſich vor dem erſten Geigenſtrich zu, als wollten ſie ſagen: Jetzt wollen wir den Leuten da unten allerhand ſchöne Geſchichten erzählen aus ihrer Heimat, luſtige und traurige, von Einſt und von Jetzt. Und da hebt die erſte Geige an mit wohlbekannter Stimme zu ſprechen. Was ſie ſagt, das war verwoben einſt in die Träume unſerer Jugend, die ſo oft den zauberiſch verſchönten Hintergrund des Kahlenberges und der Rebenhügel mit den gemüthlichen Dörfern zu ihren Füßen, und der Wieſen und der ſchimmernden Donau geſehen, worüber eine leuchtende Atmoſphäre ſchwebte, erfüllt mit allem Duft und Klang, den eine Kinderſeele in ihren Phantaſien nur zu erträumen vermag . . . War das nicht eben die Stimme der Mutter, wenn ſie des Abends am Bette ſaß und uns in den Schlaf ſang? . . . Und ſogar dieſelbe Melodie, die alte liebe Weiſe, die in dem dämmerigen Gemach zum Schluſſe oft ſo unruhig und ſeltſam verklang, als wäre es ihr zu dumpf und enge hier und als ſuchte ſie einen Ausweg durch das Fenſter nach den mondlichten Weingärten draußen, wo ſie vermuthlich vor vielen, vielen Jahren während der fröhlichen Leſezeit entſtanden iſt!

In tieferem Ton, aber nicht minder geſchwätzig, beſtätigt die zweite Geige die Erinnerungen der erſten und ſchleppt ſelber noch dieſes oder jenes vergeſſene Lied herbei, in das die erſte Geige mit jauchzendem Behagen einfällt, bis ſie beide zugleich ſich endlich hinaufwirbeln zu einem „Dudler“ aus der guten alten Zeit, der allmälig ſchwächer wird und plötzlich verſchwimmt in die erſten zuckenden Tacte eines Tanzes der Jetztzeit, deſſen Rhythmen von dieſen Geigen in ſo herausfordernder Weiſe betont werden, daß alle Körper in Schwingungen gerathen.

Der Uebergang iſt muſterhaft. Einige langgedehnte Striche, welche, gleich dem Inhaltsverzeichniſſe vor einem Buche, die kommende Melodie in ihren Grund- zügen ankündigen, bedeuten gewiſſermaßen das Antreten der Paare zum Tanz. Die Geigen wiegen ſich nun, allgemach das Tempo beſchleunigend, hin und her, ſo wie die ungeduldigen Tänzer, wenn ſie in einen undurchdringlichen Knäuel gerathen, den Tact blos mit den Fußſpitzen und dem Reigen des Kopfes markiren, bis ſie die Bahn frei bekommen zum ausgreifenden Sechsſchritt. Jetzt laſſen die Geiger den eigentlichen Tanz beginnen, indem sie den richtigen Walzertact einschlagen. Aber mit welch' flammender Betonung! In vollem, herausforderndem Klingen wird die erste Silbe der drei Viertel gebracht, die beiden anderen werden geflüstert; in der ersten Silbe liegt die bewegende Kraft, in den beiden anderen die Uebertragung des musikalischen Anstoßes, just wie es die eigenartige schleifende Form des Sechsschritts verlangt. In den lyrischen Partien des Walzer hingegen tritt der Tanz als solcher zurück, er wird für die Geigen zum Liede, das Sehnsucht und Zärtlichkeit, Hoffen und Bangen, Liebe und Leid, Jubel und Jammer ausdrückt.

Im Laufe der Zeit hat sich eine besondere Staffage um die Schrammeln gebildet, Typen, welche unzertrennlich sind von den vier Musikanten. Wer unglaublicherweise noch niemals bei den Schrammeln in Nußdorf eingesprochen haben sollte, der kann nach dem Bilde Seite 451 eine zutreffende Vorstellung gewinnen, wie es dort zugeht. Es fehlt nur Eines: die Stimmung. Diese aber läßt sich weder durch Farbe und Leinwand, noch auch durch die Feder wiedergeben.

> „Da geh'n m'r heunt nach Nußdorf 'naus,
> Da gibt's a Hetz a G'stauz,
> Da hört ma ferne Tanz:
> Da laß'n ma tecke Dudler 'aus
> Und gengan in der Fruah mi'n Schwomma z'Haus."

So heißt's in einem der Heurigenlieder, welche zweistimmig unter Schrammelbegleitung gesungen werden. Meist nähert sich die Nußdorfer Stimmung dem überirdischen Empfinden Desjenigen, der zuerst in den Ruf ausgebrochen: „Verkaufts mei' G'wand, i ziag in' Himmel!"

Manch' Einer hat freilich schon aus diesem Anlasse sein Gewand verkauft — ohne in den Himmel zu ziehen . . .

Gezeichnet vom Agnes-Brünnl.

Beim Agnes-Brünn'l.

Von

Ed. Pötzl.

An einer der lieblichsten Stellen des Wienerwaldes, auf der Höhe zwischen dem Kahlenberge und dem anmuthigen Thale von Sievering, liegt mitten im Walde ein kleiner Wasser-Tümpel. Lichtgrüne Buchenkronen spiegeln sich darin, wenn das Wässerlein einmal klar erscheint, was allerdings nur selten der Fall ist. Auf dem Grunde des kaum knietiefen Agnes- oder Jungfern-Brünn'ls, wie dieses Wasserloch im Wiener Volksmund genannt wird, vermeinen die Lotterieschwestern beiderlei Geschlechtes glückbringende Nummern zu entdecken. Schaarenweise zogen sie einst während der schönen Jahreszeit zu dieser ehrwürdigen Pfütze, deren Bedeutung für das Lottospiel seit undenklichen Zeiten von Mund zu Mund geht, ohne daß der Entstehung des Aberglaubens auf den Grund zu kommen wäre. Nicht einmal eine jener Legenden ist bekannt, welche sich sonst an Wunderquellen knüpfen: in diesem Falle etwa ein alter Jäger, der, auf der Suche nach einem Wild über eine Baumwurzel stolpernd köpflings, in den Tümpel fiel und durch eine besondere überirdische Gnade dabei unter dem Wasser drei gewinnbringende Nummern erblickte. Man weiß sich nicht einmal des Zeitpunktes zu erinnern, an dem das erste alte Weib die Wunderkraft des Brünn'ls in der Lotterie erprobte und dies sodann der Welt verkündigte. Genug, der Glaube besteht und sichert selbst in unserer glaubensfeindlichen Zeit dem Agnes-Brünn'l noch einen so zahlreichen Besuch, daß ganze Industrien dortselbst sich ausschließlich auf diesen gründen. Ein ziemlich weitläufiges Wirthshaus sammt Rebengebäuden erhebt sich auf der Agneswiese nebenan, wo auch Buden und fliegende Stände allerlei Jahrmarktartikel anbieten, wie: Narrenhauben, Baumkrazler, Lebzelten u. dgl. m.

In der Johannisnacht lagern alljährlich tausende von Menschen auf dieser Wiese, allerdings die Mehrzahl bloß um Kurzweil und Unfug zu treiben, während die Minderzahl ehrlich gläubiger Lottorieschwestern sich um das Brünn'l gruppirt, um beim Morgengrauen die sicher bei der nächsten Ziehung auf der schwarzen Tafel als gezogen eingeringelten Nummern unter dem Wasserspiegel des Brünn'ls zu erschauen. An gewöhnlichen Sommertagen hingegen geht es viel stiller zu an dem geweihten Ort. Die paar Dutzend betagter Lottoschwestern, welche sich ständig dort einzufinden pflegen, sitzen flüsternd und strickend um den kastalischen Quell. Der Wind spielt in den Baumkronen zu ihren Häuptern, von Fern her tönt der Jauchzer eines entzückten Touristen und aus dem nahen Wirthshausgarten das Geplauder derjenigen, die lieber beim Biere als beim Wasser sitzen. Vollständig seiner charakteristischen Staffage entblößt erscheint das Brünn'l aber an Sonn- und Feiertagen. Da fürchten seine weiblichen Stammgäste den Spott dieser schlechten Welt und bleiben wohlweislich daheim. Ich war wiederholt in den letzten Jahren an schönen Sonntagen an dem Wunderquell, fand aber stets bloß eine Gesellschaft versammelt, deren Spottreden erkennen ließen, daß sie denselben freundlichen Zweck verfolgte wie ich: nämlich sich an der Thorheit der Nummersucher zu weiden. Nicht einmal die liebe Jugend glaubt mehr an des AgnesBrünn'l geheime Kräfte. Ein Sieveringer Bauerknabe antwortete mir einmal auf meine Frage: „Nun, wie schaut's beim AgnesBrünn'l aus?“ kurz und bezeichnend: „Stier!“ — „Hast schon lang keine Nummern g'sehn?“ — „Ah!“ sagte er wegwerfend mit einem Blick, in welchem eine Welt von Verachtung für mich lag, den er offenbar für einen Lottospieler hielt, dessen Absicht sei ihn auszuholen.

An der ersten Biegung des Waldweges von Sievering zum AgnesBrünn'l steht immer eine bejahrte Frau, die mit allerlei Leckereien Handel treibt. Auch sie scheint auf den Lottoquell nicht gut zu sprechen. Natürlich; denn hätte sich das Weisthum desselben nur einmal bei ihr bewährt, so könnte sie ihre alten Tage vergnüglicher zubringen, als da vor ihrem Korb Zuckerln, nach denen nur Leute Lust haben, die kein Geld besitzen, welche zu kaufen. In einer Schachtel neben den Süßigkeiten liegen Nummerazettel zum Verkauf aus. Wenn man die Alte fragt, ob das auch Glücksnummern seien, dann schaut sie durch ihre große Hornbrille schärfer zu, wie um den Verstand des Fragenden ungefähr abzuschätzen und antwortet: „Glücksnummern? Na freili san's Glücksnummern, so guat als sie's bei der Agnes selber kriegn. Dessentwegen brauchen's den Eselsweg net z' machen!“

Weiter waldeinwärts, wo der Fußpfad über das Bächlein setzt, steht der blinde Invalide mit seiner Drehorgel, welcher schon viele Jahre hier die nämlichen Weisen ertönen läßt. Auch er hat neben seinem Sammelteller Nummernzettel liegen. Aber Niemand bedient sich derselben, nicht einmal der jobelnde Trunkenbold, welcher, mit dem Flitter der auf der Agneswiese gekauften Narrenhaube angethan, wie eine Figur aus dem Sommernachtstraum durch den Buchenwald schwankt.

Auf dem köstlichen Plan der Agneswiese leuchten vom satten Grün ganze Haine jener mit Flitterkronen und farbigen Papierbändern geschmückten Narrenscepter, welche den antiken Thyrsusstäben gleichen. Den feuchten, waldbunklen Pfad jenseits der Wiese noch einige hundert Schritte abwärts, und wir stehen vor dem roh mit Holzstücken ausgelegten Wasserloche, welches eine solche Berühmtheit erlangt hat. Zerrissene Nummernzettel rings umhergestreut, zahlreiche Fußstapfen in dem durchweichten Boden, aber kein Mensch zu sehen. Es ist ja Sonntag. In der Ferne ruft der Kuckuck. Sonst weihevolle Stille. Beinahe unheimlich wirkt es, so allein vor dem trüben Zauberquell des Agnes-Brünn'ls zu stehen. Allmälig schlagen Stimmen auf im Walde. Sonntagsausflügler kommen heran und zeigen sich ebenfalls nicht wenig verwundert über die Verlassenheit des Brünn'ls. Sie wissen nicht, daß gerade sie es sind, welchen die alten „Luftzauberinnen" an Sonntagen regelmäßig das Feld räumen.

Der Anblick der einsamen schmutzigen Pfütze verfehlt jedoch gerade darum nicht, dem skeptischen Besucher eine Art Respect einzuflößen; denn er merkt, welche fabelhafte Phantasie dazu gehört, eine solche Lache mit Zeichen und Wundern zu beleben, und wären es auch nur die drei Zahlen, welche der Waisenknabe von Temesvár oder Linz demnächst aus der Urne ziehen soll.

Das Agnes-Brünn'l.

Auf dem Kahlenberg.

Von

Richard Kralik.

Wenn man die Akropolis ein Athen in Athen nennen kann und das Kapitol ein Rom in Rom, so wird man auch vom Kahlenberg sagen dürfen, daß er Wien gegen über der gesteigerte **Ausdruck des Wienerischen** sei.

Denn der Kahlenberg, das ist der rechte Vater der **Wienerstadt**, wie die Donau ihre Mutter ist.

Dort, wo Europas mächtigster Bergwall von Europas stolzester Stromader durchbrochen wird, dort ist die schon von der Natur ausgezeichnete wahrhaft kaiserliche Stelle, allwo die alte Kaiserstadt stehen sollte und mußte. Hier reichen sich Nord und Süd, Ost und West die Hände. Die Wassergeister wallen vom Meer herauf, um hier mit den Quellnymphen der Alpen und des Schwarzwaldes ihr liebseliges Stelldichein zu halten. Bis an den Kahlenberg ziehen auf ununterbrochener Felsenbrücke die Gnomen der schweizerischen Eisgebirge und der hesperischen Feuerberge, sowie von der anderen Seite bis an den Bisamberg die Lichtalben des Olympos, des Helikon und des Parnassus über die Karpathen herüberstapfen mögen, um sich über die bläuliche Donau hinweg ihre vielsprachigen Grüße zuzurufen.

Kahlenberg.

Aber auch nach der verbrieften Geschichte mag der Kahlenberg als Vater
von Wien gelten; denn dort oben auf dem Leopoldsberge, der ja der eigentliche
Kahlenberg ist und so auch früher hieß, dort haben sich die eisernen Römer mit
ihrem Wartthurm eingenistet, ehe noch die lateinischen Veteranen den alten
ungastlichen Namen Vindomina in das gemüthlichere Vindobona umänderten;
dort oben war auch im Mittelalter bis gar in die Türkenzeiten hinein die
Stadtfeste, das „Hohe Wien“, von der aus der Stadt nicht selten Schutz und
Rettung kam.

Der Kahlenberg, das ist die Poesie von Wien im größeren Stile. Durch
ihn erhebt sich Wiens Landschaft und Geschichte auf eine höhere Stufe, durch ihn
erweitert sich nicht nur der Gesichtskreis des leiblichen Auges in die weithin
verschwimmenden Höhen und Ebenen umher, auch das geistige Auge steht dort
auf einer erhabeneren Warte. Es schaut dort in die Geschichte unseres schönen
Landes bis in die Urzeiten hinein, und die Zeugnisse märchenhafter Ferne kann man
fast mit Händen greifen. Der Kahlenberg war in früheren Zeiten, weil man nach
einem bekannten volkswirthschaftlichen Gesetz zuerst die Höhen bebaut hat, nicht
so bewaldet wie jetzt, sondern so kahl, wie es sein Name verräth. Noch jetzt sieht
man oben mitten im Walde die Steinhaufen, die damals entstanden sind, als die
ersten Ansiedler ihren Acker von den Gebeinen der Mutter Erde säuberten. Das
sind vielleicht die ältesten Denkmale unseres Landes, und an sie knüpften sich auch
die alten nunmehr wenig beachteten Stammsagen dieser Gegend. Nach den alten
Chroniken sind diese Steinhügel die Grabdenkmäler der ersten Herrscher des
Landes, die nicht allzulang nach der Sündflut vom Morgenland hereingezogen
sind und deren ununterbrochene Namensfolge bis auf den milden Markgrafen
Rüdeger von Bechlarn uns so genau erhalten ist, als die Reihe der Wiener
Bürgermeister in den hellsten historischen Zeiten. Ob schon einmal ein Schatz-

gräber oder Alterthümler diese Steine umgegraben hat, weiß ich nicht; es wäre aber wohl eines Versuches wert.

Aber noch lebendigere Sagen haften an den graugrünen Wäldern, den einsamen Waldwiesen und den dunklen Waldesschluchten des Kahlengebirges.

Wiesenrast.

Der echteste Goldschimmer uralter Göttersage verklärt noch den „Himmel“, den Hermannskogel, das Krapfenwäldlein, die Jägerwiese und die Agneswiese, das Geisterbrünnlein und vor allem den Agnesbrunnen. Viele Namen und Geschichten erinnern noch daran, daß unsere Urahnen ihre Götter nicht in den Mauern von Städten und Tempeln, sondern auf den grünen offenen Höhen der Berge und im Schatten rauschender Haine gesucht und verehrt haben.

Aber ist uns nicht selber diese Naturverehrung noch geblieben? Daß die Gottheit draußen außerhalb der Stadt wohnt, das scheint noch heute die merkwürdige Eigenthümlichkeit zu bezeugen, daß fast vor jeder „Linie" ein Gasthaus „zum Auge Gottes" seinen Schild aufgesteckt hat, als ob der liebe Herrgott nur gerade noch bei den Linienthoren mit einem Auge in die Gassen der Stadt hereinlugen möchte. Bedecken wir nicht auch bei unseren kirchlichen Festen das graue Steinpflaster mit grünem Gras und frischen Blumen, die weißen Mauern mit jungen Bäumen, als ob wir zu würdigem Gottesdienst die unheilige Stadt in einen heiligen Hain verwandeln müßten?

Und ziehen uns nicht auch heute noch die Berge hinan mit jener unerklärlichen Macht, die ihre Wurzeln in den tiefsten geheimsten Gründen des menschlichen Gemüths hat? Schaffen nicht jeden strahlenden Sonntag die Berge anderen Stätten der Andacht und Erholung die mächtigste Nebenbuhlerschaft?

Wer da nicht auf den Schneeberg steigen mag und kann, den treibt es doch hinaus wenigstens auf den Kahlenberg.

Ja auf den Kahlenberg! das ist wohl kurz gesagt, aber schier unzählig sind die Stätten und Plätzchen, die wir uns als Ziel aussehen können; und wo immer wir einfallen, wir werden nirgends unser Ziel verfehlt haben. Wollen wir uns schon auf dem Kahlenberge fühlen, wenn uns der erste Heurigengarten an der Bergsohle begrüßt? Sollen wir uns den Schreiberbach hinauf ziehen, da wo Beethoven die Musik des Wässerchens in berühmte Noten umgesetzt hat, und dort oben in der tiefsten Schattenkluft der Wildgrube Rast halten? Oder wollen wir den Krotenbach bis an seine Quellen verfolgen, wo altersgraue Urmütterchen die Runen ihres engen Schicksals in den Wirbeln des Borns erspähen wollen? Oder soll es über Nußdorf den türkenblutgedüngten Nußberg hinangehen? Dort kriecht auch schnaubend und pustend der rauchumhüllte feuerspeiende Drache der Zahnradbahn den Abhang hinauf und gibt oben am Gipfel das verschluckte Publikum wieder von sich. Von dort wälzt sich ein Schwarm in die Waldschenke, ein anderer zur Minnewiese, wo einst in Minnesangeszeiten das erste Veilchen gesucht wurde, wo noch vor wenigen Jahrzehnten die Künstler Wiens unvergessene Feste feierten. Das erste Veilchen wird dort nicht mehr mit alter Feierlichkeit gesucht; man macht nicht mehr so viel Aufhebens mit dem kleinen Herold des Frühlings, aber geminnt wird dort noch ebenso wie vor Jahrhunderten nach den Regeln der Meister der Minne, und niemals mehr als an dem sommerlichen Annenfest, wo mit den wirklichen Annen alles was sonst liebenswert und liebelustig ist, ein allgemeines Namensfest des holden Namens „Weib" zu feiern kommt.

Doch weiter durch den luftigen Eichwald, wo gewiß einst Walther von der Vogelweide manchen thaufrischen Morgen an seinen Liedern und Sprüchen gefeilt hat, zum Thor der Leopoldsburg!

Stephaniewarte.

Ja du ehrwürdige Herrscherburg, du stehst noch da, an eben dem Ort, wo dich der heilige Leopold, der Markgraf und Schutzpatron von Oesterreich hingestellt hat! Du einst so glänzende Veste, von deren erhabenem Söller der Markgräfin ein spielender Südwind den schönen Schleier entwandte und hinunter trug ins waldverwachsene Thal, wo sich darauf das reiche Kloster Neuburg erheben sollte. Ja, du stehst noch da, und nicht einmal in Trümmern! Aber ärger als in Trümmern. Wie würde der alte Spötter Neidhart höhnen, wenn er sähe, welch' „körperliche" Sitte sich breit macht an der Stätte, von der einst die ausgesuchteste Höflichkeit ausging. O weh, ich fürchte daß der fromme Stifter Leopold sich nicht einmal gerne hier angemalt wüßte an dem Ort, der einst mit den Schätzen des Morgen- und Abendlandes prangte.

Doch getrost! Ich sehe schon im Geiste die Burg der Babenberger wieder auferstehen aus langer Versunkenheit, so herrlich wie ja auch in unseren Zeiten die Wartburg im geistesverwandten Thüringerland sich zu neuer Pracht erhob. Ich sehe spiegelnde Granitquadern und weißschimmernde Marmorsäulen das wald- dunkle Berghaupt wieder krönen; ich schaue das bunt geschachte Dach den Bau überragen, den sich das stolze Wien als eine Walhalle seiner hehrsten Erinnerungen errichtet hat. — Oder sollte mich mein prophetisches Gesicht genarrt haben? Sollte es nur ein neues Hotel gewesen sein, das ich geschaut habe?

Doch genug von der Vergangenheit! Wenn auch die alten Burgen nicht von selber erwachen zu neuer Pracht, der Wald und die Wiese, der Himmel und die Erde, der Brunnen und die Ströme, sie erstehen uns doch jedes Jahr in derselben unverkümmerten Jugendblüte wie damals als die ersten Besiedler diese schönen Höhen ihren Göttern weihten, wie damals als die Römer Vindobona eine gute Stadt hießen, wie damals, als die Meister der Minne die wilden Rosen im Hag und die milderen Röselein auf den Lippen und Wängelein ihrer Freundinnen besangen, wie damals, als die Helden der Türkenschlacht hier einen Rosengarten aus ihrem Herzblut erspriessen ließen.

So denken auch unsere fröhlichen Mitwanderer. Zudem wird es schon Abend, und es ist Zeit, den Schluß des Festtages beim Genuß der edelsten Blume, die dieser Berg zur duftenden Blüte bringt, zu feiern: das ist der edle Osterwein, den schon alte Lieder ehrend nennen, und den auch wir nicht verschmähen können.

An dem Stand

Aber hier gilt es sich einem
kundigen Führer anzuvertrauen,
denn nicht jeder weiß, in welchem
Keller gerade das reifste und
mildeste Naß zur Zeit des ver-
ständigen Zechers harrt. Wir sind bald am Ziele. Die zarten Töne einer süßen
Schalmei und eines Paares von jauchzenden Geigen empfangen uns. Das ist die
bezaubernde Stimmung jener Wiener Sommernächte, von denen sogar ein amerika-
nisches Volkslied schwärmerisch singt.

Aber seht: indessen hat schon der dunkle Himmel seine funkelnden Lichter
angezündet und dreht sie in langsamem Reigen um seinen Pol; selbst der große
Bär steht bald nicht mehr so gerade, wie er vor einer Stunde stand.

Und seht: unten im Thal ist ein zweiter Sternenhimmel entglommen; die
Stadt hat ihre Dunkelheit auch mit hellen Lichtern geschmückt und ihre erleuchteten Gassen bilden, von unserem erhabenen Standpunkt aus gesehen, auch Sternbilder einer ganz neuen eigenen Art, die an Reichthum und Fülle mit jenen
ewigen dort oben zu wetteifern versuchen. Doch ruhig bleiben sie stehen auf
der sicheren festen Heimathserde, während es die Fremdlinge dort oben ewig
weiter treibt. Und sieh: ein dritter Sternenchor scheint sich nun aus dem nächtlichen
Wald und Hain loszulösen, und wie eine vielverzweigte Milchstraße strömt es

auf hundert Wegen und Pfaden in tausend Funken von Berg zu Hügel, von den Höh'n in die Thäler hinab. Es sind die singenden Schaaren des fröhlichen Wiener Volkes. Mit buntfarbigen Lämpchen erhellen sie die wohlvertrauten Wege und tragen Naturfreude, Licht und Liebeslust, Begeisterung und selige Daseins-trunkenheit von den geheiligten Höhen in die träumende Stadt hinein.

Leopoldsberg

Segensspruch.

Von
Ferdinand von Saar.

Nun, o Wien, in Schutt gesunken, was so lange dich zerstückt,
Nun dein weiter Kreis geschlossen, jede Trennung überbrückt —
Nun vom Strand der hellen Donau bis zum grünen Lainzerhag
Eines Geistes Sinn soll walten — und nur eines Herzens Schlag:

Hebe sich auf Weiheflügeln ernst des Dichters Lied empor,
Segnend, aber auch ermahnend tön' es an dein offnes Ohr;
Denn vorüber sind die Tage, wo bei eines Walzers Klang
Sich dein Volk im bunten Reigen froh und unbekümmert schwang;

Fern die Zeit, wo den Phäaken sich das Huhn am Spieß gedreht,
Ihrer Frauen lose Schleier hell in Maienlust geweht;
Längst umdüstert ist der Himmel, der so strahlend einst geblaut,
Und die schimmerndste der Städte ist von Sorge leis' umgraut.

Schwere Arbeit, schwere Pflichten, ihre Bürger kennen sie,
Reihe sich dem „heut" ein „morgen", darf die Hand auch feiern nie;
Emsig forschend, emsig schaffend regt all üb'rall sich der Geist,
Der in Worten und in Werken dem der Zeit sich würdig weist.

Nicht mehr weichliches Geniessen, nur den Kampf um Licht und Recht —
Um des Daseins höchste Güter kennt das wandelnde Geschlecht;
Schlaff und wankelmüthig nimmer, horcht es nicht auf halben Rath —
Mit gebieterischem Rufe fordert es nunmehr die That.

And're Zeiten — and're Ziele! And're Ziele — and're Müh'n!
Dennoch kann aus dem Vergang'nen ewig nur die Zukunft blüh'n.

Darum Wien, du neues, großes, laß' bei allem deinen Thun
Nur getrost die tiefsten Wurzeln in dem alten Grunde ruhn!

Deine vielverzweigten Adern tränk' erfrischend stets der Saft
Jenes alten Wiener Frohsinns, daß er schwelle jede Kraft;
Ein Erstarken, kein Verhärten ist es, was dir frommen mag,
Und ein sonnendes Behagen schließe nach wie vor den Tag.

Jener Reiz von früher schmücke deiner Frauen ernst're Gunst,
Und in Farben und in Formen leucht' er auf in deiner Kunst,
Kling' in Tönen — und bewahre so das Herz dir ewig jung,
Mit ihm auch für alles Schöne heiligste Begeisterung!

Jenes Zaudern, halbes Wollen, dem du dich so schwer entraffst,
Halte schnödes Ueberwollen auch nur fürderhin in Haft;
Nie durch rücksichtsloses Streben sei die That im Kern versehrt —
Und dein Muth sei vom Gemüthe stets gesänftigt und verklärt.

„Stark und fest in jedem Kampfe, doch im Sieg gerecht und mild!"
Steh' geschrieben stets auf deinem, wie auf Oesterreichs Wappenschild;
Treu dem Herrscher der inmitten deiner Ruhmesbauten thront,
Treu dir selbst, vertrau' dem Gotte, der in deinem Herzen wohnt!

Was da noch die Zeiten bringen, welche Stürme dich umweh'n,
Mit dem Vaterlande aufrecht, wirst du blühend fort besteh'n:
Viel gelobt und viel gescholten — und bis jetzt auch oft verkannt:
Werde in der Städte Reihen einst die „Edle" du genannt.

Dann von deinem alten Dome funkelnd ragt der höchste Knauf,
Als Verkünder neuen Lebens zum entwölkten Himmel auf,
Und der Ruf wird wieder tönen, der fast im Verhallen schien:
Eine Kaiserstadt nur gibt es -- es gibt einzig nur ein Wien!